C & JAVA 프로그래밍 입문 Ⅱ

이렇게 하면
**나도 프로그램을
잘** 만들 수 있다

김석현 지음

머리말

프로그래밍이란
"무에서 유를 창조" 하는 작업이라고 합니다.

무에서 유를 창조한다는 것 자체는 조물주가 했던 일인데 사람이 해야 한다면 참으로 어려운 작업일 것입니다. 그러나 우리는 프로그래밍을 해야 합니다. 어떻게 해야 할까요. 잘해야 하겠지요.

그렇지만 어떠한 일이든지 일을 본격적으로 하기 전에 학습이 필요합니다. 무에서 유를 창조하는 작업이라면, 프로그래밍 학습은 어떠해야 할까요?

단지 C, C++, JAVA같은 특정 프로그래밍 언어의 문법만을 암기해야 할까요? 그리고 API, MFC 같은 특정 회사 제품인 라이브러리를 사용하는 방법을 공부해야 할까요? 그렇지 않을 것입니다. 그러면 어떻게 해야 할까요?

이 책은 이에 대한 해답을 여러분들에게 이야기하고자 합니다. 창조는 어느 순간에 벼락 맞은 것처럼 신이 제시하는 영감으로 이루어지는 것이 아닙니다. 우리 주위에 발생하는 문제를 탐색하고, 창의적인 생각으로 탐색된 문제를 해결하기 위한 방법을 고안하고, 고안된 해결책에 대해 평가를 하여 합리적이지 못한 부분에 대해 창의적 비판을 하고, 다시 합리적인 해결책을 찾는 작업을 계속하다 보면 세상에 없는 새로운 것을 창조하게 되는 것입니다.

이 책은 이러한 부분을 여러분에게 소개하여, 프로그래밍의 올바른 입문을 돕고자 하는 목표를 가지고 집필을 했습니다.

이 책으로 프로그래밍 작업이라는 것이 어떠한 것인지, 그리고 여러분의 꿈을 실현하기 위해서 어떻게 해야 하는지를 깨닫기를 바라는 것입니다.

이 책으로 이제 시작일 뿐입니다. 여러분의 꿈을 실현하도록 프로그래밍을 하는데 필요한 책들을 계속적으로 출간할 것입니다. 많은 호응을 바랍니다.

이 책을 집필하는데 있어 많은 분에게 도움을 받았습니다. 그 분들에게 지면을 통해서라도 감사하다는 말씀을 드리고 싶습니다.

2011년 12월

김 석 현

이 책에서는

1권에서는 프로그래밍에 관련된 개념, 원리 그리고 절차를 학습했습니다.

2권에서는 개념, 원리 그리고 절차에 따라 하나의 문제에 대해 여러 개의 제어논리를 작성해 봅시다. 그러면서 하나의 논리적이고 합리적인 제어논리가 완성되어가는 과정에 대해서 이해하도록 합시다. 그리고 마지막으로 이렇게 완성된 논리적이고 합리적인 제어논리를 표준화해서 같은 유형의 문제들을 해결하는데 어떻게 적용하는지를 연습해 보도록 합시다.

1장은 제어논리를 표준화하는 데 있어 순서도로는 명확하지 않아서 제어구조를 쉽게 파악할 수 있는 설계 도구로 나씨-슈나이더만 다이어그램을 소개합니다.

2장은 이 책에서 풀 문제에 대해 설명하고, 어떻게 풀어야 하는지에 대해 힌트를 제시합니다.

3장, 4장 그리고 5장에서는 하나의 문제를 가지고 여러 개의 해결책을 만드는 방법에 대해서 다양한 반복구조를 적용하여 설명하도록 하겠습니다.

하나의 문제에 대해 한 개의 해결책을 찾는 것보다 여러 개의 해결책을 찾아서 장단점을 파악하고 있는 것이 중요합니다. 하나의 문제이지만 상황에 따라 적절한 해결책을 적용해야 하기 때문입니다.

6장에서는 문제 유형을 일반화하여 유사한 문제를 해결할 때 적용하는 방법에 대해서 정리하도록 하겠습니다.

7장과 8장에서는 나씨-슈나이더만 다이어그램을 가지고 C 언어와 JAVA 언어로 구현하는 방법을 배우면서 표준화된 제어논리에 대해 더욱더 이해하도록 합시다.

9장은 입력이 없고 반복횟수가 정해진 문제 유형에 대해 몇 개의 문제를 제시하고 있습니다. 여러분이 직접 풀어보도록 합시다.

Contents
C & JAVA Programming

01 나씨-슈나이더만 다이어그램,
　　 순서도의 흐름선을 없애면 어떻게 될까요? ... 9

02 어떠한 문제를 어떻게 잘 풀까요? ... 43

03 후 검사 반복구조, 먹고 난 후에는
　　 어떠한 일이 벌어질까요? ... 49

04 선 검사 반복구조, 먹기 전에
　　 밥값부터 확인하면 어떠할까? ... 181

05 입력 없이 반복횟수가 정해졌을 때
　　 문제는 어떻게 풀까요? ... 257

06 정리해 봅시다. ... 409

07 나씨-슈나이더만 다이어그램을 보고
　　 C 언어로 구현해 봅시다. ... 413

08 나씨-슈나이더만 다이어그램을 보고
　　 JAVA 언어로 구현해 봅시다. ... 449

09 연습해 봅시다. ... 481

Chapter 01

나씨-슈나이더만 다이어그램
(Nassi-Schneiderman Diagram),
순서도의 흐름선을 없애면
어떻게 될까요?

C PROGRAMMING
JAVA PROGRAMMING

01 :: 나씨-슈나이더만 다이어그램, 순서도의 흐름선을 없애면 어떻게 될까요?

> 순서도는 흐름선으로 발생하는 많은 단점 때문에 좋은 설계 도구로는 부적합합니다. 그래서 순서도의 모든 단점을 유발하는 흐름선을 제거한 새로운 설계 도구인 나씨-슈나이더만 다이어그램(혹은 나씨-슈나이더만 챠트)을 소개합니다.
>
> 나씨-슈나이더만 다이어그램을 사용하지 않더라도 이러한 형태의 다이어그램으로 표현된 제어논리를 보면 프로그램의 구조를 쉽게 파악할 수 있습니다. 원시 코드나 처리 과정에서는 쉽게 볼 수 없는 제어구조를 일목요연하게 보여주기 때문입니다.

순서도의 단점과 설계 도구

오른쪽에 성적을 평가하는 문제에 대해 작성된 순서도를 봅시다. 제어 흐름은 흐름선을 이용하여 작도하고 있습니다. 이때 흐름선을 작도하는 데 있어 명확한 규칙이 없어 아무 데나 갈 수 있습니다. 따라서 흐름선을 작도하는 데 어떠한 규칙을 적용하지 않고 작도된 순서도는 오른쪽에 있는 순서도 보다는 상하 좌우로 일정하지 않은 모양으로 벌어질 수 있습니다. 따라서 산만해 보이고, 같은 생각이라도 다르게 보일 수 있습니다.

또한, 연결자 기호나 페이지 연결자 기호를 사용할 수 있어, 더욱더 산만하게 작도될 수 있어 같은 생각이라도 다르게 표현될 수 있습니다. 이러한 점들은 순서도의 단점이고, 따라서 순서도가 좋은 설계도구가 아니라는 것을 말하는 것입니다.

순서도 작도의 표준화

순서도는 아직도 여러 분야에서 설계도구로 많이 사용되고 있습니다. 그래서 이 책에서는 순서도의 단점들을 될 수 있으면 없애고, 오른쪽에서 볼 수 있는 정형화된 순서도를 작도하는데 약간의 규칙에 따라서 그리도록 하고 있습니다.

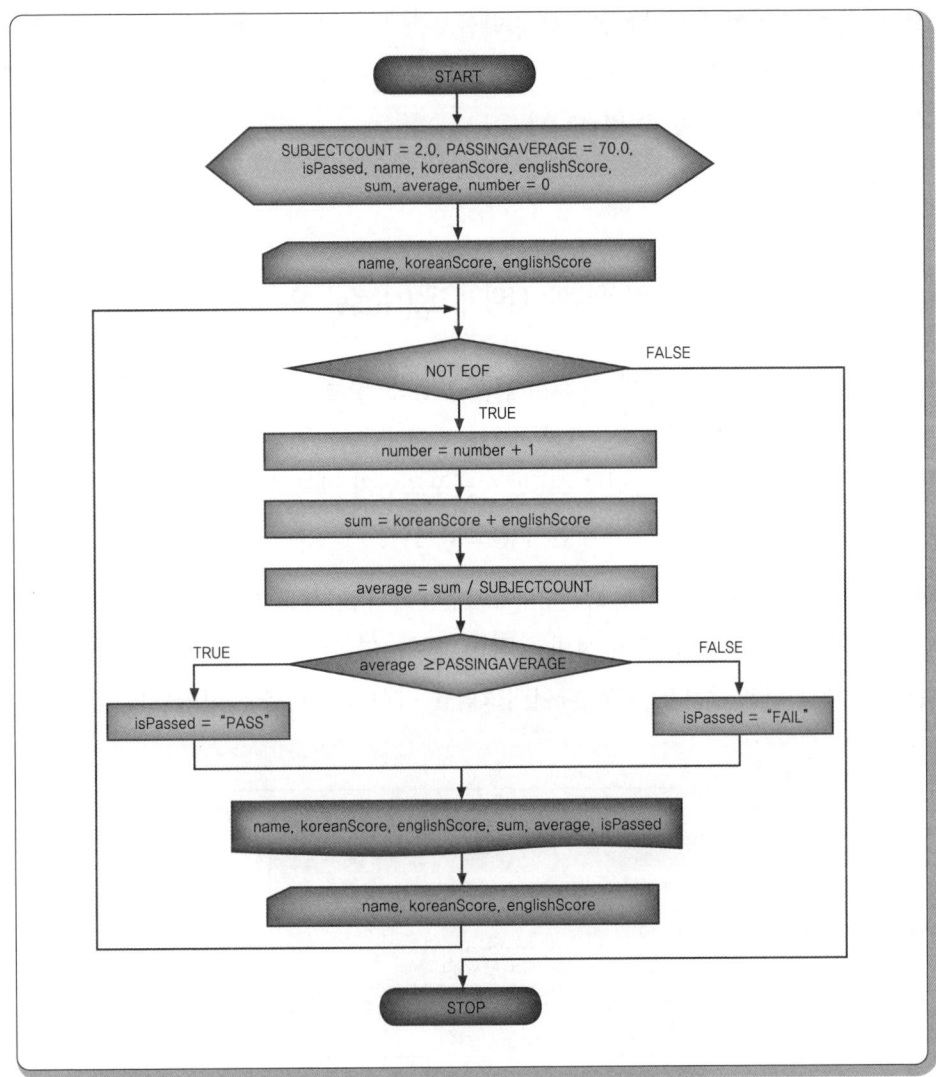

❶ 흐름의 방향은 위쪽에서 아래쪽으로, 왼쪽에서 오른쪽으로 향하는 것을 원칙으로 합니다.
❷ 이에 반하면 반드시 화살표를 사용합니다.
❸ 특히 반복구조에서 흐름 방향이 아래쪽에서 위쪽으로 정해져야 하는데 이때는 반드시 화살표를 이용하여 반복할지 말지를 결정하는 판단기호의 위쪽으로 향하도록 작도되어야 합니다. 그리고 그러한 흐름선은 왼쪽에 배치하도록 합니다.

❹ 선택구조에서는 하나의 분기점에서는 연산자를 기호 안에 표현해서 TRUE, FALSE로 분기하도록 표준화합니다. 이러한 방식으로 하면 어떠한 선택구조도 한순간에는 양자 선택구조로 단순화시킬 수 있습니다.

순서도의 단점과 나씨-슈나이더만 다이어그램(Nassi-Schneiderman Diagram)

이러한 방식으로 표준화시킨다고 해서 근본적인 문제를 해결할 수 없습니다. 오른쪽에 작도된 순서도를 한 번 보십시오. 선택구조나 반복구조를 구분할 기호가 따로 있는 것이 아니라 비교 및 판단기호와 흐름선을 보고, 선택구조인지 반복구조인지를 판단해야 합니다. 이러한 문제를 해결하기 위해서는 대안이 필요합니다.

나씨-슈나이더만 다이어그램 혹은 나씨-슈나이더만 챠트(Nassi-Schneiderman Chart)를 사용해 봅시다. 학생의 성명과 국어 점수, 영어 점수가 입력될 때, 성적을 평가하는 문제에 대해 나씨-슈나이더만 다이어그램을 작성하면 다음과 같습니다.

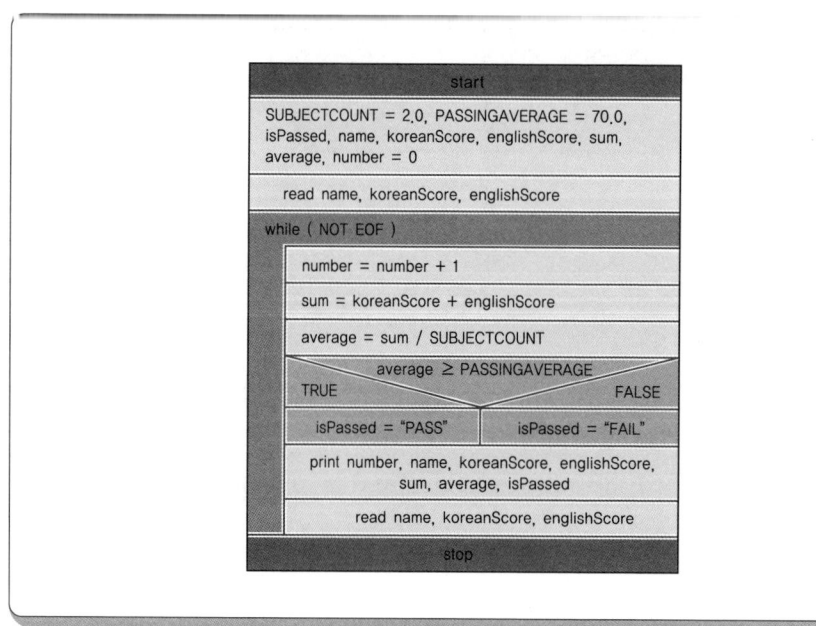

나씨-슈나이더만 다이어그램에서는 기본적으로 순서도에서 발생하는 문제들을 일으키는 화살표와 연결자 기호를 사용하지 않습니다. 대신에 기본적으로 사각형을 사용하여 제어흐름을 나타내고 있습니다. 그것도 세 가지의 기호, 다른 말로는 세 가지의 제어구조만으로 논리를 표현하고 있습니다. 이러한 기본구조는 입구와 출구를 각각 하나씩 가지도록 작도됩니다. 따라서 전체적인 프로그램 구조를 일목요연하게 볼 수 있습니다.

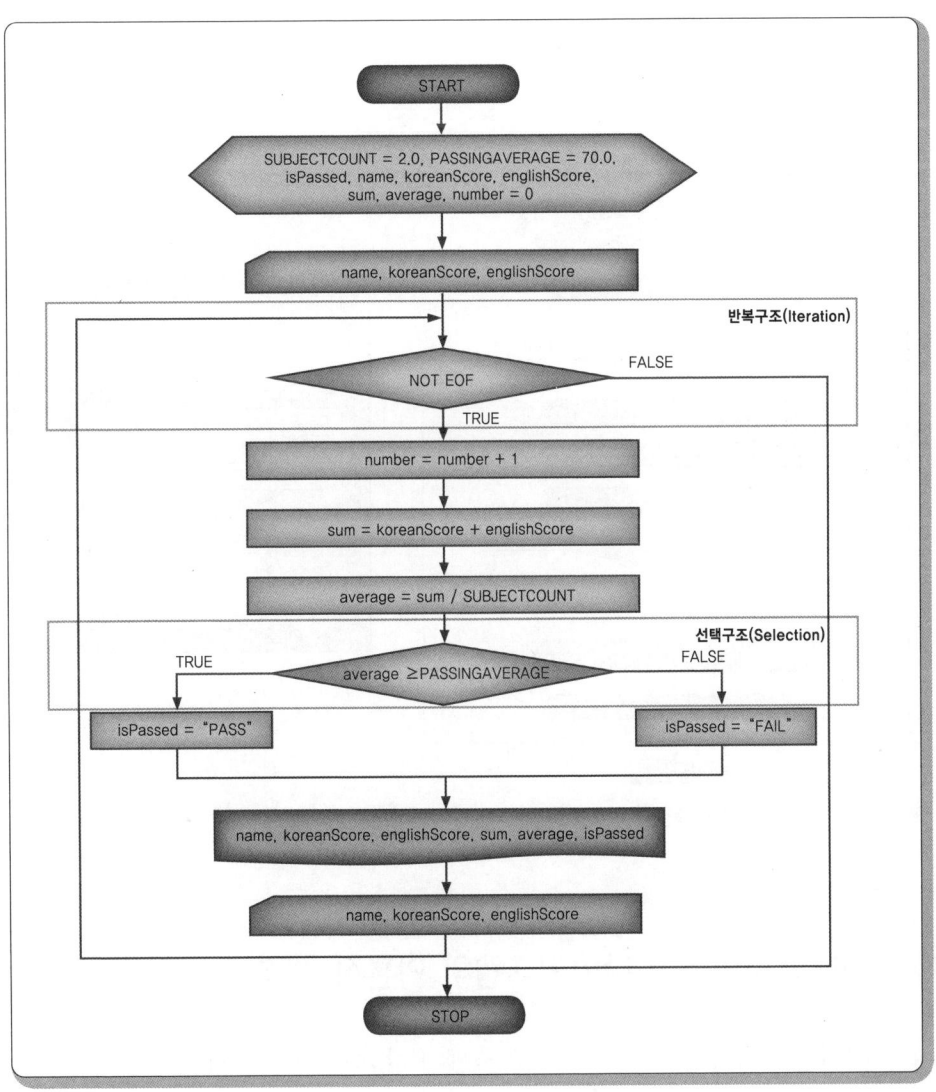

순서도에서 비교 및 판단기호는 선택구조일 때에도 사용되지만, 반복구조에서도 사용됩니다. 따라서 비교 및 판단기호를 사용한 제어구조가 선택구조인지 반복구조인지를 판단하기 위해서는 흐름선을 보고 판단해야 합니다. 순서도의 왼쪽에 흐름선이 위쪽으로 향하도록 작도되어 있으면 반복구조로 판단해야 합니다. 이렇게 순서도에서 제어구조를 확인하는 것이 번거롭습니다.

그렇지만 나씨-슈나이더만 다이어그램은 순서도 보다는 더욱더 명확하게 제어구조를 확인할 수 있습니다.

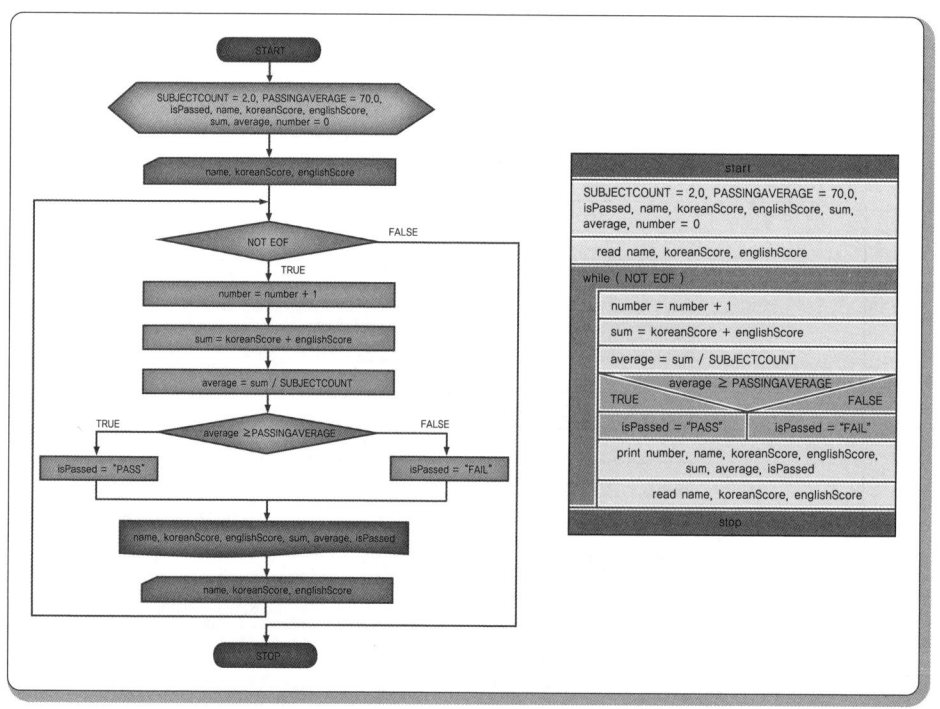

 ## 나씨-슈나이더만 다이어그램의 이론적 배경과 장단점

나씨-슈나이더만 다이어그램은 기본적으로 뵘(Bohm)과 야코피니(Jacopini)가 주장한 프로그램의 제어구조는 단 세 가지, 순차, 선택, 반복구조로 충분히 표현할 수 있다는 사실을 바탕으로 합니다. 특히 구조화 프로그래밍으로 프로그램을 만들려는 방법으로 고안되었습니다.

- 구조화 프로그래밍(Structured Programming, SP)
1960년대 중반에 제창되기 시작한 프로그래밍 방법론. 쉽게 이해할 수 있고 검증할 수 있는 프로그램 코드를 생성하는 것이 주목적. 구조화 프로그래밍의 특징은 큰 프로그램을 단계적으로 나누어 작성하는 하향식 프로그래밍, 한 모듈 안에서는 순차, 선택, 그리고 반복의 3가지 제어구조만을 사용하고, 되도록 GOTO 문을 사용하지 않는 것, 프로그램의 가독성(readability)을 높이기 위해 들여쓰기, 주석 등과 문서화를 철저히 하는 것 등임

장점

나씨-슈나이더만 다이어그램은 배우기 쉽고, 읽기 쉬우며, 원시 코드로 전환이 쉬운 장점을 가지고 있습니다. 무엇보다도 구조화 프로그램이 될 수 있도록 설계할 수 있다는 점이 큰 장점입니다.

단점

반면에 가장 큰 단점은 다이어그램을 변경하기가 쉽지 않다는 것입니다. 순서도처럼 화살표의 방향만을 고치면 되는 것보다는 사각형을 이동하고, 크기를 늘리거나 줄여서 조정해야 하므로 번거롭다는 것입니다.

나씨-슈나이더만 다이어그램의 구성요소 : 토큰(Token)

나씨-슈나이더만 다이어그램에서 의미 있게 사용되는 단어나 기호들을 토큰이라고 합니다. 나씨-슈나이더만 다이어그램에서 각각의 역할에 따라 예약어, 식별자, 연산자, 상수, 구두점, 기호로 크게 나누고 있습니다. 토큰을 정리합시다.

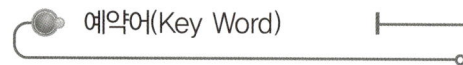 예약어(Key Word)

나씨-슈나이더만 다이어그램에서 이미 특별한 의미가 정해진 단어입니다. 따라서 식별자로 사용할 수 없습니다. 나씨-슈나이더만 다이어그램에서는 대소문자를 구분합니다. 따라서 예약어나 식별자를 만들 때 이 점을 명심하도록 합시다.

- 링크(Link)
  주소를 저장하는 특정 기억장소

번호	단어	의미
1	AND	논리곱 연산자
2	default	case 구조에서 기본 처리 영역에 대한 레이블
3	EOF	파일의 끝(End of File)에 대한 값
4	FALSE	거짓에 대한 논리 값
5	for	반복횟수가 정해진 선 검사 반복구조
6	line feed	줄 바꿈 명령어
7	NOT	논리 부정 연산자
8	null	주소를 저장하는 기억장소인 링크에 대한 초기값
9	OR	논리합 연산자
10	print	출력 명령어
11	read	입력 명령어
12	start	나씨-슈나이더만 다이어그램의 시작
13	stop	나씨-슈나이더만 다이어그램의 끝
14	TRUE	참에 대한 논리 값
15	until	반복횟수가 정해지지 않은 후 검사 반복구조
16	while	반복횟수가 정해지지 않은 선 검사 반복구조

식별자(Identifier)

나씨-슈나이더만 다이어그램에서 작성자에 의해 혹은 개발자에 의해서 의미가 정해지는 이름(Name)입니다. 키워드(Key Word)는 사용할 수 없습니다.

나씨-슈나이더만 다이어그램에서 기억장소에 저장되는 값을 정의하기 위해 사용되는 이름입니다. 변수(Variable), 배열(Array) 그리고 기호상수(Symbolic Constant) 이름으로 구분됩니다.

- 토큰(Token)
  언어의 어휘 구조(Lexical Structure)의 구성 요소로, 컴파일러(Compiler) 관점에서 의미(meanings)가 있는 최소 구성 요소

- 기억장소(Stoarge)
  식별할 수 있는 고유 주소를 가지고, 하나의 값을 저장할 수 있는 기억장치내의 특정 영역

- 변수(Variable)
  나씨-슈나이더만 다이어그램에서 값을 나타내는 문자나 문자들의 집합인 이름(Name)으로 컴퓨터 프로그램의 실행 중에는 주소에 대응하고, 이 값은 프로그램을 실행할 때마다 또는 프로그램 내의 단계에 따라 변할 수 있는 값을 뜻함

- 배열(Array)
  같은 자료 유형의 데이터를 저장하는 변수들의 집합으로 기억장치에 순차적으로 저장된 목록을 의미

상수(Constant)

나씨-슈나이더만 다이어그램 또는 프로그램이 실행되는 동안에 바뀌지 않는 값을 의미합니다. 상수의 종류는 자료 유형에 따라 정수, 실수, 문자, 논리 그리고 문자열 상수로

구분합니다.

- 정수 상수는 10, 0, 그리고 -55와 같이 소수점이 없는 수를 말합니다.
- 실수 상수는 1.0, 125.9 그리고 -11.3과 같이 소수점이 있는 수를 말합니다.
- 문자 상수는 'a', 그리고 'K'와 같이 영문자 한 글자를 의미합니다. 항상 작은 따옴표(' ')로 감싸서 표현합니다. 빈 칸은 ' ' 안에 스페이스 키를 눌러 한 문자를 입력해야 합니다.
- 논리 상수는 참일 때 TRUE, 그리고 거짓일 때 FALSE 입니다.
- 문자열 상수는 "Dandi", "Parkcom", "Gaya" 혹은 "a"와 같이 여러 개의 문자들이 모여 있는 형태를 의미합니다. 항상 큰 따옴표(" ")로 감싸서 표현하며 문자 상수도 큰 따옴표로 감싸서 표현하면 문자열 상수가 됩니다.

기호상수(Symbolic Constant)

- 상수에 의미 있는 명칭을 지어, 상수에 대한 이해를 좀 더 높이기 위해 사용하는 명칭입니다.
- 같은 값이라도 다른 의미이면 다른 명칭을 짓도록 합니다.
  예를 보면 아래와 같습니다.
* MAX = 100

    100이라는 정수 상수에 최댓값이란 의미로 MAX라고 명칭을 지어 사용하도록 합니다.
* PI = 3.141592

    3.141592라는 실수 상수에 PI라는 의미 부여합니다.

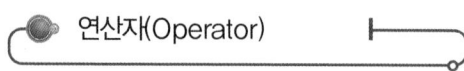

연산자(Operator)

주어진 값, 즉 피연산자(Operand)에 대해서 실행되는 평가를 규정하는 기호 또는 문자열을 말합니다. 쉽게 말해서 산술, 관계 그리고 논리 연산에서 연산의 종류를 나타내기 위해 사용되는 기호입니다.

- 평가(Evaluation)
  수식에서 값을 구하는 행위

번호	기호	의미
1	()	배열요소에 저장된 값을 읽거나 쓰고자 할 때 주어지는 위치, 즉 첨자의 배열요소에 저장된 값을 나타내는 첨자 연산자라고 합니다.
2	.	할당된 기억장소 안에 이름을 갖는 작은 기억장소인 멤버(Member)에 접근할 때 사용하는 연산입니다. 멤버 연산자입니다.
3	=	순차구조 기호에서는 사용되는 치환 혹은 대입 연산자로 왼쪽에 적혀진 기억 장소에 오른쪽에서 평가된 값을 저장합니다.
4	+	순차구조 기호에서 주어진 두 개의 값에 대해 합을 구합니다.
5	−	순차구조 기호에서 주어진 두 개의 값에 대해 차를 구합니다.
6	*	순차구조 기호에서 주어진 두 개의 값에 대해 곱을 구합니다.
7	/	순차구조 기호에서 주어진 두 개의 값에 대해 실수 값을 구합니다.
8	^	순차구조 기호에서 주어진 두 개의 값에 대해 제곱을 구합니다.
9	>	선택구조 기호와 반복구조 기호에서 왼쪽 값이 오른쪽 값보다 크면 참, 그렇지 않으면 거짓을 구합니다.
10	≥	선택구조 기호와 반복구조 기호에서 왼쪽 값이 오른쪽 값보다 크거나 같으면 참, 그렇지 않으면 거짓을 구합니다.
11	<	선택구조 기호와 반복구조 기호에서 왼쪽 값이 오른쪽 값보다 작으면 참, 그렇지 않으면 거짓을 구합니다.
12	≤	선택구조 기호와 반복구조 기호에서 왼쪽 값이 오른쪽 값보다 작거나 같으면 참, 그렇지 않으면 거짓을 구합니다.
13	=	선택구조 기호와 반복구조 기호에서 왼쪽 값과 오른쪽 값이 같으면 참이고, 같지 않으면 거짓을 구합니다.
14	≠, <>	선택구조 기호와 반복구조 기호에서 왼쪽 값과 오른쪽 값이 같지 않으면 참이고, 같으면 거짓을 구합니다.
15	AND	선택구조 기호와 반복구조 기호에서 두 개의 논리 값에 대해 모두 참일 때 참이고, 그렇지 않으면 거짓을 구합니다.
16	OR	선택구조 기호와 반복구조 기호에서 두 개의 논리 값에 대해 모두 거짓일 때 거짓이고, 그렇지 않으면 참을 구합니다.
17	NOT	선택구조 기호와 반복구조 기호에서 참이면 거짓으로 거짓이면 참을 구합니다.

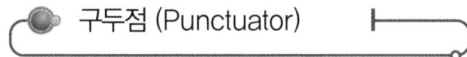

구두점 (Punctuator)

나씨-슈나이더만 다이어그램에서 의미를 강조하기 위해서 사용되는 기호입니다.

번호	기호	의미
1	()	배열을 선언하는 순차구조 기호에서 배열이라는 것을 강조합니다.
2	=	변수를 선언하는 순차구조 기호에서 뒤에 적히는 값은 초깃값임을 강조합니다.

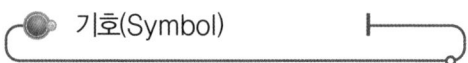

기호(Symbol)

제어구조에 대해 모든 사람이 이해할 수 있고 누구나 식별할 수 있는 일정한 기호를 사용합니다.

01 ››› 순차구조 기호

전산에서 제어 흐름은 기본적으로 위쪽에서 아래쪽으로 그리고 왼쪽에서 오른쪽으로 진행하는 것을 기본으로 합니다. 이러한 제어구조를 순차구조(Sequence)라고 하고, 이러한 제어구조를 나타내기 위해 사용하는 기호입니다. 다이어그램에서 수직으로 연속되는 사각형으로 표현됩니다.

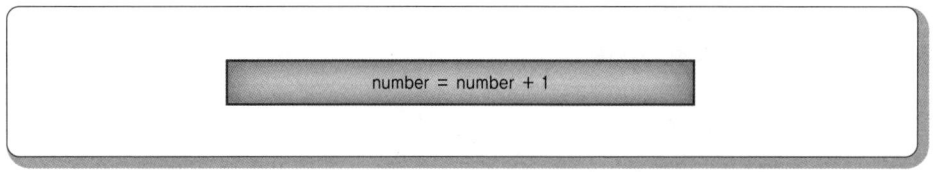

기본적으로 위쪽에서 아래쪽으로 1회씩 실행하거나 평가하는 식을 표현하기 위해 사용하는 기호입니다.

순서도에서 사용되는 기호들, 단말기호, 준비기호, 처리기호, 입력기호, 출력기호 그리고 입출력기호에 대해 순차구조 기호로 나타내면 됩니다.

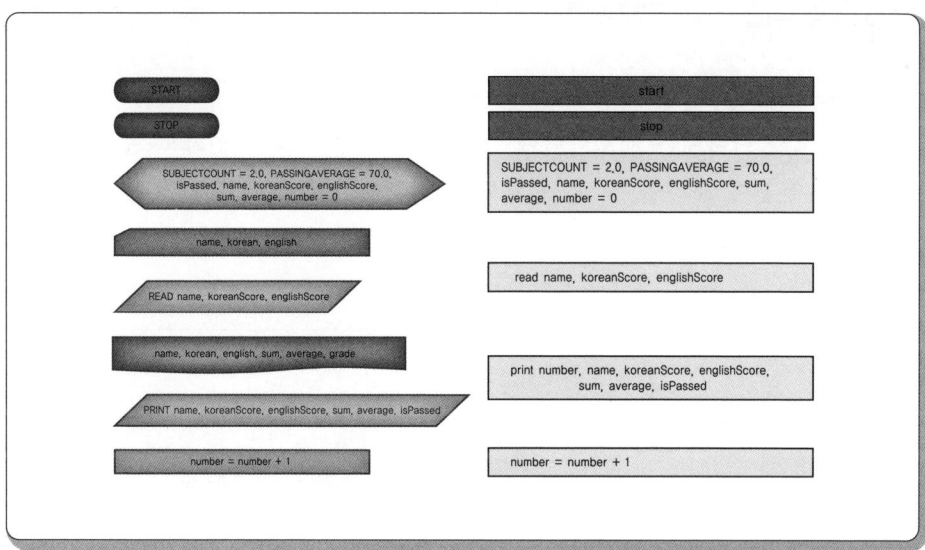

따라서 성적을 평가하는 순서도에서 순차구조에 대해 나씨-슈나이더만 다이어그램으로 정리하면 다음과 같습니다.

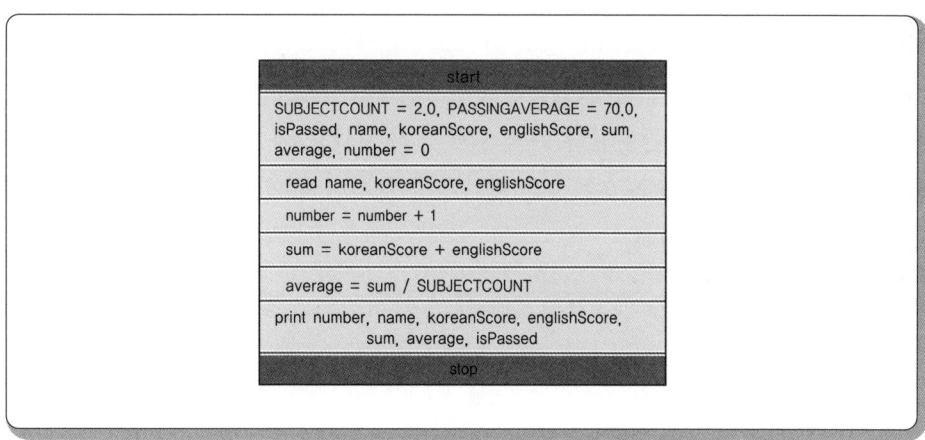

02》 선택구조 기호

선택구조(Selection)는 한 가지 이상의 작업들에서 택일하는 제어 흐름을 표현합니다. 이러한 제어구조를 나타내는 기호입니다. 기본적으로 두 개의 사선으로 나누어진 사각형에서 역삼각형 부분에 조건을 적고, 선택되는 처리는 TRUE나 FALSE가 적힌 삼각형 아래쪽에 다시 제어구조 기호(들)를 그리고 식(들)을 적습니다.

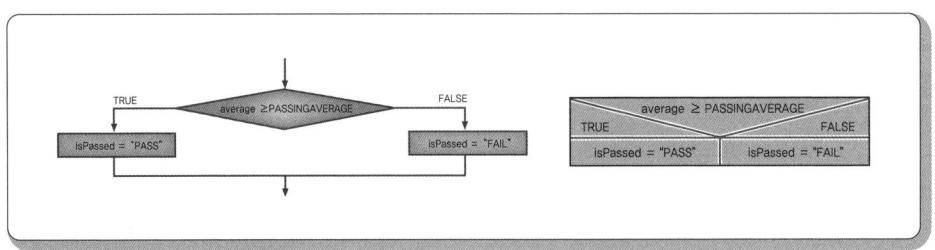

성적을 평가하는 처리에서 양자 선택구조는 조건을 적은 사각형 밑에 두 개의 순차구조 기호를 작도하고, 조건이 참인 경우와 거짓일 경우 실행될 작업을 식으로 나타냅니다.

• 단순 선택구조

어떠한 처리를 할지 말지를 결정하는 선택구조입니다. 조건식을 평가해서 참이면, 제어 논리를 실행하고 그렇지 않으면 건너 띄는 선택구조입니다. 예로 섭씨온도가 입력되면, 화씨온도로 변환하는 제어논리로 조건식을 평가해서 참이면 화씨온도로 변환하고, 거짓이면 변환하지 않는 선택구조입니다.

처리할 것이 없다는 표현은 화살표를 위쪽에서 아래쪽으로 작도하여 아래쪽으로 진행된다는 것을 나타내면 됩니다.

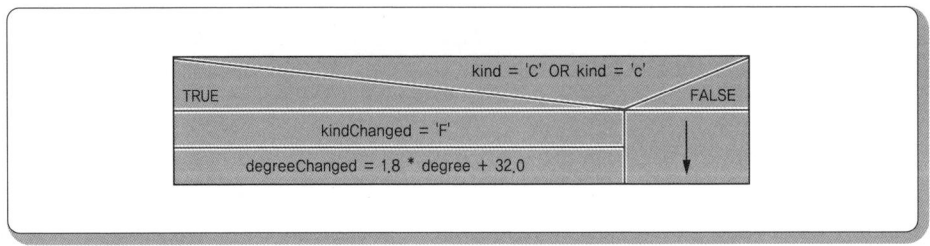

• 양자 선택구조

두 개의 처리 중에서 한 개를 정하는 선택구조입니다. 조건식을 평가했을 때 참일 때와 거짓일 때 처리해야 할 내용을 결정하는 선택구조입니다.

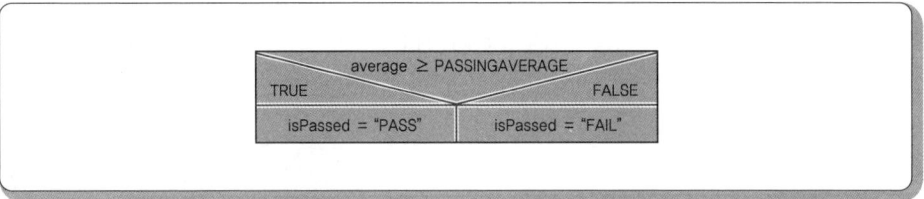

• 다중 선택구조

여러 개의 처리 중에서 한 개를 정하는 선택구조입니다. 조건식을 평가했을 때 거짓이면, 다시 다른 조건식을 평가하도록 하는 방식으로 조건에 맞는 처리를 결정하도록 하는 선택구조입니다. 예로서 평균에 따라 학점을 받는 경우로 90.0 이상이면 'A', 80.0 이상이면 'B' 그리고 60점 미만이면 'F'로 학점을 매기는 선택구조입니다.

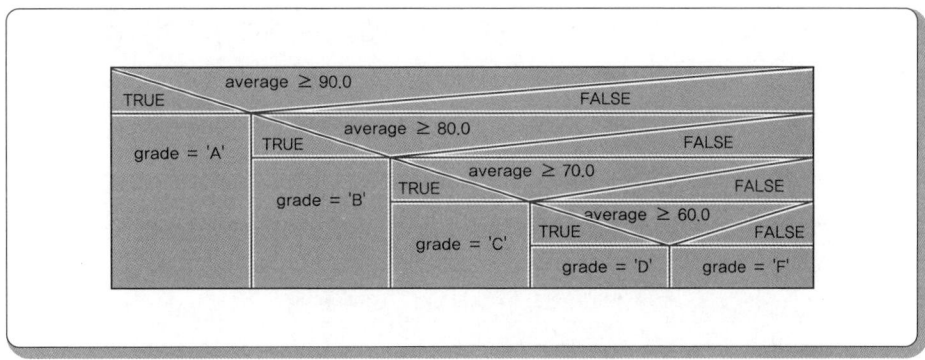

• case 구조

다중 선택구조에서 조건식에 사용되는 값이 정수이고, 같은지에 대한 등가 비교를 하는 선택구조인 경우, 표현을 단순화하기 위해서 사용되는 선택구조입니다.

예로서 정수로 입력된 학년에 대해 학년 문자열을 정하는 선택구조를 봅시다. year에 저장된 값이 1과 같으면, "FRESHMAN"이란 문자열로 메시지를 만들고, year에 저장된 값이 2와 같으면, "SOPHOMORE" 문자열로 메시지를 만듭니다. 이러한 방식으로 조건식에 사용된 변수에 저장된 값과 정수형 상수에 대해 같은지 등가 비교를 하여 참이면, 해당 문자열 메시지를 만들고, 그렇지 않으면 다음에 주어진 조건식을 평가하여 결과에 맞는 문자열 메시지를 만드는 다중 선택구조입니다.

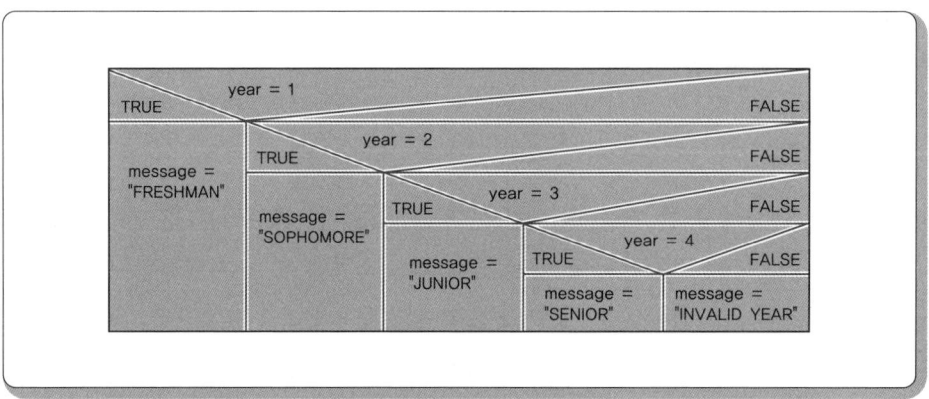

다중 선택구조는 조건식이 많아지면, 작도하기가 어렵고, 이해하기도 어려운 단점을 갖습니다. 이러한 점들을 해결하기 위한 선택구조를 제시하고 있는데 이것이 case 구조입니다.

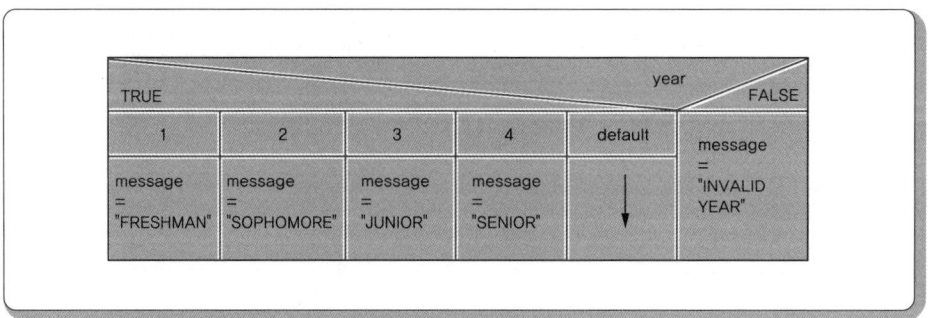

역삼각형 영역에 조건식을 적는 것이 아니라 조건식에 사용되는 변수만을 적어야 합니다. 그리고 조건식을 평가했을 때 참인 경우, TRUE가 적힌 삼각형의 밑변의 길이만큼 처리해야 하는 작업을 나타내면 됩니다.

TRUE가 적힌 삼각형 아래쪽에 순차구조 기호를 왼쪽에서 오른쪽으로 나란히 그리고 변수가 가질 수 있는 값들을 차례대로 적습니다. 그리고 각각 값이 적힌 순차구조 기호 아래에 실행해야 하는 처리를 적으면 됩니다.

변수가 가질 수 있는 값들 외에 처리해야 하면 마지막에 default라고 하는 키워드를 적고, 밑에 처리를 적어 나타내야 합니다. 여기서는 "처리 없음"을 나타내므로 아래쪽으로 향하는 화살표를 작도했습니다.

이때 조건식에 사용되는 변수와 상수에 대한 자료형은 반드시 정수이어야 합니다. 실수는 절대로 될 수 없습니다. 왜냐하면, 실수는 소수점 이하 자리에 대해 명확한 규정이 없어서 등가 비교를 했을 때 구해지는 값을 믿을 수 없기 때문입니다. 따라서 앞으로는 실수형에 대해 등가 비교를 하지 않도록 합시다.

case 구조는 프로그래밍 언어에서는 switch ~ case에 해당하는 제어구조를 표현한 것입니다.

03》 반복구조 기호

반복구조(Iteration)는 조건에 따라 특정 작업(들)이 여러 번 처리되도록 하는 제어 흐름을 표현하는 구조입니다. 이러한 제어구조를 나타내는 기호입니다. 기본적으로 ㄱ자형 기호이거나 ㄴ자형 기호입니다.

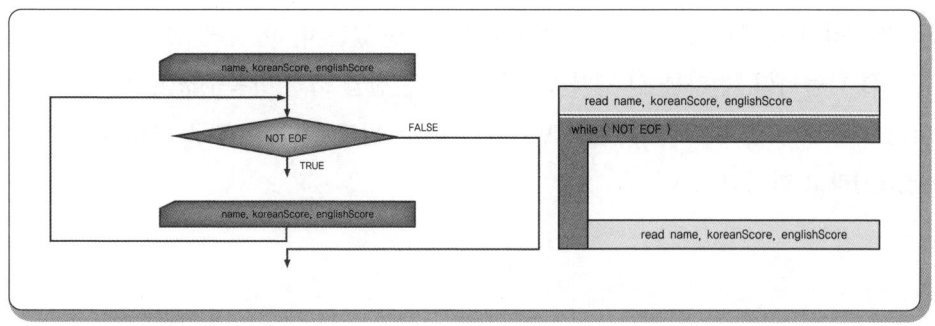

반복구조 기호를 사용해서 반복구조를 작도하는 데 필요한 개념들을 정리합시다. 반복구조를 표현하는 데 사용되는 중요한 값이 있습니다. 몇 번째 반복하고 있는지에 대한 횟수를 나타내는 값입니다. 따라서 변하는 값입니다. 이 값을 저장할 기억장소가 하나 필요하고, 저장된 값에 따라 반복할지를 결정하는데, 이것을 반복제어변수라고 합니다.

따라서 반복제어변수에 저장되는 값을 바꾸고, 이용하여 반복할지 말지를 결정해야 하므로 최소한 세 개의 식이 사용되어야 합니다. 반복제어변수에 최초로 값을 쓰는 식(초기식), 반복제어변수를 사용하여 반복할지 말지를 결정하는 식(조건식) 그리고 반복제어 변수에 저장된 값을 변경하는 식(변경식)으로 반복구조는 만들어져야 합니다. 기술되는 순서는 초기식, 조건식 그리고 변경식입니다. 반복제어변수는 관습적으로 i부터 시작하여 필요한 개수만큼 알파벳 순서대로 j, k, l, m 등등 만들어서 사용합니다.

아래 반복구조는 100000번 반복하도록 하는 구조입니다. 반복제어변수 i에 초기값으로 1을 설정하여 시작하고, 변경식에서 1씩 증가하기 때문에 조건식이 100000보다 작거나 같은 동안 반복하도록 하면 됩니다.

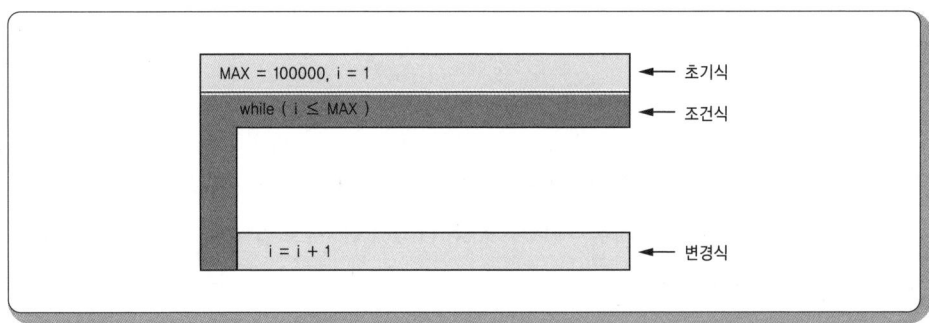

이때 조건식이 반복해서 처리해야 하는 내용 앞에 있는지, 아니면 뒤에 있는지에 따라 반복구조를 나눕니다. 전자를 선 검사 반복구조 혹은 진입 조건 반복구조(Entry Condition Iteration)라고 하고, 후자를 후 검사 반복구조 혹은 탈출 조건 반복구조(Exit Condition Iteration)라고 합니다.

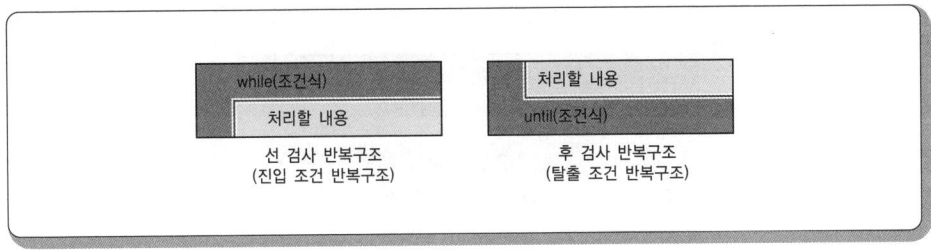

• 선 검사 반복구조 혹은 진입 조건 반복구조

조건식을 평가하는 것을 반복하기 전에 하는 경우, 조건식은 처리할 내용이 적힌 사각형 위에 「자형 기호에 적습니다. 조건이 만족하면, 아래 사각형 안에 기술된 작업이 실행됩니다. 「자형의 영역에서 제일 밑에 있는 작업 후에는 다시 조건식을 평가하여 참이면 다시 반복 실행되고, 거짓이면 반복구조에서 빠져나갑니다.

선 검사 반복구조는 다시 제어논리를 만들 때 반복횟수가 정해지지 않았을 때 while 반복구조와 반복횟수가 정해졌을 때 for 반복구조로 구분됩니다.

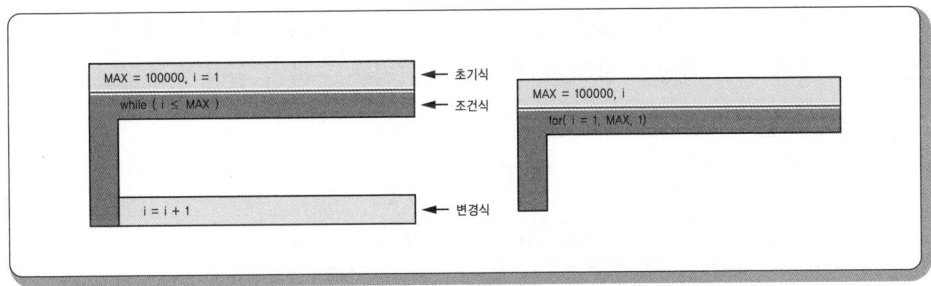

while 반복구조

선 검사 반복구조로 조건식을 평가했을 때 참이면 반복하고, 거짓이면 탈출하는 구조입니다. 제어논리를 작성할 때 반복횟수가 정해지지 않으면 사용하는 반복구조입니다.

다음 페이지에 있는 나씨-슈나이더만 다이어그램은 100000까지 자연수 중에서 7의 배수 개수를 구하는 제어논리를 작성한 것입니다. 어떻게 작성하는지는 다음 장들에서 설명합니다. 여기서는 while 반복구조를 어떻게 작도하는지에 집중하도록 합시다.

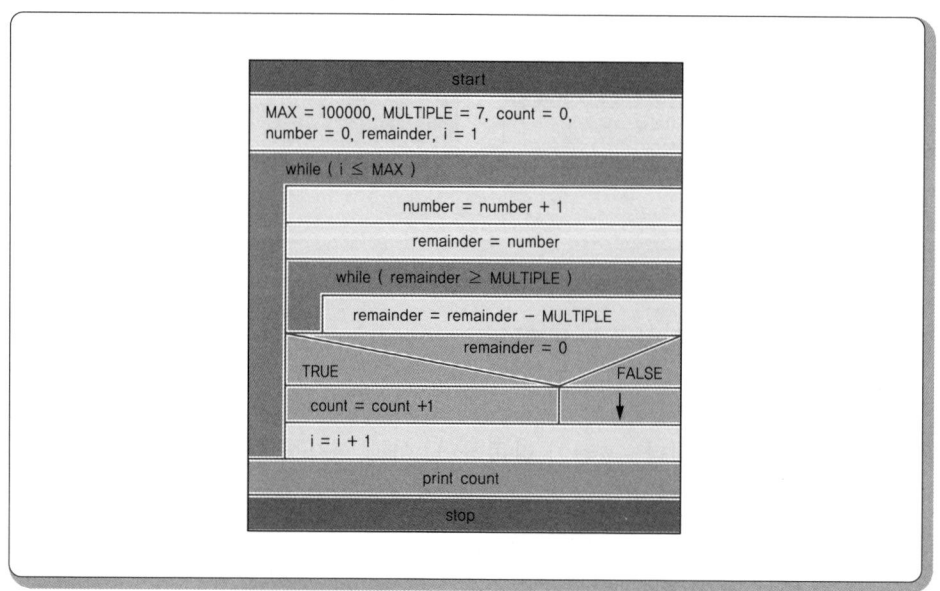

while 반복구조가 두 개 사용되고 있습니다. 100000까지 반복하는 while 반복구조와 1부터 시작해서 100000까지 자연수들에서 7의 배수인지 확인하기 위해서 자연수를 7로 나누었을 때 구해지는 나머지를 구하기 위해서 사용한 while 반복구조입니다. while 반복구조를 사용해야 하는 가장 이상적인 경우는 나머지를 구하기 위한 반복구조입니다.

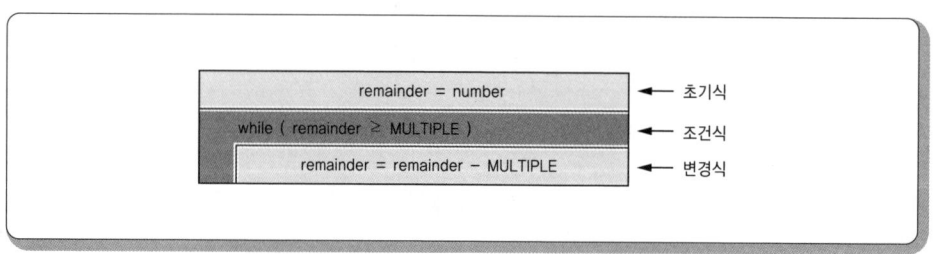

「 기호 앞에 반복제어변수에 대해 초기식을 작성해야 하므로 반드시 순차구조 기호가 작도되어야 합니다. 다음에 「 모양의 반복구조 기호가 작도되어야 합니다. 「 기호에 while 키워드를 적습니다. 조건식을 적기 위해서 소괄호를 여닫아야 합니다. 소괄호에 관계식과 논리식으로 구성된 조건식을 작성하면 됩니다. 그리고 반복해서 처리하는 「 기호 영역에서 가장 아래쪽에 순차구조 기호를 작도합니다. 왜냐하면, 반복제어변수에 대해 변경식을 작성해야 하기 때문입니다. 대개 변경식은 더하기와 빼기 같은 산술식과 치환식으로 구성되는 복합수식입니다.

for 반복구조

선 검사 반복구조로 제어논리를 작성할 때 반복횟수가 정해지면 작도하는 반복구조입니다. 100000까지 자연수 중에서 7의 배수를 구하는 제어논리에서 100000까지 반복하는 제어구조는 제어논리를 작성하는데 이미 반복횟수가 정해진 경우입니다. 이럴 때 while 반복구조보다는 for 반복구조를 사용하는 것이 좋습니다.

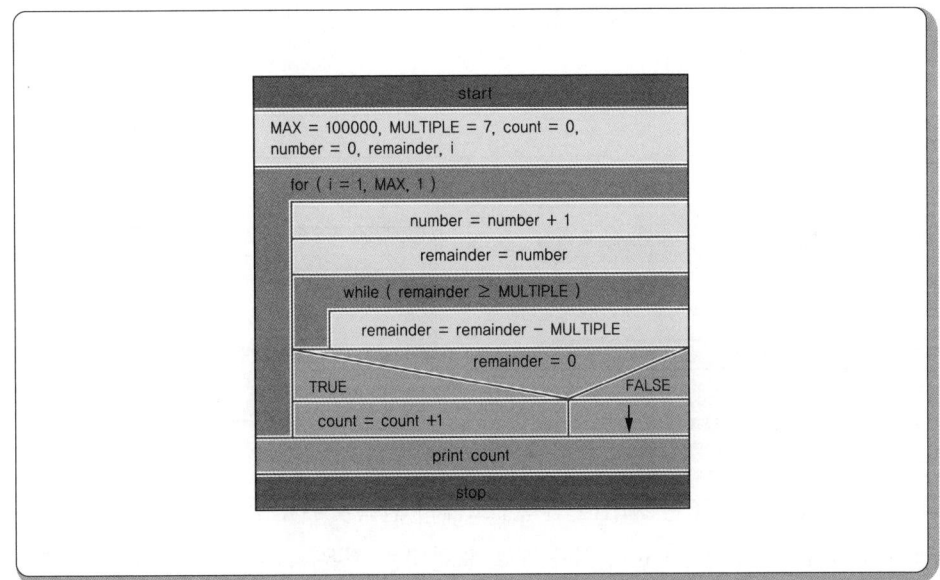

「 기호에 for 키워드를 적습니다. 그리고 반복구조를 구성하는 식들 - 초기식, 조건식 그리고 변경식 - 을 나타내기 위해서 소괄호를 여닫습니다. 소괄호에 차례대로 초기식을 맨 처음 작성합니다. 그리고 조건식과 변경식을 작성하지는 않습니다. 조건식을 작성할 수 있다면 반복횟수가 일정할 수 없겠지요. 그래서 조건식에 사용되는 최대값인 상수와 변경식에서 더할 때 사용되는 상수를 쉼표로 구분하여 적어야 합니다.

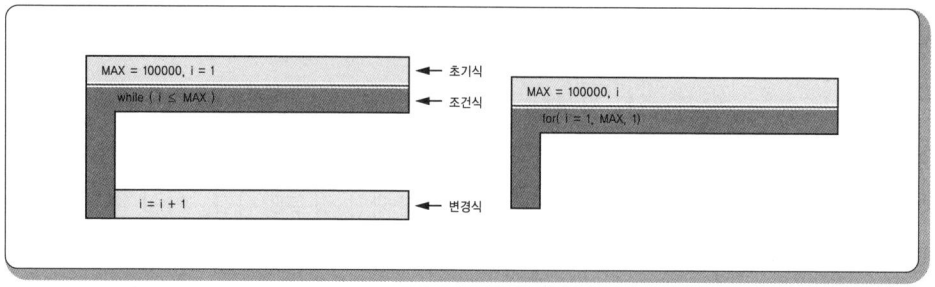

그렇지 않으면 조건식에 사용되는 최솟값인 상수와 변경식에서 뺄 때 사용되는 상수를 쉼표로 구분하여 적어야 합니다.

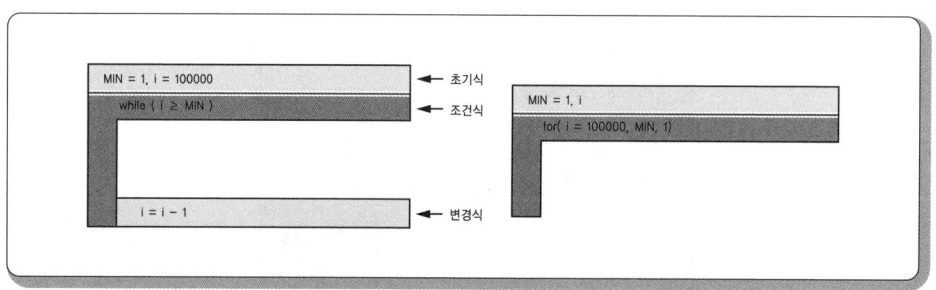

개념적으로 for 반복구조는 while 반복구조에서 반복횟수가 유한한 반복구조를 단순화한 반복구조입니다. 따라서 for 반복구조로 표현되는 것은 while 반복구조로 표현할 수 있습니다. 그러나 while 반복구조로 표현되는 것은 모두가 for 반복구조로 표현되는 것은 아닙니다.

• 후 검사 반복구조 혹은 탈출 조건 반복구조

반복해야 할 내용이 먼저 표현되고 조건식이 나중에 나오는 구조로 조건식을 평가했을 때 참이면 탈출하고, 거짓이면 계속하는 반복구조입니다. ㄴ 형 기호에서 열려 있는 부분이 반복해서 처리해야 하는 내용이 작도되는 영역이고, ㄴ 형 기호에 조건식을 적습니다.

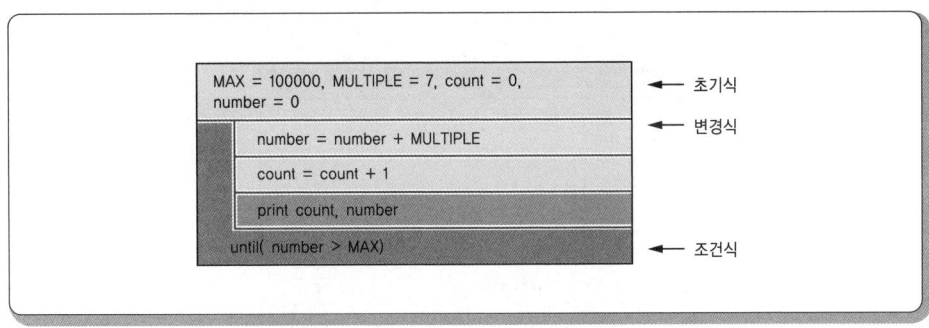

따라서 반복해서 처리해야 하는 내용은 무조건 한 번은 실행됩니다. 그리고 조건식을 평가해서 참이면 반복을 탈출하고, 거짓이면 반복을 계속하는 것입니다.

until 반복구조

후 검사 반복구조에서는 반복해서 처리해야 하는 내용은 반드시 한 번은 실행해야 합니다. 순차구조 기호를 작도하고, 반복제어변수에 대해 초기식을 작성합니다. 그리고 ㄴ 형 반복구조 기호를 작도합니다. ㄴ 형 기호에서 열려 있는 영역에 반복해서 처리해야 하는 내용을 작도합니다. 그리고 마지막으로 ㄴ 형 기호에서 아래쪽에 until을 적습니다. 그리고 소괄호를 여닫습니다. 소괄호에 관계식과 논리식으로 조건식을 적습니다. 이때 조건식을 평가했을 때 참이면 탈출하고, 거짓이면 계속하도록 해야 합니다. 그리고 열려 있는 영역에서 처리해야 하는 내용에서 첫 번째로 해야 하는 것은 반복제어변수를 변경하는 식을 적어야 합니다. 따라서 순차구조 기호를 작도하고, 반복제어변수의 변경식을 작성해서 적어야 합니다.

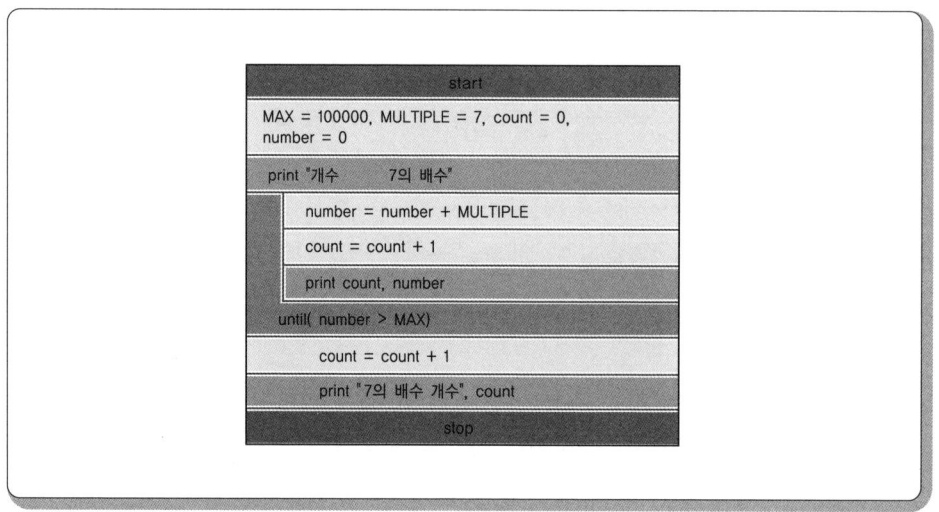

여기서 여러분은 다음과 같은 질문을 할 것입니다.

"선 검사 반복구조와 후 검사 반복구조 중에서 어떤 것이 좋습니까?"

여러분이 생각할 때는 어떤 것이 좋은 것일까요? 한번 생각해 보시고, 이에 대한 답은 계속해서 책을 읽으면서 확인하시기 바랍니다.

 순서도를 나씨-슈나이더만 다이어그램으로 바꾸는 방법

(1) 단말기호는 순차구조 기호로 작도하고 start와 stop을 적습니다.
(2) 준비기호는 순차구조 기호를 작도하고, 준비기호에 적힌 내용을 그대로 옮겨 적습니다.
(3) 입력기호는 순차구조 기호를 작도하고, read를 적고 입력기호에 적힌 내용을 그대로 옮겨 적습니다.
(4) 판단기호는 제어 흐름을 판단하여 반복구조 기호 아니면 선택구조 기호를 작도해야 합니다.

가장 왼쪽에 있는 제어 흐름선이 위쪽으로 향하고 있으면 반복구조이므로 반복구조 기호를 작도해야 합니다. 그렇지 않고 아래쪽으로 향하고 한 번만 실행되는 구조이면 선택구조 기호를 작도해야 합니다.

반복구조 기호를 작도했다면, 반복횟수가 정해져 있는지 그렇지 않은지에 따라 for를 적거나 while를 적어야 합니다.

(5) 출력기호는 순차구조 기호를 작도합니다. print를 적고, 출력기호에 적힌 내용을 그대로 옮겨 적습니다.

(6) 흐름선은 제거합니다.

앞에서 제시된 성적을 평가하는 순서도를 가지고 직접 실습을 합시다. 제어 흐름은 위쪽에서 아래쪽으로, 왼쪽에서 오른쪽으로 향하는 것을 원칙으로 합니다.

단말기호는 종이의 가장 위쪽과 아래쪽에 순차구조 기호를 작도하고 위쪽 순차구조 기호에는 start, 아래쪽 순차구조 기호에는 stop을 적습니다.

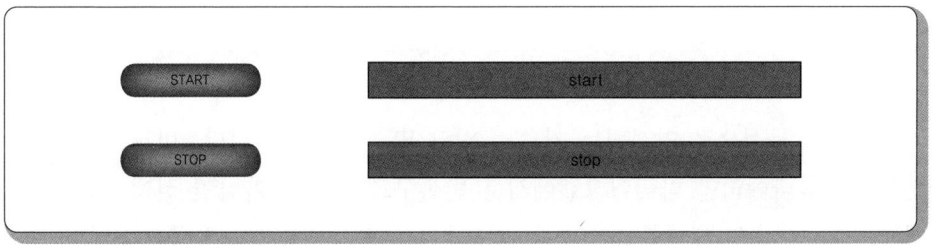

START 단말기호와 준비기호 사이에 있는 흐름선은 제거합니다. 준비기호에 대해서는 start가 적힌 순차구조 기호 바로 아래쪽에 반드시 순차구조 기호를 작도합니다. 그리고 준비기호에 적힌 내용을 그대로 순차구조 기호에 옮겨 적습니다.

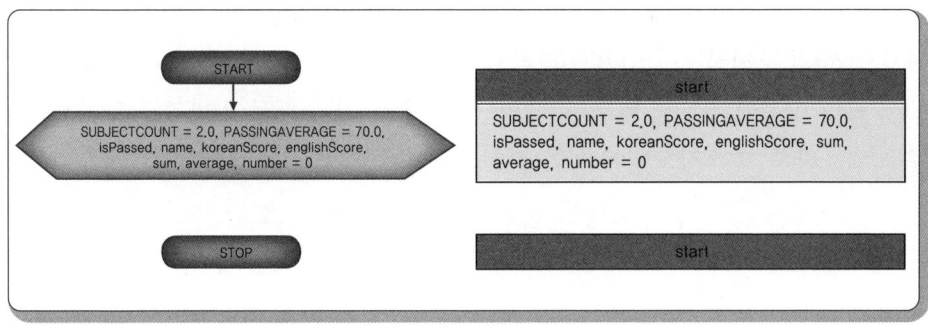

준비기호와 입력기호 사이에 있는 흐름선은 제거합니다. 준비기호에 대응되는 순차구조 기호 바로 아래에 입력기호에 대해 순차구조 기호를 작도합니다. 그리고 read를 적고 한 칸 띄우고, 입력기호에 적힌 내용을 옮겨 적습니다.

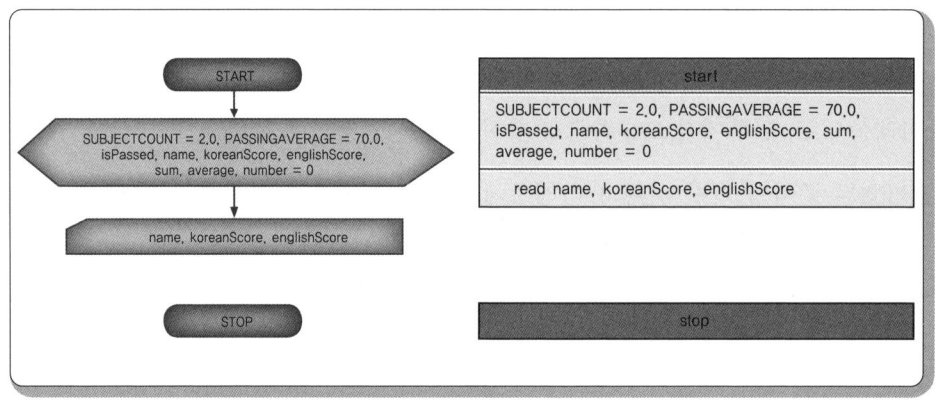

입력기호와 흐름선으로 연결되는 기호는 비교 및 판단기호입니다. 비교 및 판단기호인 경우는 나씨-슈나이더만 다이어그램에서는 반복구조 기호로 아니면 선택구조 기호로 작도돼야 합니다. 어떠한 제어구조 기호를 작도할지는 흐름선으로 결정해야 합니다.

제어 흐름선은 기본적으로 위쪽에서 아래쪽으로 향합니다. 그런데 이에 반해서 아래쪽에서 위쪽으로 향하는 흐름선이 작도되어 있다면, 반복구조에 사용되는 비교 및 판단기호입니다. 비교 및 판단기호에서 위쪽으로 향하는 흐름선 사이에 있는 것들이 조건에 따라 여러 번 실행되어야 하므로 반복구조입니다. 따라서 반복구조 기호를 작도해야 합니다.

반복해서 처리해야 하는 내용보다 앞에 비교 및 판단기호가 작도되어 반복할지 말지를 결정하므로 선 검사 반복구조입니다. 따라서 「형 반복구조 기호를 작도해야 합니다. 제어 흐름선을 보면 반복이 끝나면 바로 STOP 단말기호로 가기 때문에 반복구조 기호는 stop 순차구조 기호까지 크게 작도되어야 합니다.

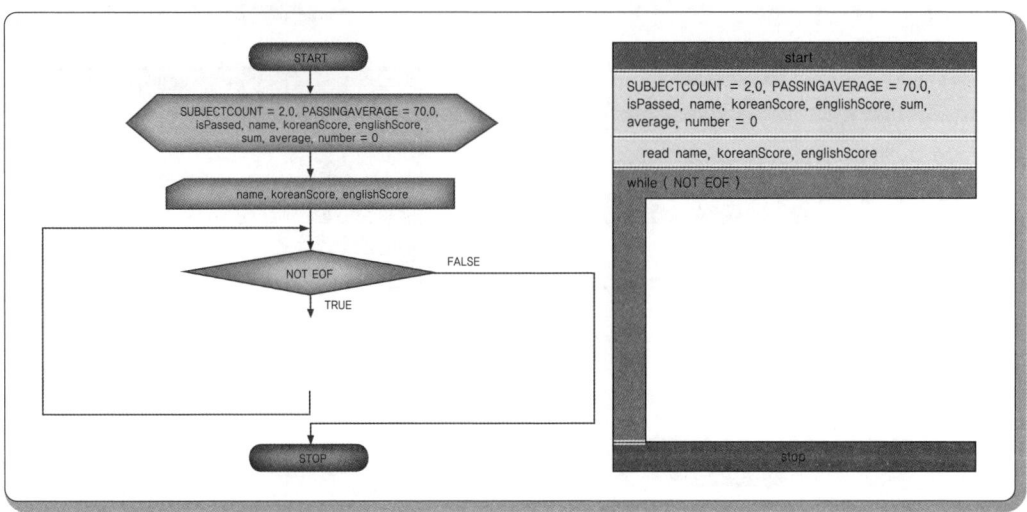

선 검사 반복구조는 다시 for 반복구조와 while 반복구조가 있습니다. 반복횟수가 다이어그램을 작도할 때 정해지는가 아니면 제어논리가 실행될 때 정해지는가를 따져서 다이어그램을 작도할 때 결정되면 for, 그렇지 않으면 while 키워드를 반복구조 기호에 적습니다.

키보드로 입력하는 횟수에 따라 반복횟수가 결정되기 때문에 이러한 경우는 반복횟수가 정해지지 않았다고 합니다. 따라서 반복구조 기호에 while을 적습니다. 그리고 조건식을 적기 위해서 while 다음에 소괄호를 반드시 여닫아야 합니다. 소괄호에 비교 및 판단기호에 적힌 내용을 옮겨 적습니다.

반복해서 처리해야 하는 내용에 대해서 작도해 봅시다. 비교 및 판단기호와 흐름선으로 연결된 처리기호는 어떻게 작도될까요?

처리기호는 순차구조 기호로 작도됩니다. 반복하는 것이기 때문에 반복구조 기호 영역의 크기에 꼭 맞게 작도되어야 합니다. 그리고 처리기호에 적힌 내용을 옮겨 적습니다.

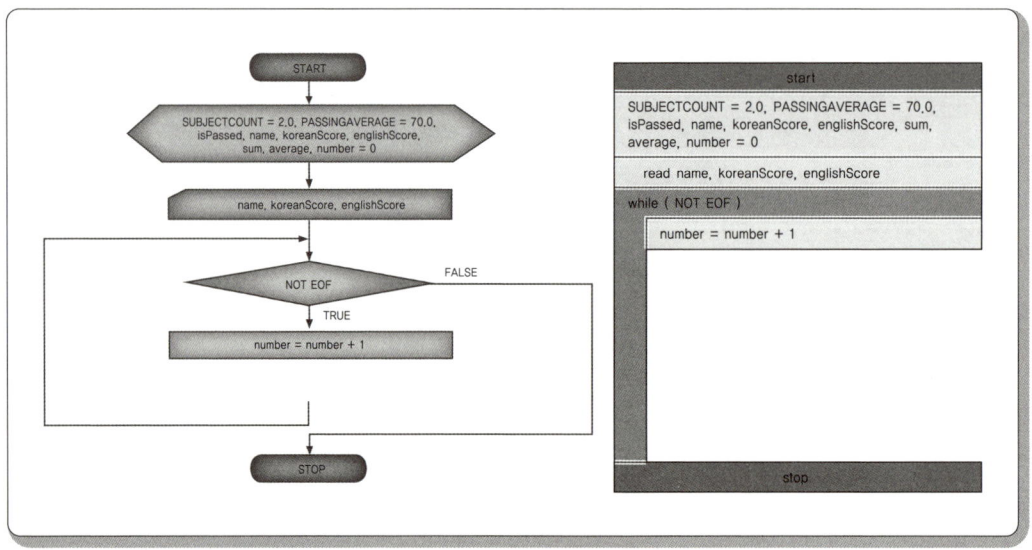

총점을 구하는 처리기호와 평균을 구하는 처리기호에 대해 반복구조 기호 영역에 크기가 꼭 맞게 순차구조 기호를 작도합니다. 그리고 처리기호에 적힌 내용을 옮겨 적습니다.

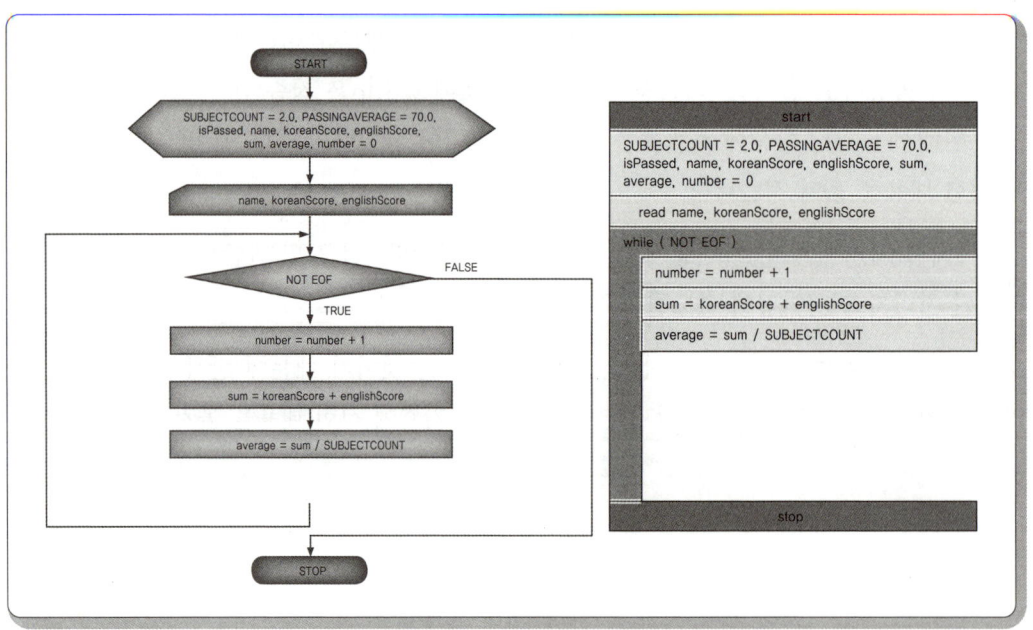

평균을 구하는 처리기호와 흐름선에 의해서 연결된 비교 및 판단기호에 대해 나씨-슈나이더만 다이어그램에서 작도해 봅시다. 비교 및 판단기호는 앞에서 이미 언급했듯이 흐름선으로 반복구조인지 선택구조인지를 결정해야 합니다.

여기서는 흐름선이 위쪽에서 아래쪽으로 향하고, 조건식을 평가해서 참이면 왼쪽으로, 거짓이면 오른쪽으로 이동하여 처리하도록 하고 있습니다. 즉 선택구조입니다. 따라서 선택구조 기호를 작도해야 합니다. 반복구조 기호 영역에 꼭 맞게 순차구조 기호를 작도하고, 아래쪽 선의 가운데 지점을 정하고, 가운데 지점으로부터 왼쪽 위로 하나의 사선을 긋고, 오른쪽 위로 하나의 사선을 그어 선택구조 기호를 작도합니다. 그러면 세 개의 삼각형이 만들어지게 됩니다. 가장 왼쪽 삼각형에는 TRUE를 적고, 가장 오른쪽 삼각형에는 FALSE를 적습니다. 그리고 가운데 역삼각형에는 비교 및 판단기호에 적힌 내용을 옮겨 적습니다.

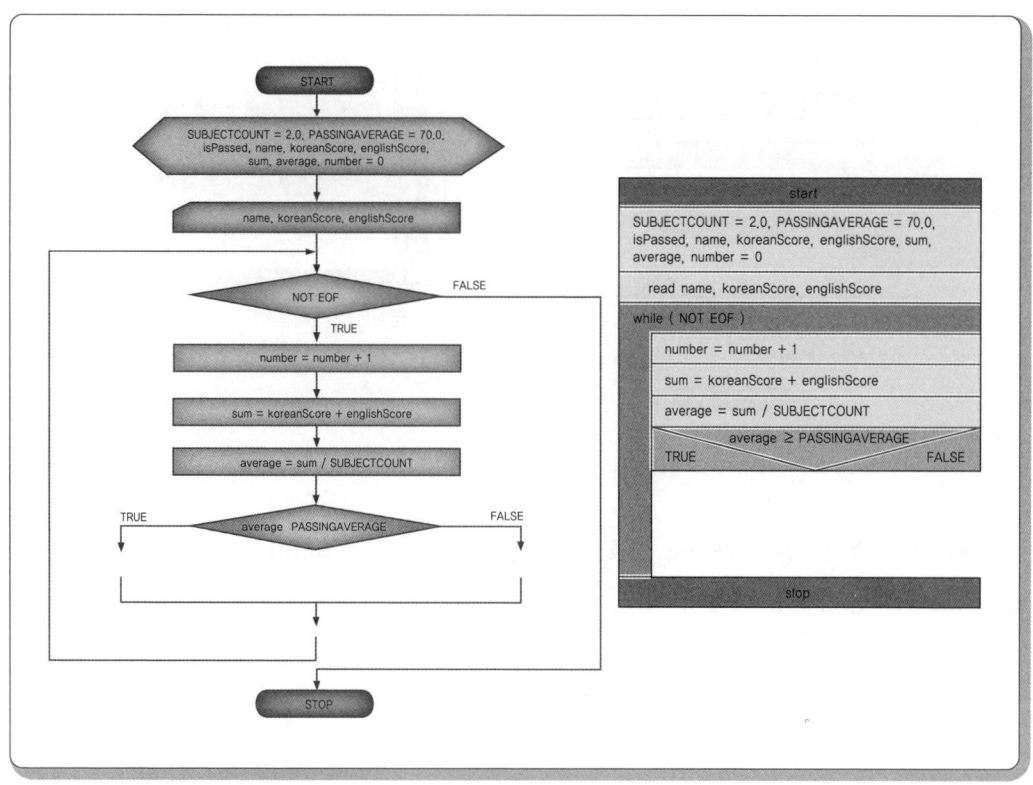

다음은 참일 때 처리해야 하는 처리기호와 거짓일 때 처리해야 하는 처리기호를 어떻게 작도해야 하는지 알아봅시다. 참일 때 처리해야 하는 처리기호는 왼쪽의 삼각형 밑에 삼각형의 크기만큼 순차구조 기호를 작도합니다. 그리고 처리기호에 적힌 내용을 옮겨 적습니다. 마찬가지로 거짓일 때 처리해야 하는 처리기호는 오른쪽 삼각형 밑에 삼각형의 크기만큼 순차구조 기호를 작도합니다. 그리고 처리기호에 적힌 내용을 옮겨 적습니다.

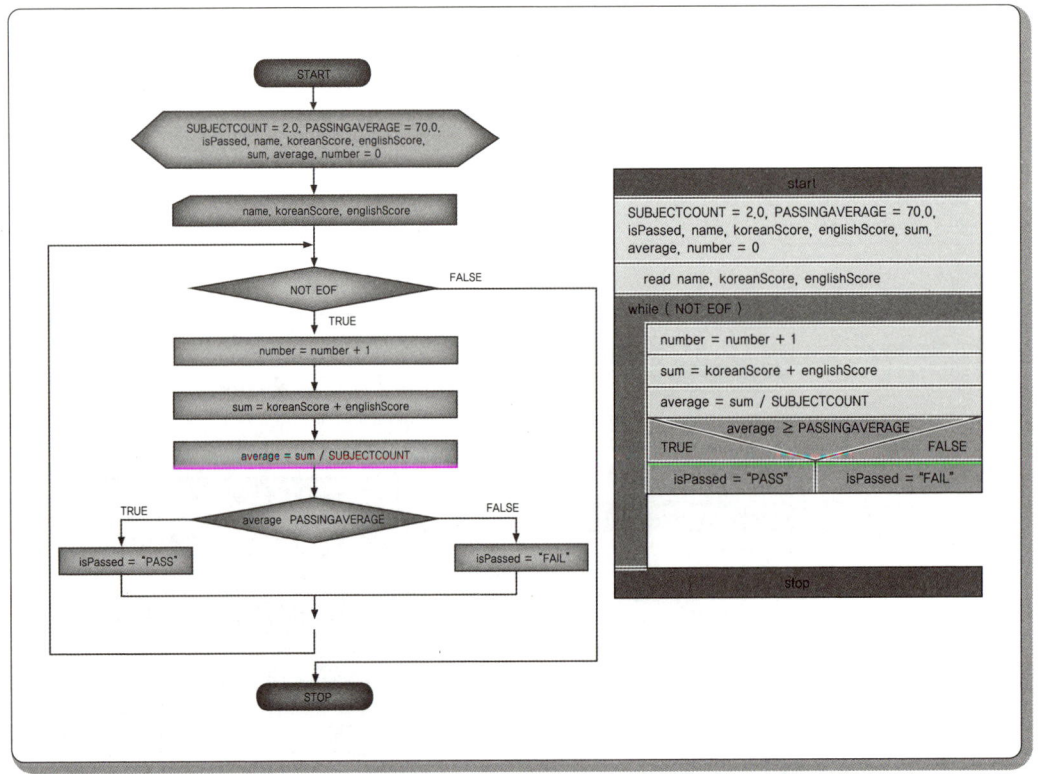

출력기호에 대해서는 순차구조 기호를 작도합니다. 그리고 print를 적고 한 칸 띄우고, 출력기호에 적힌 내용을 적습니다.

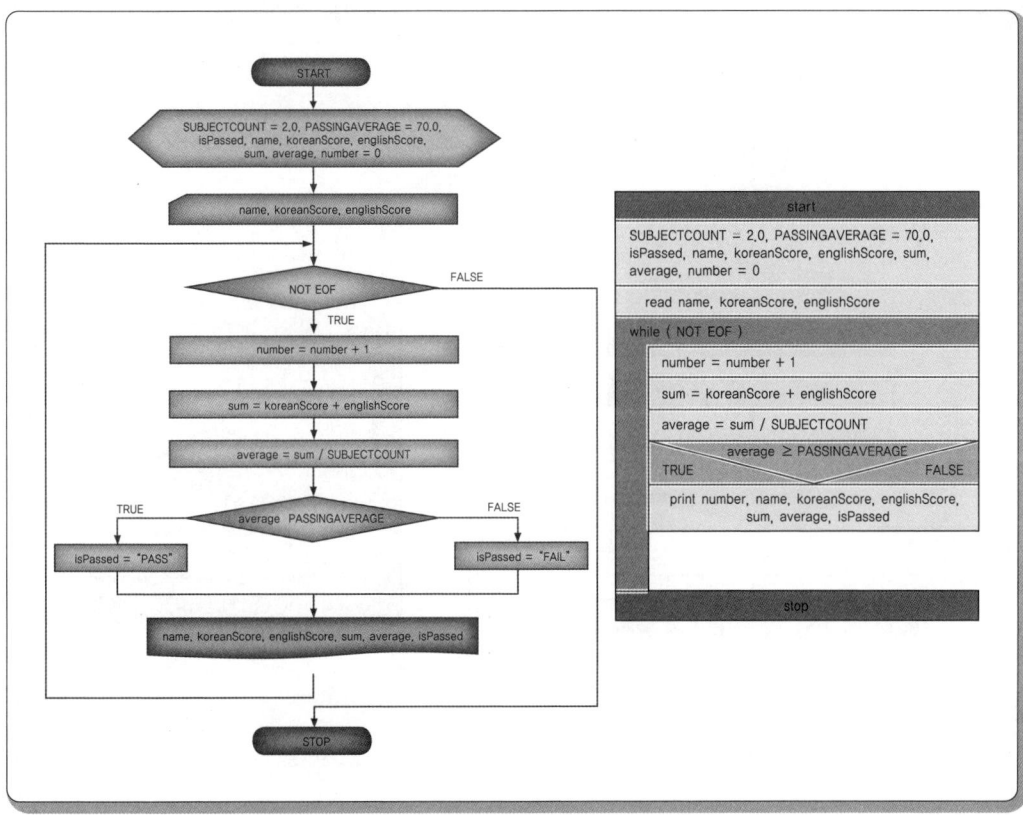

 마지막으로 반복해서 처리해야 하는 내용에서 입력기호는 순차구조 기호를 작도하고, read를 적고 한 칸 띄우고, 입력기호에 적힌 내용을 그대로 옮겨 적습니다.

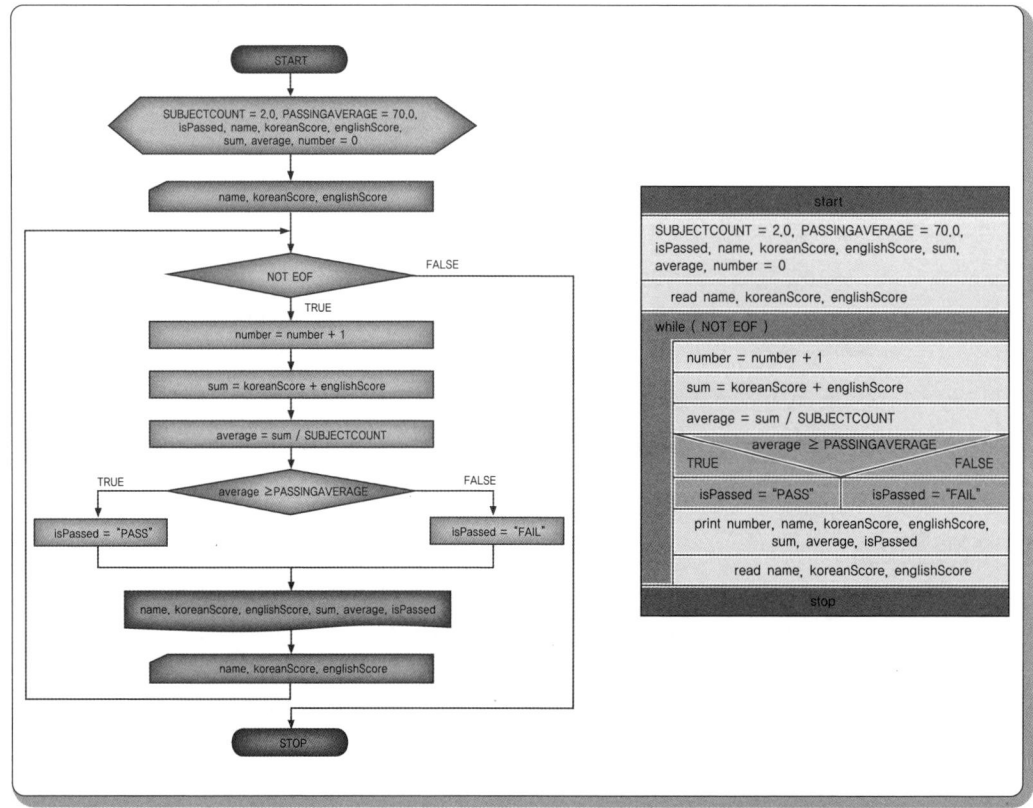

다음은 나씨-슈나이더만 다이어그램을 읽거나 그릴 때 준수해야 할 사항들입니다.

❶ 다이어그램은 항상 사각형입니다. 사각형의 너비는 중요하지 않습니다. 표현에 따라 넓은 사각형이 되기도 하며 긴 사각형이 되기도 합니다.

❷ 다이어그램의 제어 흐름은 항상 맨 위에서 시작하고 맨 아래에서 끝납니다.

❸ 제어 흐름은 항상 위에서 아래로 흐릅니다. 단 반복구조는 제외합니다.

❹ 수평으로 그어진 줄은 모두 평행이 되어야 합니다.

❺ 사각형 안의 내용이 수행된 후에는 아래 방향으로 빠져나옵니다.

❻ 사각형인 공간으로 그려질 수도 있습니다.

❼ 모든 사각형은 또 하나의 나씨-슈나이더만 도표로 간주할 수 있습니다.

중요한 점은 다른 서브루틴을 호출하는 부분이 포함되어 있으며 서브루틴은 별도의 다이어그램으로 나타낸다는 것입니다.

- **서브루틴(Subroutine)**
  프로그램 가운데 하나 이상의 장소에서 필요할 때마다 되풀이해서 사용할 수 있는 부분적 프로그램

    순서도와 마찬가지로 일을 처리하는 단계와 순서를 기호들로 표현하는 도구입니다. 컴퓨터 기종, 프로그래밍 언어들과는 무관한 사람의 생각을 논리적으로 표현하는 데 사용할 수 있는 도구입니다.

    여러분도 생각한 일 처리 순서들을 오늘 학습한 나씨-슈나이더만 다이어그램을 이용하여 많이 작성해 보시는 것이 중요합니다. 우선은 모방하여 따라 해 보시길 바랍니다. 아래 제시된 문제에 대해 배운 내용을 응용해 보도록 하세요.

 문제

- 수학 점수를 입력받아서 성적을 평가하는 데 이용할 수 있도록 합시다.
- 평균이 60점 미만이면 'F', 60점 이상 70점 미만이면 'D', 70점 이상이고 80점 미만이면 'C', 80점 이상이고 90점 미만이면 'B' 그리고 90점 이상이면 'A'를 등급으로 주도록 합시다.

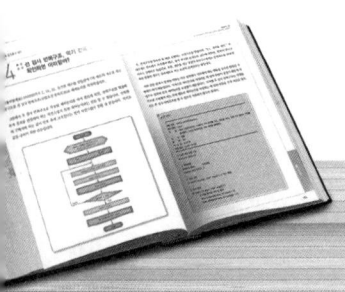

Chapter

02
어떤 문제를 어떻게 잘 풀까요?

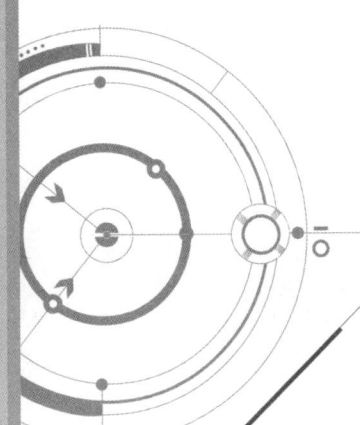

C PROGRAMMING
JAVA PROGRAMMING

02 :: 어떤 문제를 어떻게 잘 풀까요?

이번 장에 설명되는 문제에 대해 3장, 4장 그리고 5장에 걸쳐 여러 가지 제어논리를 만들어 봅시다. 그러면서 우리가 해야 하는 작업에 대해 더욱더 이해하도록 합시다.

제시된 문제에 대해 한 번의 생각으로 답을 구할 수 없다는 것입니다. 새로운 생각을 해야 하고, 생각의 오류에 대해 검토를 거쳐 찾고, 고치는 작업을 계속해야 해야 합니다.

그러다 보면 문제에 대해서 여러 개의 답이 있다는 것도 이해할 수 있습니다. 항상 정답만 찾는 것이 아니라 여러 개의 답을 찾아서 상황에 맞는 최적의 답으로 문제를 해결해야 한다는 것을 이해하도록 합시다.

 ## 문제

1부터 100000까지 수들에서 7의 배수가 몇 개 있는지를 구하는 제어논리를 작성하십시오. 다음과 같이 출력하십시오.

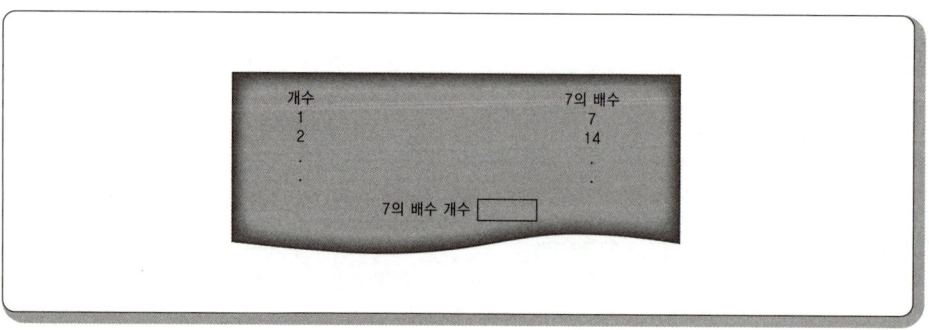

다음과 같이 제시되는 조건에 맞게 3장부터 차례로 제어논리를 작성해 보십시오.

3장에서는 7, 14, 21, 식으로 7의 배수를 만들어 가면서 7의 배수의 개수를 세는 방식으로 후 검사 반복구조를 사용하여 문제를 풀어보세요.

4장에서도 7, 14, 21, 식으로 7의 배수를 만들어 가면서 7의 배수의 개수를 세는 방식으로 선 검사 반복구조를 사용하여 문제를 풀어보세요.

5장에서는 1, 2, 3, 4, 5, 6, 7, 8, 순으로 수를 세면서 7의 배수인지 확인하면서 7의 배수이면 7의 배수의 개수를 세는 방식으로 선 검사 반복구조를 사용하여 문제를 풀어보세요.

문제 해결 절차

어떠한 방식으로 문제를 풀든지 간에 1권(노랑)에서 배운대로 문제를 해결하는 절차는 다음과 같이 적용하세요.

문제가 제시되면, 문제에 대해 출력과 입력에 대해서 정리합니다. 그리고 종이와 연필로 직접 문제를 풀어봄으로써 문제에 대해 명확한 정의가 필요합니다. 이렇게 명확하게 정의된 문제에 대해서 처리해야 할 데이터들을 찾고, 찾은 데이터들에 대해 어떠한 처리를 해야 하는지에 대해 처리 과정을 정리해야 합니다. 어떤 데이터에 대해 어떠한 처리를 해야 하는지에 대해 정리가 된 후, 다음은 컴퓨터로 실행시킬 때 어떻게 처리해야 하는지에 대한 방법에 대해 순서도로 제어논리를 기술해야 합니다. 이렇게 순서도로 기술된 제어논리로 문제가 정확하게 해결되는지에 대해 확인을 해야 합니다. 마지막으로 정확하게 실행되는 제어논리를 컴퓨터에 실행시킬 수 있는 프로그램을 작성하여 실행시킵니다. 이렇게 하면 하나의 제어논리가 완성되는 것입니다.

더욱더 자세한 내용은 다음 페이지에 정리해 보았습니다. 스스로 단계마다 항목마다 이해도를 측정하면서 절차에 익숙해지도록 연습합시다.

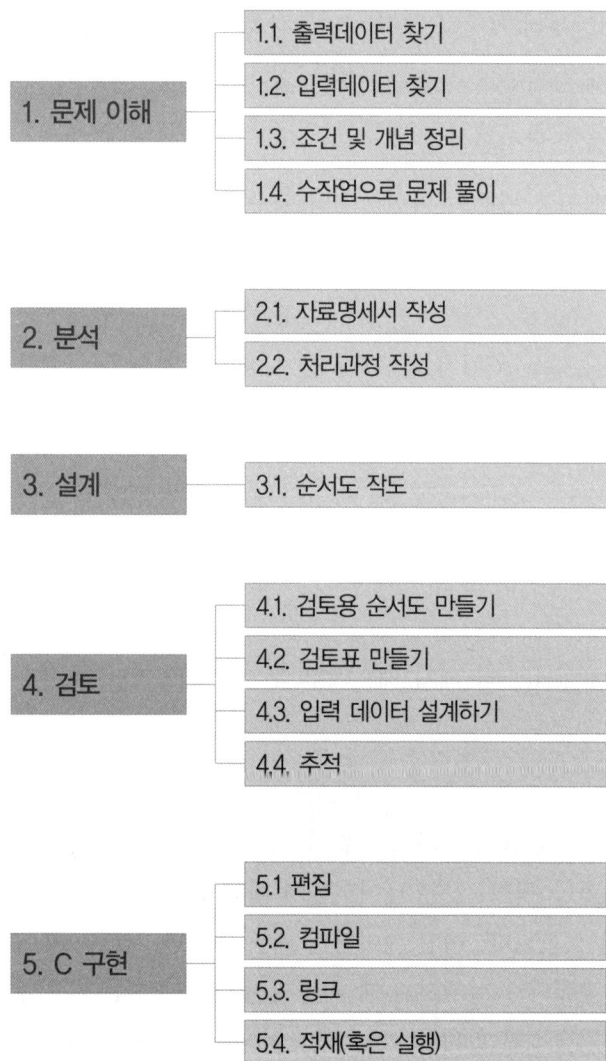

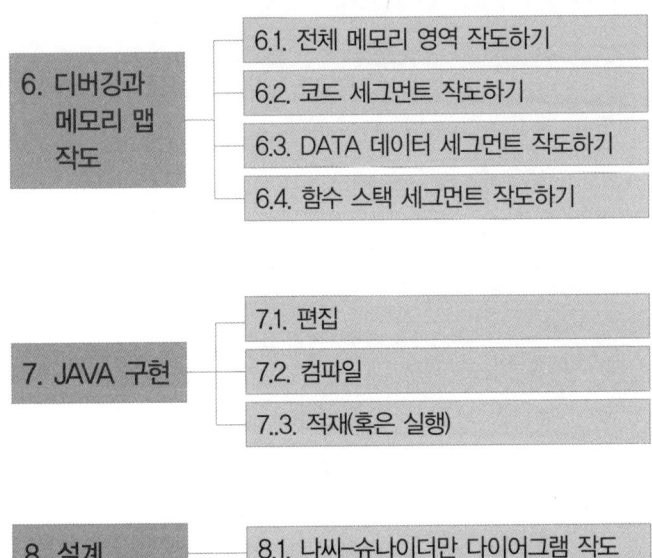

JAVA 구현과 나씨-슈나이더만 다이어그램은 각각 C 구현과 순서도 작도를 대체 할 수 있는 단계들 입니다. 이 책은 프로그래밍 연습이므로 다양한 프로그래밍 언어와 다양한 설계 도구를 다루어 보도록 하기 위해 추가되는 단계들로 취급하도록 하겠습니다.

제시된 절차로 여러분 스스로 제어논리를 작성해 보십시오. 그리고 여러분이 작성한 제어논리와 제시된 제어논리를 비교하면서 책을 읽도록 하십시오. 또한, 같은 내용에 대해서는 여러분이 직접 찾아보도록 해 놓고 있습니다. 반드시 지시된 내용에 대해서 계속해서 책을 읽기 전에 확인해 보거나 실습해 보도록 하십시오.

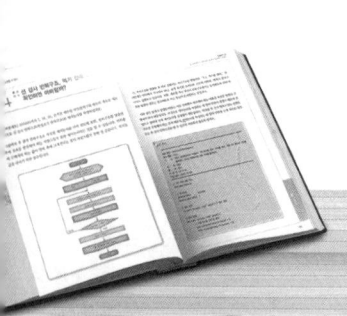

Chapter 03

후 검사 반복 구조, 먹고 난 후에는
어떠한 일이 벌어질까요?

C PROGRAMMING
JAVA PROGRAMMING

03 :: 후 검사 반복 구조, 먹고 난 후에는 어떠한 일이 벌어질까요?

입력이 없고 반복횟수가 정해진 문제에 대해 제어논리를 학습하도록 하겠습니다. 하나의 문제에 대해 여러 가지 제어논리를 만들어 봅시다. 그리고 입력이 없고, 반복횟수가 정해졌을 때 표준적인 제어논리를 만들어 봅시다.

풀어보세요 100000까지 7, 14, 21, 순으로 7의 배수를 만들면서 7의 배수의 개수를 세는 방식으로 후 검사 반복구조(탈출 조건 반복구조)로 제어논리를 작성하십시오.

문제 이해

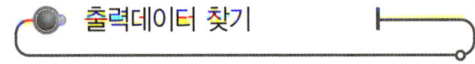 출력데이터 찾기

문제를 이해하는 데 가장 중요한 것으로 사용자가 어떤 값을 얻고자 하는지를 명확히 정의하는 것입니다. 즉, 제어논리가 실행되었을 때 결과로 구해져서 출력되는 데이터, 출력데이터를 정리해야 한다는 것입니다. 출력데이터(들)가 무엇인지 쉽게 확인할 방법은 사용자와 같이 출력을 어떻게 할 것인지를 정하는 것입니다. 아래 그림처럼 말입니다.

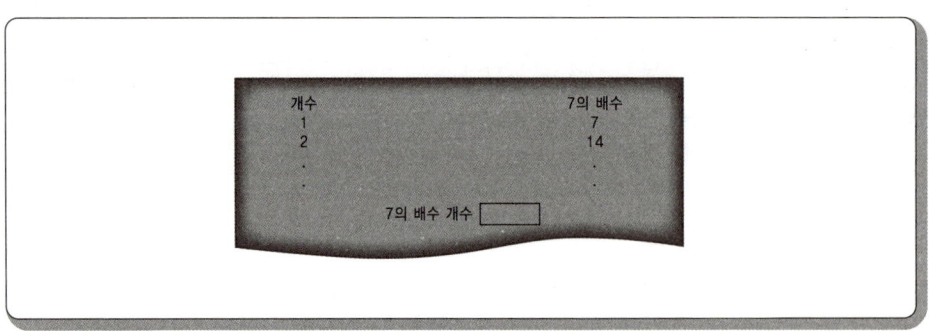

따라서 맨 마지막 줄을 보면, 7의 배수 개수를 출력하도록 하고 있으므로, 제시된 문제에서 출력데이터는 7의 배수 개수입니다.

입력데이터 찾기

다음은 외부로부터 주어지는 값, 즉 입력데이터에 관해서 확인해야 합니다. 이 문제에서는 외부로부터 주어지는 값은 없으므로 입력데이터는 없습니다.

조건 및 개념 정리

다음은 주어진 조건과 개념을 정리해 보도록 합시다. 조건은 문제를 풀어 가는 데 필요한 공식 혹은 절차를 말합니다. 따라서 문제를 풀 때 사용하는 공식이나 절차를 정리해야 합니다.

이 문제에서는 배수라는 개념에 대해 이해가 필요합니다. 초등학교의 산수책을 이용하든지, 아니면 인터넷을 이용하든지 하여 문제를 푸는 데 있어 필요한 지식인 배수에 대해 이해해야 합니다.

>>> **배수**

정수 a를 0이 아닌 정수 b로 나누었을 때 그 몫이 정수이고 나머지가 0 이면, a를 b의 배수라 합니다. 예를 들면, $12 = 2 \times 6 = 3 \times 4 = 1 \times 12$이므로 12는 1, 2, 3, 4, 6, 12의 배수가 됩니다. 어떤 정수의 몇 배가 되는 수를 본래의 정수 배수(Multiple)라 합니다.

> 문제를 해결하는 데 있어 중요한 것은 제시된 문제를 해결하는 데 필요한 지식을 미리 정리해야 합니다. 초보자가 쉽게 하는 실수는 문제를 푸는 데 자신만이 알고 있는 지식으로 문제를 해결하고자 하는 것입니다. 그래서 문제를 해결하는 데 필요한 지식이 부족하여 어떻게 해야 할지 몰라서, 어렵게 느껴질 뿐인데 할 수 없는 것처럼 느끼고 포기하게 되는 것입니다.

문제를 이해하는데 가장 중요한 것은 문제를 가공해서 변형하지 않도록 해야 합니다. 즉 문제는 있는 그대로 보고 이해해야 합니다. 특히 출력에 맞추어 문제를 이해하게 되면 사용자가 원하는 값은 쉽게 구할 수는 있습니다. 그러나 제어논리를 표준화해서 다시 사용하기가 어렵습니다. 그래서 유사한 문제가 제시되어도 마치 새로운 문제처럼 처음부터 이해해야 하는 어리석은 짓을 하게 됩니다.

수작업으로 문제 풀이

문제를 가공 혹은 변형하는 흔한 경우는 사용자가 출력을 이렇게 해 달라는 핑계로 출력에 맞추어서 문제를 이해하는 경우입니다. 앞에서 제시된 출력 형식에 맞게 수작업으로 풀어보면 다음과 같이 정리될 수 있습니다.

개수	7의 배수
1	7
2	14
3	21
4	28
5	35
...	...
14283	99974
14284	99981
14284	99988
14285	99995
14285	

개수를 세면서 7부터 시작하여 7씩 더하여 7의 배수를 구합니다. 99995에 7을 더하면 100002가 되는데 100000을 넘지 말아야 하므로 따라서 99995까지 진행하면서 출력 형식에 맞추어서 적습니다. 그리고 마지막으로 세어진 개수를 적으면 문제가 해결되는 것처럼 보입니다.

여기까지 문제를 이해한 내용을 한 번에 쉽게 알아볼 수 있도록 모듈 기술서로 정리합니다. 모듈 이름으로 출력데이터를 이용해서 "배수의 개수를 세다"라고 합시다. 기능은 개략적인 처리 내용을 방법적인 것보다는 어떤 값들을 구할 것인지에 대해 절차를 기술합니다. 그리고 입력과 출력에 대해 정리하면 됩니다.

내부 설계(Internal Design) --- 모듈 기술서					
명칭	한글	배수의 개수를 세다			
	영문	CountMultiples			
기능		1에서 100000까지 수들에서 개수를 세고, 7의 배수를 구하고, 7의 배수와 개수를 출력한다. 그리고 마지막으로 전체 개수를 출력한다.			
입·출력	입력	없음			
	출력	개수			
관련 모듈					
자료명세서					
번호	명칭		자료유형	구분	비고
	한글	영문			
처리 과정					

이렇게 하면 문제를 정의했다고 합니다. 어떠한 문제를 풀어야 하는지를 명확하게 하였다는 것입니다.

분석(Analysis)

다음은 문제 해결의 방법적인 측면(How)보다는 개념적인 측면(What)에서 문제를 해결하는 데 필요한 데이터와 절차를 정리해야 합니다. 소프트웨어 개발 생명 주기에서는 이러한 작업 단계를 분석이라고 합니다.

다음은 이렇게 이해된 내용을 바탕으로 처리하는 데 필요한 데이터들 또는 구하고자 하는 데이터들을 정리하는 자료명세서를 작성해야 합니다. 그리고 어떤 데이터들을 구하는데 어떠한 처리로 어떠한 순서대로 구할 것인지에 대해 상세한 문제풀이와 같이 어떻게 할지 보다는 무엇을 할지를 정리하는 과정을 거쳐야 합니다.

 자료명세서 작성

문제에서 제시된 값들을 정리해서 자료명세서를 작성합시다. 수의 범위가 제시되었습니다. 1에서 100000까지 수들에서 가장 큰 수, 100000 는 문제에서 제어논리 실행 시 바뀔 수 없는 값, 즉 상수입니다. 값에 대해 의미를 나타내는 이름으로 기호상수로 정리하도록 합시다. 그리고 0에다 7을 더하면, 7이 되고, 7에다 7을 더하면 14가 되는 방식으로 수를 만들어 나열하면 7, 14, 21, 28, … 로 구성되는 수열이 만들어집니다. 이렇게 어떤 수에 차례대로 일정한 수를 더하여 이루어진 수열을 등차수열이라 하고, 더할 때 사용되는 일정한 수를 공차라고 합니다. 7의 배수로 구성된 등차수열을 만든다고 문제를 이해했기 때문에 공차를 7로 볼 수 있습니다. 그래서 7도 문제에서 제시된 바뀔 수 없는 값, 상수이므로 기호상수로 정리하도록 합시다. 기호상수를 정리한 줄의 비고란에 상수 값을 적도록 합시다.

그리고 나열되는 7의 배수, 출력해야 하는 개수는 제어논리가 실행될 때 바뀌는 값, 변수들로 정리해야 합니다. 앞에서 정리된 데이터들의 자료유형은 1에서 100000까지 수, 그리고 개수는 자연수이므로 정수로 정리하여야 합니다. 여기까지 자료명세서에 정리하면 다음과 같습니다.

내부 설계(Internal Design) --- 모듈 기술서						
명칭		한글	배수의 개수를 세다			
		영문	CountMultiples			
기능			1에서 100000까지 수들에서 개수를 세고, 7의 배수를 구하고, 7의 배수와 개수를 출력한다. 그리고 마지막으로 전체 개수를 출력한다.			
입·출력		입력	없음			
		출력	개수			
관련 모듈						
	자료명세서						
번호	명칭		자료유형	구분	비고	
	한글	영문				
1	가장 큰 수	MAX	정수	상수	100000	
2	공차	MULTIPLE	정수	상수	7	
3	개수	count	정수	출력		
4	수	number	정수	처리	7의 배수	
	처리 과정						

자료명세서는 한 번에 작성되는 것이 아닙니다. 문제 이해 및 정의 단계, 처리 과정 작성 후, 순서도를 작성하는 과정에서 수시로 필요한 데이터들이 발견되는 즉시 정리되어야 합니다.

자료명세서에서 데이터들을 기호상수, 출력, 입력, 준비, 처리, 추가 순으로 정리하도록 합시다.

처리 과정 작성

다음은 자료명세서에서 정리된 값들을 구하기 위해서 어떠한 처리단계가 있어야 하는지와 처리단계들이 실행되는 순서를 정해야 합니다. 즉 절차를 정리해야 합니다.

> 처리 과정은 순차구조, 반복구조 그리고 선택구조 순으로 차례대로 작성하면 쉽게 만들 수 있습니다. 물론 반복구조보다 선택구조를 먼저 작성해도 됩니다.

순차구조만으로 처리 과정을 작성해 봅시다. 문제 이해에서 정리된 대로 차례로 처리해야 하는 단계들을 적습니다. 오른쪽에서 볼 수 있는 것처럼 출력 형식과 문제 풀이에서 사용되었던 표를 보고, 작성하면 됩니다. 제목을 출력하고, 개수를 세고, 개수에 해당하는 7의 배수를 만들어 적고, 개수와 7의 배수를 출력합니다. 끝으로 전체 개수를 출력합니다.

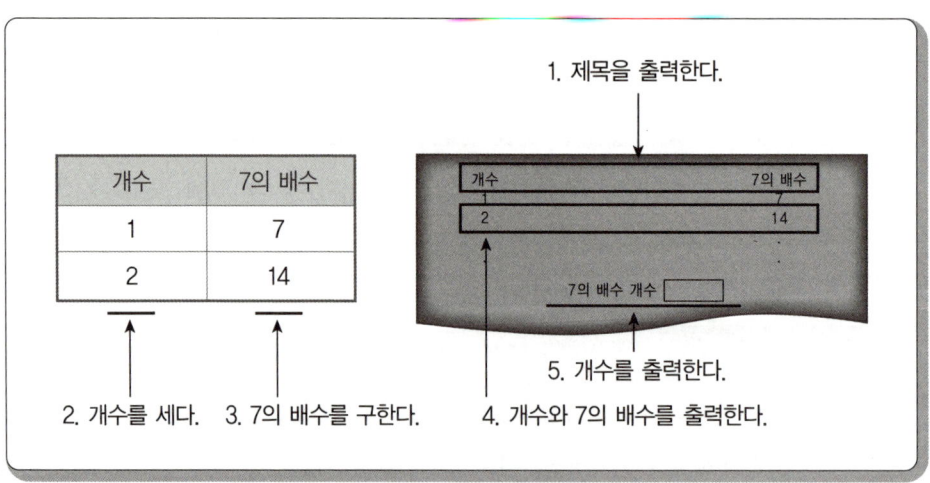

내부 설계(Internal Design) --- 모듈 기술서						
명칭		한글	배수의 개수를 세다			
		영문	CountMultiples			
기능			1에서 100000까지 수들에서 개수를 세고, 7의 배수를 구하고, 7의 배수와 개수를 출력한다. 그리고 마지막으로 전체 개수를 출력한다.			
입·출력		입력	없음			
		출력	개수			
관련 모듈					
자료명세서						
번호	명칭		자료유형	구분	비고	
	한글	영문				
1	가장 큰 수	MAX	정수	상수	100000	
2	공차	MULTIPLE	정수	상수	7	
3	개수	count	정수	출력		
4	수	number	정수	처리	7의 배수	
처리 과정						

1. 제목을 출력한다.
2. 개수를 세다.
3. 7의 배수를 구한다.
4 개수와 7의 배수를 출력한다.
5. 개수를 출력한다.
6. 끝내다.

다음은 여러 번 해야 하는 처리단계와 한 번만 해야 하는 처리단계를 구분하여, 반복구조를 추가해야 합니다. 개수를 세고, 7의 배수를 구하고, 개수와 7의 배수를 출력하는 처리단계들은 나열되고 있는 7의 배수가 100000보다 클 때까지 반복하여야 합니다. 따라서 반복을 나타내는 처리단계를 "수가 100000보다 클 때까지 반복한다."라고 만들어서 "2. 개수를 세다.", "3. 7의 배수를 구한다." 그리고 "4. 개수와 7의 배수를 출력한다." 처리단계들과의 관계를 설정해야 합니다. 반복을 나타내는 처리단계가 상위 단계로 앞에서 언급된 세 개의 처리단계는 하위 단계로 조정되어야 합니다. 이러한 관계 표현은 가우스 십진 번호 매김 체계와 들여쓰기로 나타내면 됩니다.

반복처리단계는 "1. 제목을 출력한다." 처리단계 다음에 있어야 하므로 번호는 2가 매겨져야 합니다. 따라서 "2. 수가 100000보다 클 때까지 반복한다."라고 해야 합니다. 조건식을 평가했을 때 거짓이면 계속하고, 참이면 탈출해야 하므로 후 검사 반복구조로 작성해야 합니다.

반복해서 처리되는 처리단계들은 반복처리단계의 번호를 적고, 다시 1번부터 번호가 매겨지는데 반복처리단계의 번호와 새로 매겨지는 번호를 구분하도록 구두점(.)을 찍습니다. "2. 개수를 세다."는 "2.1. 개수를 세다.", "3. 7의 배수를 구한다."는 "2.2. 7의 배수를 구한다." 그리고 "4. 개수와 7의 배수를 출력한다."는 "2.3. 개수와 7의 배수를 출력한다."라고 하면 됩니다. 모듈 기술서에 정리하면 다음과 같습니다.

내부 설계(Internal Design) --- 모듈 기술서					
명칭		한글	배수의 개수를 세다		
^^		영문	CountMultiples		
기능			1에서 100000까지 수들에서 개수를 세고, 7의 배수를 구하고, 7의 배수와 개수를 출력한다. 그리고 마지막으로 전체 개수를 출력한다.		
입·출력		입력	없음		
^^		출력	개수		
관련 모듈					
자료 명세서					
번호	명칭		자료유형	구분	비고
^^	한글	영문	^^	^^	^^
1	가장 큰 수	MAX	정수	상수	100000
2	공차	MULTIPLE	정수	상수	7
3	개수	count	정수	출력	
4	수	number	정수	처리	7의 배수
처리 과정					

1. 제목을 출력한다.
2. 수가 MAX보다 클 때까지 반복한다.
   2.1. 개수를 세다.
   2.2. 7의 배수를 구한다.
   2.3. 개수와 7의 배수를 출력한다.
5. 개수를 출력한다.
6. 끝내다.					

반복이 끝난 후 마지막으로 세어진 개수를 출력하면 됩니다. 따라서 "5. 개수를 출력한다."라는 처리단계는 반복을 나타내는 처리단계의 하위 단계가 아닙니다. 따라서 반복을 나타내는 처리단계와 수준이 같은 처리단계로 조정해야 합니다. 가우스 번호 매김 체계를 사용하여 "5. 개수를 출력한다."를 "3. 개수를 출력한다."로 그리고 "6. 끝내다."를 "4. 끝내다."로 관계를 조정해야 합니다.

내부 설계(Internal Design) ---- 모듈 기술서					
명칭	한글	배수의 개수를 세다			
	영문	CountMultiples			
기능		1에서 100000까지 수들에서 개수를 세고, 7의 배수를 구하고, 7의 배수와 개수를 출력한다. 그리고 마지막으로 전체 개수를 출력한다.			
입·출력	입력	없음			
	출력	개수			
관련 모듈					
자료 명세서					
번호	명칭		자료유형	구분	비고
	한글	영문			
1	가장 큰 수	MAX	정수	상수	100000
2	공차	MULTIPLE	정수	상수	7
3	개수	count	정수	출력	
4	수	number	정수	처리	7의 배수
처리 과정					
1. 제목을 출력한다. 2. 수가 MAX보다 클 때까지 반복한다. 　2.1. 개수를 세다. 　2.2. 7의 배수를 구한다. 　2.3. 개수와 7의 배수를 출력한다. 3. 개수를 출력한다. 4. 끝내다.					

다음은 각 처리단계에 대해 조건에 따라 실행되어야 하는지를 분석해서 선택구조를 추가해야 합니다. 수작업으로 문제를 풀 때 사용한 표에서 데이터가 적히는 방식을 보거나, 처리 과정에 작성된 단계마다 읽어보면 조건에 따라 실행되어야 하는 것이 있을 수 있습니다. 그러하면 선택구조를 추가해야 합니다.

이번 문제에서는 문제풀이 표나 처리 과정을 보더라도 조건에 따라 처리할 내용이 없습니다. 따라서 선택구조를 추가하지 않습니다.

설계

다음 단계는 컴퓨터가 기본적으로 실행하는 처리들, 입력, 치환, 산술, 관계, 논리 그리고 출력과 기억장소의 원리, 그리고 세 가지의 기본 제어구조만을 이용해서 방법적인 측면에서 문제를 해결하는 작업을 수행해야 합니다.

이러한 작업을 소프트웨어 개발 생명 주기에서는 설계(Design)라고 합니다. 단일 기능 하나를 처리하는 단위에 대한 설계를 상세 설계(Detail Design)라고 합니다. 그러면 순서도를 이용해서 상세 설계를 해 보도록 합시다.

순서도 작도

처리 과정에 기술된 대로 순서도를 작도해 보도록 합시다. 처리 과정의 "4. 끝내다."에 대해서 맨 위쪽에 단말기호를 작도하고, 키워드 START를 적습니다. 그리고 맨 아래쪽에 단말기호를 작도하고, 키워드 STOP을 적습니다

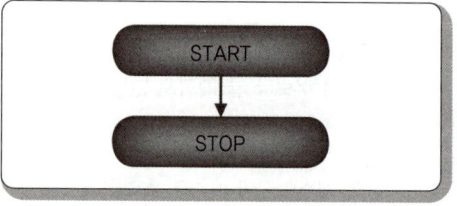

위쪽에서 아래쪽으로 화살표로 작도되는 순차구조를 이루는 기호들간의 제어 흐름선을 작도하는 것은 따로 설명하지 않겠습니다.

우리가 사용하고 있는 컴퓨터에서 프로그램이 실행하기 위해서는 데이터와 명령어들이 기억장소에 저장되어 있어야 합니다. 따라서 데이터들을 저장하기 위한 기억장소들을 확보해야 하는 작업이 필요합니다. 따라서 준비기호로 자료명세서에 정리된 데이터들을 선언해야 합니다.

번호	명칭		자료유형	구분	비고
	한글	영문			
1	가장 큰 수	MAX	정수	상수	100000
2	공차	MULTIPLE	정수	상수	7
3	개수	count	정수	출력	
4	수	number	정수	처리	7의 배수

준비기호를 작도하고, 자료명세서에 정리된 순서대로 쉼표(,)로 구분하여 영문으로 적으면 됩니다. 기호상수는 명칭 다음에 등호를 붙이고 값을 적으면 됩니다. 준비기호는 한 번만 반드시 START 단말기호 바로 아래에 작도되어야 합니다.

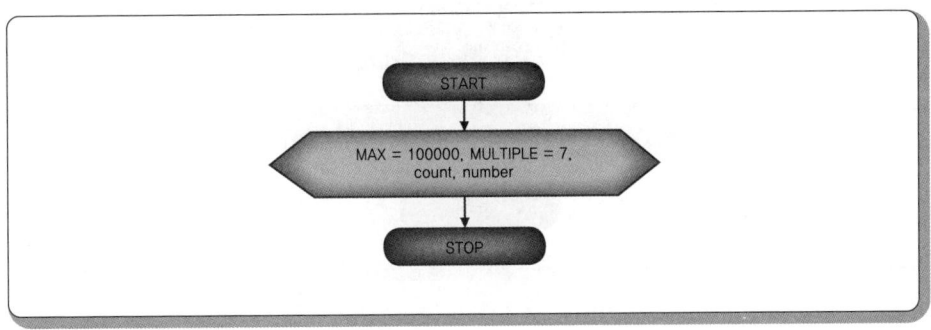

자료명세서에 대해 변수 혹은 배열을 선언한 준비기호를 작도한 다음은 처리 과정에 따라 순서도를 작도하면 됩니다.

"1. 제목을 출력한다." 처리단계에 대해 순서도에 어떻게 작도되는지 봅시다. 다음은 제어 논리 오류에 대해 추적하는데 사용되는 에코 출력으로 제목을 출력하도록 합시다. 아래처럼 인쇄용지에 제목을 출력하도록 하는 표현입니다.

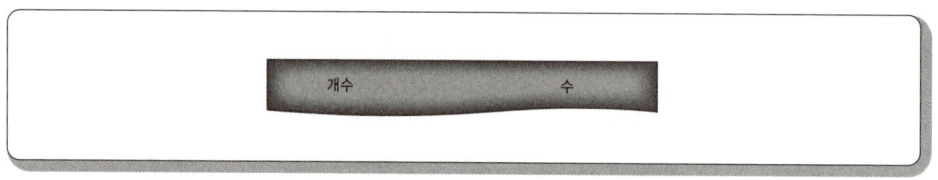

출력기호를 작도해야 합니다. 그리고 출력해야 하는 문자열 상수를 적으면 됩니다. 출력하고자 하는 문자열은 "개수   7의 배수"입니다. 문자열 상수는 항상 큰 따옴표로 싸여져야 합니다.

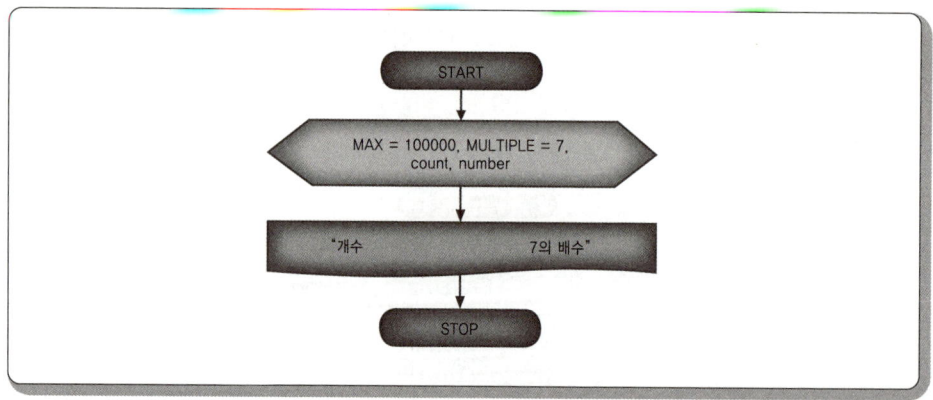

다음은 "2. 수가 MAX보다 클 때까지 반복한다." 처리단계에 대해서 작도해 봅시다. 처리단계 이름에서 알 수 있듯이 제어 기능으로 반복구조를 나타내야 합니다. 처리단계를 다시 살펴보면, 수가 MAX보다 크면 반복을 끝내라는 의미를 포함하고 있습니다. 다시 말해서 적혀지는 7의 배수가 MAX보다 큰지를 검사하는 관계식, number 〉 MAX 을 반복구조의 조건식으로 하여야 합니다. 그리고 조건식을 평가해서 거짓이면 몇 개의 처리단계를 계속해서 수행하고, 참이면 반복을 탈출하도록 해야 합니다. 따라서 여기에서 사용되는 반복구조는 후 검사 반복구조이어야 합니다. 후 검사 반복구조는 거짓인 동안 계속해서 처리하고, 참이면 반복을 탈출한다는 것을 명심하도록 합시다. STOP 단말기호 쪽에 비교 및 판단기호를 작도하고 number 〉 MAX 조건식을 적습니다. 그리고 왼쪽에 위쪽으로 향하는 흐름선을 작도하고, 아래쪽으로 향하는 흐름선을 작도합니다. 반복을 계속하도록 하는 왼쪽에 있는 흐름선에는 FALSE라고 적고, 반복을 탈출하는 아래쪽으로 향하는 흐름선에는 TRUE라고 적습니다. 다음과 같이 작도되어야 합니다.

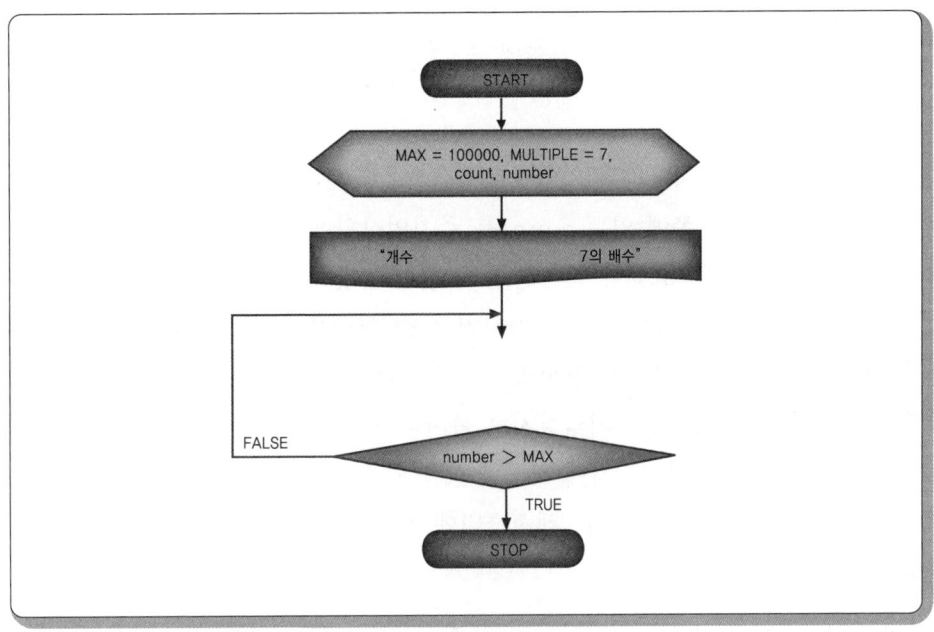

또한, 후 검사 반복구조이므로, 다시 말해서 계속해서 처리해야 하는 내용, 개수를 세고, 7의 배수를 구하고, 개수와 7의 배수를 출력하는 것을 반드시 한번은 수행해야 합니다. 그렇게 한 후에 수가 MAX보다 큰지를 검사하는 관계식으로 반복을 탈출할지에 대해 검사해야 합니다. 따라서 2.x 이하 처리 단계들은 반복해야 하는 내용으로 number 〉 MAX 관계식을 갖는 비교 및 판단기호 앞에 작도되어야 합니다.

다음은 "2.1. 개수를 세다." 처리단계에 대해 작도해 보도록 합시다. "개수를 세다"는 말은 여러분도 알고 있듯이 현재 세어 놓은 수에 1을 더해서 새로운 수를 만드는 것입니다. 세어 놓은 수는 count에 저장된 값을 말합니다. 이렇게 세어 놓은 수를 읽어 그 수에 1을 더해서 다시 count에 저장하여야 합니다. 그렇게 하면 새로 센 수를 만들 수 있습니다. 현재 세어놓은 수가 1이면 1에다 1을 더하면 2가 됩니다. 이때 2가 새로 센 수가 되는 것입니다. 주기억장치 count에 저장된 수가 세어 놓은 수가 되는 것이므로, count에 저장된 수를 읽는다는 표현은 오른쪽 값(R-Value)으로 표현하도록 하고, 여기에 1을 더하면 새로운 개수를 구하는 것이 됩니다. 이렇게 구한 새로운 개수를 다시 주기억장치 count에 저장해두어 다음번 "2.1. 개수를 세다." 처리단계에서 사용하도록 하면 되는 것입니다. 이러한 설명을 정리하면 다음과 같이 식이 작성됩니다.

$$count = count + 1$$

이러한 표현을 개수를 저장하는 기억장소, count에 대해 1씩 증가하는 누적이라고 합니다. 치환연산자의 오른쪽에 있는 count는 주기억장치에 저장된 값을 읽어 중앙처리장치에 있는 기억장소인 레지스터에 복사한 값을 말합니다. 그리고 레지스터에 복사된 값은 산술·관계·논리 연산에 사용되므로, 더하기 산술 연산을 해서, 즉 1을 더해서 값을 구합니다. 이때 구해진 값은 레지스터에 있는 값입니다. 레지스터에 저장된 값을 치환연산자의 왼쪽에 있는 count, 즉 주기억장치로 복사해서 저장한다는 의미입니다. 이때 치환연산자의 왼쪽 count, 주기억장치에 저장된 값을 왼쪽 값(L-Value 혹은 좌변 값)이라고 하고, 치환연산자의 오른쪽 count, 레지스터에 저장된 값을 오른쪽 값(R-Value, 혹은 우변 값)이라고 합니다.

산술식과 치환식으로 이루어진 복합 수식을 적어야 하므로 다시 말해서 기억 기능과 산술 연산 기능이기 때문에 처리기호를 작도해야 합니다. 그리고 앞에서 작성된 누적 표현식을 처리기호에 적습니다. 후 검사 반복구조이므로 제목을 출력하는 출력기호 바로 아래쪽에, 즉 반복구조의 조건식이 적힌 비교 및 판단기호 앞에 놓여야 합니다. 다음과 같이 순서도는 작도되어야 합니다.

> 누적에 사용되는 기억장소에 대해서는 반드시 초기화를 하십시오. 입력과 치환으로 값을 저장하는 기억장소에 대해서는 초기화를 할 필요가 없습니다.

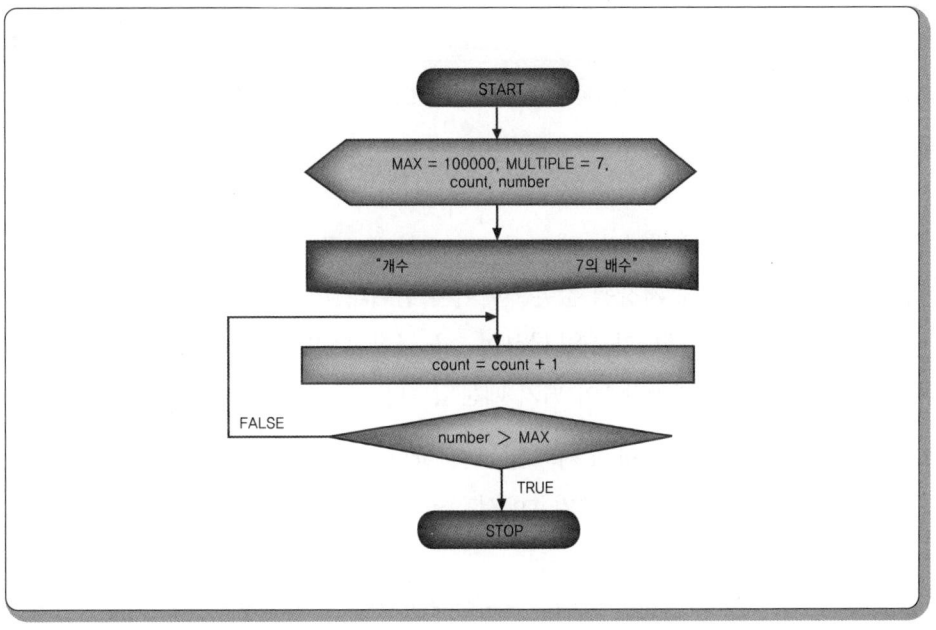

이렇게 작도한 후 반드시 누적에 사용된 기억장소에 대해서는 초깃값을 검토해야 합니다. 누적에 사용된 기억장소에 저장된 값에 대해 기억장소를 사용하기 전에 미리 유효한 값으로 설정하지 않으면, 원하지 않는 결과를 가져올 수 있습니다. 앞에서 제시된 순서도에서 준비기호에 적힌 기억장소 count에 저장된 값은 다른 프로그램에서 사용했던 값입니다. 어떠한 값인지 모르는 쓰레기입니다. 따라서 count = count + 1 식이 적힌 처리기호의 실행 결과도 쓰레기가 되어 원하는 결과를 얻을 수 없습니다. 따라서 누적에 사용된 기억장소에 저장된 값은 식에 사용하기 전에 초기화 혹은 입력, 치환으로 반드시 미리 명확하게 기억장소에 저장된 값이 정해져야 합니다.

대부분은 초기화로 설정합니다. 따라서 여기서 count의 초깃값을 결정해 보도록 합시다. count = count + 1에 대해 첫 번째 실행 결과를 우선 결정해야 합니다. 첫 번째 실행 결과에 따라 count에 저장되어야 하는 값이 1이 되어야 합니다. 즉 첫 번째 실행이 된 후 값이 1이라는 말은 왼쪽 값인 count가 1이어야 한다는 말입니다. 이때 count = count + 1 식에서 오른쪽 값은 얼마인지를 계산하면 됩니다. 식으로 정리하면 다음과 같습니다.

$$1 = count + 1$$

식을 풀면, count는 0이 됩니다. 따라서 count는 0으로 초기화되어야 합니다. 기억장소의 할당과 동시에 count에 저장될 값은 0이어야 합니다. count = count + 1 에 대해 첫 번째 실행에서 읽은 값 0 에다가 1을 더하여 1을 구할 수 있습니다. 따라서 다시 count에 저장해야만 첫 번째 실행 결과가 1이 되기 때문입니다.

작도된 순서도의 준비기호에서 초기화를 해야 합니다. 초기화해야 하는 변수 뒤에 등호를 적고, 초깃값을 적으면 됩니다. 준비기호에서 count = 0 이 됩니다.

이처럼 각 기억장소의 초기값은 준비기호를 작도할 때 결정하는 것보다 제어 논리를 만들어 가는 도중에 결정하도록 하는 것이 좋습니다.

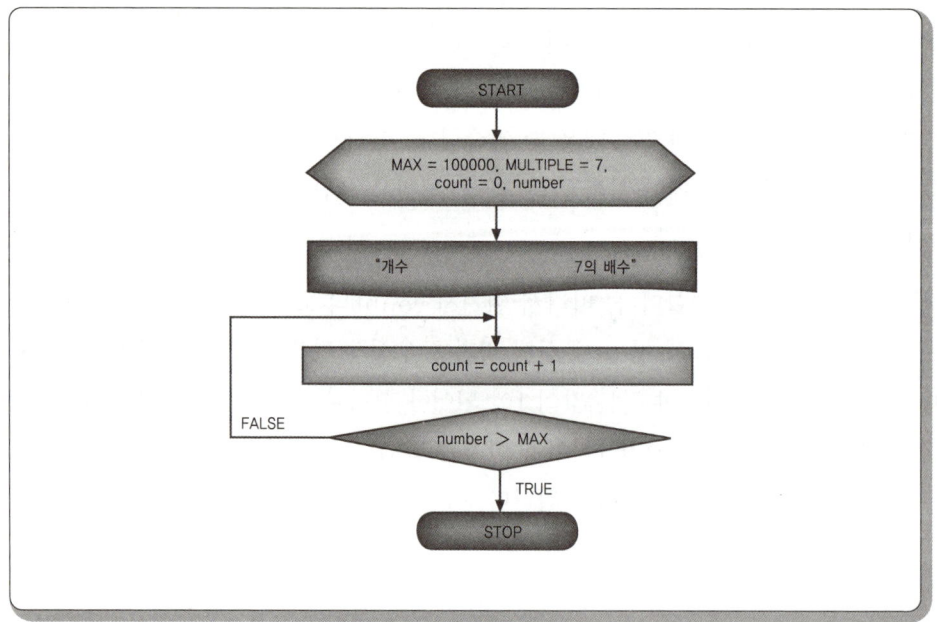

다음은 "2.2. 7의 배수를 구한다." 처리단계에 대해 작도해 보도록 합시다. 7부터 시작하여 7씩 더하여 다음 수를 만들어 가는 방식으로 "2.1. 수를 세다."와 같이 누적으로 표현할 수 있습니다. number에 저장된 7의 배수를 읽어 7을 더하여 다시 number에 저장하면 됩니다. "2.2. 7의 배수를 구한다." 처리단계에 대해 식을 작성해 보면 다음과 같습니다.

number = number + MULTIPLE

따라서 식을 적을 수 있는 처리기호를 작도하고, 식을 적으면 됩니다. 이때 처리기호는 처리단계의 번호에 의하면 "2.1. 개수를 세다." 처리단계를 표현한 처리기호 바로 다음에 작도하여야 합니다. 다음과 같이 순서도가 작도됩니다.

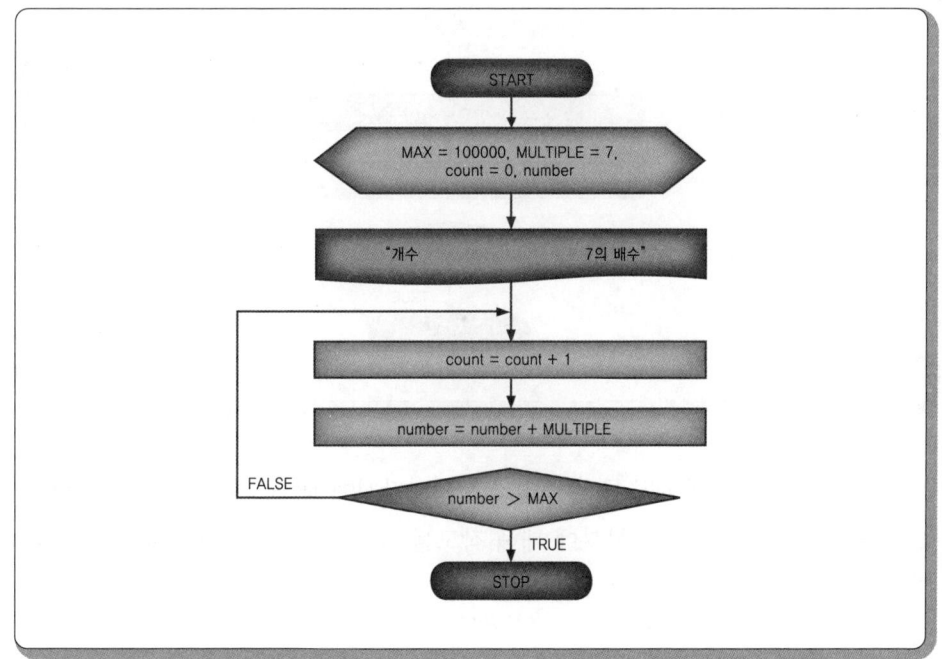

또한, number도 누적에 사용되었으므로, number의 초기값을 생각해야 합니다. 첫 번째 수가 7이 되기 위해서는 number에 할당된 후 최초로 저장되는 값, 초기값은 0이어야 합니다. 우선 number에 저장된 값을 읽어 레지스터에 복사하면, 값은 0이고 0에다가 7을 더하면 7이 구해집니다. 레지스터에 구해져 있는 값 7을 다시 number에 저장하면 첫 번째로 구하고자 하는 값 7이 되는 것입니다. 준비기호에서 number = 0으로 초기화해야 합니다.

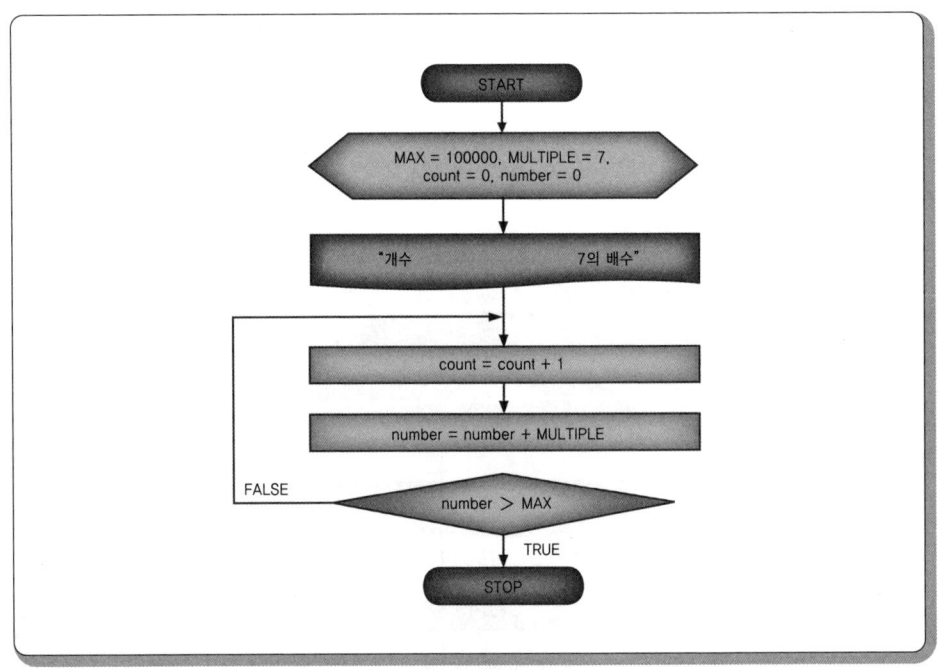

다음은 "2.3. 개수와 7의 배수를 출력한다." 처리단계에 대해 작도해 보도록 합시다. 오른쪽 그림에서 숫자를 출력하는 부분에 대해 작도를 말합니다. 두 번째 줄부터 마지막 줄의 바로 앞줄까지 숫자를 출력하는 영역에 대한 처리입니다.

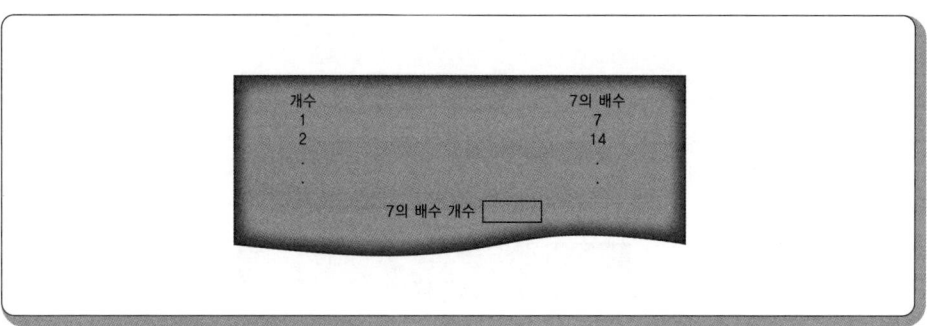

제어논리를 만들어 갈 때 제어논리의 정확성을 추적할 수 있도록 출력을 계속해보는 것은 매우 좋은 습관입니다. 이때 사용되는 출력을 에코 출력이라고 합니다. 앞으로는 에코 출력과 제어논리에 의해서 최종적으로 구해진 값 혹은 값들의 출력을 따로 생각하도록 합시다.

이 처리단계는 출력기호에 출력하고자 하는 데이터들을 쉼표로 구분해서 적으면 됩니다. 다음과 같이 순서도가 작도됩니다.

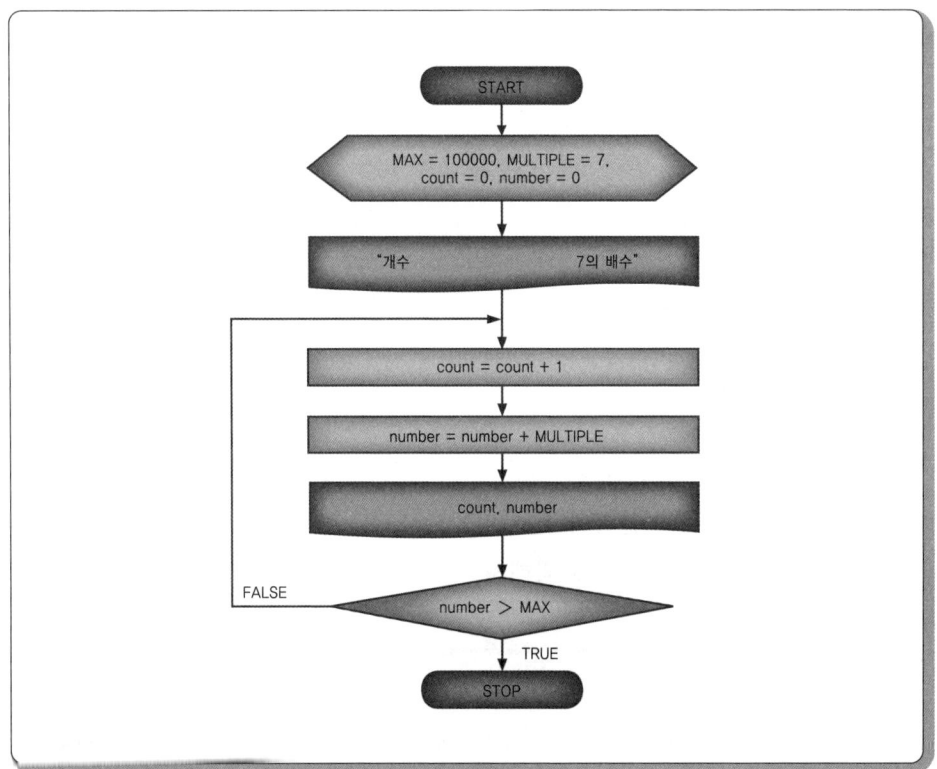

이렇게 해서 반복구조의 처리 내용을 다 작도했으므로 출력기호 다음에 흐름선을 작도하여 반복구조의 조건식이 적힌 비교 및 판단기호로 향하도록 작도하여 반복제어구조를 마무리합니다.

다음은 "2. 수가 MAX보다 클 때까지 반복한다." 처리단계에 대해 작도를 마무리했으므로 "3. 개수를 출력한다." 처리단계에 대해 작도해 보도록 합시다. 다음 그림에서 가장 마지막 줄에 대한 출력입니다.

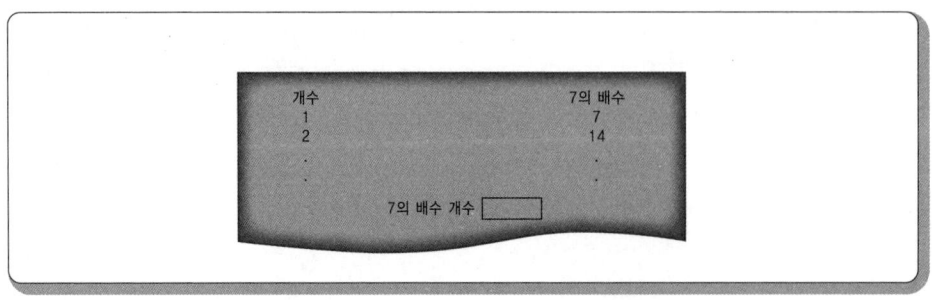

출력할 데이터들은 "7의 배수 개수" 문자열과 마지막으로 세어진 개수, count입니다. 따라서 출력기호를 작도하고, 출력할 데이터들을 차례로 적되, 쉼표로 구분합니다. 이때 문자열 상수는 큰 따옴표로 싸야 하고, 출력할 개수를 저장한 변수 명칭을 적으면 됩니다.

변수 명칭은 변수 명칭 자체를 나타내는 것이 아니라 변수에 저장된 값을 의미한다는 것을 명심하도록 합시다.

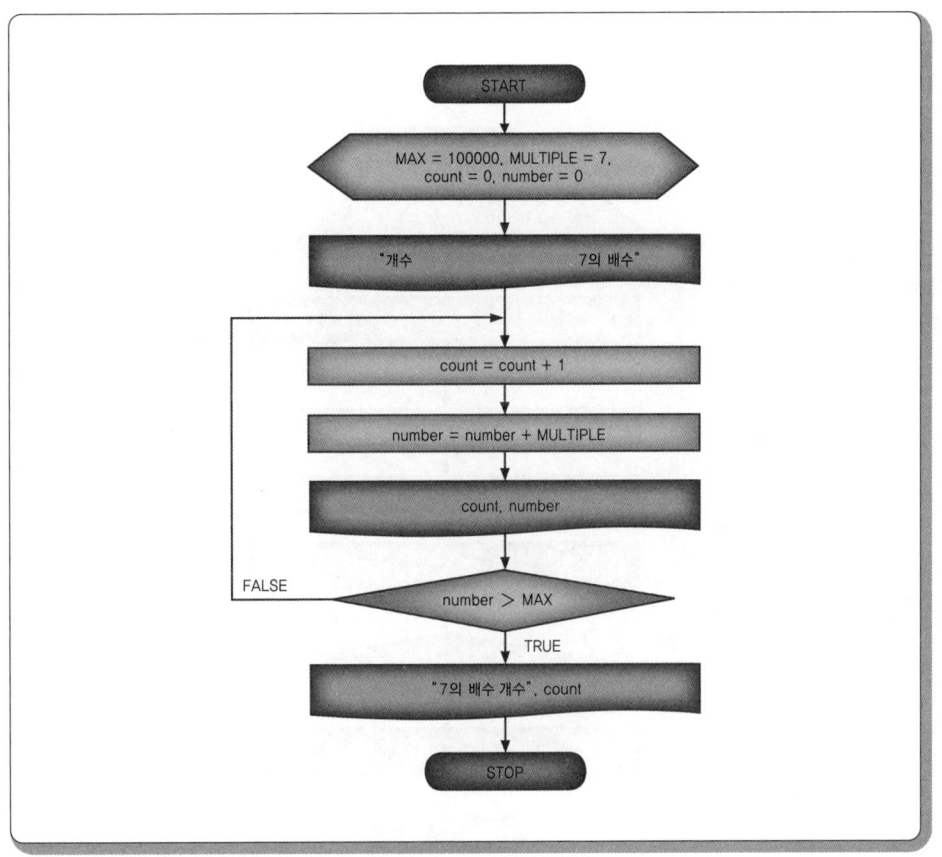

여기까지를 작도하면, 주어진 문제에 대해 처리 과정으로 정리된 제어논리가 순서도로 완성되었습니다.

검토(Inspection)

이렇게 정리된 순서도가 정확하게 실행되는지 확인하는 작업이 필요합니다. 이러한 작업을 검토라고 합니다. 컴퓨터는 개발자가 지시하는 명령대로만 실행하게 됩니다. 따라서 잘못된 명령에 대해서는 틀린 결과를 출력하게 됩니다. 따라서 틀린 제어논리에 대해서 프로그램으로 변환하여 컴퓨터에 실행하도록 한다면, 컴퓨터는 틀림없이 틀린 결과를 출력하게 될 것입니다. 이러한 상황에 대해 "논리 오류(Logic Error)가 발생했다"라고 합니다. 따라서 제어논리를 만들 때는 종이와 연필로 순서도가 정확하게 실행되는지에 대한 확인을 반드시 해야 한다는 것을 명심하도록 합시다.

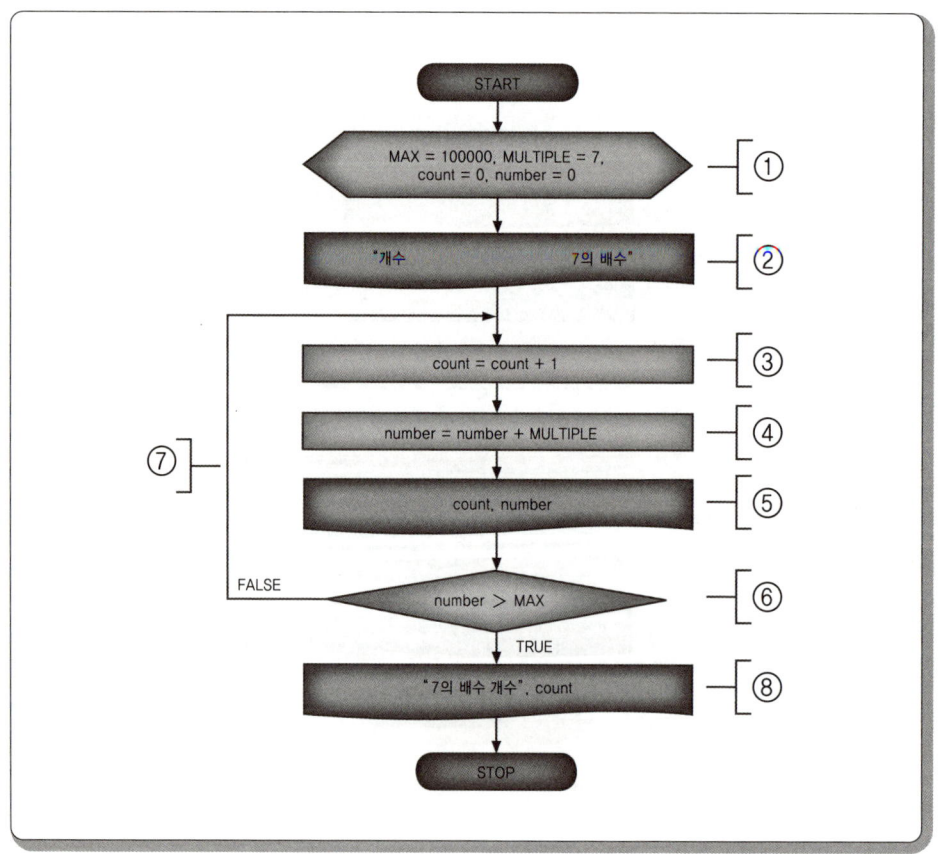

검토용 순서도 만들기

단말기호와 위쪽에서 아래쪽으로 향하는 화살표들을 빼고 검토에서 반드시 실행되어야 하는 기호들에 대해서 실행 순서에 따라 번호를 매기고, 반복구조에서 반복 처리를 나타내는 화살표에 대해서, 즉 FALSE일 때 위쪽으로 향하는 화살표에는 번호 ⑦을 매겨 순서도를 검토하는 데 도움이 되도록 정리해야 합니다.

검토표 만들기

검토하기 위해서는 검토표를 작성해야 합니다. 열의 제목들을 적는 줄과 ①번 준비기호에 적힌 항목들의 개수만큼 줄들이 필요하므로 줄의 개수를 다섯 개로 하고, 준비기호의 항목들을 적을 열과 초깃값 설정 열 그리고 MAX를 20으로 조정하기 때문에 반복횟수 3번에 대해 값들을 적을 열들까지 포함해서 여유 있게 두 개의 열을 더해서 일곱 개의 열을 갖는 표를 작성합니다.

그리고 첫 번째 줄에 열의 제목들을 적습니다. 왼쪽부터 오른쪽으로 명칭, 초기, 그리고 1부터 시작해서 끝까지 반복횟수에 대해 적습니다.

명칭	초기	1	2	3	4	5

그리고 가장 왼쪽 열에는 준비기호에 기술된 항목의 명칭들을 적습니다.

명칭	초기	1	2	3	4	5
MAX						
MULTIPLE						
count						
number						

● 입력 데이터 설계하기

입력기호가 있다면, 입력 데이터(들)를 설계해야 합니다. 검토할 순서도에는 입력기호가 없으므로 입력 데이터(들)를 설계할 필요가 없습니다.

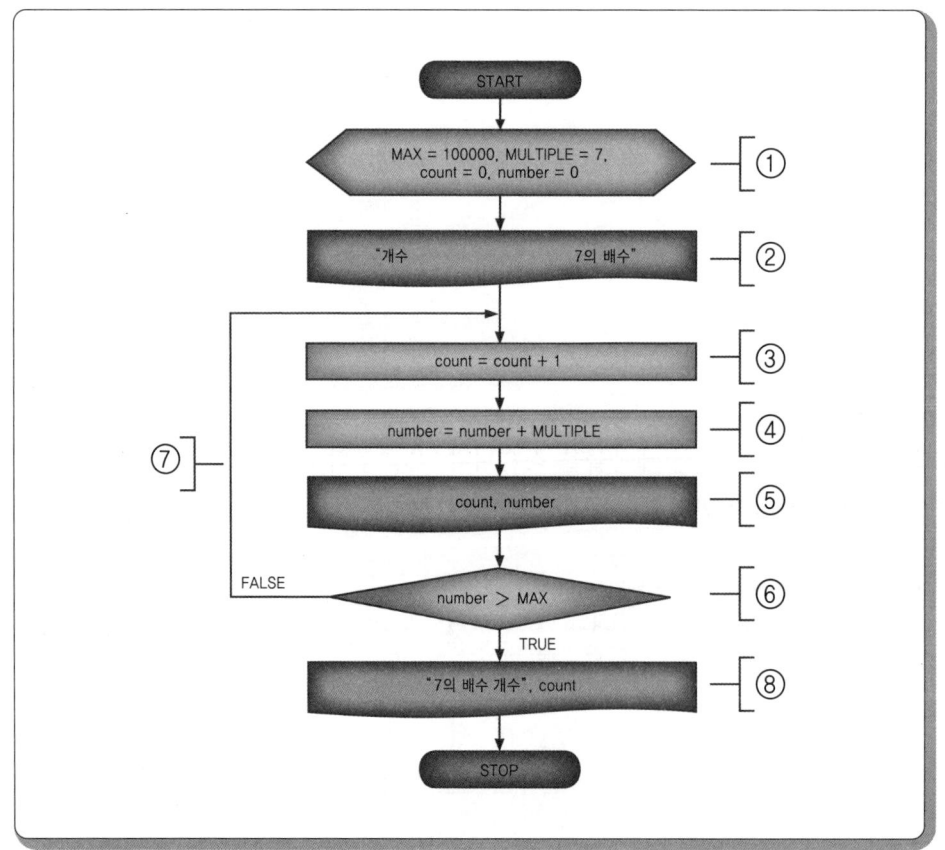

추적

 이러한 방식으로 검토할 준비 작업이 끝나면, 이제 제어논리에 대해 추적해야 합니다. 기본적으로 위쪽에서 아래쪽으로 혹은 왼쪽에서 오른쪽으로 제어 흐름을 따라 이동하고 순서도의 기호들을 실행합니다.

 이때 실행 결과에 대해 치환이나 입력으로 값이 바뀌는 기억장소에 대해 각각의 기억장소에 값을 적어야 합니다. 추적해 봅시다.

 다음은 초기값 설정하는 열, 열 제목이 초기인 열에 ①번 준비기호를 참고하여 기호상수에 대해 상수 값, 그리고 변수에 대해 초기값을 설정합니다. 즉 MULTIPLE = 7로 설정되어 있으므로 MULTIPLE 줄의 초기값 설정 열에 7을 적어야 합니다. 이때 특히 반복횟수와 관련이 있는 기호상수에 대해서는 너무 값이 큰 경우, 검토가 오히려 피곤한 작업이 될 수 있습니다. 그러므로 제시된 값 그대로 사용하지 말고, 합리적으로 값을 고쳐 사용해야 합니다. 특히 반복을 탈출할 조건에 맞게끔 적절하게 값을 바꾸어서 사용하면 됩니다. MAX를 20으로 고쳐서 사용합시다. 여러분은 30으로 고쳐서 해 보십시오. count = 0, 그리고 number = 0으로 초기화되어 있으므로 각각 0과 0을 적어야 합니다.

명칭	초기	1	2	3	4	5
MAX	20					
MULTIPLE	7					
count	0					
number	0					

 ②번 출력기호로 이동하여 출력기호를 실행하게 됩니다. 그러면 다음 페이지 같이 출력된 결과를 얻을 수 있습니다. 단지 문자열 상수를 출력하여 보고서의 제목을 출력하고 있습니다. 출력하기 위해 읽기만 하므로 검토표에서 바뀌는 값이 없습니다.

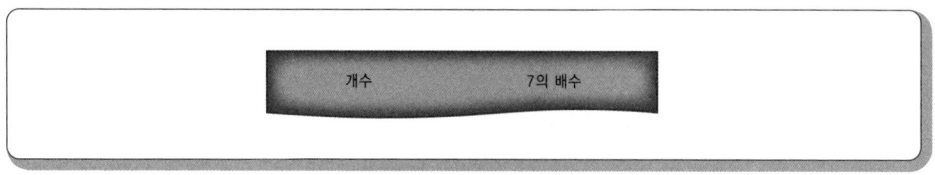

③번 처리기호로 이동하여 처리기호를 실행해서 개수를 세게 됩니다. 우선 count에 저장된 값, 앞쪽 검토표에서 알 수 있듯이 초기값으로 설정한 값, 0을 읽어 레지스터에 복사합니다. 그리고 레지스터에 복사된 값, 0에 1을 더하여 값을 구합니다. 더해서 구한 값, 1을 다시 주기억장치 count에 저장합니다. 따라서 count에 저장된 값이 바뀌게 됩니다. 이렇게 바뀐 값에 대해 검토표에 적으면 됩니다. 1 열과 count 줄이 만나는 칸에 적습니다. count에 저장되었던 값인 0이 없어지고 1이 저장되었습니다. 다음과 같이 검토표가 정리됩니다.

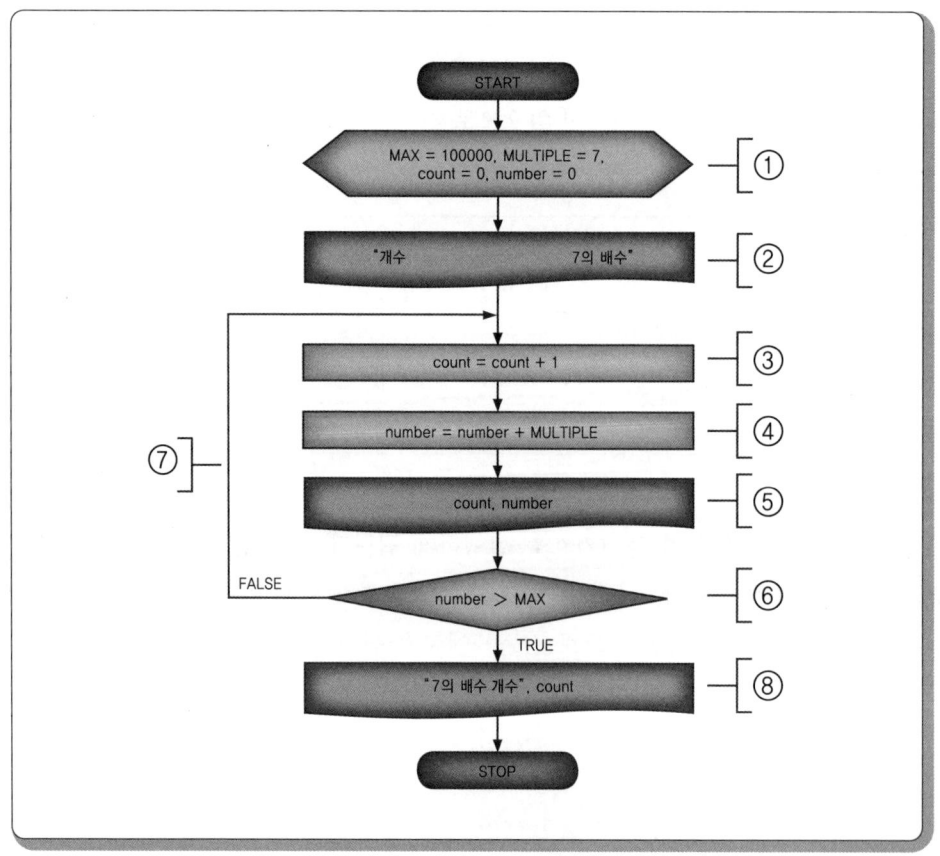

명칭	초기	1	2	3	4	5
MAX	20					
MULTIPLE	7					
count	0	1				
number	0					

④번으로 이동하여 처리기호를 실행하여 7의 배수를 구하게 됩니다. 현재 number에 저장된 값을 레지스터에 복사합니다. 그리고 레지스터에 복사된 값에 MULTIPLE, 7을 더하여 값을 구합니다. 첫 번째 반복에서 구한 7의 배수를 다시 number에 저장합니다. 따라서 number에 저장된 값이 바뀌어야 합니다.

number에 현재 저장된 값은 검토표를 참고하면, 초기 열에 적혀 있는 값, 0입니다. 이 값을 읽어 레지스터에 복사합니다. 레지스터에 복사된 0에 7을 더하면 7이 구해집니다. 이렇게 구해져서 레지스터에 저장된 7을 다시 number에 저장하게 됩니다. 따라서 첫 번째 반복에서 구하고자 하는 7의 배수, 7을 구하게 되는 것입니다. 다음과 같이 검토표가 정리되어야 합니다.

명칭	초기	1	2	3	4	5
MAX	20					
MULTIPLE	7					
count	0	1				
number	0	7				

⑤번으로 이동하여 출력기호를 실행하게 되면 count와 number에 저장된 값들, 1과 7을 출력하게 되어 다음과 같이 출력됩니다.

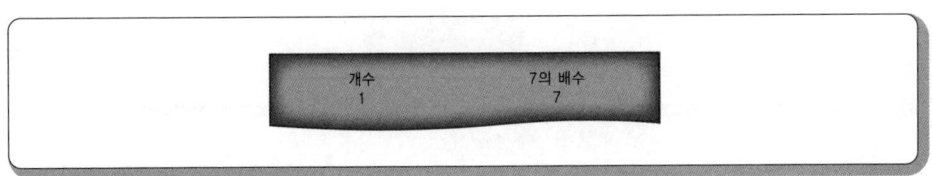

이렇게 해서 후 검사 반복구조에서 전형적인 특징으로 반복해서 처리해야 할 내용을 1회 실행하게 됩니다.

⑥번 비교 및 판단기호로 이동하여 반복구조를 실행할지 아니면 끝낼지를 판단하게 됩니다. 제어논리에 사용된 반복구조는 후 검사 반복구조로 반복해서 처리해야 할 내용을 1회 실행하고, 반복할지 아니면 끝낼지에 대해 결정하는 반복구조의 조건식이 적힌 비교 및 판단기호가 마지막에 있습니다. 비교 및 판단기호에 적힌 number 〉 MAX 관계식을 평가해서 거짓이면 반복하고, 참이면 반복을 끝내야 합니다. 현재 number에 저장된 값은 검토표에서 확인하면, 7이고, MAX는 20이므로 7이 20보다 크지 않기 때문에 관계식을 평가한 결과는 거짓입니다. 따라서 ⑦번 화살표를 따라 다시 ③번 처리기호로 이동하여 개수를 세어야 합니다. 이렇게 해서 두 번째 반복을 수행해야 합니다.

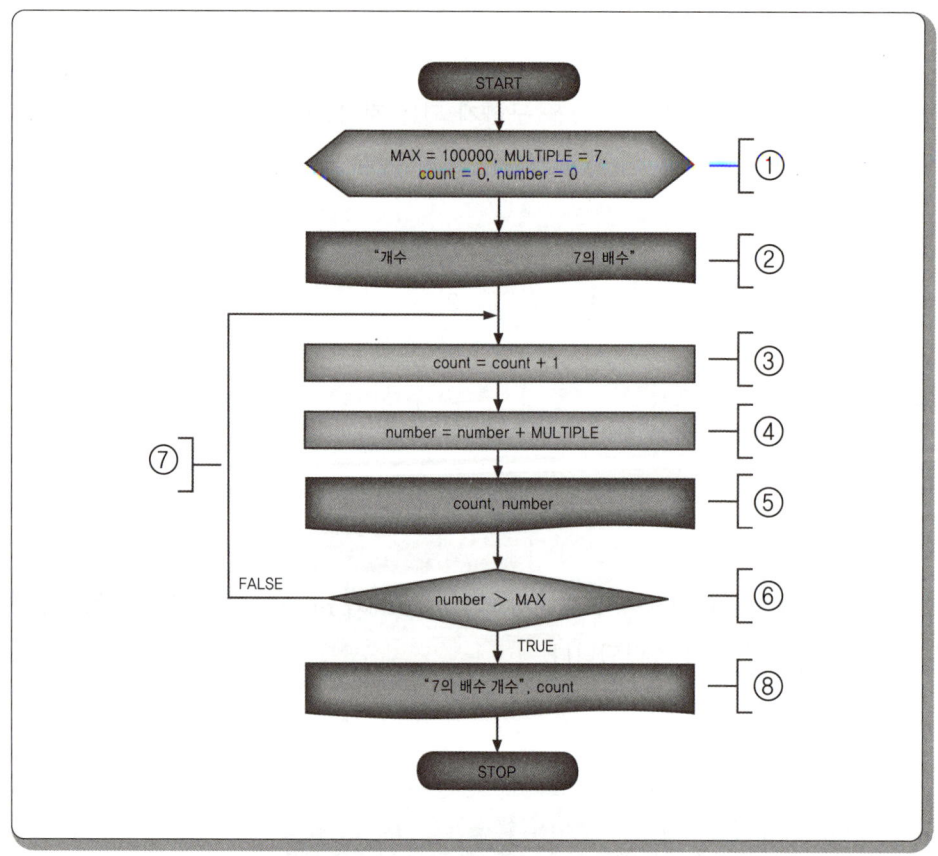

③번 처리기호를 실행하면 count에 저장될 값은 2가 됩니다. 첫 번째 처리의 결과를 검토표에서 확인하면 1입니다. 1을 읽어 1을 더하면, 2가 되고, 구해진 2를 다시 count에 저장하기 때문에 1은 없어지고, 2가 count에 저장됩니다. 다음과 같이 검토표가 정리됩니다.

명칭	초기	1	2	3	4	5
MAX	20					
MULTIPLE	7					
count	0	1	2			
number	0	7				

다음은 ④번으로 이동하여 처리기호를 실행하여 7의 배수를 구하게 됩니다. 첫 번째 반복에서 적혀져서 현재 number에 저장된 값, 7을 레지스터에 복사하고, 이 복사된 값에 MULTIPLE, 7을 더하여 구한 값, 14를 다시 number에 저장하고 실행이 끝나게 되고, 다음과 같이 검토표가 정리되어야 합니다.

명칭	초기	1	2	3	4	5
MAX	20					
MULTIPLE	7					
count	0	1	2			
number	0	7	14			

⑤번으로 이동하여 출력기호를 실행하게 되면 count와 number에 저장된 값들, 두 번째 반복 열에 적혀 있는 2와 14를 출력하게 되어 다음과 같이 출력됩니다.

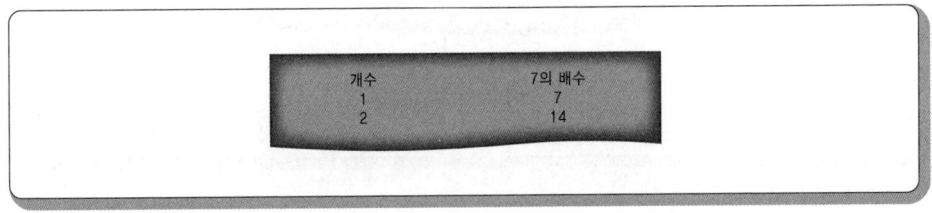

⑥번 비교 및 판단기호로 이동하여 반복구조를 실행할지 아니면 끝낼지를 판단하게 됩니다. 후 검사 반복구조이기 때문에 비교 및 판단기호에 적힌 조건식, number 〉 MAX 관계식을 평가해서 거짓이면 반복하고, 참이면 반복을 끝내야 합니다. 현재 number에 저장된 값은 검토표에서 확인하면, 14이고, MAX는 20이므로 14가 20보다 크지 않기 때문에 관계식을 평가한 결과는 거짓입니다. 따라서 ⑦번 화살표를 따라 위쪽으로 실행 제어가 이동하여 다시 ③번 처리기호로 이동하여 세 번째 반복을 수행해야 합니다.

③번 처리기호로 이동하여 개수를 세면, 현재 count에 저장된 값은 검토표에서 확인해 보면, 2입니다. 2를 읽어 1을 더하여 3을 구하고, 3을 다시 count에 저장하면 처리기호의 실행이 끝나게 됩니다. 따라서 세 번째 반복 열과 count 줄이 만나는 칸에 3을 적으면 다음과 같이 검토표가 정리됩니다.

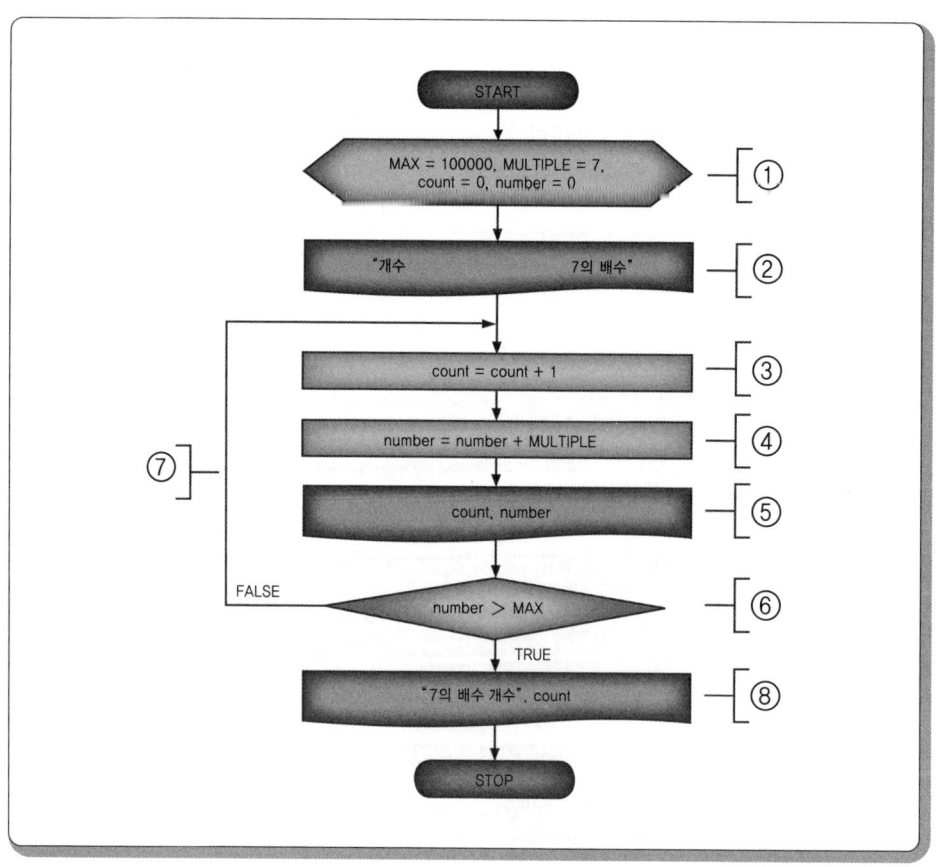

명칭	초기	1	2	3	4	5
MAX	20					
MULTIPLE	7					
count	0	1	2	3		
number	0	7	14			

다음은 ④번으로 이동하여 처리기호를 실행하여 7의 배수를 구하게 됩니다. 두 번째 반복에서 적혀진 현재 number에 저장된 값은 검토표에서 확인하면, 14입니다. 14를 레지스터에 복사하고, 복사된 값에 MULTIPLE, 7을 더하여 구한 값, 21을 세 번째 반복에서 구해야 하는 7의 배수로 다시 number에 저장하고 실행이 끝나게 되고, 다음과 같이 검토표가 정리되어야 합니다.

명칭	초기	1	2	3	4	5
MAX	20					
MULTIPLE	7					
count	0	1	2	3		
number	0	7	14	21		

⑤번으로 이동하여 출력기호를 실행하게 되면, count와 number에 저장된 값들을 출력하게 됩니다. 검토표에서 세 번째 반복 열에 적혀 있는 3과 21을 출력하게 되어 다음과 같이 출력됩니다.

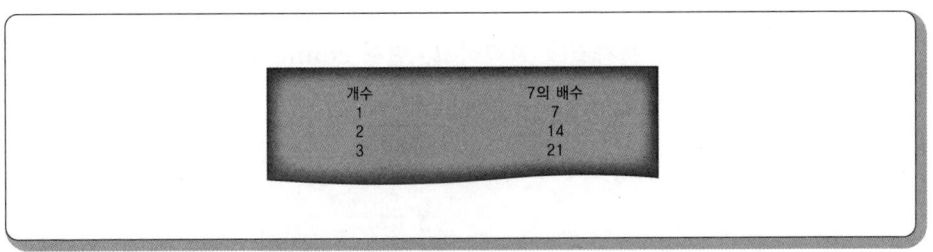

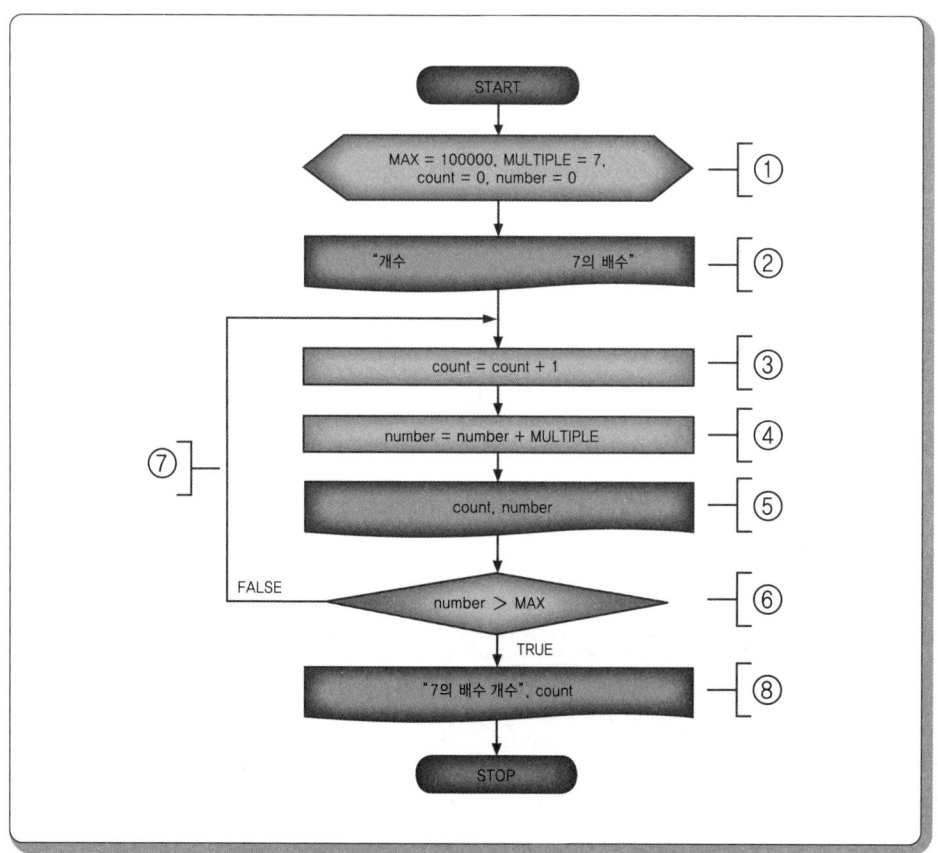

⑥번 비교 및 판단기호로 이동하여 비교 및 판단기호에 적힌 조건식, number > MAX 관계식을 평가해서 거짓이면 반복하고, 참이면 반복을 끝내야 합니다. 현재 number에 저장된 값은 21이고, MAX는 20이므로 21이 20보다 크기 때문에 관계식을 평가한 결과는 참입니다. 따라서 반복을 끝내고 TRUE 쪽으로 실행 제어를 이동하게 됩니다. 따라서 ⑧번 출력기호로 이동하게 됩니다.

⑧번 출력기호를 실행하면, 문자열을 출력하고, 현재 count에 저장된 값, 3을 출력하게 됩니다. 다음과 같이 출력되게 됩니다.

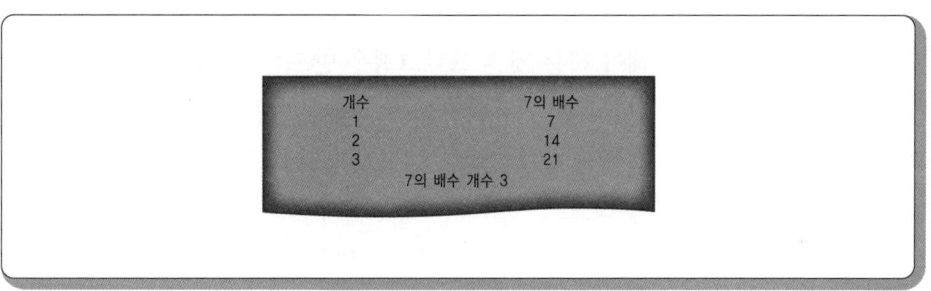

그리고 STOP 단말기호를 만나서 제어논리의 실행이 끝나게 됩니다. 이렇게 해서 후 검사 반복구조를 사용한 제어논리가 실행이 완료됩니다. 그리고 출력으로 제어논리가 정확하게 실행되었는지를 추적할 수 있는 보고서가 작성되었습니다.

평가 : 논리 오류 찾기와 고치기

그러면 과연 제어논리가 정확하게 실행되었는지 확인합시다. 위 출력 결과를 봅시다. 20까지 7의 배수는 7과 14뿐입니다. 에코 출력에서는 21이 출력되지 않아야 합니다. 그리고 7의 배수 개수는 2가 되어야 하나 3이 출력되었습니다. 따라서 제어논리가 정확하지 않다는 것을 확인할 수 있습니다. 이러한 오류를 논리 오류(Logic Error)라고 합니다. 이러한 논리 오류는 순서도를 작성하고, 반드시 검토 작업으로 확인해야 합니다. 그리고 이렇게 확인된 논리 오류가 고쳐지지 않고 프로그램으로 변환되어 컴퓨터에서 실행되면, 정확한 결과를 출력할 수 없게 되는 것입니다.

답이 틀렸다고 해도 끝까지 제어논리에 대해 추적을 해야 합니다. 대개 답이 틀린 곳이 발견되면, 추적을 그만두는 경향이 있는데 이러하면 되지 않습니다. 끝까지 추적하여야 오류에 대해 명확하게 인지할 수 있고, 다른 오류들도 같이 발견되어야 같이 생각할 수 있기 때문입니다.

> 여기서 다시 명심해야 하는 것은 프로그램을 만드는 작업은 사람이 하는 것이라는 것을 반드시 기억해야 합니다. 컴퓨터가 프로그램을 만들어 주지 않습니다. 단지 컴퓨터는 사람이 만든 프로그램을 실행할 뿐입니다. 따라서 프로그래밍 언어적인 접근보다는 논리적인 사고 배양을 목표로 프로그램 개발에 대한 학습을 해야 합니다.

그러면 발생한 논리 오류를 고쳐 보도록 합시다. 앞에서 작도된 순서도는 처리 과정에 맞게 작도하는 데 집중했습니다. 그렇지만 순서도를 작도할 때 표준적인 제어구조를 반영하면 더욱더 작도하기가 쉽습니다. 여기에서 반영할 부분은 후 검사 반복구조에 대해 논리적인 구조를 반영하여야 합니다. 즉, 반복구조 제어변수의 초기식, 반복제어변수 변경식 그리고 마지막으로 반복제어변수 조건식으로 순서대로 나열되어야 합니다. 이러한 논리적인 구조를 반영하여 순서도를 정리하면, 반복제어변수가 number이기 때문에 "2.1. 개수를 센다." 처리 단계에 대한 처리기호와 "2.2. 7의 배수를 구한다." 처리 단계에 대한 처리기호를 순서를 바꾸어야 합니다. 7의 배수를 적고 개수를 세는 형식으로 바뀌게 됩니다. 이러한 반영으로 처리 과정의 절차와 순서도의 절차가 약간 달라지는 경우도 발생합니다. 다음 페이지와 같이 처리과정과 순서도가 정리되어야 합니다.

내부 설계(Internal Design) ---- 모듈 기술서					
명칭	한글	배수의 개수를 세다			
	영문	CountMultiples			
기능		1에서 100000까지 수들에서 개수를 세고, 7의 배수를 구하고, 7의 배수와 개수를 출력한다. 그리고 마지막으로 전체 개수를 출력한다.			
입·출력	입력	없음			
	출력	개수			
관련 모듈					

	자료 명세서				
번호	명칭		자료유형	구분	비고
	한글	영문			
1	가장 큰 수	MAX	정수	상수	100000
2	공차	MULTIPLE	정수	상수	7
3	개수	count	정수	출력	
4	수	number	정수	처리	7의 배수

처리 과정

1. 제목을 출력한다.
2. 수가 MAX보다 클 때까지 반복한다.
   2.2. 7의 배수를 구한다.
   2.1. 개수를 세다.
   2.3. 개수와 7의 배수를 출력한다.
3. 개수를 출력한다.
4. 끝내다.

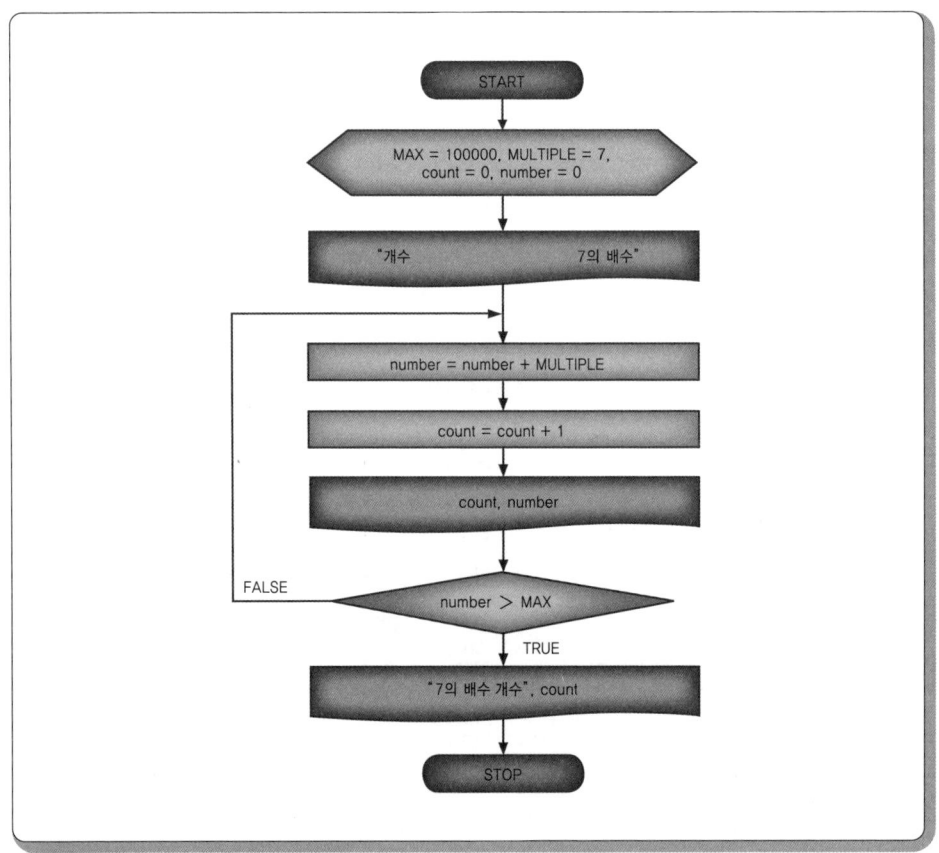

준비기호에서 반복제어변수 number에 대해 초기식이 작성되고, 반복구조의 첫 번째 기호가 반복제어변수의 변경식 그리고 반복구조의 맨 마지막 기호로 반복제어변수의 조건식에 적힌 비교 및 판단기호가 작도돼서 표준적인 후 검사 반복구조를 이루게 됩니다.

앞으로는 반드시 처리 과정에 맞게 순서도를 작도한 후, 표준화된 제어구조에 맞게 순서도를 정리하든지, 혹은 더욱더 효율적인 방법으로 표준화된 제어구조에 맞게 순서도를 스케치한 후, 처리 과정을 참고하여 순서도를 작도하도록 하십시오.

다시 논리 오류를 고치는 작업을 진행하도록 합시다. 가장 중요한 것은 제시된 문제의 결과로 출력되는 값이므로, 즉 count의 값을 조정하는 방법들이 논리 오류를 고치는 방법입니다. 이러한 생각을 하고 해결 방안을 생각한다면, 해결책은 간단하게 두 가지 방법을 생각할 수 있습니다. 첫 번째로는 count의 초기값을 미리 하나 줄여서 −1로 설정한 후 제어논리를 실행시키는 방법과 총 7의 배수의 개수를 출력하는 출력기호 앞에서 count의 값을 조정하는 방법을 생각할 수 있을 것입니다. 전자는 개수를 −1부터 세는 경우로 상식적으로 틀린 개념입니다. 더욱더 0개라는 것은 없다는 것인데, 0개 일 때 7이라는 수가 출력되므로 개념적으로 틀린 경우를 말하는 것입니다. 한번 앞에 제시된 순서도에서 count에 저장되는 초기값을 −1로 고치고 검토를 해 보십시오. 그러면 다음과 같은 검토표가 작성되어야 합니다. 여러분은 직접 검토를 해서 아래 결과가 어떻게 얻어지는지 확인하십시오.

명칭	초기	1	2	3	4	5
MAX	20					
MULTIPLE	7					
count	−1	0	1	2		
number	0	7	14	21		

답만을 구하고자 하면 상식과 개념을 무시한 해결책을 생각하게 됩니다. 항상 상식과 개념을 무시한 해결책을 생각하다 보면, 내가 풀고 있는 문제를 해결해 가는데 있어 기준이 없어 해결책이 맞는 것인지 그렇지 않은지를 알 수 없는 상황을 초래하게 됩니다. 이러한 상황에서 문제를 계속해서 해결해 갈 수 없게 됩니다. 따라서 답을 구할 때 일반적인 상식과 개념하에서 해결책을 생각하도록 합시다.

그래서 후자가 그래도 개념적으로는 전자보다는 양호한 해결 방안인 것 같습니다. 반복을 탈출한 후 바로 count의 개수를 하나 감소시키고, 출력하도록 하는 것입니다. 따라서 빼기 산술식과 치환식으로 구성되는 복합 수식을 적어야 합니다. 따라서 출력기호 바로 앞에 처리기호를 작도합니다. 그리고 처리기호에 count = count - 1 식을 적습니다. 다음과 같이 순서도를 작도해야 합니다.

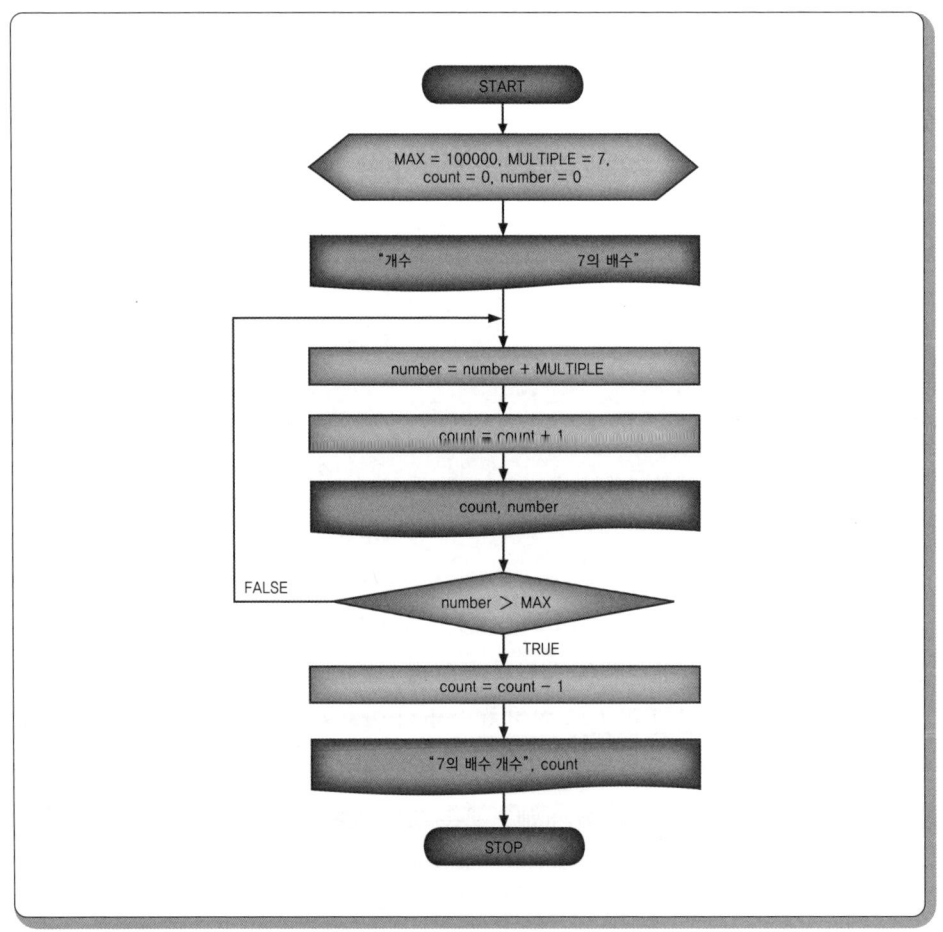

이렇게 고쳐진 제어논리를 표현하고 있는 순서도에 대해서 다시 검토해서 논리 오류가 고쳐졌는지를 확인해야 합니다.

다시 검토용 순서도와 검토표를 정리하고, 검토해 봅시다. 검토용 순서도와 검토표는 다음과 같습니다.

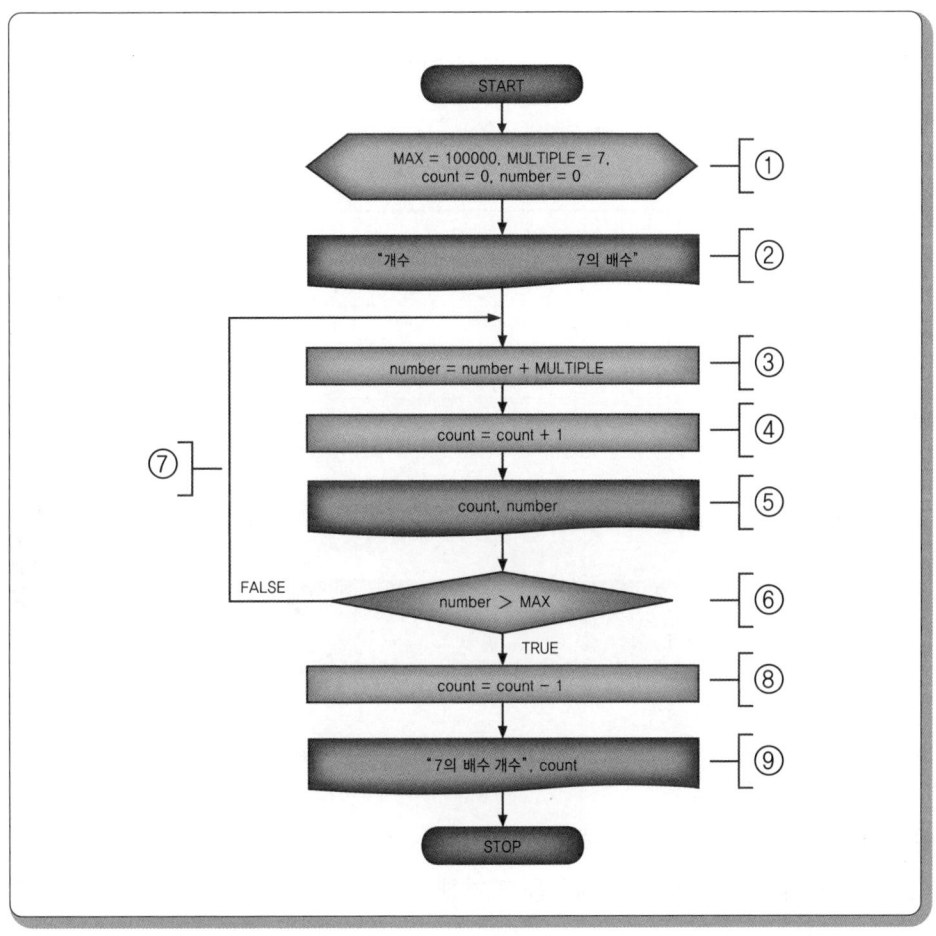

명칭	초기	1	2	3	4	5
MAX						
MULTIPLE						
count						
number						

다시 START 단말기호부터 시작해서 제어논리에 대해 추적을 해야 합니다. 즉 기본적으로 위쪽에서 아래쪽으로 혹은 왼쪽에서 오른쪽으로 제어 흐름을 따라 이동하고 순서도의 기호들을 실행함으로써 각각의 변수의 값을 적어 보도록 해야 합니다. 앞에서 이미 했기 때문에 계속해서 설명하지 않도록 하겠습니다. 여러분이 복습하는 차원에서 세 번째 반복을 한 후 조건식을 평가하기 전부터 시작하도록 하겠습니다. 아래와 같이 검토표가 정리되어 있고, 출력되었을 것입니다.

명칭	초기	1	2	3	4	5
MAX	20					
MULTIPLE	7					
count	0	1	2	3		
number	0	7	14	21		

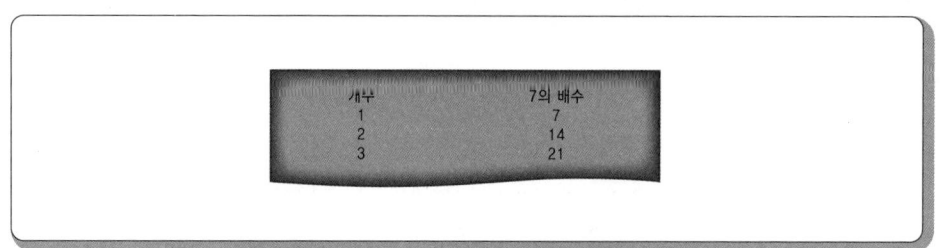

⑥번 비교 및 판단기호로 이동하여 현재 number에 저장된 값은 21이고, MAX는 20이므로 21이 20보다 크기 때문에 관계식을 평가한 결과는 참입니다. 따라서 후 검사 반복구조이므로 반복을 끝내고 TRUE 쪽으로 실행 제어를 이동하여 ⑧번 처리기호로 이동하게 됩니다.

⑧번 처리기호를 실행하면, 현재 count에 저장된 값, 3을 읽어 레지스터에 복사하고 읽힌 값, 3에서 1을 빼서 구한 값, 2를 다시 count에 저장하게 됩니다. 사선(/)으로 구분하고, 2를 적으면 됩니다. count에 저장된 값은 2입니다. 검토표에 정리하면 다음과 같습니다.

명칭	초기	1	2	3	4	5
MAX	20					
MULTIPLE	7					
count	0	1	2	3/2		
number	0	7	14	21		

⑨번 출력기호로 이동하여 출력하면 다음과 같이 출력하게 됩니다.

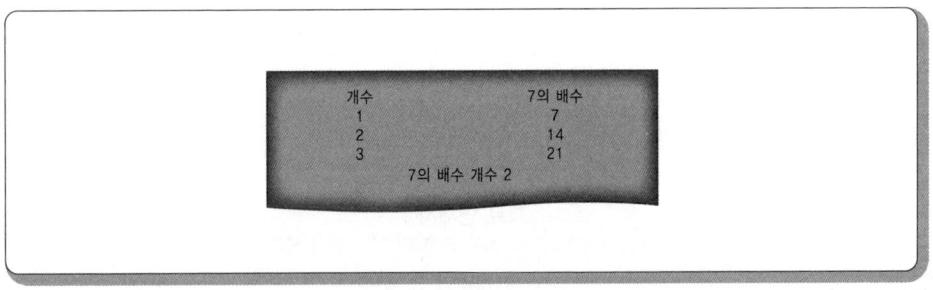

그리고 STOP 단말기호를 만나서 제어논리가 끝나게 됩니다. 이렇게 해서 후 검사 반복 구조를 사용한 제어논리의 실행이 완료되고, 출력으로 제어논리의 정확성이 추적돼서 결과로 제시됩니다. 20까지 7의 배수의 개수는 2개이므로 2를 출력한 것을 확인할 수 있습니다.

더욱더 정확한 결과는 4번째 줄, 3과 21을 찍는 출력이 없어야 합니다. 그렇지만 후 검사 반복구조를 사용한 제어논리에서는 반드시 한번은 실행한 후 반복할지 아니면 끝낼지를 결정하기 때문에 없앨 수 없는 결과입니다.

C 구현(Implementation)

다음은 모듈 기술서와 순서도로 정리된 제어논리를 C 언어로 구현해서, 즉 프로그램을 만들어서 컴퓨터에서 실행해 보도록 합시다.

내부 설계(Internal Design) --- 모듈 기술서						
명칭	한글	배수의 개수를 세다				
	영문	CountMultiples				
기능		1에서 100000까지 수들에서 개수를 세고, 7의 배수를 구하고, 7의 배수와 개수를 출력한다. 그리고 마지막으로 전체 개수를 출력한다.				
입·출력	입력	없음				
	출력	개수				
관련 모듈						
자료 명세서						
번호	명칭		자료유형	구분	비고	
	한글	영문				
1	가장 큰 수	MAX	정수	상수	100000	
2	공차	MULTIPLE	정수	상수	7	
3	개수	count	정수	출력		
4	수	number	정수	처리	7의 배수	
처리 과정						
1. 제목을 출력한다. 2. 수가 MAX보다 클 때까지 반복한다. 　2.2. 7의 배수를 구한다. 　2.1. 개수를 세다. 　2.3. 개수와 7의 배수를 출력한다. 3. 개수를 출력한다. 4. 끝내다.						

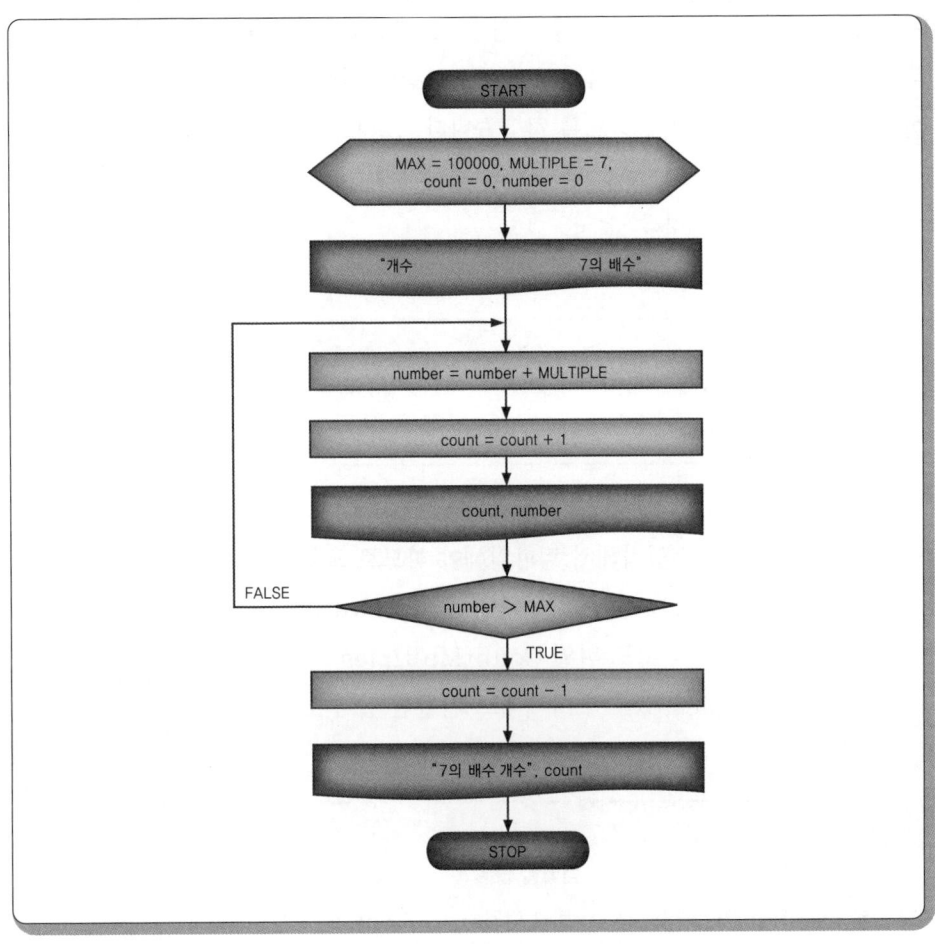

　C 언어에서 적용되는 모듈에 대해서 정리해 봅시다. C언어에서 순서도로 정리된 절차를 표현할 수 있는 논리적 모듈은 함수입니다. 그리고 함수를 입력하고 변환, 즉 컴파일하기 위해서는 컴파일 단위, 프로그램에 사용된 모든 함수를 하나의 파일로 복사하기 위한 링크 단위, 그리고 모든 함수를 가진 실행 파일 순으로 차례대로 만들어 가면 C 프로그램이 작성됩니다.

　앞에서 정리된 모듈 기술서와 순서도를 C 언어로 구현한다면 다음과 같은 논리적 모듈과 물리적 모듈이 작성되어야 합니다.

함수는 모듈 기술서에서 정리된 모듈 명칭 CountMultiples 을 사용하여 함수를 만들어야 합니다. 그렇지만 이 책에서는 작성된 C 프로그램이 실행되어야 하므로 반드시 만들어야 하는 함수인 main 함수로 작성하도록 하겠습니다. 그리고 C 언어는 간단해서 키보드 입력과 모니터 출력 기능이 없으므로 C 컴파일러 개발자에 의해서 이미 작성된 함수, 라이브러리 함수들을 사용하도록 합니다.

	명칭	구분	기능
논리적 모듈 (함수)	main	사용자	순서도를 C언어의 문법에 맞게 작성된 함수
	printf	라이브러리	모니터 출력에 대한 처리

이러한 함수들을 컴퓨터에 입력해서 컴파일해야 하므로 모듈 기술서에서 정리된 모듈 명칭 CountMultiples 을 사용해서 원시 코드 파일 CountMultiples.c 을 만들어야 합니다. 그리고 컴파일러에 의해서 목적 코드 파일 CountMultiples.obj, 그리고 링커에 의해서 실행 코드 파일 CountMultiples.exe 이 차례대로 만들면 됩니다.

	구분	기능	확장자	명칭
물리적 모듈	원시 코드 파일	컴파일 단위	*.c	CountMultiples.c
	목적 코드 파일	링크 단위	*.obj	CountMultiples.obj
	실행 코드 파일	적재 단위	*.exe	CountMultiples.exe

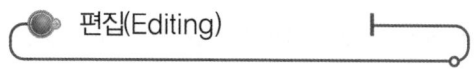
편집(Editing)

01»» 원시 코드 파일 만들기

모듈 기술서를 참고하여 모듈 명칭을 이용하여 컴파일 단위인 원시 코드 파일을 만듭시다. 한글 명칭을 이용해도 되지만 영문 명칭을 이용합시다. 파일 명칭 CountMultiples.c를 갖는 파일을 하나 만듭니다. 그리고 //로 시작하는 한 줄 주석으로 CountMultiples.c 원시 코드 파일의 첫 번째 줄에는 원시코드 파일 명칭을 적습니다.

```
[C 코드]
// CountMultiples.c
```

이렇게 C 프로그램의 구조에 따라 C 프로그램은 반드시 한 개 이상의 원시 코드 파일로 구성되어 집니다. 따라서 C 언어로 구현하는 데 있어서, 원시 코드 파일을 만드는 것이 우선되어야 합니다.

02» **프로그램에 대한 설명 달기**

어떠한 일을 할 것인지를 대략 정리하고 시작합시다. 주석을 이용하여 모듈 기술서에 정리된 모듈에 대한 개요를 적어 보도록 합시다. 이렇게 하는 이유는 작업하는 데 있어 집중하도록 마음을 다잡는 것뿐만 아니라, 주석을 이용해서 코드를 문서로 만들어 코드의 가독성을 높이기 위해서입니다.

지금은 한 개의 모듈만 처리하기 때문에 중요성을 느낄 수 없지만 수백 혹은 수천 개의 모듈을 작성해야 하는 경우, 원시 코드 파일도 수십 혹은 수백 개가 될 것입니다. 이때 이러한 주석 없이 모듈을 관리한다는 것은 불가능한 일입니다.

"세 살 적 버릇이 여든까지 간다"는 속담처럼 한 개의 모듈을 만들 때부터 주석을 이용해서 모듈의 개요를 정리하는 연습을 합시다.

내부 설계(Internal Design) ---- 모듈 기술서		
명칭	한글	배수의 개수를 세다
	영문	CountMultiples
기능		1에서 100000까지 수들에서 개수를 세고, 7의 배수를 구하고, 7의 배수와 개수를 출력한다. 그리고 마지막으로 전체 개수를 출력한다.
입·출력	입력	없음
	출력	개수
관련 모듈		

블록 주석(/*로 시작하여 */로 끝남)을 사용해야 합니다. 모듈 기술서의 명칭, 기능, 입력 그리고 출력에 대해 다음과 같이 서술하도록 합시다. 명칭을 참고하여 파일 명칭과 함수 명칭을 만들도록 합시다. 그리고 기능, 입력, 그리고 출력순으로 기술하면 됩니다. 그리고 작성자와 작성 일자를 기술하도록 합시다. 작성 일자 이후에는 계속해서 변경이 이루어지는 경우 변경한 내용을 정리하도록 합시다.

[C 코드]

```
// CountMultiples.c
/*
파 일 명 칭 : CountMultiples.c
함 수 명 칭 : main
기     능 : 1에서 100000까지 수들에서 7의 배수를 적고, 개수를 세고, 그때 7의 배수와 개수를
            출력한다. 그리고 마지막으로 전체 개수를 출력한다.
입     력 : 없음
출     력 : 개수
작 성 자 : 김석현
작성 일자 : 2007-12-28
*/
```

어떠한 일을 하더라도 프로답게 정확하고, 정교한, 멋진 결과를 내어야 합니다. 코드를 만드는 것도 프로답게 만드는 연습을 하도록 합시다. 그래서 더욱더 명확하게 구분이 쉽도록 그리고 문서 제목을 만드는 것처럼 다음과 같이 주석 단락을 만들어 봅시다.

```
[C 코드]

// CountMultiples.c
/***************************************************************************
파 일 명 칭 : CountMultiples.c
함 수 명 칭 : main
기      능 : 1에서 100000까지 수들에서 7의 배수를 적고, 개수를 세고, 그때 7의 배수와 개수를
             출력한다. 그리고 마지막으로 전체 개수를 출력한다.
입      력 : 없음
출      력 : 개수
작  성  자 : 김석현
작성 일자 : 2007-12-28
***************************************************************************/
```

원시 코드 파일에서 이렇게 작성되는 영역을 주석 단락이라고 합니다. 앞으로는 항상 원시 코드 파일의 맨 처음에는 주석 단락을 만들어서 프로그램이나 함수에 관한 설명을 달도록 합시다.

03»› main 함수 선언하기

다음은 앞에서 순서도로 작성된 제어논리에 대해 C 언어로 구현한다면, 함수 하나로 구현되어야 합니다. 따라서 함수에 대해서 공부해 보도록 합시다.

순서도 하나에 대해 함수 하나를 만들어서 실행시켜야 하므로 함수 하나에 대해서 선언, 정의 그리고 호출 순으로 작성하면 됩니다.

C 언어로 작성되는 프로그램은 한 개 이상의 함수로 이루어집니다. 그리고 단독으로 실행 가능한 프로그램을 만들려면 반드시 main이라는 함수가 존재해야 합니다. 프로그램의 실행은 함수가 기술된 순서에 상관없이 main 함수에서 시작됩니다. 따라서 반드시 실행 가능한 프로그램을 만들려고 하면 main 함수를 작성해야만 합니다. 이 책에서는 프로그램을 실행시켜서 결과를 확인해야 하므로 main 함수로 작성하도록 하겠습니다.

C언어로 함수를 만들 때는 선언과 정의를 구분해서 작업하도록 하는 것이 좋습니다. 물론 함수를 정의만 해도 되지만, C 언어에서 식별자를 만드는 원리에 맞게 선언과 정의를 구분하도록 하겠습니다.

물론 일반적으로 main 함수에 대해서는 선언을 따로 하지 않고, 정의하는 것이 관습적입니다. 그러나 선언이 생략된 것이 아니라 정의가 선언을 포함하고 있기 때문에 정의만 한다 해도 선언도 되는 것입니다. 그러나 이 책에서는 함수를 만들어 실행하는 순서를 공부하는 것에 집중하도록 하고 있기 때문에 선언과 정의하는 방법을 배우도록 하겠습니다.

C 언어의 논리적 모듈인 함수를 선언해야 합니다. C 언어에서 함수를 선언하는 형식은 다음과 같습니다.

■ [C 코드]

반환형 함수명칭([매개변수 목록]);

이러한 선언 형식을 구성하는 요소들, 반환형(되돌림 값 자료형), 함수명칭 그리고 매개변수 목록 각각은 출력, 기능과 입력에 대한 정보를 이용하여 작성하시면 됩니다. 그리고 선언은 문장으로 처리되어야 하기 때문에 줄의 끝에 세미콜론(;)을 찍어야 합니다. 그래서 함수 선언 형식에 맞게 기술된 결과를 함수 원형(Function Prototype)이라고 합니다.

main 함수는 프로그래머에 의해서 작성되는 사용자 정의 함수이나 운영체제에 의해서 호출되는 함수입니다. 따라서 main 함수를 호출하는 표현, 다시 말해서 호출 문장을 작성할 필요가 없습니다.

대신 운영체제와의 통신을 위한 부분, 즉 인수(매개변수) 목록과 되돌림 값에 관한 규정을 정해져 있습니다. C 언어에서는 main 함수에 대한 권장되는 함수 원형(Prototype)은 다음과 같습니다.

■ [C 코드]

int main(int argc, char* argv[]);

함수 명칭은 반드시 소문자로 main이어야 합니다. 인수 목록과 반환형에 대해서는 설명을 생략하겠습니다. 이에 대해서는 "C를 배우면 함수를 잘 만들어야 한다(C잘)" 책 2장에서 자세하게 공부해 보도록 하세요.

모든 운영체제에서 사용되는 원형에 맞게 주석 단락 바로 다음에 코드를 작성하면, 다음과 같습니다.

```
[C 코드]

// CountMultiples.c
/********************************************************************************
파일 명칭 : CountMultiples.c
함수 명칭 : main
기     능 : 1에서 100000까지 수들에서 7의 배수를 적고, 개수를 세고, 그때 7의 배수와 개수를
           출력한다. 그리고 마지막으로 전체 개수를 출력한다.
입     력 : 없음
출     력 : 개수
작 성 자 : 김 석 현
작성 일자 : 2007-12-28
********************************************************************************/
// 함수 선언
int main( int argc, char* argv[] ); // 함수 원형
```

04»» main 함수 정의하기

다음은 함수를 정의해야 합니다. 함수 정의 형식에 대해서 공부해 보도록 합시다. C 언어에서 함수를 정의하는 형식은 다음과 같습니다.

```
[C 코드]

반환형 함수명칭( 매개변수 목록 ) // 함수 머리(Function Header)
{ // 함수 몸체(Function Body) 시작
        [선언문;]
        제어 구조
        [return 값;]
} // 함수 몸체(Function Body) 끝
```

C 언어에서 함수는 크게 두 부분, 머리(Header)와 몸체(Body)로 나누어집니다. 정의할 때 제일 먼저 만들어야 하는 것은 함수의 머리를 만들어야 합니다. 함수의 머리는 함수 원형과 똑같아야 합니다. 따라서 한 번 더 함수 원형을 적고, 대신에 마지막에 있는 세미콜론을 생략하면 머리가 작성되어 집니다. 여기까지는 함수를 선언하는 것과 같아서 헤더를 만드는 작업은 다시 말해서 함수를 선언하는 것입니다.

05 ≫ START와 STOP 단말기호 구현하기

다음은 함수의 몸체를 만들어야 합니다. 순서도에서 START 단말기호부터 STOP 단말기호까지 해당하는 영역으로 함수의 몸체를 만들어야 합니다. 함수의 몸체는 C 언어의 여러 문장으로 구성되므로 블록을 설정해야 합니다. 함수 블록

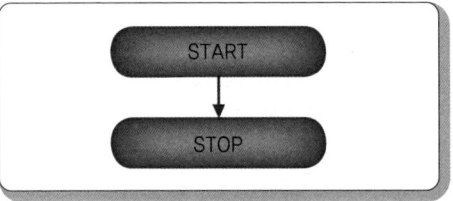

을 만드는 것으로 함수 정의를 시작합니다. 여는 중괄호({)와 닫는 중괄호(})를 써서 블록을 설정하는데 이때 여는 중괄호의 위치는 대개 다음 줄의 첫 번째 열에 있도록 하는 것과 함수 원형이 기술된 줄의 끝에 있도록 하는 것이 있는데 이것은 전적으로 프로그래머의 취향에 의해서 결정됩니다.

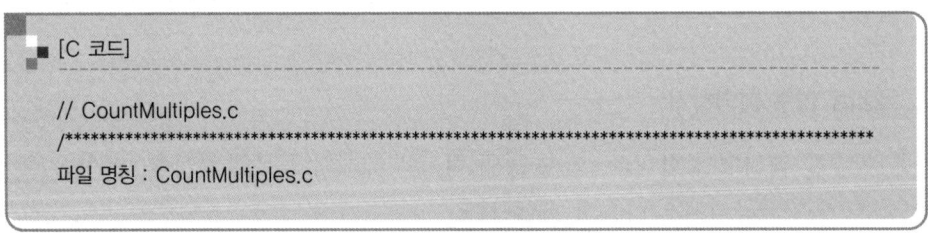

```
[C 코드]
// CountMultiples.c
/***************************************************************
파일 명칭 : CountMultiples.c
```

```
함수 명칭 : main
기    능 : 1에서 100000까지 수들에서 7의 배수를 적고, 개수를 세고, 그때 7의 배수와 개수를
          출력한다. 그리고 마지막으로 전체 개수를 출력한다.
입    력 : 없음
출    력 : 개수
작 성 자 : 김 석 현
작성 일자 : 2007-12-28
***************************************************************************/
// 함수 선언
int main( int argc, char* argv[] ); // 함수 원형

// 함수 정의
int main( int argc, char* argv[] ) {
}
```

그리고 함수 블록의 맨 마지막 줄은 되돌림 값에 대해 구현하면 됩니다. 프로그램이 정상적으로 끝날 때는 0을 되돌리면 됩니다. 따라서 return 문장으로 0을 반환하는 코드를 작성해야 합니다. 함수 블록에 작성되는 문장들은 코드 가독성을 위해서 탭 키를 이용하여 적절하게 들여쓰기를 하도록 합시다.

[C 코드]

```
// CountMultiples.c
/****************************************************************************
파일 명칭 : CountMultiples.c
함수 명칭 : main
기    능 : 1에서 100000까지 수들에서 7의 배수를 적고, 개수를 세고, 그때 7의 배수와 개수를
          출력한다. 그리고 마지막으로 전체 개수를 출력한다.
입    력 : 없음
출    력 : 개수
작 성 자 : 김 석 현
작성 일자 : 2007-12-28
****************************************************************************/
// 함수 선언
int main( int argc, char* argv[] ); // 함수 원형

// 함수 정의
int main( int argc, char* argv[] ) {
        return 0;
}
```

06 ››› 준비기호 구현하기

다음은 자료명세서와 순서도의 준비기호에 정리된 기호상수에 대해 C언어로 어떻게 구현하는지 집중하시면 됩니다.

자료 명세서					
번호	명칭		자료유형	구분	비고
	한글	영문			
1	가장 큰 수	MAX	정수	상수	100000
2	공차	MULTIPLE	정수	상수	7
3	개수	count	정수	출력	
4	수	number	정수	처리	7의 배수

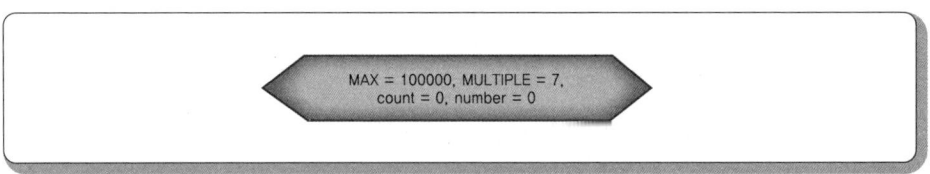

기호상수는 전처리기 지시자 #define을 이용해서 아래 형식에 맞게 매크로(Macro)로 구현하면 됩니다.

■ [C 코드]

```
#define 매크로명칭 치환목록
```

매크로 명칭은 기호상수로, 치환목록은 상수 값으로 대응되도록 기술하십시오. 반드시 한 줄에 한 개씩 구현되어야 합니다.

프로그램을 설명하는 주석 단락 바로 다음에 다음과 같이 적으면 됩니다.

```
[C 코드]

// CountMultiples.c
/**********************************************************************************
파일 명칭 : CountMultiples.c
함수 명칭 : main
기    능 : 1에서 100000까지 수들에서 7의 배수를 적고, 개수를 세고, 그때 7의 배수와 개수를
          출력한다. 그리고 마지막으로 전체 개수를 출력한다.
입    력 : 없음
출    력 : 개수
작 성 자 : 김 석 현
작성 일자 : 2007-12-28
**********************************************************************************/
// 매크로들
#define MAX          100000
#define MULTIPLE   7

// 함수 선언
int main( int argc, char* argv[] ); // 함수 원형

// 함수 정의
int main( int argc, char* argv[] ) {
        return 0;
}
```

원시 코드 파일에서 이렇게 작성된 영역을 전처리기 단락이라고 합니다.

다음 자료명세서와 순서도의 준비기호를 보고 변수를 선언해야 합니다. 모듈 기술서의 자료명세서에 정리된 데이터들의 자료유형이 정수이므로 정수 데이터를 저장할 기억장소를 할당해야 합니다. 기억장소를 할당할 때 고려해야 하는 것에 대해서 C 언어에서는 기억 부류와 자료형이란 개념으로 정리되어 있습니다.

기억 부류에 따라 할당할 기억장소의 위치와 참조 범위를 정하는 것입니다. 위치는 함수가 실행할 때 할당되고, 함수가 끝날 때 할당 해제되는 동적으로 관리되는 영역인 스택(Stack)으로 정합니다. 그리고 참조 범위(Scope)는 지역범위(Local Scope)로 블록 내로 설정하도록 합시다. 따라서 자동 변수로 선언해야 합니다.

자료형에 따라 개수와 수에 대해 기억장소에 저장될 값은 1에서 100000까지 정수 데이터이므로 int 로, 기억장소의 크기는 100000을 저장할 만큼이어야 하므로 long이고, 음수 표현은 필요치 않으므로 unsigned로 결정해서 문법에 맞게 적으면 다음과 같습니다.

[C 코드]
```c
unsigned long int
```

그리고 C 언어에서 변수의 선언 위치는 항상 블록의 선두이어야 합니다. 함수 몸체의 선두 부분에서 변수 선언문들을 작성해야 합니다. 탭 키로 들여쓰기를 하고, 자료형을 적고, 한 칸 띄우고 변수이름을 적고 마지막에 반드시 세미콜론을 적어 문장으로 처리해야 합니다. 다음과 같이 코드를 작성하면 됩니다.

[C 코드]
```c
// CountMultiples.c
/*******************************************************************
파일 명칭 : CountMultiples.c
함수 명칭 : main
기     능 : 1에서 100000까지 수들에서 7의 배수를 적고, 개수를 세고, 그때 7의 배수와 개수를
            출력한다. 그리고 마지막으로 전체 개수를 출력한다.
입     력 : 없음
출     력 : 개수
작 성 자 : 김 석 현
작성 일자 : 2007-12-28
*******************************************************************/
// 매크로들
#define MAX        100000
#define MULTIPLE   7

// 함수 선언
int main( int argc, char* argv[] ); // 함수 원형

// 함수 정의
int main( int argc, char* argv[] ) {
    // 자동 변수 선언 및 정의
    unsigned long int count;
```

```
        unsigned long int number;

        return 0;
}
```

함수 몸체의 시작을 나타내는 여는 중괄호({) 다음 줄부터 변수를 선언하면 됩니다. 따라서 자동으로 변수들은 지역 범위(Local Scope)를 갖게 됩니다. main 함수에서만 참조할 수 있는 변수들이라는 것입니다. 그리고 이렇게 선언된 변수들은 스택에 있게 됩니다. 그래서 main 함수가 실행될 때 할당되고, main 함수가 끝날 때 할당 해제되는 동적으로 관리되게 됩니다. 즉 스택에 할당된다는 기억장소의 위치를 정하는 키워드 auto가 자료형 앞에 기술돼야 하므로, 더욱더 정확한 코드는 다음과 같습니다.

■ [C 코드]

```
// CountMultiples.c
/*******************************************************************************
파일 명칭 : CountMultiples.c
함수 명칭 : main
기    능 : 1에서 100000까지 수들에서 7의 배수를 적고, 개수를 세고, 그때 7의 배수와 개수를
           출력한다. 그리고 마지막으로 전체 개수를 출력한다.
입    력 : 없음
출    력 : 개수
작 성 자 : 김 석 현
작성 일자 : 2007-12-28
*******************************************************************************/
// 매크로들
#define MAX         100000
#define MULTIPLE    7

// 함수 선언
int main( int argc, char* argv[] ); // 함수 원형

// 함수 정의
int main( int argc, char* argv[] ) {
        // 자동 변수 선언 및 정의
        auto unsigned long int count;
        auto unsigned long int number;

        return 0;
}
```

그렇지만 키워드 auto는 프로그래머가 기술하지 않더라도 컴파일러에 의해서 자동으로 삽입되기 때문에 반드시 기술할 필요는 없습니다.

이렇게 선언된 변수들을 자동변수(Automatic Variable)라고 합니다. 자동변수는 선언과 정의를 분리할 수 없습니다. 따라서 자동변수를 "선언한다"고 하면 동시에 정의가 되는 것입니다.

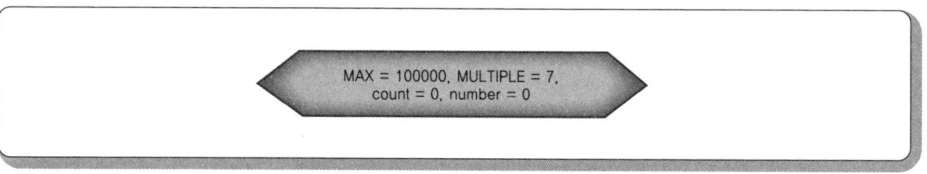

C 언어에서는 자동변수들에 대해 시스템적으로 초기화가 이루어지지 않습니다. 따라서 할당된 자동변수에 저장된 값은 먼저 실행되었던 프로그램이 사용했던 값으로 채워져 있을 것입니다. 이러한 값을 쓰레기(Garbage)라고 합니다. 따라서 C 프로그래머는 초기화가 필요한 기억장소에 대해서는 반드시 초기화를 해야 합니다. 준비기호에서 count와 number는 둘 다 초기화가 되어 있습니다. 따라서 다음과 같이 코드가 작성되어야 합니다.

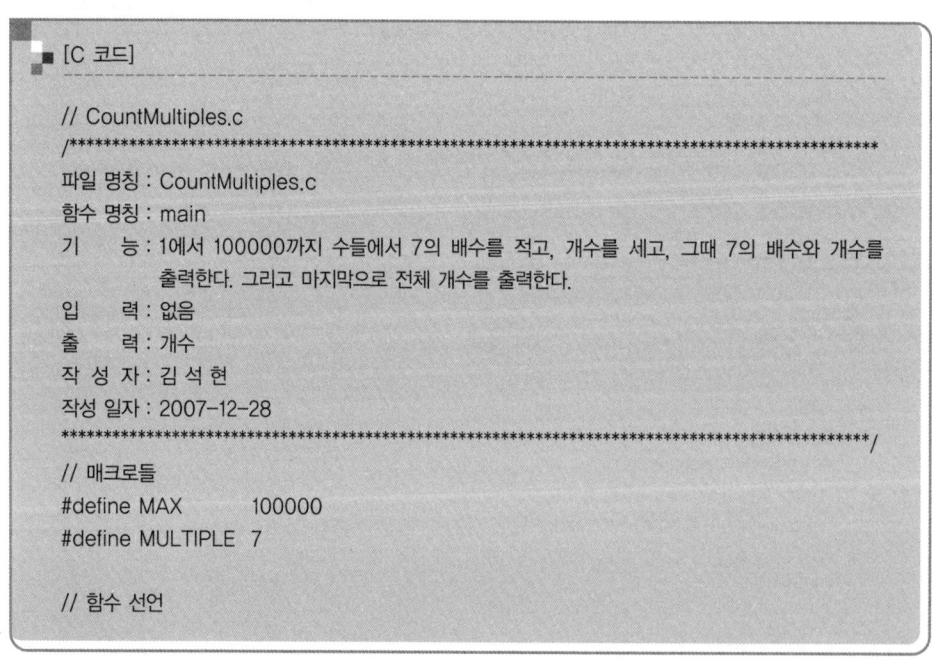

```
int main( int argc, char* argv[] ); // 함수 원형

// 함수 정의
int main( int argc, char* argv[] ) {
    // 자동 변수 선언 및 정의
    auto unsigned long int count = 0;
    auto unsigned long int number = 0;

    return 0;
}
```

초기화하는 변수 뒤에 등호를 적고 초기값을 적으면 됩니다. 그리고 문장을 강조하는 세미콜론을 줄의 맨 끝에 적으면 됩니다. 그러면 자동변수 선언과 초기화가 되는 것입니다. 데이터 표현에 대해 모든 것들이 완료되었습니다.

07»› 코드 설명 달기

다음은 순서도에 작도된 대로 제어논리를 C 언어로 구현만 하면 되는 것입니다. 구현하기 전에 어떠한 처리들인지 문서로 만들기 위해서 처리 과정을 한 줄 주석 기능(//)을 이용하여 적어 봅시다.

[코드]

```
// CountMultiples.c
/********************************************************************************
파일 명칭 : CountMultiples.c
함수 명칭 : main
기    능 : 1에서 100000까지 수들에서 7의 배수를 적고, 개수를 세고, 그때 7의 배수와 개수를
           출력한다. 그리고 마지막으로 전체 개수를 출력한다.
입    력 : 없음
출    력 : 개수
작 성 자 : 김 석 현
작성 일자 : 2007-12-28
********************************************************************************/
// 매크로들
#define MAX        100000
#define MULTIPLE   7
```

```
// 함수 선언
int main( int argc, char* argv[] ); // 함수 원형
// 함수 정의
int main( int argc, char* argv[] ) {
    // 자동 변수 선언 및 정의
    auto unsigned long int count = 0;
    auto unsigned long int number = 0;

    // 1. 제목을 출력한다.
    // 2. 수가 MAX보다 클 때까지 반복한다.
        // 2.2. 7의 배수를 구한다.
        // 2.1. 개수를 센다.
        // 2.3. 개수와 7의 배수를 출력한다.
    // 3. 개수를 출력한다.
    // 4. 끝내다.

    return 0;
}
```

08»» 출력기호 구현하기

그러면 첫 번째로 해야 하는 것은 처리 과정에서 확인할 수 있듯이 보고서의 제목을 출력하도록 합시다.

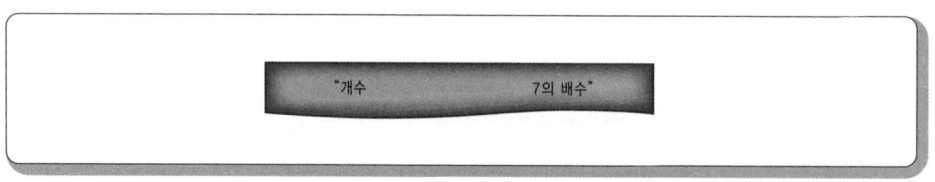

C 언어에서는 출력 기능을 제공하지 않습니다. 대신 C 컴파일러 개발자들에 의해 작성된 함수가 제공됩니다. 이러한 함수를 라이브러리 함수(Library Function)라고 합니다. 다시 말해서 C 컴파일러 개발자가 출력 함수들을 작성해서 제공합니다. 어떻게 제공할까요?

C 컴파일러 개발자는 다른 프로그래머가 사용할 수 있도록 함수를 작성하고 제어논리를 숨기기 위해서 컴파일하여 라이브러리 파일(Library File)이라는 디스크 파일에 저장하고, 함수를 사용하는 데 있어서 반드시 필요한 정보, 함수 명칭과 함수의 입출력 정보를 헤더 파

일(Header File)이라는 디스크 파일에 함수 원형(Function Prototype)을 적어 제공하게 됩니다.

예를 들면, 모니터에 문자열을 출력하고자 한다면 printf 함수를 사용해야 합니다. C 컴파일러 개발자는 C 프로그래머가 출력하는 기능을 구현하는 데 있어 부담을 들어주기 위해 printf 함수를 만들어서 stdio.h 헤더 파일에 함수 원형을 적고, libc.lib 라이브러리 파일에 컴파일된 함수를 저장해서 제공하고 있는 것입니다.

따라서 C 프로그래머는 단지 제공되는 출력 함수를 사용해서 원하는 값들을 출력하는 코드만을 작성하면 됩니다. 출력하는 코드를 작성하기 위해서는 어떠한 함수를 사용할 수 있는지, 함수에서 사용되는 입력과 출력 데이터(들)에 대한 정보를 알아야 합니다. 이러한 정보들을 얻기 위해서는 C 함수 라이브러리 설명서를 이용하셔야 합니다. 라이브러리 설명서에서는 라이브러리 함수에 대해 함수의 기능, 함수 원형, 헤더 파일, 라이브러리 파일, 반환값, 매개변수들 등등에 대해 자세하게 설명하고 있습니다. 특히 라이브러리 함수를 사용할 때 반드시 확인해야 하는 정보는 헤더 파일과 함수 원형입니다.

다음은 라이브러리 함수를 사용하는 절차에 대해서 알아봅시다.

(1) 헤더 파일로부터 함수 원형을 복사할 것을 지시해야 합니다.

C 언어에서 개발자들에 의해서 의미가 부여되는 식별자, 변수, 함수 명칭들에 대해서 사용하기 전에 반드시 선언되어야 한다는 원칙을 지켜야 합니다. 그러면 C 프로그래머는 라이브러리 함수를 사용하기 위해서는 헤더 파일에서 라이브러리 함수 원형을 찾아 현재 작성하고 있는 원시 코드 파일에서 라이브러리 함수를 사용하는 줄보다 앞에 대개는 원시 코드 파일의 앞부분에 복사해야 합니다. 라이브러리 함수를 많이 사용해야 한다면 이러한 작업도 매우 번거로운 작업입니다. 이러한 번거로움을 없애기 위해서 컴파일러 개발자는 함수원형을 찾아 복사해 주는 프로그램인 전처리기(혹은 선행 처리기, Preprocessor)를 개발해서 제공합니다. 따라서 C 프로그래머는 #include 전처리기 지시자(Directive)를 이용해서 전처리기에 함수 원형을 복사하도록 하는 지시만 하면 됩니다.

#include 전처리기 지시자의 사용법은 다음과 같습니다.

```
[C 코드]
#include <헤더파일명칭.h>
```

(2) 함수 호출 문장을 작성해야 합니다.

전처리기로 함수 원형을 원시 코드 파일에 복사하도록 한 후에 함수 원형을 참고하여 함수 호출 문장을 작성하면 됩니다.

그러면 printf 함수로 모니터에 제목을 출력하는 코드를 작성해 봅시다. 모니터에 출력하는 기능을 갖는 printf 함수를 사용하고자 한다면 먼저 C 프로그래머는 전처리기로 현재 작성하고 있는 CountMultiples.c에 stdio.h에서 printf 함수 원형을 복사하도록 지시하여야 합니다. 따라서 다음과 같이 전처리기 지시자를 작성하면 됩니다.

```
[C 코드]
#include <stdio.h>
```

#include 지시자도 전처리기 단락에 대개는 #define 지시자에 의한 매크로 표현 영역과 주석 단락 사이에 기술합니다.

```
[C 코드]
// CountMultiples.c
/******************************************************************
파일 명칭 : CountMultiples.c
함수 명칭 : main
기    능 : 1에서 100000까지 수들에서 7의 배수를 적고, 개수를 세고, 그때 7의 배수와 개수를
          출력한다. 그리고 마지막으로 전체 개수를 출력한다.
입    력 : 없음
출    력 : 개수
작 성 자 : 김석현
작성 일자 : 2007-12-28
******************************************************************/
```

```c
// 외부 파일 포함 기능
#include <stdio.h>

// 매크로들
#define MAX        100000
#define MULTIPLE   7

// 함수 선언
int main( int argc, char* argv[] ); // 함수 원형

// 함수 정의
int main( int argc, char* argv[] ) {
    // 자동 변수 선언 및 정의
    auto unsigned long int count = 0;
    auto unsigned long int number = 0;

    // 1. 제목을 출력한다.
    // 2. 수가 MAX보다 클 때까지 반복한다.
        // 2.2. 7의 배수를 구한다.
        // 2.1. 개수를 세다.
        // 2.3. 개수와 7의 배수를 출력한다.
    // 3. 개수를 출력한다.
    // 4. 끝낸다.

    return 0;
}
```

다음은 printf 함수 호출문장을 작성해야 합니다. 이때는 함수의 입출력 정보가 필요합니다. 따라서 함수원형을 참고해야 합니다. printf 함수원형은 다음과 같습니다.

■ [C 코드]

```c
int printf( const char *format [, argument]... );
```

출력 서식(format)은 어떤 자료형의 데이터를 몇 개 출력할지를 지정하는 것입니다. 인수(argument)는 출력할 값을 지정해야 합니다. 출력 서식은 출력할 데이터의 개수를 % 개수로 설정합니다. 그리고 출력하는 데이터의 자료형에 따라 정수 데이터면 d, 문자열 데이

터면 s, 그리고 실수 데이터면 f 자료형 변환 형식 문자를 이용해 문자열 리터럴을 만드시면 해당 출력 서식이 만들어집니다. %의 개수만큼 각 변환 형식 문자에 맞게 값들을 나열하면 되는 것입니다.

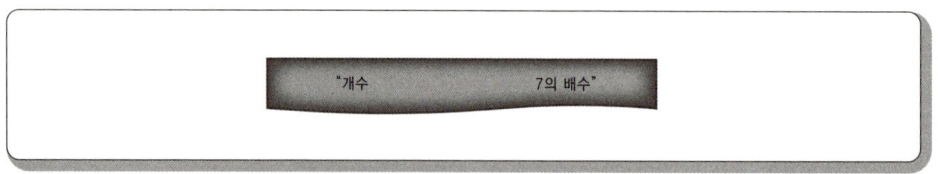

따라서 제시된 출력기호에 대해서는 한 개의 문자열을 출력하고 줄을 바꾸어야 하므로 다음과 같이 코드를 작성하면 됩니다.

```
[C 코드]
printf("%s", "개수            7의 배수\n");
```

한 개의 문자열을 출력해야 하므로 서식 문자열 안에는 %s가 한 개 있어야 합니다. 이때 자료형 변환 형식문자 s에 맞는 값이 인수로 설정돼야 합니다. 이때 인수로 정해진 문자열을 작성할 때 코드 편집상에서 세 개의 탭 키를 입력해도 되고, 다음처럼 세 개의 탭 키에 대해 확장 열(Escape Sequence)인 '\t'으로 처리해도 됩니다. 그렇지만 줄 바꿈에 대한 키, 엔터 키 입력은 즉 개행문자를 문자열에 삽입하기 위해서는 확장 열(Escape Sequence)인 '\n'을 사용해야 합니다.

```
[C 코드]
printf("%s", "개수\t\t\t7의 배수\n");
```

이렇게 문자열에 특수 제어 키를 코드로 삽입하고자 할 때 확장 열(Escape Sequence)을 사용한다는 것을 명심하도록 합시다.

서식 문자열에는 '%'와 형 변환 형식문자 이외의 다른 문자들도 사용할 수 있습니다. 특히 한 줄씩 출력하게 하려면 개행문자('\n')도 출력 서식에 사용하게 됩니다.

따라서 위의 출력기호에 대해 값이 바뀌지 않는 상수(Constant)에 대해서는 다음과 같이 코드를 작성해도 됩니다. 이렇게 작성된 코드가 더욱더 기억장소를 관리한다는 측면에서는 효율적입니다. 문자열 리터럴(혹은 문자열 상수)을 두 개 만드는 것보다는 한 개를 만드는 것이 더욱더 적게 기억장소를 사용하는 것입니다.

[C 코드]
```c
printf("개수\t\t\t7의 배수\n");
```

이렇게 해서 보고서의 제목을 출력하게 됩니다. 여기까지 작성된 코드를 보면 다음과 같습니다.

[코드]
```c
// CountMultiples.c
/*******************************************************************************
파일 명칭 : CountMultiples.c
함수 명칭 : main
기    능 : 1에서 100000까지 수들에서 7의 배수를 적고, 개수를 세고, 그때 7의 배수와 개수를
           출력한다. 그리고 마지막으로 전체 개수를 출력한다.
입    력 : 없음
출    력 : 개수
작 성 자 : 김석현
작성 일자 : 2007-12-28
*******************************************************************************/
// 외부 파일 포함 기능
#include <stdio.h>

// 매크로들
#define MAX         100000
#define MULTIPLE    7

// 함수 선언
```

```
int main( int argc, char* argv[] ); // 함수 원형

// 함수 정의
int main( int argc, char* argv[] ) {
        // 자동 변수 선언 및 정의
        auto unsigned long int count = 0;
        auto unsigned long int number = 0;

        // 1. 제목을 출력한다.
        printf("개수\t\t7의 배수\n");
        // 2. 수가 MAX보다 클 때까지 반복한다.
                // 2.2. 7의 배수를 구한다.
                // 2.1. 개수를 세다.
                // 2.3. 개수와 7의 배수를 출력한다.
        // 3. 개수를 출력한다.
        // 4. 끝내다.

        return 0;
}
```

09»> 비교 및 판단기호 구현하기

주석을 참고하면 "2. 수가 MAX보다 클 때까지 반복한다." 처리 단계에 대해 반복구조를 구현해야 합니다. 이처럼 코드를 작성하는데 처리 과정을 주석으로 처리해 놓으면, 쉽게 다음에 어떠한 일을 해야 하는지를 알 수 있고 또한 집중할 수 있습니다. 순서도에서 후 검사 반복구조에 대해 C 언어로 구현해야 합니다.

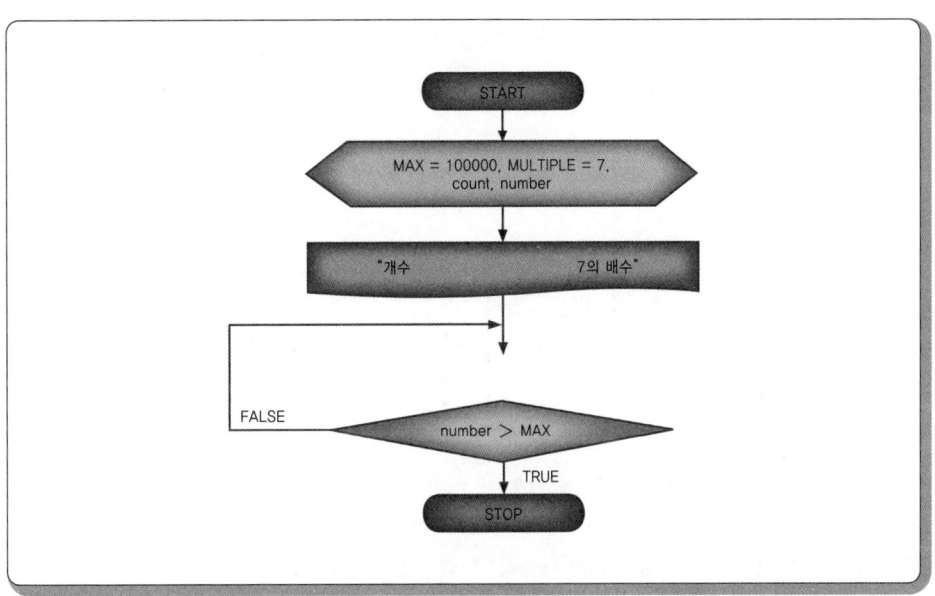

C 언어에서는 후 검사 반복구조에 대한 제어문을 제공하지 않는다는 것을 기억하십시오. 그렇지만 do ~ while 문을 이용하여 형식만 후 검사 반복구조를 표현할 수는 있습니다.

do ~ while 문의 형식은 다음과 같습니다.

```
[C 코드]

do {
        // 단문 혹은 복문
} while(조건식);
```

반복하는 내용 뒤에 조건식이 있으므로 반드시 반복하는 내용이 한번은 처리됩니다. 이러한 점에서는 후 검사 반복구조와 같습니다. 그렇지만 조건식이 참으로 평가되는 동안 계속되고, 거짓으로 평가되면 끝내게 됩니다. 이 점에서는 후 검사 반복구조가 아니라 선 검사 반복구조입니다. 따라서 전형적인 후 검사 반복구조는 아닙니다. 즉 조건식이 거짓으로 평가되는 동안 계속하고, 조건식이 참으로 평가되면 끝내야 하는 반복구조인 until 문이 아닙니다. C언어에서 후 검사 반복구조에 대한 문장을 제공한다면 until이란 키워드를 제공해야 하는데 그러하지 않습니다. 따라서 후 검사 반복구조를 C 언어는 제공하지 않고, do ~ while 문으로 단지 조건식의 위치만 개념적으로 만족하도록 하고 있습니다.

- 탈출 조건(Exit Condition) 반복 구조
  반복 구조의 후미에서 조건식을 검사하므로, 일단 한 번 덮어 놓고 실행부터 해놓고 나서 나중에 조건을 검사하는 구조

- 진입 조건(Entry Condition) 반복 구조
  반복 구조의 맨 선두에서 조건식을 검사해서, 그 값이 참이면 반복을 실행하고 거짓이면 반복 탈출하는 것으로 실행에 앞서 먼저 조건을 따지기 때문에 그 결과가 어쩌다 거짓이라면 반복은 한 번도 실행되지 않는 경우도 발생

순서도에 가장 근접한 구조에 대해 C 언어로 표현한다면 do ~ while 문을 사용해야 하므로 옮겨 보기로 합시다. do를 적고 반복할 내용이 개수를 세고, 7의 배수를 구하고, 개수와 7의 배수를 출력해야 하므로 최소한 3개의 문장이 기술되어야 합니다. 따라서 반복 내용을 복문으로 취급해야 하므로 블록을 설정해야 합니다. 그래서 중괄호를 여닫아서 블록을 설정합니다. 닫은 중괄호 뒤에 while을 적고 소괄호를 여닫아야 합니다. 소괄호에 조건식을 적어야 하는데, while 반복문은 선 검사 반복구조이므로 조건식은 참인 동안 반복하도록 해야 하므로 number <= MAX로 바꾸어야 합니다. 닫은 중괄호 뒤에는 반드시 세미콜론을 찍어야 합니다. 따라서 다음과 같이 코드가 작성되어야 합니다.

[C 코드]

```
do {
} while ( number <= MAX ) ;
```

여기까지 원시 코드를 정리하면 다음 페이지와 같습니다.

[C 코드]

```c
// CountMultiples.c
/********************************************************************************
파일 명칭 : CountMultiples.c
함수 명칭 : main
기    능 : 1에서 100000까지 수들에서 7의 배수를 적고, 개수를 세고, 그때 7의 배수와 개수를
           출력한다. 그리고 마지막으로 전체 개수를 출력한다.
입    력 : 없음
출    력 : 개수
작 성 자 : 김 석 현
작성 일자 : 2007-12-28
********************************************************************************/
// 외부 파일 포함 기능
#include <stdio.h>

// 매크로들
#define MAX         100000
#define MULTIPLE    7

// 함수 선언
int main( int argc, char* argv[] ); // 함수 원형

// 함수 정의
int main( int argc, char* argv[] ) {
    // 자동 변수 선언 및 정의
    auto unsigned long int count = 0;
    auto unsigned long int number = 0;

    // 1. 제목을 출력한다.
    printf("개수\t\t7의 배수\n");

    // 2. 수가 MAX보다 클 때까지 반복한다.
    do {
        // 2.2. 7의 배수를 구한다.
        // 2.1. 개수를 세다.
        // 2.3. 개수와 7의 배수를 출력한다.
    } while ( number <= MAX );
    // 3. 개수를 출력한다.
    // 4. 끝내다.

    return 0;
}
```

10»» 처리기호 구현하기

다음은 반복해서 처리해야 하는 내용으로 "2.2. 7의 배수를 구한다."에 대한 처리기호에 대해 C 언어로 구현해 봅시다.

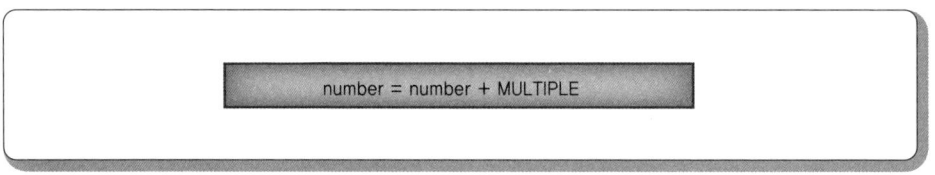

처리기호에 적힌 식을 그대로 옮겨 적고, 마지막에 세미콜론을 붙여 식 문장(Expression Statement)으로 구현하면 됩니다. 다음과 같이 코드를 작성하면 됩니다.

■ [C 코드]

```
number = number + MULTIPLE;
```

또한, C 언어에서 제공하는 += 누적 치환 연산자로 수식을 간결하게 표현할 수도 있습니다. += 연산자를 사용한 표현은 다음과 같습니다.

■ [C 코드]

```
number += MULTIPLE;
```

다시 전체 코드를 정리해 보면 다음 페이지와 같습니다.

[C 코드]

```c
// CountMultiples.c
/*********************************************************************************
파일 명칭 : CountMultiples.c
함수 명칭 : main
기    능 : 1에서 100000까지 수들에서 7의 배수를 적고, 개수를 세고, 그때 7의 배수와 개수를
           출력한다. 그리고 마지막으로 전체 개수를 출력한다.
입    력 : 없음
출    력 : 개수
작 성 자 : 김석현
작성 일자 : 2007-12-28
*********************************************************************************/
// 외부 파일 포함 기능
#include <stdio.h>

// 매크로들
#define MAX         100000
#define MULTIPLE    7

// 함수 선언
int main( int argc, char* argv[] ); // 함수 원형

// 함수 정의
int main( int argc, char* argv[] ) {
    // 자동 변수 선언 및 정의
    auto unsigned long int count = 0;
    auto unsigned long int number = 0;

    // 1. 제목을 출력한다.
    printf("개수\t\t\t7의 배수\n");

    // 2. 수가 MAX보다 클 때까지 반복한다.
    do {
        // 2.2. 7의 배수를 구한다.
        number += MULTIPLE; // number = number + MULTIPLE;
        // 2.1. 개수를 세다.
        // 2.3. 개수와 7의 배수를 출력한다.
    } while ( number <= MAX );
    // 3. 개수를 출력한다.
    // 4. 끝내다.

    return 0;
}
```

11»> 처리기호 구현하기

다음은 반복해서 처리해야 하는 내용에서 "2.1. 개수를 세다."에 대한 처리기호에 대해 C 언어로 구현해 보도록 합시다.

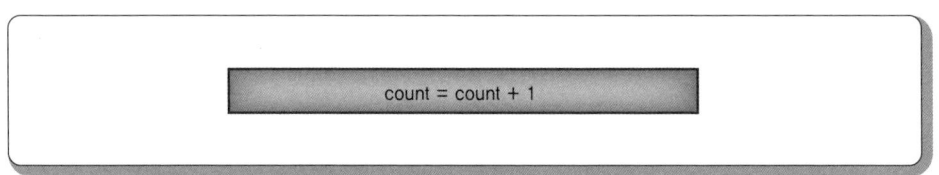

처리기호에 대해서는 적힌 식을 그대로 옮겨 적고 세미콜론을 찍으면 됩니다. 다음과 같이 코드가 작성되어야 합니다.

```
[C 코드]
count = count + 1;
```

C 언어는 다양한 누적 관련 연산자들을 제공합니다. 누적 관련 연산자를 사용하면, 식에 사용된 산술 더하기 연산자와 치환 연산자를 하나의 연산자로 처리할 수 있도록 += 연산자를 제공합니다. 이 연산자를 이용하면 다음과 같이 코드가 작성되어야 합니다.

```
[C 코드]
count += 1;
```

또한, 1씩 증가하는 누적 표현에 대해서는 ++ 증가 연산자가 제공되고 있습니다. 연산자의 위치에 따라 후위(Postfix) 표기 또는 전위(Prefix) 표기로 나타낼 수 있습니다. 물론 두 개 이상의 연산자들로 구성된 식이면 표기에 따라 평가되는 값이 다를 수 있으므로 주의해야 합니다. 그러나 증가 연산자로만 표현된 식에서는 후위이든 전위이든 평가되는 값은 같아서 어떤 표기를 하시더라도 무방하나 관습적으로 대개 후위 표기를 자주 사용합니다.

[C 코드]
```
++count; // 전위 표기 증가 연산자
count++; // 후위 표기 증가 연산자
```

위에서 제시된 처리기호에 대해 여러 개의 표현 방법 중에서 가장 좋은 방법을 결정하는 것은 대개 프로그래머에 의해서 결정되는 것입니다. 즉, 다시 말해서 프로그래머의 취향이라는 것입니다. 그렇지만 첫 번째 방식보다는 ++ 이나 += 연산자를 이용한 방식이 더욱더 C 언어다운 표현 방식이라고 할 수 있습니다. 1씩 증가하는 누적 표현에 대해 C 프로그래머에 의해서 가장 많이 사용되는 표현 방법은 증가 연산자를 이용한 표현법입니다.

그런데 개수를 세는 코드는 실제로 수를 세는 코드 다음에 작성됩니다. 이는 반복구조의 표준화에 맞게 초기식, 조건식 그리고 변경식이 나열되는 순서에 맞게 작성하게 하려고 순서도에서 조정되었기 때문입니다. 이렇게 함으로써 논리 오류를 고칠 수 있다는 점도 앞에서 언급했기 때문에 이해할 것으로 생각합니다.

여기까지 다시 원시 코드를 정리해 보면 다음 페이지와 같습니다.

[C 코드]

```c
// CountMultiples.c
/*********************************************************************
파일 명칭 : CountMultiples.c
함수 명칭 : main
기    능 : 1에서 100000까지 수들에서 7의 배수를 적고, 개수를 세고, 그때 7의 배수와 개수를
           출력한다. 그리고 마지막으로 전체 개수를 출력한다.
입    력 : 없음
출    력 : 개수
작 성 자 : 김 석 현
작성 일자 : 2007-12-28
**********************************************************************/
// 외부 파일 포함 기능
#include <stdio.h>

// 매크로들
#define MAX         100000
#define MULTIPLE    7

// 함수 선언
int main( int argc, char* argv[] ); // 함수 원형

// 함수 정의
int main( int argc, char* argv[] ) {
    // 자동 변수 선언 및 정의
    auto unsigned long int count = 0;
    auto unsigned long int number = 0;

    // 1. 제목을 출력한다.
    printf("개수\t\t\t7의 배수\n");

    // 2. 수가 MAX보다 클 때까지 반복한다.
    do {
        // 2.2. 7의 배수를 구한다.
        number += MULTIPLE; // number = number + MULTIPLE;
        // 2.1. 개수를 센다.
        count++; // count += 1; // count = count + 1;
        // 2.3. 개수와 7의 배수를 출력한다.
    } while ( number <= MAX );
    // 3. 개수를 출력한다.
    // 4. 끝내다.

    return 0;
}
```

12»» 출력기호 구현하기

다음은 반복해서 처리해야 하는 내용에서 마지막으로 개수와 7의 배수를 출력하는 출력기호에 대해 C 언어로 구현해 보도록 합시다.

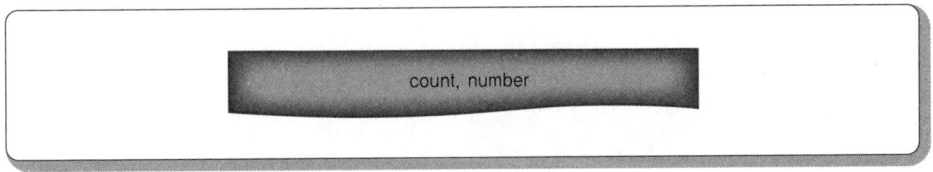

이 출력기호는 제어논리가 정확한지에 대해 추적할 목적으로 사용되는 에코 출력이라고 합니다. 앞에서 언급되었던 printf 함수를 이용하여 코드를 작성하면 다음과 같습니다.

[C 코드]

printf("%d\t\t\t%d\n", count, number);

출력기호에 의하면 2개의 정수 데이터를 출력하도록 하고 있습니다. %의 개수가 2개가 되어야 하고, 각각 출력할 데이터가 정수형이기 때문에 자료형 변환 문자 d를 사용하여 큰따옴표로 싸서 서식 문자열을 만들어야 합니다. 탭 문자 세 개를 출력해야 하므로 확장 열 '\t' 세 개를 문자열에 포함했습니다. 물론 줄 바꿈까지 해야 한다면 확장 열 '\n'도 문자열에 포함되어야 합니다. 그리고 % 개수만큼 출력할 데이터를 자료형에 맞게 쉼표로 구분하여 적어야 합니다. 여기서는 정수형이어야 하므로 정수형인 두 개 count와 number를 쉼표로 구분하여 적습니다.

[C 코드]

// CountMultiples.c
/***
파일 명칭 : CountMultiples.c
함수 명칭 : main
기   능 : 1에서 100000까지 수들에서 7의 배수를 적고, 개수를 세고, 그때 7의 배수와 개수를

```
             출력한다. 그리고 마지막으로 전체 개수를 출력한다.
   입     력 : 없음
   출     력 : 개수
   작 성 자 : 김석현
   작성 일자 : 2007-12-28
****************************************************************************************/
// 외부 파일 포함 기능
#include <stdio.h>

// 매크로들
#define MAX        100000
#define MULTIPLE   7

// 함수 선언
int main( int argc, char* argv[] ); // 함수 원형

// 함수 정의
int main( int argc, char* argv[] ) {
    // 자동 변수 선언 및 정의
    auto unsigned long int count = 0;
    auto unsigned long int number = 0;

    // 1. 제목을 출력한다.
    printf("개수\t\t7의 배수\n");

    // 2. 수가 MAX보다 클 때까지 반복한다.
    do {
        // 2.2. 7의 배수를 구한다.
        number += MULTIPLE; // number = number + MULTIPLE;
        // 2.1. 개수를 세다.
        count++; // count += 1; // count = count + 1;
        // 2.3. 개수와 7의 배수를 출력한다.
        printf("%d\t\t%d\n", count, number);
    } while ( number <= MAX );
    // 3. 개수를 출력한다.
    // 4. 끝내다.

    return 0;
}
```

13»» 처리기호 구현하기

다음은 반복구조를 탈출한 후 개수를 조정하는 처리기호에 대해 C 언어로 구현해 보도록 합시다.

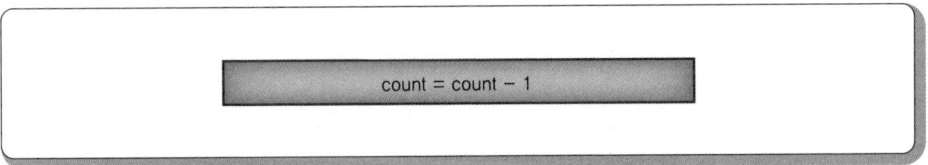

처리기호에 적힌 수식을 그대로 옮겨 적고 마지막에 세미콜론을 찍습니다. 따라서 여기에 사용할 수 있는 연산자는 산술 빼기(-) 연산자와 치환 연산자를 사용하여, 다음과 같이 코드가 작성되어야 합니다.

[C 코드]
```
count = count - 1;
```

반복구조에서 개수를 세는 처리기호와 마찬가지로 C 언어는 다양한 누적 관련 연산자들을 제공합니다. 이러한 산술 빼기 연산과 치환 연산을 하나의 연산자로 처리할 수 있도록 -= 연산자를 제공합니다. 이 연산자를 이용하면 다음과 같이 코드가 작성되어야 합니다.

[C 코드]
```
count -= 1;
```

또한 1씩 감소시키는 누적에 대해서는 -- 감소 연산자가 제공되고 있습니다. 연산자의 위치에 따라 후위(Postfix) 표기 또는 전위(Prefix) 표기로 나타낼 수 있습니다. 물론 두 개 이상의 연산자들로 구성된 수식이면 표기에 따라 평가되는 값이 다를 수 있으므로 주의해야 합니다. 감소 연산자로만 표현된 수식에서는 후위이든 전위이든 평가되는 값은 같으므로 어떤 표기를 하시더라도 무방하나 관습적으로 대개 후위 표기를 자주 사용합니다.

[C 코드]

```
--count; // 전위 표기 감소 연산자
count--; // 후위 표기 감소 연산자
```

관례로 가장 많이 사용되는 표현법은 후위 표기 감소 연산자를 이용한 것입니다.

[코드]

```c
// CountMultiples.c
/*****************************************************************
파일 명칭 : CountMultiples.c
함수 명칭 : main
기     능 : 1에서 100000까지 수들에서 7의 배수를 적고, 개수를 세고, 그때 7의 배수와 개수를
           출력한다. 그리고 마지막으로 전체 개수를 출력한다.
입     력 : 없음
출     력 : 개수
작 성 자 : 김 석 현
작성 일자 : 2007-12-28
*****************************************************************/
// 외부 파일 포함 기능
#include <stdio.h>

// 매크로들
#define MAX         100000
#define MULTIPLE    7

// 함수 선언
int main( int argc, char* argv[] ); // 함수 원형

// 함수 정의
```

```
int main( int argc, char* argv[] ) {
    // 자동 변수 선언 및 정의
    auto unsigned long int count = 0;
    auto unsigned long int number = 0;

    // 1. 제목을 출력한다.
    printf("개수\t\t7의 배수\n");

    // 2. 수가 MAX보다 클 때까지 반복한다.
    do {
        // 2.2. 7의 배수를 구한다.
        number += MULTIPLE; // number = number + MULTIPLE;
        // 2.1. 개수를 세다.
        count++; // count += 1; // count = count + 1;
        // 2.3. 개수와 7의 배수를 출력한다.
        printf("%d\t\t%d\n", count, number);
    } while ( number <= MAX );
    count--; // count -= 1; // count = count + 1;
    // 3. 개수를 출력한다.
    // 4. 끝내다.

    return 0;
}
```

반복해서 처리해야 하는 개수 세는 작업이 반복구조에서 마무리되지 않고 반복이 끝난 후에 해야 한다는 것을 다시 확인할 수 있습니다. 좋은 제어논리는 아니라는 것입니다.

14»» 출력기호 구현하기

마지막으로 배수의 전체 개수를 출력하는 출력기호를 C 언어로 구현해 보도록 합시다.

- 콘솔(Console)
  개인용 컴퓨터(PC)에서 표준 입출력 장치를 일컫는 용어로 키보드와 모니터가 콘솔에 속함

앞에서 배운 대로 출력을 콘솔, 즉 모니터로 한다면, printf 함수를 이용하여 다음과 같이 출력하면 됩니다.

[C 코드]
```
printf("%s %d\n", "7의 배수 개수", count);
```

출력기호의 내용을 보면 한 개의 문자열과 한 개의 정수형 값을 출력하고 있습니다. 그러므로 출력 서식 문자열은 % 기호를 두 개 사용해야 합니다. 문자열에 대해 s 그리고 정수에 대해 d 자료형 변환 문자로 "%s %d"를 만듭니다. 각 변환 형식 문자 사이에는 하나 이상의 공백으로 띄우고, 마지막에는 개행 문자를 확장 열로 줄 바꿈을 하도록 작성합니다. 그리고 각각의 변환 문자에 해당하는 값들을 인수로 적으면 됩니다.

서식 문자열에서 출력할 문자열 상수는 따로 인수로 표현하지 않고, 서식 문자열에 포함해서 나타내도록 하는 것이 더욱더 좋은 표현입니다. 출력할 문자열인 "7의 배수 개수"를 %s 위치에 그대로 기술하는 것이 더욱더 좋은 표현입니다. 따라서 다음과 같이 작성되어 져야 합니다.

[C 코드]
```
printf("7의 배수 개수 %d\n", count);
```

■ [코드]

```c
// CountMultiples.c
/********************************************************************************
파일 명칭 : CountMultiples.c
함수 명칭 : main
기    능 : 1에서 100000까지 수들에서 7의 배수를 적고, 개수를 세고, 그때 7의 배수와 개수를
           출력한다. 그리고 마지막으로 전체 개수를 출력한다.
입    력 : 없음
출    력 : 개수
작 성 자 : 김석현
작성 일자 : 2007-12-28
********************************************************************************/

// 외부 파일 포함 기능
#include <stdio.h>

// 매크로들
#define MAX         100000
#define MULTIPLE    7

// 함수 선언
int main( int argc, char* argv[] ); // 함수 원형

// 함수 정의
int main( int argc, char* argv[] ) {
    // 자동 변수 선언 및 정의
    auto unsigned long int count = 0;
    auto unsigned long int number = 0;

    //  1. 제목을 출력한다.
    printf("개수\t\t7의 배수\n");

    //  2. 수가 MAX보다 클 때까지 반복한다.
    do {
        // 2.2. 7의 배수를 구한다.
        number += MULTIPLE; // number = number + MULTIPLE;
        // 2.1. 개수를 세다.
        count++; // count += 1; // count = count + 1;
        // 2.3. 개수와 7의 배수를 출력한다.
        printf("%d\t\t%d\n", count, number);
    } while ( number <= MAX );
    count--; // count -= 1; // count = count + 1;
    // 3. 개수를 출력한다.
    printf("7의 배수 개수 %d\n",count);
```

```
            // 4. 끝내다.

            return 0;
      }
```

마지막으로 "4. 끝내다."에 대해 C 언어로 어떻게 구현하는지에 대해 공부해 보도록 합시다. 이미 START와 STOP 단말기호에 대해 구현할 때 구현되었습니다. 함수 블록의 끝을 나타내는 닫은 중괄호(})로 마무리됩니다.

이렇게 해서 코드 편집은 마무리되었지만, 제어논리가 컴퓨터에서도 정확하게 실행되는지 확인을 하기 위해서는 컴파일, 링크 그리고 적재 작업을 거쳐야 합니다.

컴파일

순서도로 정리된 제어논리를 C 언어로 코드 편집을 했습니다. 이 상태로 컴퓨터가 이해할 수 없습니다. C 언어는 사람이 이해할 수 있는 데이터와 명령어를 기술할 수 있는 고급 프로그래밍 언어입니다. 따라서 컴퓨터가 이해할 수 있도록 변환 작업이 필요합니다. 컴퓨터는 데이터든 명령어든 0과 1로 표현된 값들로만 이해할 수 있기 때문입니다. 따라서 C 언어로 작성된 코드는 0과 1로 변환되는 과정, 즉 컴파일을 거쳐야 합니다. 여기서 컴파일되는 것은 main 함수입니다. 즉, 우리가 작성한 코드에 대해서 0과 1로 변환하는 작업이 이루어지게 됩니다.

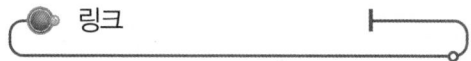
링크

모니터에 출력하기 위해서 C 컴파일러 개발자가 작성해서 컴파일해준 printf 함수를 사용했습니다. 제어논리의 실행 결과를 컴퓨터를 이용하여 확인하기 위해서는 이렇게 컴파일된 코드와 우리가 작성해서 컴파일한 main 함수의 코드를 합쳐서 하나의 실행파일을 만들어야 합니다. 이러한 작업을 링크라고 합니다.

적재 · 실행

링크로 보조기억장치에 만들어져 있는 실행파일은 중앙처리장치에 의해서 접근이 되지 않아 실행할 명령어와 값을 읽어 올 수 없으므로 실행되지 않습니다. 중앙처리장치는 주기억장치에 복사된 파일에 대해서만 접근할 수 있어서 실행할 명령어와 값을 읽어 실행할 수 있습니다. 따라서 보조기억장치에 있는 실행파일을 주기억장치로 복사하는 작업을 해야 하는데 이 작업을 적재라고 합니다. 그러면 우리가 지시한 대로 중앙처리장치가 명령어와 값들을 읽어 연산을 계속해서 실행하게 됩니다. 즉 프로그램이 실행되는 것입니다. 아래 그림은 우리가 작성한 제어논리에 대한 프로그램의 실행 결과입니다. 문제 이해 단계에서 수작업으로 처리한 결과와 같다는 것을 알 수 있습니다.

그렇지만 7의 배수의 총 개수를 출력하는 줄의 바로 위에 출력된 줄만 없으면, 더욱더 정확한 결과를 얻을 수 있지만, 후 검사 반복구조의 특성을 반영한 것이기 때문에 출력할 수밖에 없다는 것을 기억하시기 바랍니다.

디버깅

실행했을 때 결과가 제대로 출력되지 않으면, 논리적으로 오류가 발생한 것입니다. 따라서 논리오류를 고쳐야 하는데, 첫 번째로 논리오류가 어디에서 발생했는지 확인을 해야 합니다. 그러기 위해서는 컴퓨터의 실행 원리를 이용하여 어떻게 작동하는지를 추적해 봅시다. 이러한 작업을 디버깅이라고 합니다.

디버깅을 위해서 코드에 줄 번호를 매기고 매크로 상수의 값을 적당한 값으로, 10으로 고쳐 다음과 같이 코드를 정리했습니다.

[코드]

```
01 : /****************************************************************
02 : 파일 명칭 : CountMultiples.c
03 : 함수 명칭 : main
04 : 기     능 : 1에서 100000까지 수들에서 개수를 세고, 7의 배수를 구하고,
05 :            7의 배수와 개수를 출력한다. 그리고 마지막으로 전체 개수를
00 :            출력한다.
07 : 입     력 : 없음
08 : 출     력 : 개수
09 : 작 성 자 : 김석현
10 : 작성 일자 : 2007-12-28
11 : ****************************************************************/
12 : // 외부 파일 포함 기능
13 : #include <stdio.h>
14 :
15 : // 매크로 상수들
16 : #define MAX        10
17 : #define MULTIPLE   7
18 :
19 : // 함수 선언 : 함수 원형(Function Prototype)
20 : int main( int argc, char *argv[] );
21 :
22 : // 함수 정의
23 : int main( int argc, char *argv[] ) {
24 :     // 자동 변수들 선언 및 정의
25 :     auto unsigned long int count = 0;
26 :     auto unsigned long int number = 0;
27 :
```

```
28 :     // 1. 제목을 출력한다.
29 :     printf("개수\t\t\t7의 배수\n");
30 :     // 2. 수가 MAX보다 클 때까지 반복한다.
31 :     do {
32 :         // 2.2. 7의 배수를 구한다.
33 :         number += MULTIPLE ; // number = number + MULTIPLE ;
34 :         // 2.1. 개수를 세다.
35 :         count++; // count ++ 1; // count = count + 1;
36 :         // 2.3. 개수와 7의 배수를 출력한다.
37 :         printf("%d\t\t\t%d\n", count, number);
38 :     } while(number <= MAX );
39 :     count--; // count -= 1; // count = count - 1;
40 :     // 3. 개수를 출력한다.
41 :     printf("7의 배수 개수 %d\n", count);
42 :     // 4. 끝내다.
43 :
44 :     return 0;
45 : }
```

프로그램이 실행되었을 때 메모리 맵을 작도해 봅시다.

01»» 전체 메모리 영역 작도하기

프로그램이 실행되면 운영체제는 프로그램이 사용할 기억장치에 대해 일정한 크기의 기억장치를 할당하게 됩니다. 그리고 바이트 단위로 주소를 매개서, 기억장치의 기억장소를 할당받게 됩니다. 메모리 맵에서는 아래쪽에서 위쪽으로 주소를 바이트 단위로 매깁니다. 정확히 필요한 만큼마다 운영체제로부터 할당받아 사용하는 것이 아니라 일정한 크기만큼을 할당받아 할당받는 일정한 영역에서 데이터나 명령어를 저장할 기억장소를 할당받아 사용하는 방식인 세그먼트(Segment)방식으로 관리됩니다.

메모리 맵에서는 아래쪽에는 명령어와 상수가 저장되고, 위쪽에는 데이터(들)이 저장됩니다. 명령어와 상수가 저장되는 영역을 코드 세그먼트, 데이터(들)이 저장되는 영역을 데이터 세그먼트라고 합니다.

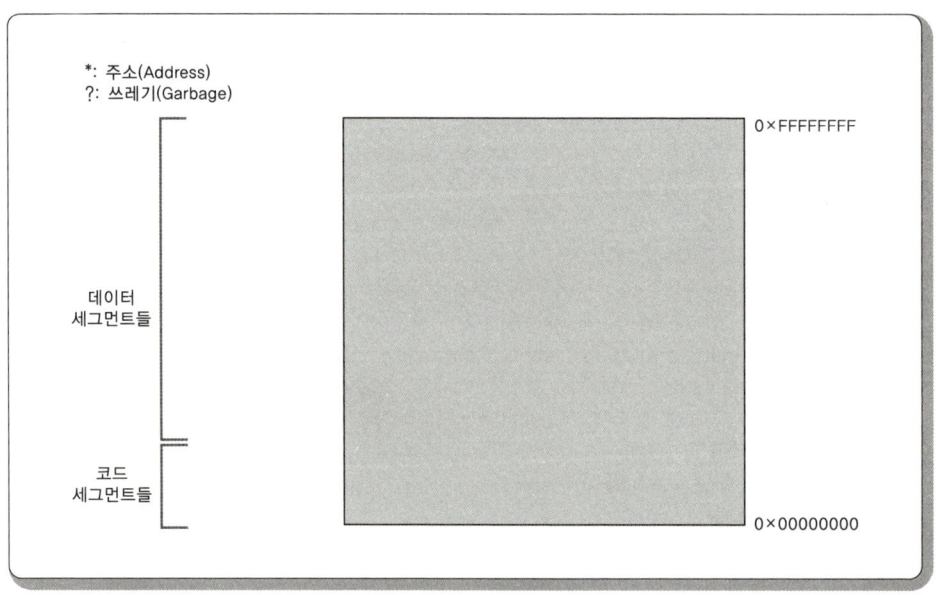

프로그램이 실행되면 프로그램이 끝날 때까지 할당되어 있어야 하는 기억장소들이 먼저 할당됩니다. 즉 정적으로 관리되는 기억장소들, 코드 세그먼트와 DATA 세그먼트부터 할당되게 됩니다.

02 » 코드 세그먼트 작도하기

앞에 코드를 보면 사용된 함수가 두 개입니다. main 함수와 printf 함수입니다. 따라서 코드 세그먼트 영역에 두 개의 코드 세그먼트가 호출 순서대로 할당되게 됩니다. 코드 세그먼트가 할당되고, 바로 명령어들이 복사되어 저장됩니다.

시작번지로부터 아래쪽에서 위쪽으로 일정한 크기의 사각형을 영역을 작도합니다. 그리고 왼쪽에 함수 명칭을 적고, 함수 명칭으로부터 화살표를 작도하여 사각형의 왼쪽 아래쪽을 가리키도록 합니다.

C 프로그램에서는 운영체제에 의해서 호출되는 함수는 main 함수입니다. 따라서 제일 먼저 작도되어야 하는 코드 세그먼트는 main 함수 코드 세그먼트입니다. 다음은 main 함수에서 호출되는 순서로 보면 printf 함수 코드 세그먼트가 main 함수 코드 세그먼트 위쪽에 작도되어야 합니다. 같은 함수가 여러 번 호출되더라도 코드 세그먼트는 한 번만 할당됩니다. 반복문에서 printf 함수가 호출되고, 반복문이 끝난 다음에 printf 함수가 호출되더

라도 printf 함수 코드 세그먼트는 한 번만 메모리 맵에 작도되어야 한다는 것입니다. 이러한 이유로 링크(Link)라고 하는 작업이 필요한 것입니다.

　함수를 호출하는 문장들이 적힌 위치에는 함수가 적재될 때 정해진 주소가 복사돼야 합니다. 코드 세그먼트들을 작도할 때 알 수 있듯이 복사될 주소는 프로그램에 사용되는 모든 함수가 하나의 실행 파일에 복사돼야만 결정됩니다. 따라서 링크라는 작업으로 모든 함수를 하나의 파일로 복사하면서 함수가 적재될 때 매겨지는 주소가 정해지고, 같은 함수가 호출되는 문장들이 적힌 곳에 같은 주소를 복사해야 한다는 것입니다.

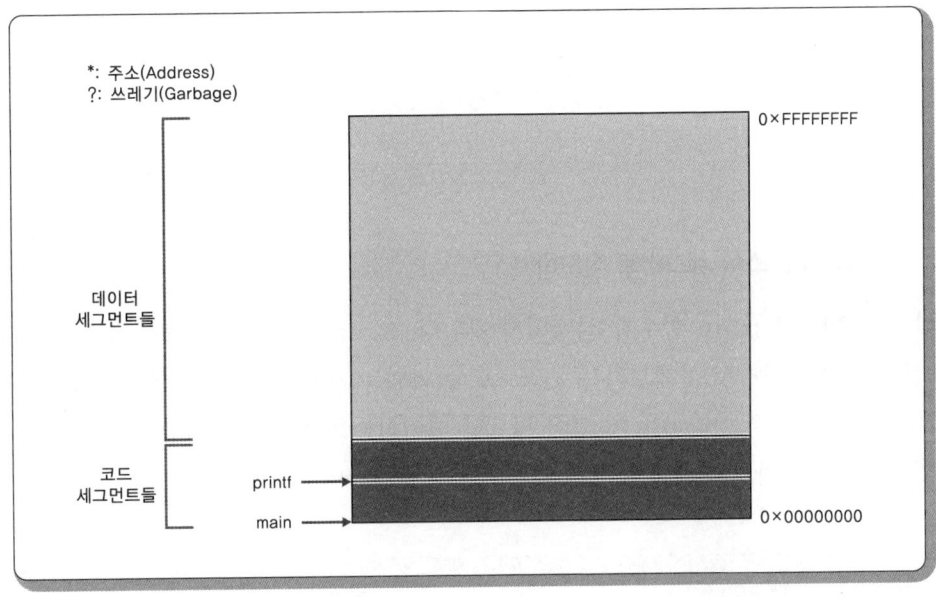

03»» DATA 데이터 세그먼트 작도하기

　그리고 정적 데이터 세그먼트인 DATA 세그먼트가 할당된 코드 세그먼트들 바로 위쪽에 할당됩니다. 그리고 printf 함수 호출 문장들에서 출력 서식으로 사용된 문자열 리터럴(상수) 들에 대해 문자 배열을 할당하고, 문자열이 저장되게 됩니다. 마지막에는 널 문자('\0')가 저장되게 됩니다. 컴퓨터에서는 차원이라는 개념이 적용되지 않기 때문에 메모리 맵에서처럼 줄 단위로 할당되지 않을 것입니다. 이 책에서는 작도를 쉽게 하려고 그리고 여러분의 이해를 돕기 위해서 줄 단위로 나타내었습니다.

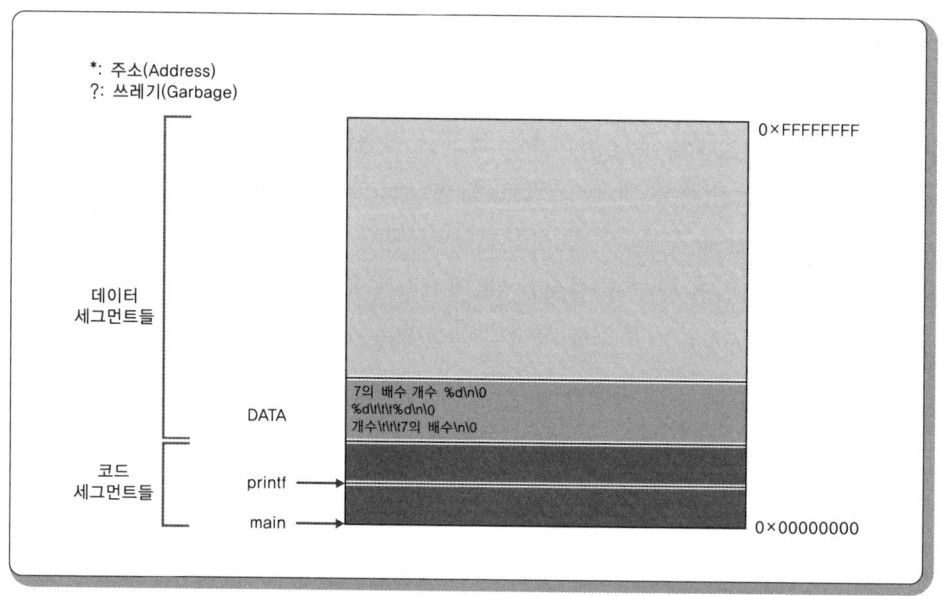

04»» main 함수 스택 세그먼트 작도하기

그리고 첫 번째로 main 함수가 실행되게 됩니다. main 함수는 운영체제에 의해서 호출되는 함수입니다. 따라서 이제부터는 동적으로 관리되는 기억장소, 스택 세그먼트가 할당됩니다. main 함수에서 처리하는 데 있어 필요한 데이터들을 저장할 기억장소들, 매개변수와 자동변수들을 할당하기 위해서는 스택 세그먼트를 할당합니다.

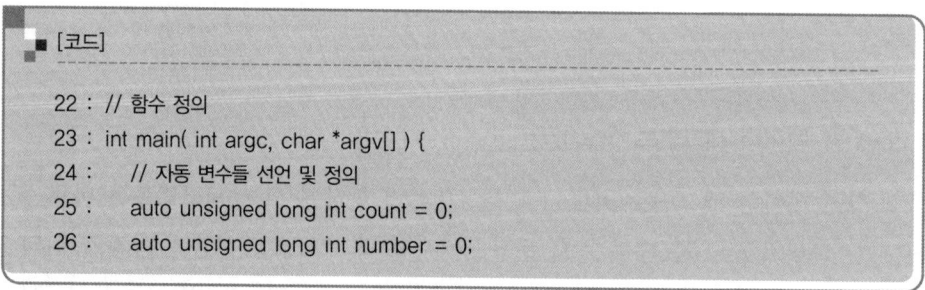

그리고 스택 세그먼트에 변수에 대해 기억장소를 할당하고, 값을 저장하게 됩니다. 따라서 메모리 맵에서는 매개변수와 자동변수들에 대해 스택 세그먼트에 작은 사각형을 그리고, 사각형에 저장할 값을 적습니다. 매개변수들에 대해서는 호출될 때 복사되는 값, 자동변수들에 대해서는 초기화되면 초기값으로, 그렇지 않으면 쓰레기로 물음표를 적습니다.

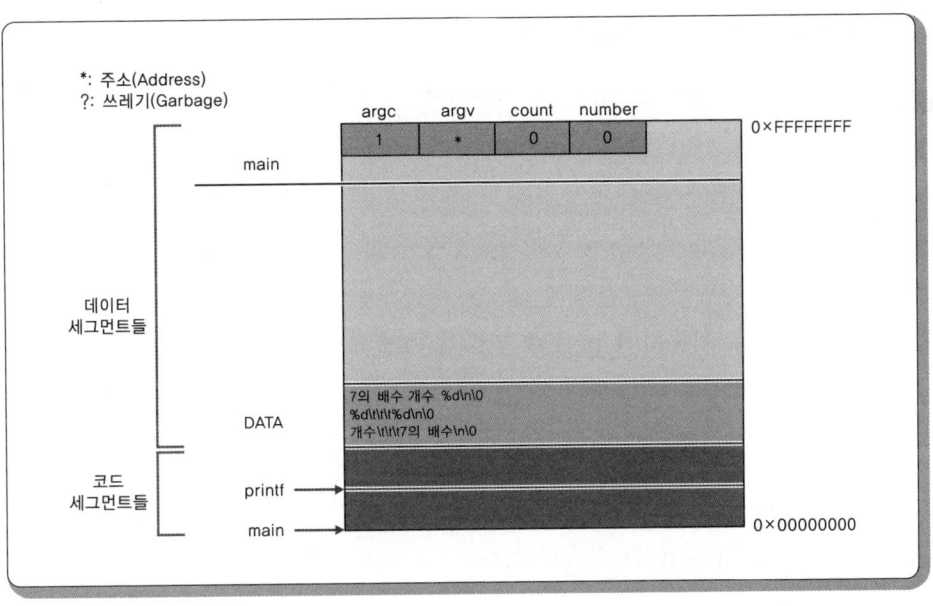

main 함수 스택 세그먼트는 첫 번째로 할당되는 스택 세그먼트입니다. 따라서 끝주소를 기준으로 해서 아래쪽으로 일정한 크기의 사각형을 작도하고 왼쪽에 함수 명칭 main을 적으면 됩니다. 스택 세그먼트의 사각형 영역에 차례대로 매개변수 목록과 자동변수 선언문들을 참고하여 네 개의 사각형을 그립니다. 그리고 왼쪽에서 오른쪽으로 매개변수 목록에 적힌 순서대로 argc 그리고 argv를 적고, 자동변수들이 선언된 순서대로 count 그리고 number를 사각형 위쪽에 적습니다.

마지막으로 저장되는 값을 적습니다. argc에 1, argv에 저장된 값이 주소임을 나타내는 별표를 적습니다. main 함수 매개변수 목록에 대해서 자세한 설명은 이 책에서 하지 않겠습니다.

25, 26번째 줄의 변수 선언문들을 보면, 초기화가 되어 있습니다. 따라서 count와 number에 변수명칭 뒤에 있는 등호 다음에 있는 초기값 0을 적습니다.

05 ≫ printf 함수 스택 세그먼트 작도하기

```
[코드]
28 :    // 1. 제목을 출력한다.
29 :    printf("개수\t\t\t7의 배수\n");
```

다음은 29번째 줄로 이동하여 printf 함수가 호출됩니다. 따라서 printf 함수가 실행되는 데 필요한 데이터들을 저장하기 위한 스택 세그먼트가 main 함수 스택 세그먼트 아래쪽에 할당됩니다. 그리고 변수들에 대해서 기억장소들을 할당하고, 값을 적어야 합니다.

메모리 맵에서 main 스택 세그먼트 아래쪽에 일정한 크기의 사각형 영역을 그립니다. 그리고 왼쪽에 함수 명칭 printf를 적습니다.

다음은 변수들에 대해 스택 세그먼트 영역에 사각형을 그려야 합니다. 그런데 printf 함수는 우리가 작성한 함수가 아니라서 자동변수에 대해서는 알 수 없습니다. 대신에 매개변수에 대해서는 알 수 있지요. 함수 호출식에서 사용된 값들로 작도할 수 있습니다. 그렇지만 변수 명칭에 대해서는 알 수 없습니다. 따라서 함수 호출식에 사용된 값들의 개수만큼 스택 세그먼트 영역에 값을 적을 수 있는 크기의 사각형을 작도합니다. 29번째 줄을 보면 한 개의 값이 사용되었기 때문에 한 개의 사각형을 작도해야 합니다. 그리고 저장되는 값은 주소입니다. 따라서 사각형에 별표를 적습니다. 그리고 화살표를 이용하여 "개수\t\t\t7의 배수\n"가 저장된 DATA 세그먼트에 할당된 배열을 가리키도록 작도합니다.

왜냐하면, C 언어에서 문자열에 대해 자료형을 따로 제공하지 않습니다. 대신에 문자 배열로 표현하고 있습니다. "개수\t\t\t7의 배수\n"는 문자열이기 때문에 문자 배열입니다. 물론 문자 배열과 문자열을 구분하는 기준은 문자열이면 문자 배열의 제일 마지막 문자는 널 문자('\0')이어야 합니다. 따라서 "개수\t\t\t7의 배수\n"는 '\n' 다음에 '\0'가 있는 문자 배열입니다.

또한, C 언어에서 배열 자체는 정보전달에 사용되지 않고, 배열의 시작주소를 사용하도록 하고 있습니다.

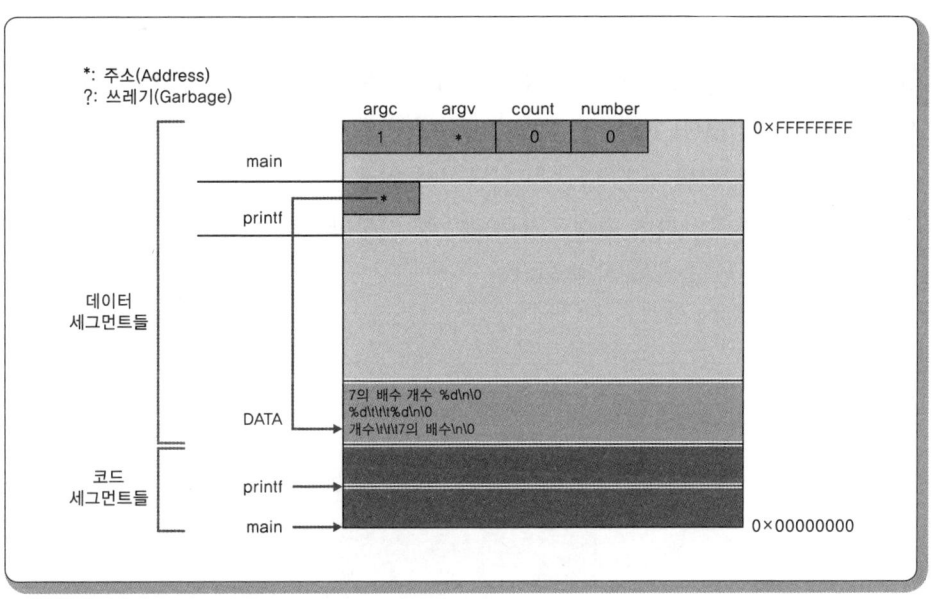

　printf 함수가 호출되어 실행되면, 모니터에 문자열을 출력하고, 끝나게 됩니다. 그러면 printf 함수 스택 세그먼트가 할당 해제되고, main 함수 스택 세그먼트만 할당된 상태입니다. 이러한 상태는 중앙처리장치에 의해서 데이터가 읽히는 스택 세그먼트가 main 함수 스택 세그먼트이므로 main 함수 코드 세그먼트에서 명령어를 읽는다는 것이 됩니다. 따라서 main 함수로 실행제어가 이동되었다는 것입니다. 31번째 줄에서 38번째 줄까지 do ~ while 반복문장으로 이동하게 됩니다.

[코드]
```
30 :        // 2. 수가 MAX보다 클 때까지 반복한다.
31 :        do {
32 :            // 2.2. 7의 배수를 구한다.
33 :            number += MULTIPLE ; // number = number + MULTIPLE ;
34 :            // 2.1. 개수를 세다.
35 :            count++; // count ++ 1; // count = count + 1;
36 :            // 2.3. 개수와 7의 배수를 출력한다.
37 :            printf("%d\t\t%d\n", count, number);
38 :        } while(number <= MAX );
```

33번째 줄로 이동하여 7의 배수를 구합니다. 치환연산자의 오른쪽에 있는 number로 number에 저장된 값인 0을 복사하여 중앙처리장치의 레지스터에 저장하게 됩니다. 그리고 + 연산자에 의해서 MULTIPLE 7을 읽어 더하여 값을 구합니다. 그러면 구해진 값인 7을 레지스터에 저장하게 됩니다. 다음은 치환식에 의해서, 치환연산자의 왼쪽 number는 레지스터에 있는 값을 복사하여 덮어쓰기로 값 7을 저장하라는 것입니다. 따라서 메모리 맵에서 number에 저장된 값이 바뀌게 됩니다.

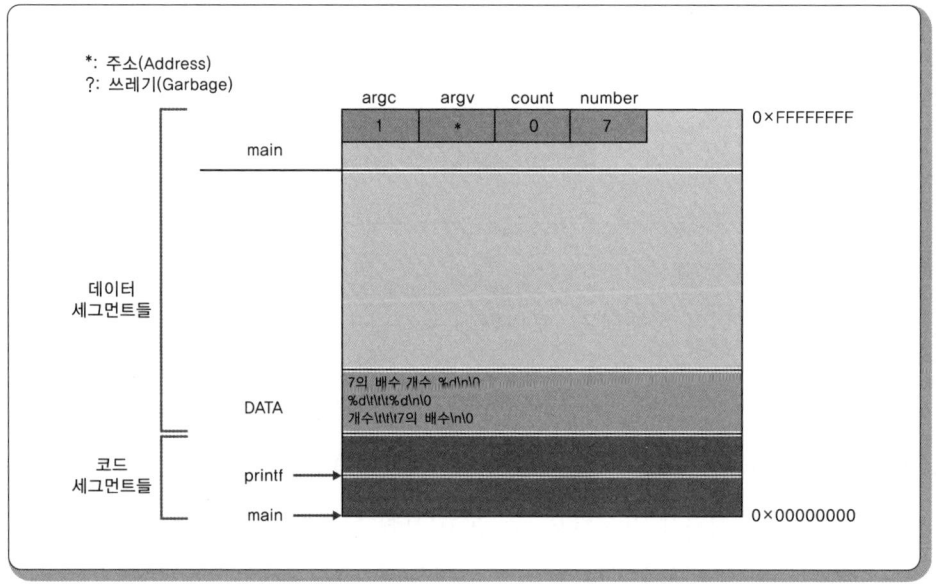

다음은 35번째 줄로 이동하여 개수를 셉니다.

■ [코드]
```
34 :        // 2.1. 개수를 세다.
35 :        count++; // count ++ 1; // count = count + 1;
```

7의 배수를 구하는 방식과 같은 개념으로 즉 누적으로 개수를 셉니다. count에 저장된 값인 0을 읽어 레지스터에 저장합니다. + 연산자에 의해서 저장된 값 0에 1을 더합니다. 그러면 구해지는 값 1을 레지스터에 저장합니다. 이때는 메모리 맵에 어떠한 변화도 없습니다. 메모리 맵은 레지스터가 아니라 주기억장치의 메모리 상태를 나타내는 도구입니다. 치환연산자에 의해서 레지스터에 저장된 값이 주기억장치에 저장되게 됩니다. 이때 주기억장치에 있던 값은 없어지게 됩니다. 1을 count에 저장하게 됩니다. 따라서 메모리 맵이 바뀌게 됩니다. 메모리 맵에서 count에 저장된 값으로 1이 적혀야 합니다.

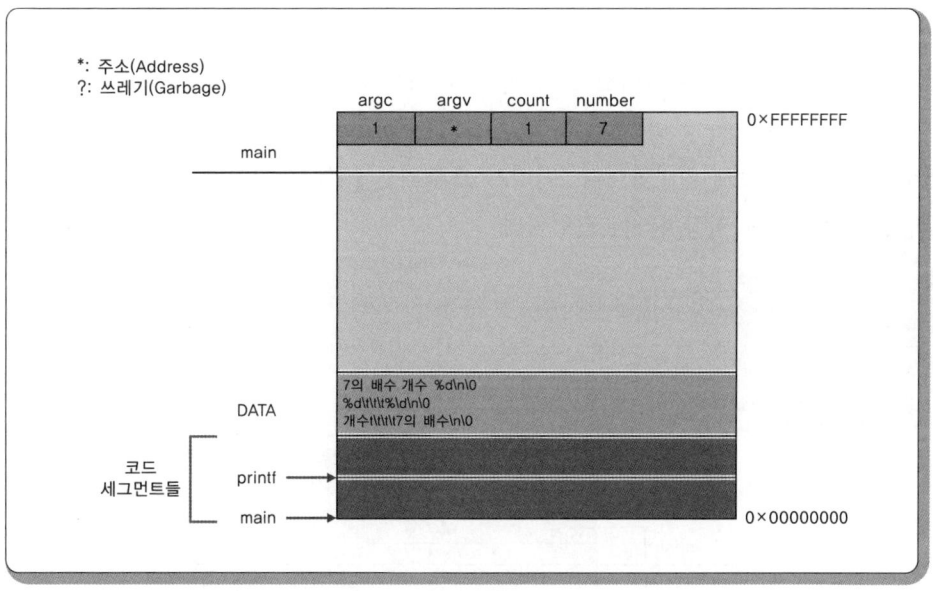

다음은 37번째 줄로 이동하여 개수와 7의 배수를 출력합니다.

■ [코드]

```
36 :        // 2.3. 개수와 7의 배수를 출력한다.
37 :        printf("%d\t\t%d\n", count, number);
```

printf 함수가 호출됩니다. 따라서 printf 함수에서 필요한 데이터들을 저장할 스택 세그먼트가 할당되어야 합니다. main 함수 스택 세그먼트 아래쪽에 일정한 크기의 사각형 영역을 그립니다. 그리고 왼쪽에 함수 명칭 printf를 적습니다. 다음은 스택 세그먼트에 호출식에서 사용된 데이터들의 개수만큼 작은 사각형들을 작도합니다. 37번째 줄에서 함수 호출식을 보면, 쉼표의 개수가 두 개이므로 세 개의 데이터들이 사용됩니다. 따라서 세 개의 작은 사각형들을 작도합니다. printf 함수는 라이브러리 함수이기 때문에 정확한 매개변수 목록, 자동 변수 선언문들을 볼 수 없으므로 명칭을 적지 않습니다. 물론 printf 함수는 가변 인수라는 개념을 사용하기 때문에 명칭을 적을 수 없습니다. 각각의 사각형에 함수 호출식을 보고, 값을 적어야 합니다.

"%d\t\t\t%d\n" 문자열 리터럴은 앞에서 설명한 대로 별표를 적고, 화살표를 이용하여 문자 배열을 가리키도록 하면 됩니다. count와 number는 함수 호출식에서는 count와 number에 저장된 값을 의미합니다. 따라서 호출되는 printf 함수에 각각 1과 7을 복사하여 할당된 기억장소에 저장하라는 것입니다.

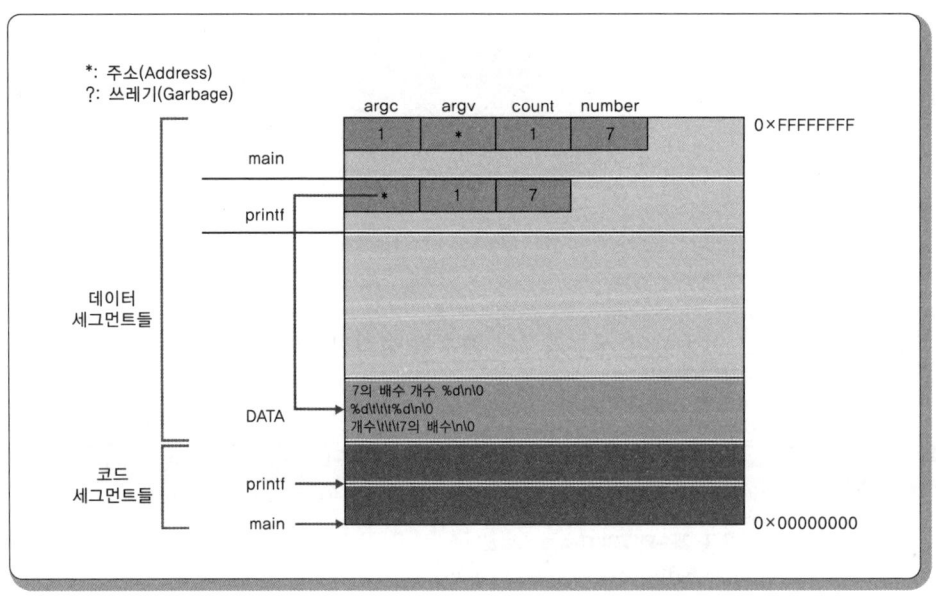

호출된 printf 함수는 1과 7을 모니터에 출력하게 됩니다. 그리고 함수의 실행이 끝나면 함수 스택 세그먼트가 할당 해제됩니다. 그러면 다시 main 함수 스택 세그먼트만 남게 됩니다. 실행 제어가 다시 main 함수로 이동되었음을 의미합니다.

[코드]

```
30 :    // 2. 수가 MAX보다 클 때까지 반복한다.
31 :    do {
32 :        // 2.2. 7의 배수를 구한다.
33 :        number += MULTIPLE ; // number = number + MULTIPLE ;
34 :        // 2.1. 개수를 세다.
35 :        count++; // count ++ 1; // count = count + 1;
36 :        // 2.3. 개수와 7의 배수를 출력한다.
37 :        printf("%d\t\t%d\n", count, number);
38 :    } while(number <= MAX );
39 :    count--; // count -= 1; // count = count - 1;
```

다음은 38번째 줄로 이동하게 됩니다. do~while 반복문장에서 조건식을 평가하게 됩니다.

조건식을 평가해서 참이면 다시 31번째 줄로 이동하게 되고, 그렇지 않으면 39번째 줄로, 아래쪽으로 이동하여야 합니다. 조건식을 평가하는 위치가 반복해서 처리해야 하는 문장들 뒤에 있기 때문에 후 검사 반복구조입니다. 그렇지만 앞에서 본 것처럼 논리는 선 검사 반복구조를 따르고 있습니다. 따라서 무늬만 후 검사 반복구조이지 실제로는 선 검사 반복구조입니다. 따라서 C 언어에서는 후 검사 반복구조를 지원하지 않습니다. 여하튼 조건식을 평가하면, number에 저장된 값인 7이 MAX 10보다 작아서 참입니다. 따라서 31번째 줄로 이동하게 됩니다.

그리고 바로 33번째 줄로 이동하여 7의 배수를 구합니다. 누적으로 7의 배수를 구하면, 현재 저장된 값인 7을 읽어 레지스터에 저장하고, 이 값에 7을 더하여 14를 구하고, 이렇게 구해진 14를 다시 number에 저장하게 됩니다. 따라서 메모리 맵에서 number에 저장된 값이 바뀌어야 합니다.

■ [코드]

```
32 :        // 2.2. 7의 배수를 구한다.
33 :        number += MULTIPLE ; // number = number + MULTIPLE ;
```

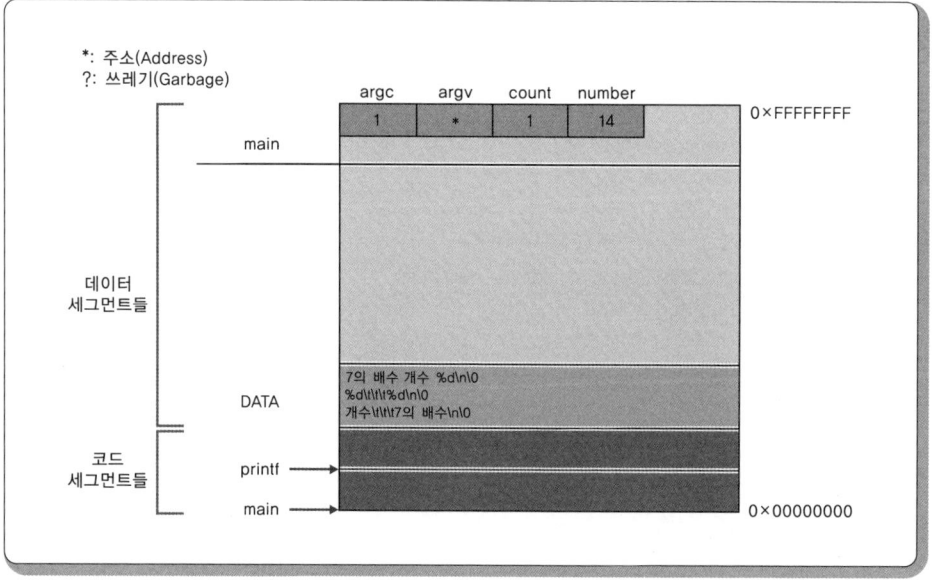

다음은 다시 35번째 줄로 이동하여 개수를 세어야 합니다.

■ [코드]

```
34 :        // 2.1. 개수를 세다.
35 :        count++; // count ++ 1; // count = count + 1;
```

누적으로 count에 저장된 값인 1을 읽어 레지스터에 저장하고, 저장된 값 1에 1을 더하여 2를 구합니다. 이렇게 구해진 값은 레지스터에 저장되어 있습니다. 레지스터에 저장된 값인 2를 count에 저장하게 됩니다. 따라서 메모리 맵에서 count에 저장된 값이 2로 바뀌어야 합니다. 이처럼 주기억장치에 있는 기억장소에 저장되는 값이 바뀔 때만 메모리 맵을 바꾸면 됩니다.

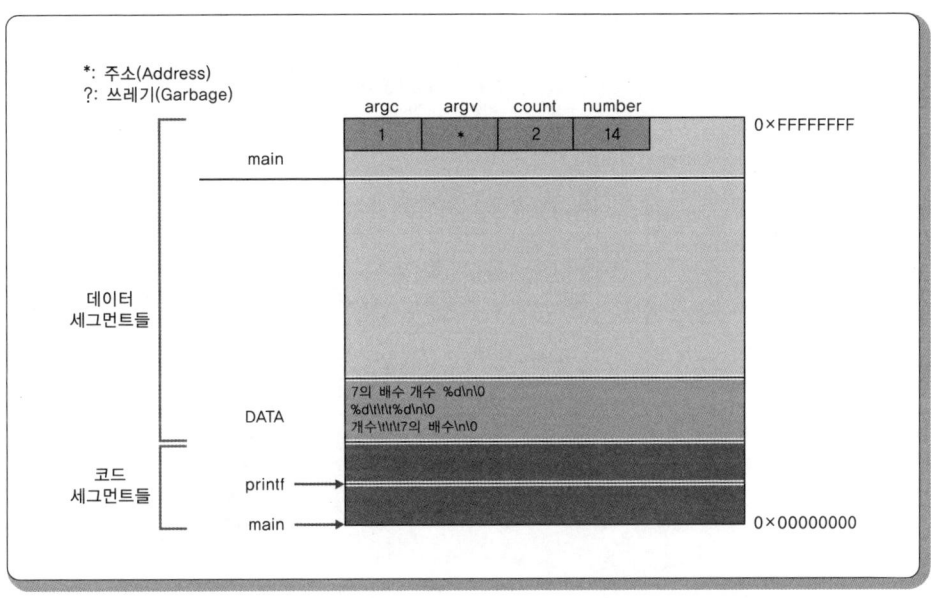

다음은 37번째 줄로 이동하여 개수와 7의 배수를 출력합니다.

```
[코드]
36 :        // 2.3. 개수와 7의 배수를 출력한다.
37 :        printf("%d\t\t%d\n", count, number);
```

printf 함수가 호출됩니다. 따라서 main 함수 스택 세그먼트 아래쪽에 printf 함수에 대해 스택 세그먼트가 할당되어야 합니다. 그리고 함수 호출식에서 복사되는 값들을 저장할 기억장소들이 할당되어야 합니다. 세 개의 기억장소가 할당되어야 합니다. 그리고 각각 주소, count에 저장된 값, 그리고 number에 저장된 값이 차례대로 복사되어 저장되게 됩니다.

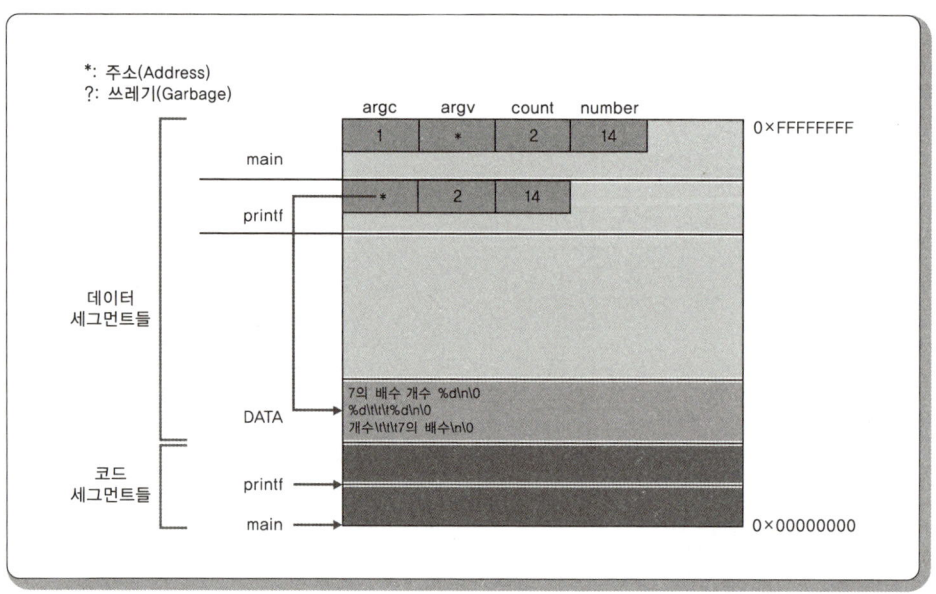

호출된 printf 함수는 2와 14를 모니터에 출력하게 됩니다. 그리고 함수의 실행이 끝나면 함수 스택 세그먼트가 할당 해제됩니다. 그러면 다시 main 함수 스택 세그먼트만 남게 됩니다. 실행 제어가 다시 main 함수로 이동되었음을 의미합니다.

```
31 :    do {
32 :        // 2.2. 7의 배수를 구한다.
33 :        number += MULTIPLE ; // number = number + MULTIPLE ;
34 :        // 2.1. 개수를 세다.
35 :        count++; // count ++ 1; // count = count + 1;
36 :        // 2.3. 개수와 7의 배수를 출력한다.
37 :        printf("%d\t\t\t%d\n", count, number);
38 :    } while(number <= MAX );
39 :    count--; // count -= 1; // count = count - 1;
```

다음은 38번째 줄로 이동하게 됩니다. do~while 반복문장에서 조건식을 평가하게 됩니다. number에 저장된 값 14가 MAX 10보다 크기 때문에 조건식을 평가하면 거짓입니다. 따라서 31번째 줄, 반복문의 시작 위치로 이동하는 것이 아니라 반복을 탈출하여 39번째 줄로 이동하게 됩니다. while 반복문장은 선 검사 반복구조이기 때문에 참이면 반복을 계속 하고, 거짓이면 반복을 탈출해야 하기 때문입니다.

[코드]
```
39 :    count--; // count -= 1; // count = count - 1;
```

39번째 줄로 이동하여 센 개수를 하나 줄여 주어야 합니다. 누적이기 때문에 count에 저장된 값인 2를 읽어 레지스터에 저장합니다. 저장된 값 2에서 1을 빼서 1을 구합니다. 구해진 값인 1은 레지스터에 저장되어 있는데, 이 값을 다시 count에 저장하게 됩니다. 따라서 count에 저장된 값은 1이어야 합니다. 따라서 메모리 맵에서 count에 1을 적어야 합니다.

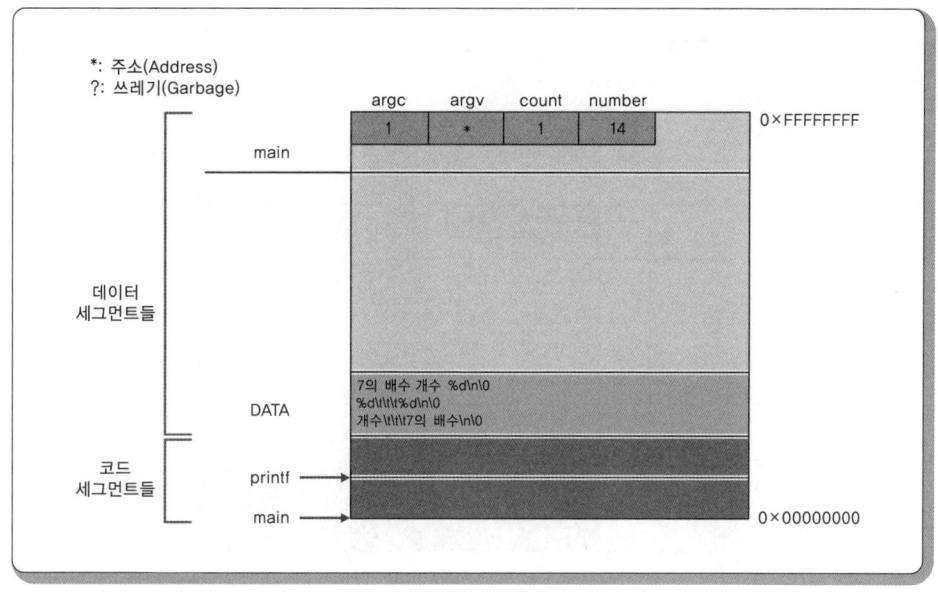

다음은 41번째 줄로 이동하여 전체 개수를 출력합니다.

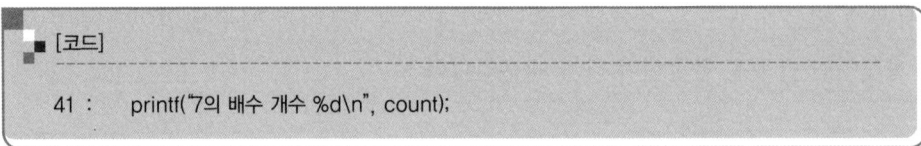

printf 함수가 호출됩니다. 따라서 printf 함수에 대해 함수 스택 세그먼트가 main 함수 스택 세그먼트 아래쪽에 작도됩니다. 그리고 printf 함수 스택 세그먼트에 함수 호출식에서 사용된 값들에 대해 저장할 기억장소들이 할당되어야 합니다. 그리고 함수 호출식에서 사용된 값을 복사하여 함수 스택 세그먼트에 할당된 기억장소에 저장해야 합니다.

따라서 메모리 맵에서는 두 개의 값이 사용되었기 때문에 두 개의 작은 사각형을 작도합니다. 그리고 "7의 배수 개수 %d\n"에 대해 주소를 나타내는 별표를 적고, 화살표로 DATA 세그먼트에 할당된 배열을 가리키도록 화살표를 작도합니다. count에 저장된 값을 적습니다.

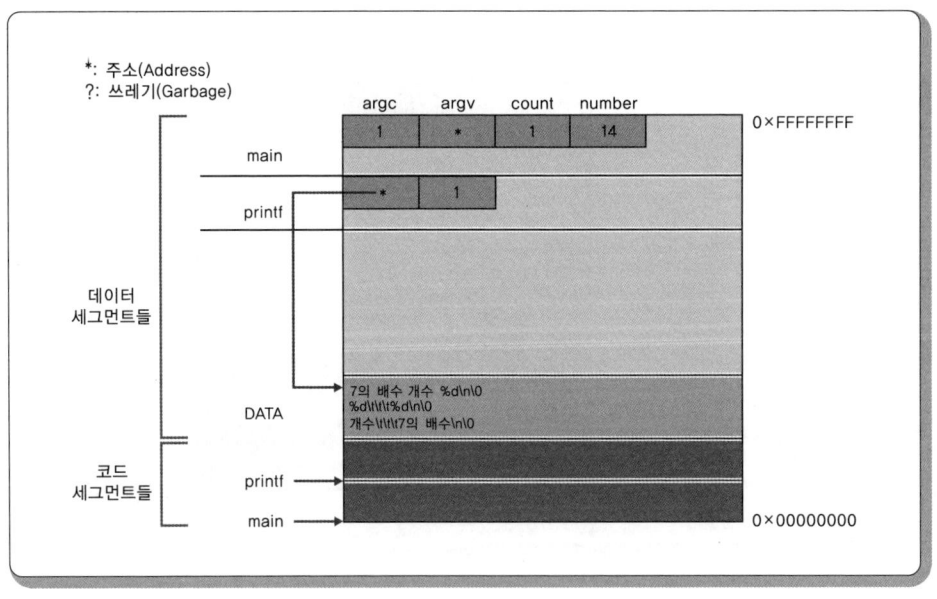

printf 함수는 "7의 배수 개수 1"이라고 모니터에 출력하고 끝나게 됩니다. 따라서 printf 함수 스택 세그먼트가 할당 해제됩니다. main 함수로 실행 제어가 이동하게 됩니다. 그러면 44번째 줄로 이동하여 0을 레지스터에 복사합니다.

```
[코드]
42 :    // 4. 끝내다.
43 :
44 :    return 0;
45 : }
```

마지막으로 45번째 줄로 이동하여 함수가 끝나게 되는데 이때 main 함수 스택 세그먼트가 할당 해제됩니다. 즉 프로그램이 끝나게 됩니다. 따라서 정적으로 관리되는 DATA 데이터 세그먼트와 코드 세그먼트들도 할당 해제됩니다.

모니터에 출력된 결과를 확인하면 약간의 매끄럽지 못한 구석은 있지만 7의 배수 개수를 구한 것을 확인할 수 있습니다.

JAVA 구현

모듈 기술서와 순서도를 가지고 JAVA로 구현해 봅시다.

내부 설계(Internal Design) ---- 모듈 기술서					
명칭	한글	배수의 개수를 세다			
	영문	CountMultiples			
기능		1에서 100000까지 수들에서 개수를 세고, 7의 배수를 구하고, 7의 배수와 개수를 출력한다. 그리고 마지막으로 전체 개수를 출력한다.			
입·출력	입력	없음			
	출력	개수			
관련 모듈					
자료 명세서					
번호	명칭		자료유형	구분	비고
	한글	영문			
1	가장 큰 수	MAX	정수	상수	100000
2	공차	MULTIPLE	정수	상수	7
3	개수	count	정수	출력	
4	수	number	정수	처리	7의 배수
처리 과정					

1. 제목을 출력한다.
2. 수가 MAX보다 클 때까지 반복한다.
    2.2. 7의 배수를 구한다.
    2.1. 개수를 세다.
    2.3. 개수와 7의 배수를 출력한다.
3. 개수를 출력한다.
4. 끝내다.					

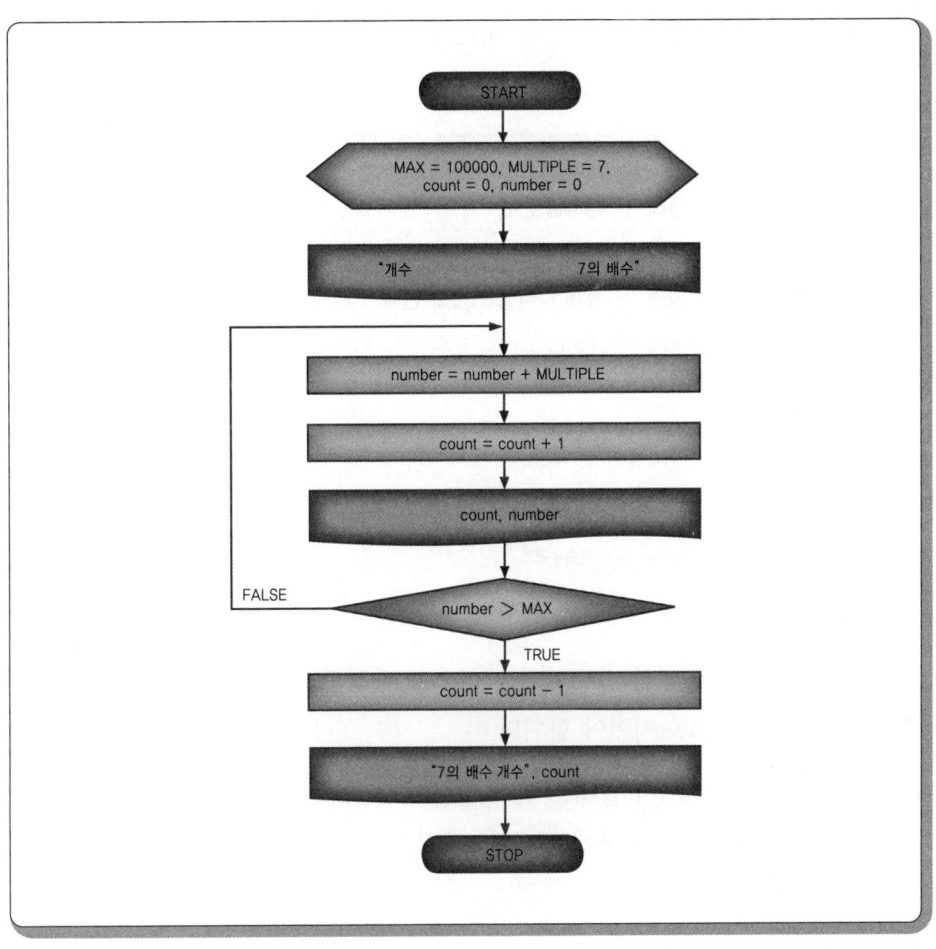

　　자바 운영체제에서 제공하는 기본적인 명령어(Instruction)를 조합하는 자바 언어로 실제로 표현한 것을 자바 프로그램(Java Program)이라 합니다. 자바 프로그램도 여러 유형이 있습니다. 여기서는 자바 응용 프로그램을 작성해 봅시다. 자바 가상기계에서 독립적으로 실행되는 프로그램입니다. main 메소드를 반드시 작성해야 합니다.

　　순서도로 정리된 절차는 논리적 모듈인 클래스에 표현돼야 합니다. 이렇게 표현된 클래스를 컴퓨터에 입력하여 변환하기 위해서는 컴파일 단위인 자바 소스 파일을 작성해야 합니다. 그리고 자바 소스 파일을 자바 명령어로 변환하여, 즉 컴파일하여 주기억장치에 적재할 수 있는 단위인 자바 클래스 파일을 작성해야 합니다. 자바 소스 파일이나 특히 자바 클래스 파일은 그룹화하게 되는데, 대개는 폴더(Folder) 혹은 디렉토리(Directory)로 합니다. 이때 폴더 혹은 디렉토리같은 물리적 모듈을 패키지(Package)라고 합니다. 이렇게 관련 모듈들을 차례대로 작성하게 되면 자바 응용 프로그램이 만들어지게 됩니다.

번호	유형	구분	내용	명칭
1	자바 소스 파일	물리	컴파일 단위	Main.java
2	자바 클래스 파일	물리	적재 단위	Main.class
3	패키지(Package)	물리	적재 단위별 그룹화 단위	countmultiples
4	클래스(Class)	논리	데이터 추상화 단위	Main

편집

01»» 자바 소스 파일 만들기

자바 코드를 컴퓨터에 입력하기 위해서는 디스크 파일인 자바 소스 파일을 만들어야 합니다. 확장자는 반드시 .java이어야 합니다.

자바에서 모든 코드는 반드시 클래스 안에 존재해야 합니다. 서로 관련된 코드를 그룹으로 나누어 별도의 클래스를 구성하게 됩니다. 그리고 이러한 클래스들이 모여 하나의 자바 응용 프로그램을 이룹니다.

자바 소스 파일에는 한 개 이상의 논리적 모듈인 클래스가 작성됩니다. 하나의 자바 소스 파일에 하나의 클래스만을 정의하는 것이 보통이지만, 하나의 소스 파일에 둘 이상의 클래스를 정의하는 것도 가능합니다. 이때 주의해야 할 점은 자바 소스 파일의 명칭은 public class 다음에 적힌 클래스의 명칭과 일치해야 한다는 것이다. 만일 자바 소스 파일 내에 public class가 없다면, 자바 소스 파일 명칭은 자바 소스 파일에 작성된 어떤 클래스의 명칭으로 해도 상관없습니다.

자바 응용 프로그램이 되기 위해서는 반드시 main 메소드를 작성해야 하므로 main 메소드를 가지는 클래스를 만들어야 합니다. 이러한 클래스를 주 클래스(Main Class)라고 합니다.

이 책에서는 주 클래스의 명칭을 Main이라고 할 것입니다. 따라서 자바 소스 파일 명칭도 Main.java 로 짓도록 합니다. Main.java 파일에서 첫 번째 줄에 // 로 시작하는 한 줄 주석으로 자바 소스 파일 명칭을 적도록 합시다.

[JAVA 코드]

// Main.java

02»» 프로그램에 대한 설명 달기

모듈 기술서를 참고하여 프로그램에 대해 설명을 달도록 합시다.

내부 설계(Internal Design) ---- 모듈 기술서		
명칭	한글	배수의 개수를 세다
	영문	CountMultiples
기능		1에서 100000까지 수들에서 개수를 세고, 7의 배수를 구하고, 7의 배수와 개수를 출력한다. 그리고 마지막으로 전체 개수를 출력한다.
입·출력	입력	없음
	출력	개수
관련 모듈		

자바 소스 파일에서 자바 소스 파일의 명칭을 적은 줄의 다음 줄부터 맨 위쪽에서 아래쪽으로 /*로 시작하고 모듈의 기능, 입력 그리고 출력에 관한 내용을 적고 */ 로 끝나는 블록 주석으로 주석을 답시다.

Main.java으로 자바 소스 파일 명칭을 짓도록 합시다. 그리고 제어구조를 표현할 수 있는 메소드 명칭은 자바 응용 프로그램이 실행하기 위해서 반드시 작성되어야 하는 main으로 짓도록 합시다.

[JAVA 코드]

```
// Main.java
/********************************************************************
파 일  명칭 : Main.java
메소드 명칭 : main
기     능 : 1에서 100000까지 수들에서 개수를 세고, 7의 배수를
```

```
          구하고, 7의 배수와 개수를 출력한다. 그리고 마지막으로
          전체 개수를 출력한다.
  입   력 : 없음
  출   력 : 개수
  작 성 자 : 김석현
  작성 일자 : 2007-12-28
  ****************************************************************/
```

03 >>> 패키지 만들기

프로그램의 실행 원리에 의하면 자바 명령어와 데이터들이 주기억장치에 복사되어야 실행이 됩니다. 자바 명령어와 데이터들을 주기억장치에 복사하는 작업을 적재라고 하는데, 자바에서도 적재할 때 사용되는 물리적 모듈이 있습니다. 이러한 물리적 모듈이 클래스 파일(확장자가 .class)입니다. 어떤 자바 프로그램에서는 여러 개의 클래스로 구성됩니다. 이러한 논리적으로 관련이 있는 클래스 파일들을 물리적으로 모아 두기 위해서 보조 기억장치에 폴더(혹은 디렉토리)를 만들어서 클래스 파일을 저장하게 됩니다. 이러한 물리적 모듈을 패키지(Package)라고 합니다. 그래서 모듈 명칭으로 패키지를 만듭니다. `package`라는 키워드를 적고 한 칸 띄우고 모듈명칭을 적고 마지막에 세미콜론을 찍습니다. 자바 소스 파일에 한 번만, 주석을 제외하고 첫 번째 줄에 문장으로 작성되어야 합니다.

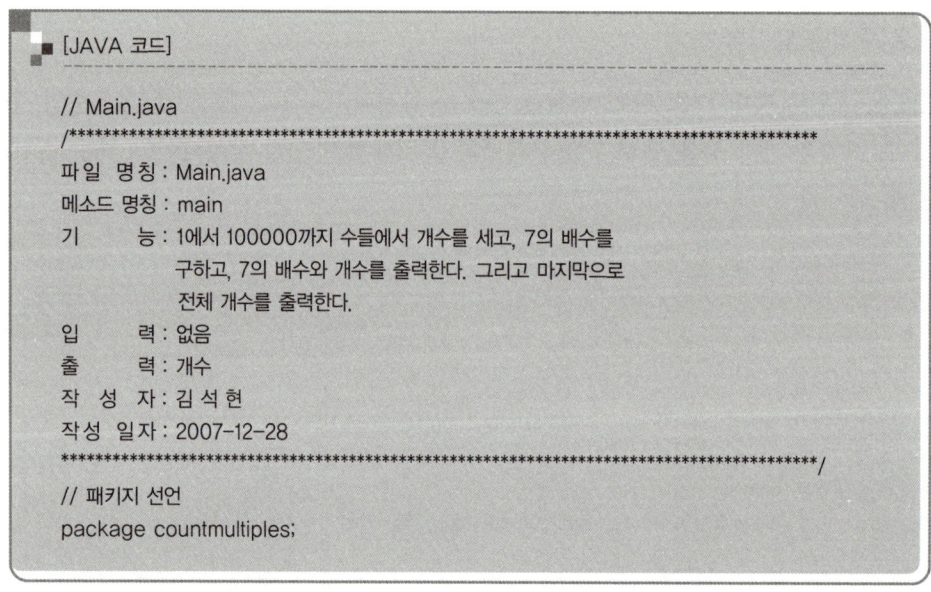

```
  [JAVA 코드]

  // Main.java
  /****************************************************************
  파일 명칭 : Main.java
  메소드 명칭 : main
  기    능 : 1에서 100000까지 수들에서 개수를 세고, 7의 배수를
             구하고, 7의 배수와 개수를 출력한다. 그리고 마지막으로
             전체 개수를 출력한다.
  입   력 : 없음
  출   력 : 개수
  작 성 자 : 김석현
  작성 일자 : 2007-12-28
  ****************************************************************/
  // 패키지 선언
  package countmultiples;
```

04 》》 메인 클래스(Main Class) 만들기

JAVA에서 모든 코드는 반드시 클래스에 작성되어야 합니다. 제어구조를 표현할 수 있는 자바 메소드는 반드시 자바의 논리적 모듈인 클래스에 작성되어야 합니다. 자바 응용 프로그램이라면 반드시 가져야 하는 main 메소드를 작성해야 하는 데 따라서 하나의 클래스를 만들어야 합니다. main 메소드를 갖는 클래스를 메인 클래스라고 합니다. 관습적으로 메인 클래스 명칭을 Main으로 합니다. 따라서 클래스를 정의하는 방식에 따라 다음과 같이 메인 클래스를 작성해야 합니다.

[JAVA 코드]

```
// Main.java
/******************************************************************
 파 일  명칭 : Main.java
 메소드 명칭 : main
 기      능 : 1에서 100000까지 수들에서 개수를 세고, 7의 배수를
              구하고, 7의 배수와 개수를 출력한다. 그리고 마지막으로
              전체 개수를 출력한다.
 입      력 : 없음
 출      력 : 개수
 작  성  자 : 김석현
 작 성 일자 : 2007-12-28
******************************************************************/
// 패키지 선언
package countmultiples;

// Main 클래스
public class Main {
}
```

05 》》 main 메소드 만들기

다음은 자바 응용 프로그램으로 작성한다면 반드시 작성되어야 하는 메소드인 main 메소드를 메인 클래스에 만들어야 합니다. 운영체제에 의해서 호출되는 메소드이므로 반드시 다음과 같이 작성되어야 합니다.

■ [JAVA 코드]

```
public static void main(String[] args)
```

06» START와 STOP 단말기호 구현하기

순서도에서 START와 STOP 단말기호에 대해 main 메소드 정의 영역을 나타내는 여는 중괄호 ({)와 닫는 중괄호(})를 적으면 됩니다. 그러면 main 메소드가 정의되었습니다.

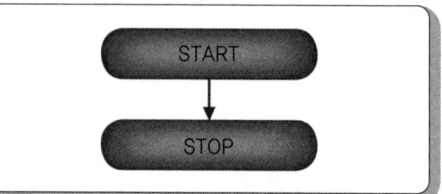

■ [JAVA 코드]

```
// Main.java
/****************************************************************
파 일  명칭 : Main.java
메소드 명칭 : main
기      능 : 1에서 100000까지 수들에서 개수를 세고, 7의 배수를
             구하고, 7의 배수와 개수를 출력한다. 그리고 마지막으로
             전체 개수를 출력한다.
입      력 : 없음
출      력 : 개수
작  성  자 : 김 석 현
작 성 일자 : 2007-12-28
****************************************************************/
// 패키지 선언
package countmultiples;

// 메인 클래스 정의
public class Main {
    // main 메소드 정의
    public static void main(String[] args) {
    }
}
```

07⟫ 준비기호 구현하기

자료명세서와 준비기호를 보고, 기호상수에 대해서는 final 변수, 변수는 지역변수 (Local Variable)로 선언해야 합니다.

자료 명세서					
번호	명칭		자료유형	구분	비고
	한글	영문			
1	가장 큰 수	MAX	정수	상수	100000
2	공차	MULTIPLE	정수	상수	7
3	개수	count	정수	출력	
4	수	number	정수	처리	7의 배수

MAX = 100000, MULTIPLE = 7, count = 0, number = 0

변수를 선언하기 전에 JAVA에서 제공하는 자료형에서 정수형을 정리해야 합니다. JAVA에서 제공하는 정수 자료형들은 다음과 같이 정리할 수 있습니다.

번호	자료형	크기	내용
1	byte	1	−128~127
2	short	2	−32768~32767
3	int	4	−2,147,483,648~2,147,483,647
4	long	8	−9,223,372,036,854,775,808~9,223,372,036,854,775,807

작성하고 있는 프로그램에서 100000까지 표현할 수 있는 자료형은 int입니다. 따라서 자료명세서에 정리된 데이터들의 자료형은 int이어야 합니다.

자료 명세서							
번호	명칭		자료유형	구분	비고	JAVA 자료형
	한글	영문				
1	가장 큰 수	MAX	정수	상수	100000	int
2	공차	MULTIPLE	정수	상수	7	int
3	개수	count	정수	출력		int
4	수	number	정수	처리	7의 배수	int

main 메소드에서만 참조 가능한 지역변수(Local Variable)로 선언 및 정의하도록 합시다. 따라서 선언 및 정의되는 위치는 main 메소드 블록에서 이루어지면 됩니다. 대개 변수를 선언 및 정의하는 문장은 한 줄에 하나씩 하며, 자료형 그리고 변수명칭이 차례대로 적히면 되는데, 공백문자로 구분되어야 합니다. 그리고 반드시 줄의 마지막에는 세미콜론을 찍어야 합니다.

기호상수에 대해서 구현해 보도록 합시다. 특히 JAVA에서 값에 대해 의미를 표현하기 위한 명칭을 갖는 상수를 어떻게 표현하는지 알아봅시다. final 키워드를 사용하여 상수 변수들을 선언 및 정의하면 됩니다. 상수 변수를 선언 및 정의할 때는 반드시 초기화를 해야 합니다. 지역변수일 때 초기화하지 않으면, 쓰레기이므로 반드시 초기화해야 합니다. 초기화는 변수명칭 뒤에 등호를 적고, 초기값을 적으면 됩니다. 그러면 이후 상수처럼 어떠한 변경도 할 수 없게 됩니다. 상수 변수명칭은 대문자를 사용합니다.

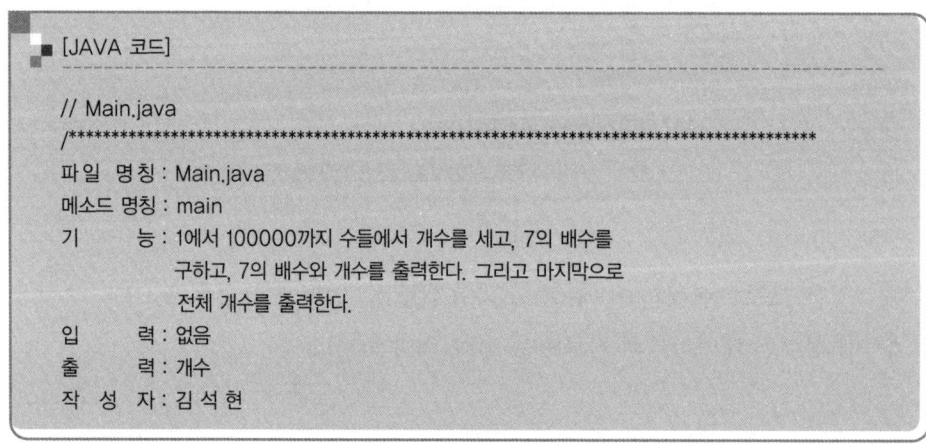

```
[JAVA 코드]

// Main.java
/****************************************************************
파일  명칭 : Main.java
메소드 명칭 : main
기     능 : 1에서 100000까지 수들에서 개수를 세고, 7의 배수를
           구하고, 7의 배수와 개수를 출력한다. 그리고 마지막으로
           전체 개수를 출력한다.
입     력 : 없음
출     력 : 개수
작  성  자 : 김석현
```

```
작성 일자 : 2007-12-28
*****************************************************************************/
package countmultiples;

public class Main {
    public static void main(String[] args) {
        // 상수 변수들 선언
        final int MAX = 100000;
        final int MULTIPLE = 7;
    }
}
```

다음은 지역 변수에 대해서 선언 및 정의를 합시다.

■ [JAVA 코드]

```
// Main.java
/*****************************************************************************
파 일  명 칭 : Main.java
메소드 명 칭 : main
기      능 : 1에서 100000까지 수들에서 개수를 세고, 7의 배수를
             구하고, 7의 배수와 개수를 출력한다. 그리고 마지막으로
             전체 개수를 출력한다.
입      력 : 없음
출      력 : 개수
작  성  자 : 김 석 현
작 성 일 자 : 2007-12-28
*****************************************************************************/
package countmultiples;

public class Main {
    public static void main(String[] args) {
        // 상수 변수들 선언
        final int MAX = 100000;
        final int MULTIPLE = 7;
        // 지역변수 선언문들
        int count = 0;
        int number = 0;
    }
}
```

08»> 코드 주석달기

다음은 모듈 기술서에 정리된 처리 과정으로 코드에 대해 주석을 달도록 합시다.

처리 과정
1. 제목을 출력한다. 2. 수가 MAX보다 클 때까지 반복한다. 　2.2. 7의 배수를 구한다. 　2.1. 개수를 세다. 　2.3. 개수와 7의 배수를 출력한다. 3. 개수를 출력한다. 4. 끝내다.

// 로 시작되는 한 줄 주석을 사용하여 코드에 대해 설명을 달아서 이해를 쉽게 할 뿐만 아니라, 코드를 작성하는 데 있어 작업 지침으로 사용할 수 있습니다. 따라서 앞으로 코드를 바로 작성하지 말고, 먼저 처리 과정 수준으로 주석을 다는 습관을 들이도록 합시다.

[JAVA 코드]

```java
// Main.java
/*********************************************************************
파 일 명칭 : Main.java
메소드 명칭 : main
기    능 : 1에서 100000까지 수들에서 개수를 세고, 7의 배수를
           구하고, 7의 배수와 개수를 출력한다. 그리고 마지막으로
           전체 개수를 출력한다.
입    력 : 없음
출    력 : 개수
작 성 자 : 김석현
작성 일자 : 2007-12-28
*********************************************************************/
package countmultiples;

public class Main {
    public static void main(String[] args) {
        // 상수 변수들 선언
        final int MAX = 100000;
```

```
        final int MULTIPLE = 7;
        // 지역변수 선언문들
        int count = 0;
        int number = 0;

        // 1. 제목을 출력한다.
        // 2. 수가 MAX보다 클 때까지 반복한다.
             // 2.2. 7의 배수를 구한다.
             // 2.1. 개수를 세다.
             // 2.3. 개수와 7의 배수를 출력한다.
        // 3. 개수를 출력한다.
        // 4. 끝내다.
    }
}
```

09»» 출력기호 구현하기

주석으로 달린 처리 과정에서 "1. 제목을 출력한다."에 대해, 즉 제목을 출력하는 출력기호에 대해 JAVA로 구현해 봅시다.

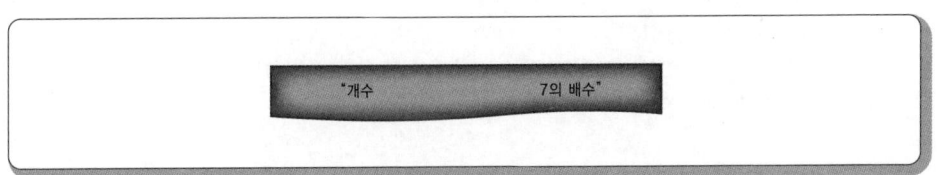

컴퓨터 시스템마다 키보드 입력과 모니터 출력에 대해 기본적인 처리를 할 수 있는 기능을 제공합니다. 이러한 기능을 표준 입출력(Standard Input Output) 기능이라고 합니다.

JAVA에서는 System 클래스에 선언 및 정의되어 있는 PrintStream 객체 out을 이용해야 합니다. C 언어에서 사용했던 printf 함수와 같은 기능과 명칭을 갖는 메소드도 제공하지만, 한 줄마다 출력할 수 있는 println 메소드도 제공합니다. JAVA에서 연산 호출을 메시지(Message)라고 합니다. 단순히 연산명칭만을 적어 호출하는 표현을 하는 것이 아닙니다. 객체(인스턴스)명칭.연산명칭 형식으로 표현되어야 합니다. 따라서 문자열을 출력하는 메시지는 다음과 같이 작성되어야 합니다.

- [JAVA 코드]

```java
System.out.printf("개수\t\t\t7의 배수\n");
System.out.println("개수\t\t\t7의 배수");
```

똑같은 결과를 모니터에 출력하게 됩니다. 여기서는 단순히 문자열만을 출력하고, 줄 바꿈만 하면 됩니다. 이러한 경우는 println 메소드를 사용하는 것이 효율적일 것입니다.

- [JAVA 코드]

```java
// Main.java
/***************************************************************************
파일 명칭 : Main.java
메소드 명칭 : main
기     능 : 1에서 100000까지 수들에서 개수를 세고, 7의 배수를
           구하고, 7의 배수와 개수를 출력한다. 그리고 마지막으로
           전체 개수를 출력한다.
입     력 : 없음
출     력 : 개수
작 성 자 : 김석현
작성 일자 : 2007-12-28
***************************************************************************/
package countmultiples;

public class Main {
    public static void main(String[] args) {
            // 상수 변수들 선언
            final int MAX = 100000;
            final int MULTIPLE = 7;
            // 지역변수 선언문들
            int count = 0;
            int number = 0;

            // 1. 제목을 출력한다.
            System.out.println("개수\t\t\t7의 배수");
            // 2. 수가 MAX보다 클 때까지 반복한다.
                // 2.2. 7의 배수를 구한다.
                // 2.1. 개수를 세다.
                // 2.3. 개수와 7의 배수를 출력한다.
            // 3. 개수를 출력한다.
```

```
            // 4. 끝내다.
       }
   }
```

JAVA에서 문자열 상수, 정확히 이야기하면 문자열 리터럴은 끝 따옴표로 싸여야 합니다.

10»» 비교 및 판단기호 구현하기

다음은 주석으로 달린 처리 과정에서 "2. 수가 MAX보다 클 때까지 반복한다."에 대해 JAVA로 구현해 봅시다.

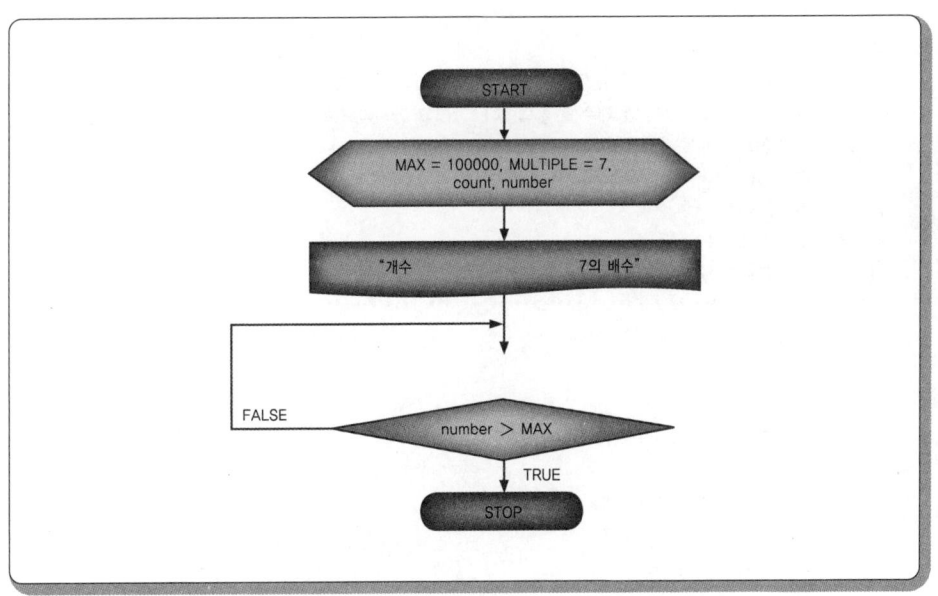

후 검사 반복구조입니다. 따라서 JAVA에서 제공하는지 알아보아야 합니다. JAVA에게서도 until의 후 검사 반복구조를 제공하지 않습니다. 대신 후 검사 반복구조에서처럼 반복해서 처리해야 하는 내용을 한번만은 무조건 처리할 수 있도록 조건식이 뒤에 두는 do ~ while 반복문장은 제공합니다. do를 적고, 복문으로 처리해야 하므로 블록을 설정해야 합니다. 중괄호를 여닫아야 합니다. 함께 처리해야 하는 문장이 2개 이상인 경우, 복문이라고 하고, 반드시 복문을 나타내는 구조가 필요합니다. JAVA에서는 블록이라는 개념으로 중괄호({})로 표현하고 있습니다.

그리고 닫는 중괄호 뒤에 키워드 while을 적고 소괄호를 여닫아야 합니다. JAVA에서도 조건식은 반드시 소괄호로 싸야 합니다. 소괄호에 조건식을 적으면 되는데, while 반복문장은 선 검사 반복구조이기 때문에 참인 동안 반복하고, 거짓이면 탈출해야 합니다. 따라서 조건식이 순서도에서 작성된 조건식 number > MAX에 대해 반대로 만들어야 합니다. 따라서 number <= MAX이어야 합니다. 그리고 줄의 마지막에 세미콜론을 반드시 적어야 합니다.

■ [JAVA 코드]

```java
// Main.java
/*****************************************************************
파 일 명 칭 : Main.java
메 소 드 명 칭 : main
기       능 : 1에서 100000까지 수들에서 개수를 세고, 7의 배수를
              구하고, 7의 배수와 개수를 출력한다. 그리고 마지막으로
              전체 개수를 출력한다.
입       력 : 없음
출       력 : 개수
작 성 자 : 김석현
작 성 일 자 : 2007-12-28
*****************************************************************/
package countmultiples;

public class Main {
    public static void main(String[] args) {
        // 상수 변수들 선언
        final int MAX = 100000;
        final int MULTIPLE = 7;
        // 지역변수 선언문들
        int count = 0;
        int number = 0;
        
        // 1. 제목을 출력한다.
        System.out.println("개수\t\t7의 배수");
        // 2. 수가 MAX보다 클 때까지 반복한다.
        do {
            // 2.2. 7의 배수를 구한다.
            // 2.1. 개수를 세다.
            // 2.3. 개수와 7의 배수를 출력한다.
        } while (number <= MAX) ;
```

```
            // 3. 개수를 출력한다.
            // 4. 끝낸다.
        }
    }
```

11»> 처리기호 구현하기

다음은 반복해서 처리해야 하는 내용에 대해서 JAVA로 구현해 봅시다. 주석으로 달린 처리 과정에서 "2.2. 7의 배수를 구한다."에 대해 JAVA로 구현해 봅시다.

```
number = number + MULTIPLE
```

산술식과 치환식으로 구성되는 수식문(Expression Statement)입니다. 따라서 수식을 그대로 옮겨 적고, 줄의 마지막에 세미콜론을 찍으면 됩니다.

그렇지만 특정 프로그래밍 언어답게 코드를 작성하기 위해서는 언어에서 제공하는 기능들을 충분히 활용하는 것입니다. JAVA에도 다양한 누적 관련 연산자를 제공합니다. 따라서 += 누적 연산자를 사용하면 number += MULTIPLE; 같이 코드를 작성할 수 있습니다. 반복해서 처리하는 내용이기 때문에 do ~ while 반복블록에 적혀야 합니다.

```
[JAVA 코드]
// Main.java
/*********************************************************************
파일 명칭 : Main.java
메소드 명칭 : main
기        능 : 1에서 100000까지 수들에서 개수를 세고, 7의 배수를
               구하고, 7의 배수와 개수를 출력한다. 그리고 마지막으로
               전체 개수를 출력한다.
입        력 : 없음
```

```
출     력 : 개수
작 성  자 : 김석현
작 성 일자 : 2007-12-28
********************************************************************************/
package countmultiples;

public class Main {
    public static void main(String[] args) {
        // 상수 변수들 선언
        final int MAX = 100000;
        final int MULTIPLE = 7;
        // 지역변수 선언문들
        int count = 0;
        int number = 0;

        // 1. 제목을 출력한다.
        System.out.println("개수\t\t\t7의 배수");
        // 2. 수가 MAX보다 클 때까지 반복한다.
        do {
            // 2.2. 7의 배수를 구한다.
            number += MULTIPLE; // number = number + MULTIPLE;
            // 2.1. 개수를 세다.
            // 2.3. 개수와 7의 배수를 출력한다.
        } while (number <= MAX) ;
        // 3. 개수를 출력한다.
        // 4. 끝내다.
    }
}
```

12››› 처리기호 구현하기

주석으로 처리된 처리 과정에서 "2.1. 개수를 센다."에 대해 JAVA로 구현해 봅시다.

```
count = count + 1
```

산술식과 치환식으로 표현된 수식을 갖는 처리기호입니다. 따라서 JAVA에서는 수식문장으로 옮겨지면 됩니다. 따라서 다음과 같이 수식을 그대로 옮겨 적고, 끝에 세미콜론을 찍으면 됩니다.

■ [JAVA 코드]

```
count = count + 1;
```

JAVA에서는 += 누적 관련 연산자와 1씩 증가시키는 ++ 증가 연산자를 제공합니다. 다음과 같은 코드들 또한 모두 합당합니다.

■ [JAVA 코드]

```
count += 1;
count++;
```

++ 증가 연산자를 사용하는 때도 ++count처럼 코드를 작성할 수도 있습니다. 관습적으로 후위 수식으로 많이 표현합니다. 따라서 아래와 같이 코드를 작성하는 것이 일반적입니다.

■ [JAVA 코드]

```
// Main.java
/*****************************************************************
파 일 명 칭 : Main.java
메소드 명칭 : main
기      능 : 1에서 100000까지 수들에서 개수를 세고, 7의 배수를
             구하고, 7의 배수와 개수를 출력한다. 그리고 마지막으로
             전체 개수를 출력한다.
입      력 : 없음
출      력 : 개수
작 성 자 : 김석현
```

```
작성 일자 : 2007-12-28
*********************************************************************/
package countmultiples;

public class Main {
    public static void main(String[] args) {
        // 상수 변수들 선언
        final int MAX = 100000;
        final int MULTIPLE = 7;
        // 지역변수 선언문들
        int count = 0;
        int number = 0;

        // 1. 제목을 출력한다.
        System.out.println("개수\t\t7의 배수");
        // 2. 수가 MAX보다 클 때까지 반복한다.
        do {
            // 2.2. 7의 배수를 구한다.
            number += MULTIPLE; // number = number + MULTIPLE;
            // 2.1. 개수를 세다.
            count++; // count += 1; // count = count + 1;
            // 2.3. 개수와 7의 배수를 출력한다.
        } while (number <= MAX) ;
        // 3. 개수를 출력한다.
        // 4. 끝내다.
    }
}
```

13»» 출력기호 구현하기

다음은 처리 과정에서 "2.3. 개수와 7의 배수를 출력한다." 처리단계에 대해 JAVA로 구현해 봅시다.

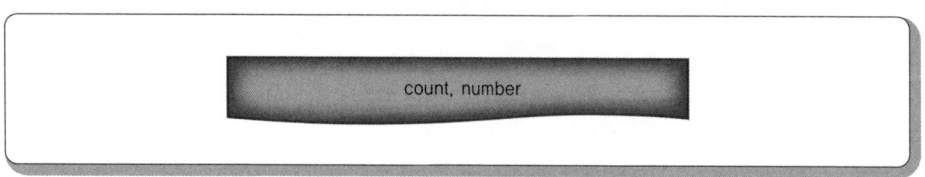

변수들 count와 number에 저장된 값도 같이 출력해야 하는 경우, 자료형 변환문자를 사용할 수 있는 printf 메소드를 사용하는 것이 효율적입니다. 두 개의 정수를 출력해야 하므로 % 기호를 두 개 적고, 정수형 변환을 나타내기 위해 d를 적습니다. 물론 탭 문자('\t')와 개행 문자('\n')를 포함하여 출력하는 개수와 배수 사이에 간격을 두고, 한 줄씩 출력하도록 출력 서식 문자열을 만들어 첫 번째 매개변수로 적습니다. 그리고 차례대로 쉼표로 구분하여 두 개의 변수를 적으면 됩니다.

■ [JAVA 코드]

```java
// Main.java
/***************************************************************
파 일 명 칭 : Main.java
메 소 드 명 칭 : main
기         능 : 1에서 100000까지 수들에서 개수를 세고, 7의 배수를
                구하고, 7의 배수와 개수를 출력한다. 그리고 마지막으로
                전체 개수를 출력한다.
입         력 : 없음
출         력 : 개수
작   성   자 : 김석현
작 성 일 자 : 2007-12-28
***************************************************************/
package countmultiples;

public class Main {
    public static void main(String[] args) {
        // 상수 변수들 선언
        final int MAX = 100000;
        final int MULTIPLE = 7;
        // 지역변수 선언문들
        int count = 0;
        int number = 0;

        // 1. 제목을 출력한다.
        System.out.println("개수\t\t\t7의 배수");
        // 2. 수가 MAX보다 클 때까지 반복한다.
        do {
            // 2.2. 7의 배수를 구한다.
            number += MULTIPLE; // number = number + MULTIPLE;
            // 2.1. 개수를 세다.
            count++; // count += 1; // count = count + 1;
```

```
            // 2.3. 개수와 7의 배수를 출력한다.
            System.out.printf("%d\t\t%d\n", count, number);
        } while (number <= MAX) ;
        // 3. 개수를 출력한다.
        // 4. 끝내다.
    }
}
```

14»> 처리기호 구현하기

다음은 반복문장을 끝내고, 센 개수에서 하나를 빼는 처리에 대해 JAVA로 구현해 봅시다.

```
count = count - 1
```

산술식과 치환식으로 구성된 수식을 갖는 처리기호에 대해 JAVA에서는 수식문장으로 바꾸면 된다는 것을 앞에서 계속해서 배웠습니다. 따라서 수식을 그대로 적고, 세미콜론을 적으면 됩니다. 또한 -= 누적 연산자와 1씩 감소시키는 -- 연산자를 이용하여 다음과 같이 코드들을 작성할 수 있습니다.

■ [JAVA 코드]
```
count = count - 1;
count -= 1;
--count;
count--;
```

JAVA에서 많이 사용되는 코드는 count--;입니다.

[JAVA 코드]

```java
// Main.java
/*******************************************************************************
파 일 명 칭 : Main.java
메소드 명칭 : main
기     능 : 1에서 100000까지 수들에서 개수를 세고, 7의 배수를
            구하고, 7의 배수와 개수를 출력한다. 그리고 마지막으로
            전체 개수를 출력한다.
입     력 : 없음
출     력 : 개수
작 성 자 : 김 석 현
작 성 일 자 : 2007-12-28
*******************************************************************************/
package countmultiples;

public class Main {
    public static void main(String[] args) {
        // 상수 변수들 선언
        final int MAX = 100000;
        final int MULTIPLE = 7;
        // 지역변수 선언문들
        int count = 0;
        int number = 0;

        // 1. 제목을 출력한다.
        System.out.println("개수\t\t\t7의 배수");
        // 2. 수가 MAX보다 클 때까지 반복한다.
        do {
            // 2.2. 7의 배수를 구한다.
            number += MULTIPLE; // number = number + MULTIPLE;
            // 2.1. 개수를 세다.
            count++; // count += 1; // count = count + 1;
            // 2.3. 개수와 7의 배수를 출력한다.
            System.out.printf("%d\t\t\t%d\n", count, number);
        } while (number <= MAX) ;
        count--; // count -= 1; // count = count - 1;
        // 3. 개수를 출력한다.
        // 4. 끝내다.
    }
}
```

15»» 출력기호 구현하기

주석으로 달린 처리 과정에서 "3. 개수를 출력한다." 처리단계에 대해서 JAVA로 구현해 봅시다.

개수와 7의 배수를 출력하는 코드를 작성하듯이 printf 메소드를 이용하여 출력 서식 문자열을 사용하여 쉽게 출력할 수 있을 것입니다. 그렇지만 여기서는 문자열 결합 연산자 +을 사용하여 더욱더 쉽게 출력해 봅시다. 문자열 다음에 +을 적고, JAVA 언어가 제공하는 원시 자료형인 데이터를 상수, 변수 그리고 수식으로 표현하더라도 문자열로 취급되어 결합한 긴 문자열을 구할 수 있습니다. 따라서 count에 1이 저장되어 있다면 "7의 배수 개수 1" 문자열이 만들어지고, System.out 객체에 의해서 모니터에 출력됩니다.

```
[JAVA 코드]
// Main.java
/***************************************************************
파 일  명 칭 : Main.java
메소드 명 칭 : main
기       능 : 1에서 100000까지 수들에서 개수를 세고, 7의 배수를
              구하고, 7의 배수와 개수를 출력한다. 그리고 마지막으로
              전체 개수를 출력한다.
입       력 : 없음
출       력 : 개수
작 성  자 : 김석현
작 성 일자 : 2007-12-28
***************************************************************/
package countmultiples;

public class Main {
    public static void main(String[] args) {
        // 상수 변수들 선언
        final int MAX = 100000;
```

```java
            final int MULTIPLE = 7;
            // 지역변수 선언문들
            int count = 0;
            int number = 0;

            // 1. 제목을 출력한다.
            System.out.println("개수\t\t7의 배수");
            // 2. 수가 MAX보다 클 때까지 반복한다.
            do {
                    // 2.2. 7의 배수를 구한다.
                    number += MULTIPLE;
                    // 2.1. 개수를 센다.
                    count++;
                    // 2.3. 개수와 7의 배수를 출력한다.
                    System.out.printf("%d\t\t%d\n", count, number);
            } while (number <= MAX) ;
            count--;
            // 3. 개수를 출력한다.
            System.out.println("7의 배수 개수" + count);
            // 4. 끝내다.
    }
}
```

주석으로 적힌 처리 과정에서 "4. 끝내다."라는 처리단계에 대해 JAVA로 구현해 봅시다. main 메소드 블록의 끝을 나타내는 닫는 중괄호에 의해서 처리되게 됩니다. 계속되는 닫는 중괄호에 의해서 프로그램이 끝나게 됩니다.

컴파일 · 적재

이렇게 작성된 JAVA 코드는 원시 코드 파일 Main.java에 저장되어야 합니다. 그리고 javac Main.java 명령 행으로 컴파일이 되어야 합니다. 그러면 적재 단위인 Main.class 파일이 생성됩니다. java Main 명령 행으로 Main 클래스를 주기억장치에 적재하게 되면 프로그램이 실행되어 결과를 화면에 출력하게 됩니다.

>>> **알림**

단지 프로그래밍 언어는 프로그램을 만드는 데 있어 도구일 뿐이라는 것을 명심하도록 합시다. 프로그래밍 언어를 다른 것으로 한다고 해도, 처리 과정이나 순서도가 바뀌지 않고, 심지어 프로그래밍 언어의 기능도 유사하다는 것을 알 수 있을 것입니다.

따라서 여러분이 더욱더 집중해서 해야 하는 것은 특정 프로그래밍 언어의 기능과 라이브러리 사용법에 집중하는 것이 아니라 문제 해결책인 제어논리를 만드는 것이라는 것을 명심해야 합니다.

순서도와 나씨-슈나이더만 다이어그램

제어구조를 표준화시키기 위해서는 순서도 보다는 나씨-슈나이더만 다이어그램이 더 효율적이다는 것은 1장에서 설명했습니다. 따라서 이 책의 각각의 장에서는 순서도를 나씨-슈나이더만 다이어그램을 바꾸는 단락을 추가해서 표준화된 제어구조를 잘 이해하도록 합시다.

단말기호는 적당한 크기의 순차구조 기호로 작도하고, 각각 start, stop을 적으면 됩니다. 따라서 START 단말기호에 대해 가장 위쪽에 순차구조 기호를 작도하고, start를 적으면 됩니다. 그리고 STOP 단말기호에 대해 가장 아래쪽에 순차구조 기호를 작도하고 stop을 적어야 합니다.

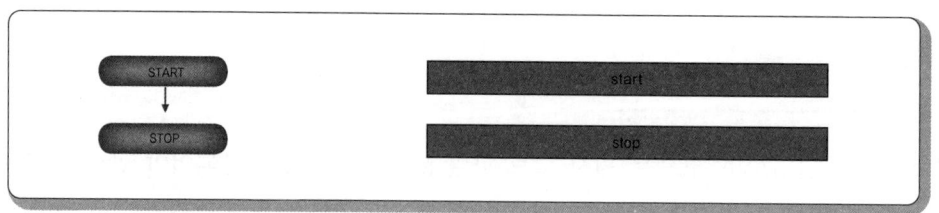

준비기호는 순차구조 기호를 작도하고, 준비기호에 적힌 내용을 그대로 옮겨 적습니다. start 순차구조 기호 크기로 바로 밑에 반드시 작도되어야 합니다.

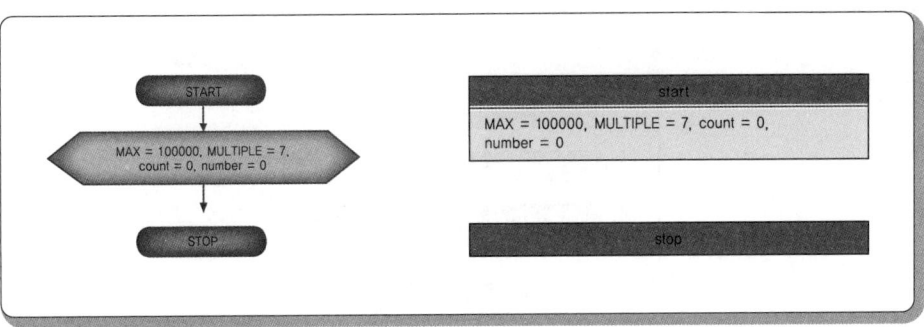

출력기호는 순차구조 기호를 작도하고, print를 적습니다. 그리고 한 칸 띄우고 출력기호에 적힌 내용을 그대로 옮겨 적습니다. 변수 선언 순차구조 기호 밑에 순차구조 기호를 작도합니다. 출력할 문자열 상수는 큰따옴표로 싸서 적어야 합니다.

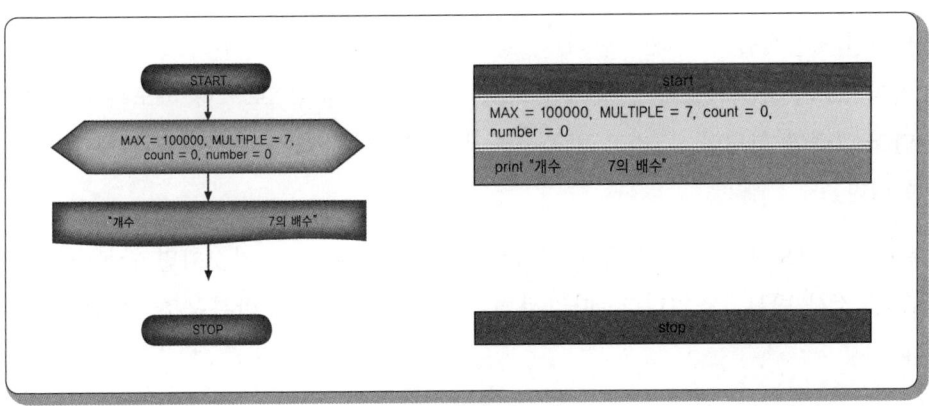

순서도를 보면, 다음은 "어떻게 작도해야 할까?"하고 고민을 할 것입니다. 순서도에서 반복구조와 선택구조에 대한 작도법이 명확하게 규정되지 않습니다. 따라서 흐름선을 따라가면서 어떠한 제어구조인지를 결정해야 합니다.

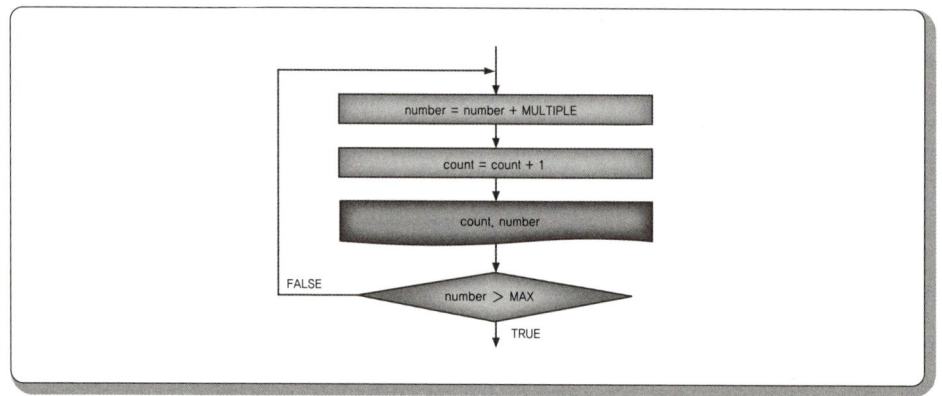

흐름선을 보면 왼쪽에 위쪽으로 향하는 흐름선이 있고, 몇 개의 처리기호와 출력기호 뒤에 비교 및 판단기호가 있기 때문에 반복구조를 그려야 하는데 쉽게 결정하기 어려울 것입니다. 여기서는 몇 개의 처리기호와 출력기호가 먼저 한 번 실행되고 난 후, 비교 및 판단기호에 적힌 조건식을 평가해야 합니다. 평가한 결과가 거짓이면 위쪽으로 향하여 다시 몇 개의 처리기호와 출력기호를 실행해야 하고, 참이면 아래쪽으로 이동하도록 하는 반복구조를 먼저 그려야 합니다. 그리고 반복구조에서 처리해야 하는 순차구조를 차례대로 작도해야 합니다.

반복구조를 작도해야 하지만, 논리가 참이면 반복을 끝내고, 거짓이면 반복을 계속해야 하므로 후 검사 반복구조입니다. 따라서 ㄴ 자형으로 후 검사 반복구조 기호를 작도해야 합니다.

그리고 until을 적고 소괄호를 여닫아야 합니다. 나씨-슈나이더만 다이어그램에서 조건식은 반드시 소괄호를 싸야 합니다. 소괄호 안에 비교 및 판단기호에 적힌 관계식을 그대로 옮겨 적습니다.

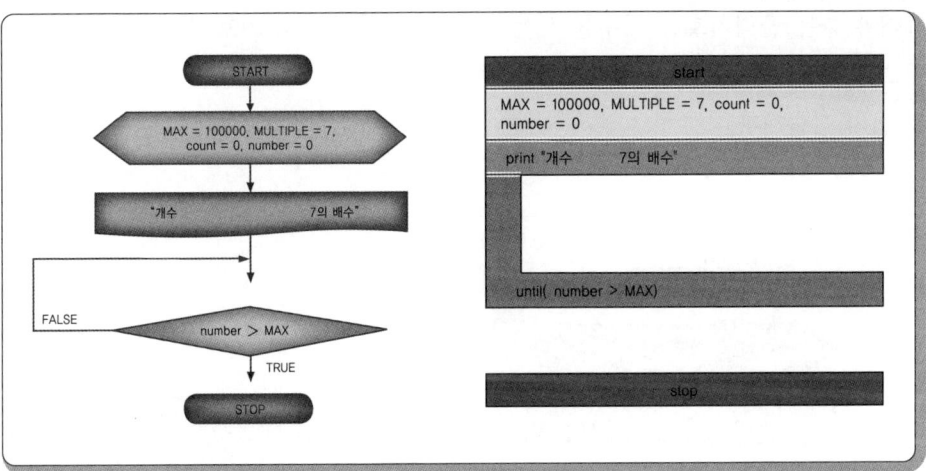

다음은 반복해야 하는 처리기호와 출력기호를 후 검사 반복구조의 열린 쪽 영역의 크기에 맞게끔 순차구조 기호를 작도하고 내용을 그대로 옮겨 적으면 됩니다.

7의 배수를 구하는 처리기호와 개수를 세는 처리기호는 후 검사 반복구조의 열린 쪽 영역의 크기에 맞게 순차구조 기호를 위쪽에서 아래쪽으로 두 개를 작도합니다. 그리고 각각 처리기호에 적힌 수식을 그대로 옮겨 적습니다.

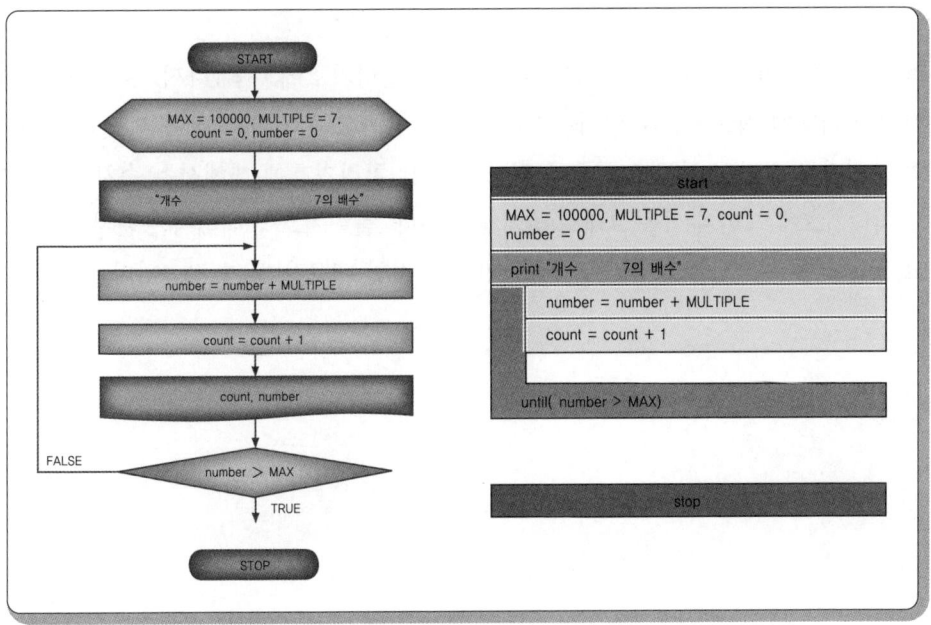

반복해야 하는 출력기호는 개수를 세는 식이 적힌 순차구조 기호의 크기 만큼 아래쪽에 순차구조 기호를 작도합니다. 그리고 print를 적고, 한 칸 띄우고 출력기호에 적힌 내용을 그대로 옮겨 적습니다.

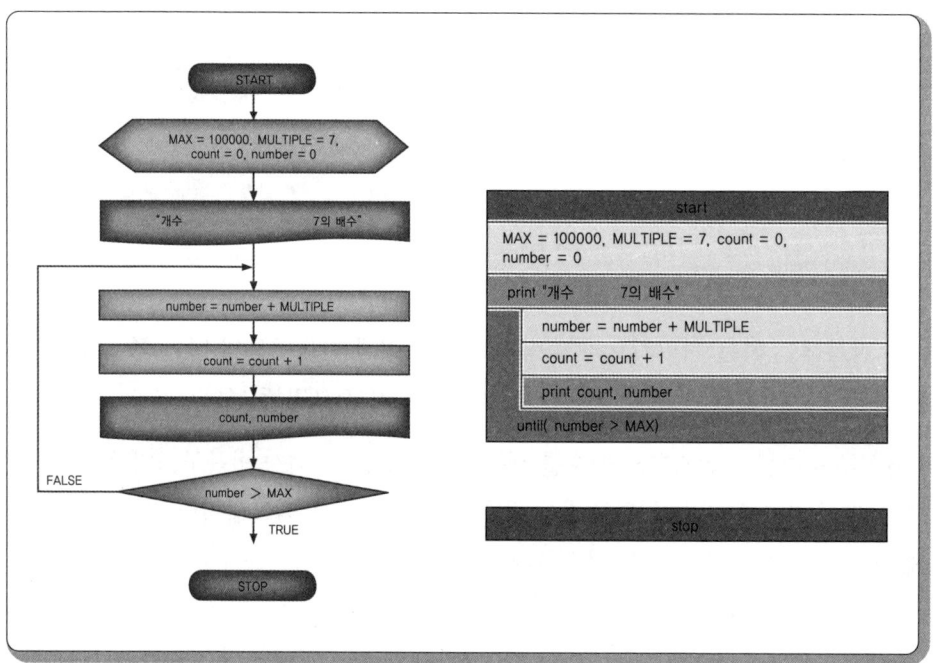

다음은 반복을 끝내고 처리해야 하는 처리기호와 출력기호에 대해 나씨-슈나이더만 다이어그램에서 어떻게 작도하는지 알아봅시다. 후 검사 반복구조 기호 밑에 후 검사 반복구조 기호의 크기만큼 각각 순차구조 기호를 작도합니다. 처리기호에 대해서는 순차구조 기호를 그리고 처리기호에 적힌 수식을 그대로 옮겨 적습니다. 출력기호에 대해서는 순차구조 기호를 그리고, print를 적고, 한 칸 띄우고, 출력기호에 적힌 내용을 옮겨 적습니다.

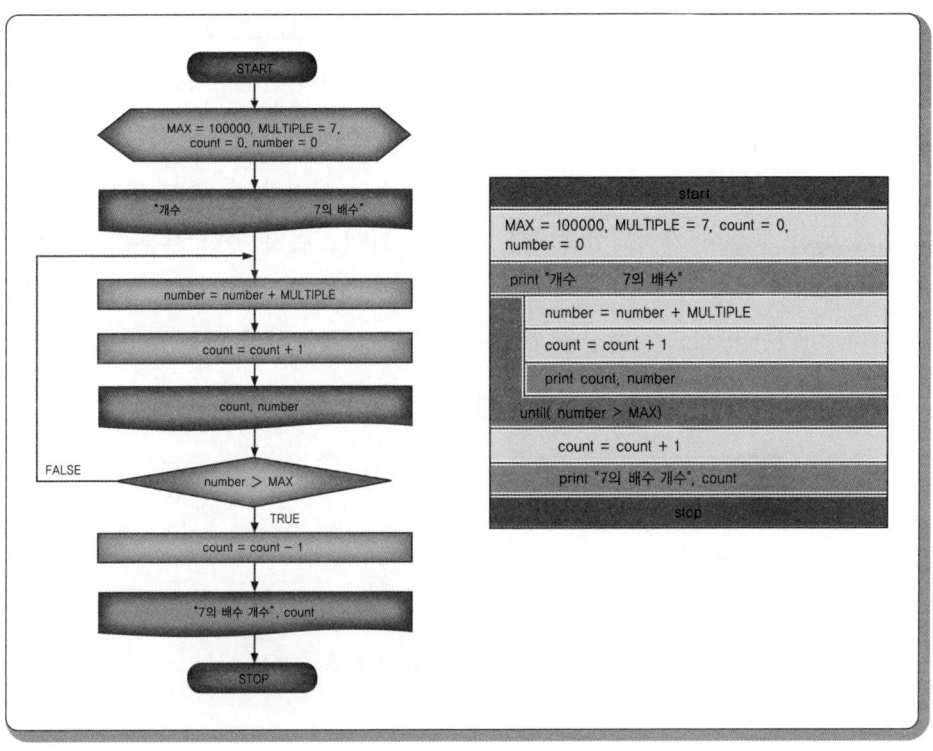

이렇게 해서 순서도를 나씨-슈나이더만 다이어그램으로 옮기는 작업을 마무리합니다. 비교해 보면 나씨-슈나이더만 다이어그램을 보면 명확하게 제어구조를 알 수 있습니다.

 정리

이번 장에서는 제어논리를 하나 작성하는 데 있어 체계적인 절차에 따라 진행해야 한다는 것을 숙지해야 합니다.

개략적으로 정리하면, 문제를 이해하고, 문제에서 처리해야 하는 데이터와 데이터를 구하는 연산에 대해서 정리합니다. 다음은 앞에서 정리된 데이터가 컴퓨터에서 어떻게 처리되어야 하는지를 순서도로 작도합니다. 이렇게 정리된 순서도를 정확하게 실행되는지를 검토합니다. 검토에서 정확하게 실행되지 않으면 논리오류가 발생한 것입니다. 따라서 논리오류를 찾아서 정확하게 실행되도록 고쳐야 합니다. 검토로 정확하게 실행됨이 확인되면, 특정 프로그래밍 언어를 이용하여 코드를 작성하고, 컴파일, 링크 그리고 적재하여 실행시켜서 결과를 확인합니다. 이러한 일련의 작업으로 하나의 제어논리가 완성된다는 것입니다.

그렇지만 주어진 문제에 대해 하나의 제어논리만 있는 것이 아닙니다. 이번 장에서 우리가 작성한 제어논리는 사용자가 원하는 결과를 구할 수는 있지만 후 검사 반복구조 때문에 자연스럽지 못한 부분이 지적되었습니다. 이러한 자연스럽지 못한 부분을 다시 문제로 여기고, 이에 대한 해결 방안을 모색하면, 다른 자연스럽고, 합리적인 제어논리가 작성되어 집니다. 이러한 방식으로 혁신을 거쳐 무에서 유를 창조하게 되는 것입니다.

계속되는 4장, 5장에서 이러한 부분들에 대해 공부해 보도록 하겠습니다.

Chapter 04

선 검사 반복구조, 먹기 전에 밥값부터 확인하면 어떨까?

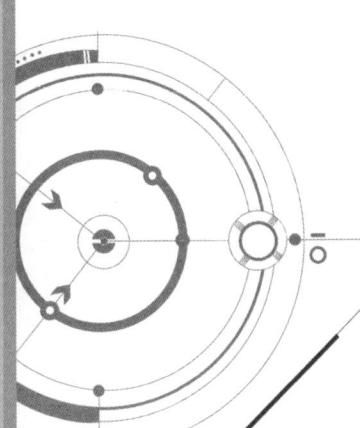

C PROGRAMMING
JAVA PROGRAMMING

04 :: 선 검사 반복구조, 먹기 전에 밥값부터 확인하면 어떨까?

> **풀어보세요** 100000까지 7, 14, 21, 순으로 배수를 만들면서 7의 배수의 개수를 세는 방식으로 선 검사 반복구조(진입조건 반복구조)로 제어논리를 작성하십시오.

3장에서 후 검사 반복구조로 작성된 제어논리를 다시 검토해 보면, 반복구조를 탈출한 후에 결과를 변경해야 하는 자연스럽지 못한 제어논리라는 것을 알 수 있습니다. 반복할 때 구해져야 하는 값이 반복 후에 고쳐진다는 것이 자연스럽지 못한 것 같습니다. 억지로 값을 구하기 위한 꼼수입니다.

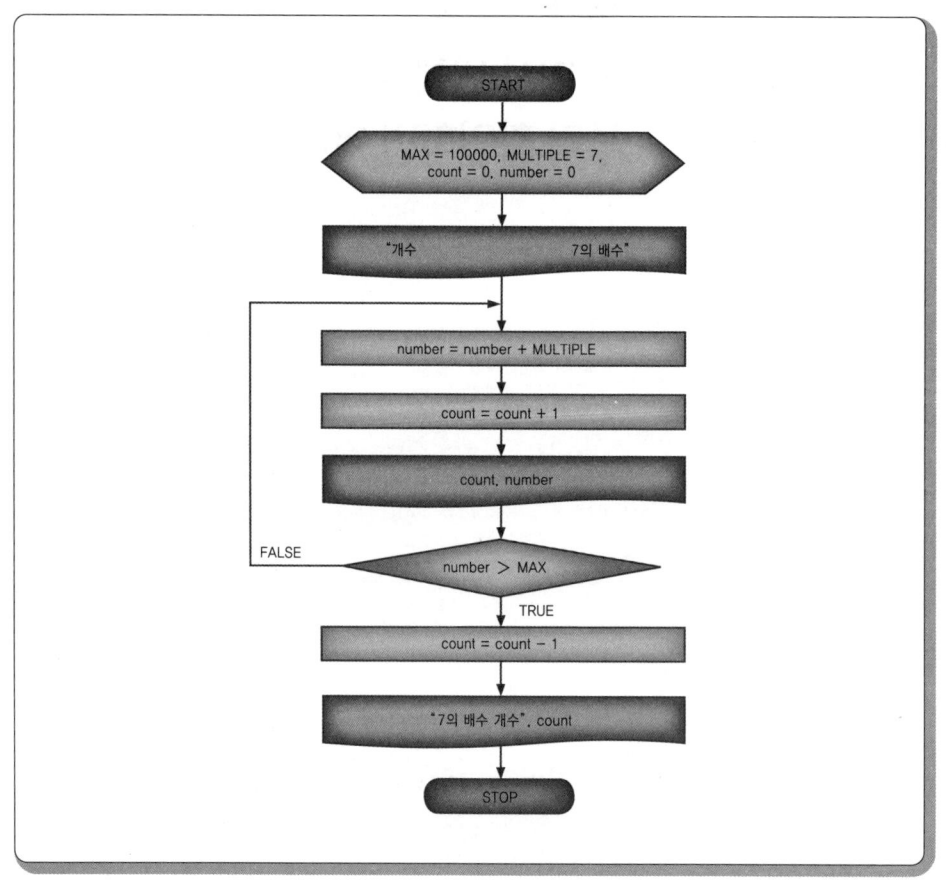

즉, 반복구조를 탈출한 후 바로 실행되는 처리기호를 말합니다. "2.1. 개수를 세다." 처리단계는 반복해서 처리돼야 하나, 앞에 제시된 순서도와 코드에 의하면, 반복이 끝나고 나서도 실행되고 있습니다. 또한, 개수를 세는 방법이 반복구조에서는 증가하도록 하나 반복을 탈출한 경우는 감소하도록 하는 모순이 존재한다는 것입니다.

이와 같은 문제가 발생한 이유는 바로 반복해서 처리해야 하는 내용을 무조건 한번은 수행해야 하기 때문입니다. 이것으로 제어논리를 작성하는 데 있어 부담이 생겼기 때문에 편법으로 출력에 맞게 제어논리를 표현했기 때문입니다. 이처럼 후 검사 반복구조는 한번은 무조건 수행해야 하는 문제 때문에 제어논리를 작성하는 데 있어 부담을 주게 되므로 앞으로는 후 검사 반복구조를 될 수 있으면 사용하지 않도록 합시다.

[C 코드]

```c
/*******************************************************************************
파일 명칭 : CountMultiples.c
함수 명칭 : main
기     능 : 1에서 100000까지 수들에서 7의 배수를 적고, 개수를 세고, 그때 7의 배수와 개수를
           출력한다. 그리고 마지막으로 전체 개수를 출력한다.
입     력 : 없음
출     력 : 개수
작 성 자 : 김석현
작성 일자 : 2007-12-28
*******************************************************************************/
// 외부 파일 포함 기능
#include <stdio.h>

// 매크로들
#define MAX         100000
#define MULTIPLE    7

// 함수 선언
int main( int argc, char* argv[] ); // 함수 원형

// 함수 정의
int main( int argc, char* argv[] ) {
    // 자동 변수들 선언 및 정의
    auto unsigned long int count = 0;
    auto unsigned long int number = 0;
    // 1. 제목을 출력한다.
```

```c
printf("개수\t\t\t7의 배수\n");
// 2. 수가 MAX보다 클 때까지 반복한다.
do {
    // 2.2. 7의 배수를 구한다.
    number += MULTIPLE; // number = number + MULTIPLE;
    // 2.1. 개수를 세다.
    count++; // count += 1; // count = count + 1;
    // 2.3. 개수와 7의 배수를 출력한다.
    printf("%d\t\t\t%d\n", count, number);
} while (number <= MAX);
count--; // count -= 1; // count = count - 1;
// 3. 개수를 출력한다.
printf("7의 배수 개수 %d",count);
// 4. 끝내다.

return 0;
}
```

또한, 후 검사 반복구조는 어떤 프로그래밍 언어들에서는 지원하지 않습니다. 3장에서 제시된 코드는 C 언어로 작성된 것과 JAVA 언어로 작성된 것인데, until을 사용하는 것이 아니라 while 키워드를 사용하고 있습니다. 따라서 조건식을 평가해서 참일 때 반복을 수행하기 때문에 반복해서 처리해야 하는 내용을 한번은 수행하게 되어 있으나, 정확히 말하면 후 검사 반복구조가 아니라 선 검사 반복구조의 변형이라고 할 수 있습니다. C 언어나 JAVA 언어에서는 until 키워드를 사용하는 후 검사 반복구조를 지원하지 않습니다.

이러한 점을 종합적으로 검토해 볼 때 후 검사 반복구조보다는 선 검사 반복구조가 더 합리적인 구조입니다.

다음은 선 검사 반복구조를 이용하여 문제를 다시 풀어봅시다. 3장처럼 7의 배수 나열 방식으로 문제를 해결하는 방식을 그대로 적용합니다. 따라서 문제를 이해하는 단계는 여러분이 직접 해 보도록 하십시오.

다른 점은 단지 반복구조에 대한 처리단계를 "2. 수가 MAX보다 작거나 같은 동안 반복한다."로 고쳐서 선 검사 반복구조로 다시 이 문제를 풀어 보도록 합시다.

그래서 후 검사 반복구조와의 차이점도 명확하게 이해하고, 선 검사 반복구조가 제어논리를 작성하는 데 효율적임을 확인해 보도록 합시다.

처리 과정

처리 과정에서 "2. 수가 MAX보다 클 때까지 반복한다."라는 처리단계를 "2. 수가 MAX보다 작거나 같은 동안 반복한다."로 바꾸도록 합시다. 참인 동안 반복하고, 거짓이면 반복을 끝내야 하므로 선 검사 반복구조로 처리 과정을 작성한 것입니다.

내부 설계(Internal Design) ---- 모듈 기술서					
명칭	한글		배수의 개수를 세다		
	영문		CountMultiples		
기능			1에서 100000까지 수들에서 7의 배수를 적고, 개수를 세고, 그때 7의 배수와 개수를 출력한다. 그리고 마지막으로 전체 개수를 출력한다.		
입·출력		입력	없음			
		출력	개수			
관련 모듈					
자료 명세서					
번호	명칭		자료유형	구분	비고
	한글	영문			
1	가장 큰 수	MAX	정수	상수	100000
2	공차	MULTIPLE	정수	상수	7
3	개수	count	정수	출력	
4	수	number	정수	처리	7의 배수
처리 과정					

1. 제목을 출력한다.
2. 수가 MAX보다 작거나 같은 동안 반복한다.
　2.1. 개수를 세다.
　2.2. 7의 배수를 구한다.
　2.3. 개수와 7의 배수를 출력한다.
3. 개수를 출력한다.
4. 끝낸다.

순서도

처리 과정에 기술된 대로 순서도를 작도해 보도록 합시다. "4. 끝내다." 와 "1. 제목을 출력한다." 처리단계까지는 3장에서 배운 대로 그대로 작도하면 됩니다. 따라서 따로 설명하지 않겠습니다.

☐ "4. 끝내다." 처리단계에 대해 순서도를 작도하세요.

☐ 자료명세서에 대해 순서도를 작도하세요.

☐ "1. 제목을 출력한다." 처리단계에 대해 순서도를 작도하세요.

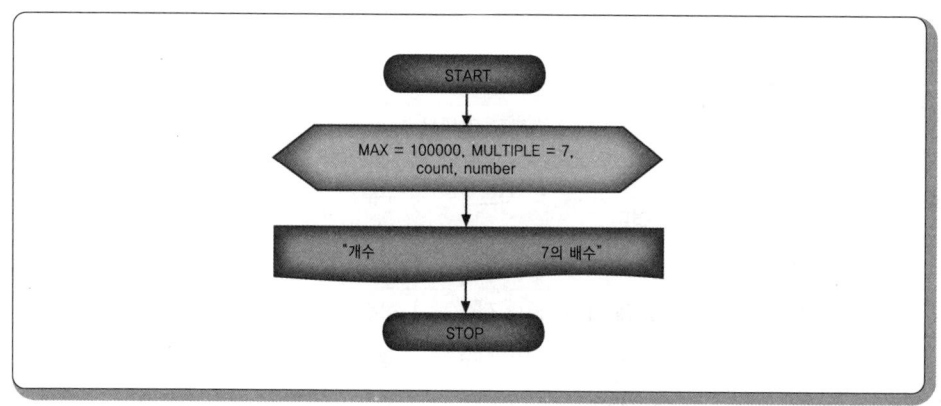

다음은 "2. 수가 MAX보다 작거나 같은 동안 반복한다." 처리단계에 대해 순서도에 작도해 봅시다. 처리단계에서 알 수 있듯이 참인 동안 반복하고, 거짓이면 반복을 탈출하는 구조, 즉 선 검사 반복구조가 되도록 작도해야 합니다. 그래서 반복해서 처리해야 하는 내용 앞에, 즉 제목을 출력하는 출력기호 바로 다음에 비교 및 판단기호를 작도하고, 비교 및 판단기호에 조건식을 적으면 됩니다. 반복구조이므로 반복제어변수를 결정하고, 반복제어변수를 가지고 조건식을 작성합니다. 따라서 반복제어변수는 처리단계 문장에서도 알 수 있듯이 수 number로 하고, number ≤ MAX 관계식을 비교 및 판단기호에 적습니다.

그리고 조건식을 평가해서 참이면, 계속해서 처리해야 하는 내용으로 향하도록, 아래쪽으로 제어 흐름을 결정하여 흐름선을 작도합니다. 거짓이면 반복을 탈출하도록, 오른쪽으로 제어 흐름을 결정하여 흐름선을 작도하여 끝 단말기호로 향하도록 합니다. 그래서 순서도에서 제어논리의 수행이 끝났음을 나타내도록 합니다. 그리고 왼쪽에 아래쪽에서 위쪽으로 흐름선을 작도하여 비교 및 판단기호 앞으로 향하도록 합니다.

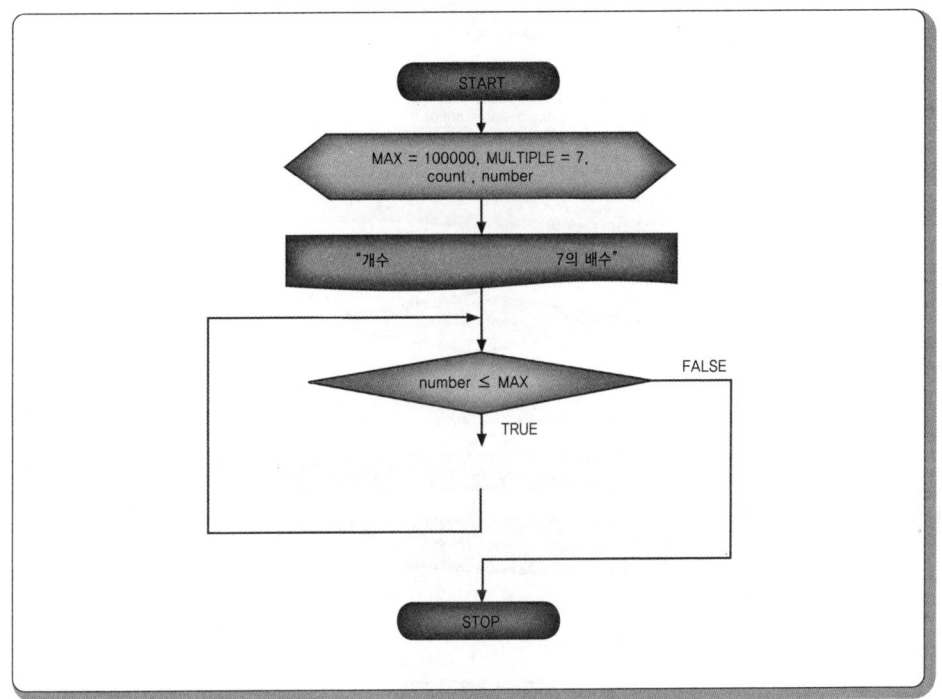

다음은 반복해야 하는 내용은 비교 및 판단기호와 왼쪽에 위쪽으로 향하는 흐름선 사이에 차례대로 작도해야 합니다. 복습으로 여러분이 직접 작도해 보세요. 작도하는 방법에 대해서는 자세히 설명하지 않겠습니다.

☐ "2.1. 개수를 세다." 처리단계에 대해 순서도를 작도하세요.

☐ "2.2. 7의 배수를 구한다." 처리단계에 대해 순서도를 작도하세요.

☐ "2.3. 개수와 7의 배수를 출력한다." 처리단계에 대해 순서도를 작도하세요.

"2.1. 개수를 세다.", "2.2. 7의 배수를 구한다." 그리고 "2.3. 개수와 7의 배수를 출력한다." 처리단계들에 대해 처리기호 두 개와 출력기호 한 개를 비교 및 판단기호에서 아래쪽으로 향하는 화살표 다음부터 아래쪽으로 차례대로 작도합니다. 그리고 각각의 기호에 수식을 적습니다. 그러면 다음과 같이 순서도가 작도되게 됩니다.

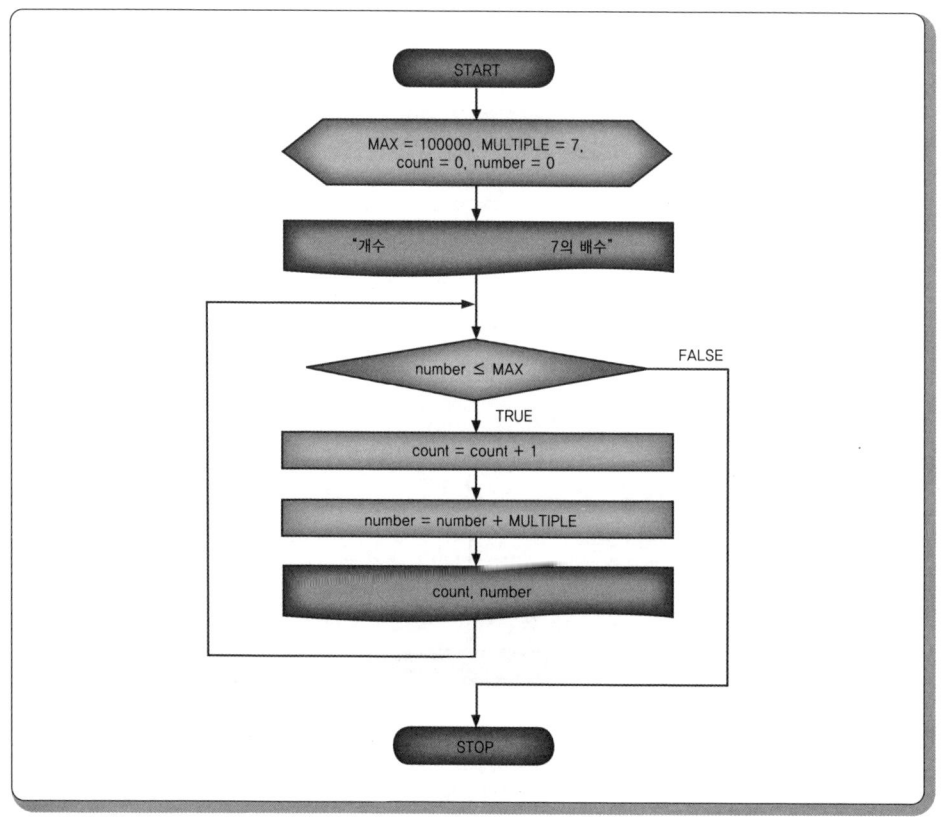

여기까지 작도하면 "2. 수가 MAX보다 작거나 같은 동안 반복한다." 처리단계와 하위 처리단계들이 순서도에 작도되어 선 검사 반복구조의 표현이 마무리된 것처럼 보입니다.

그렇지만 반복구조를 논리적으로 표현하는 데 있어 개념적으로 맞지 않는 부분이 있습니다. 개념적으로 맞지 않은 부분이 어디인지와 개념에 맞지 않도록 표현하면, 어떠한 문제가 있는지를 확인해 봅시다. 그래서 반복구조의 표준화에 대해 명확히 이해하도록 합시다.

고치기 전에 이런 개념적인 오류로 인하여 발생하는 논리 오류를 확인해 보도록 합시다. 논리 오류를 확인하기 위해서 검토해야 합니다. 검토하기 위해서 어떤 일을 해야 하는지 3장에서 공부했습니다. 복습하도록 합시다.

우선 검토표를 만들어야 합니다. 검토표는 3장에서 사용한 것을 그대로 사용하도록 합시다. 그리고 MAX의 범위를 조정해야 합니다. 우선 최악의 조건으로 MAX를 5로 조정해 보도록 합시다. 순서도를 보고, 초기값까지 정리하면 검토표는 다음과 같습니다.

명칭	초기	1	2	3	4	5
MAX	5					
MULTIPLE	7					
count	0					
number	0					

다음은 순서도를 보고 추적을 해 봅시다. 제목을 출력하고, 비교 및 판단기호에서 반복구조의 조건식을 평가해야 합니다. number에 저장된 값 0이 MAX 5보다 작아서 참으로 평가되어 아래쪽으로 이동하여 개수를 세는 처리기호를 실행하게 됩니다. count에 저장된 값 0을 읽어 레지스터에 복사하고, 1을 더하여 값을 구하여 다시 레지스터에 저장합니다. 그리고 치환식에 의해서 주기억장치에 할당된 기억장소 count에 1을 덮어쓰기를 하여 저장합니다. 그러면 검토표는 다음과 같이 정리됩니다.

명칭	초기	1	2	3	4	5
MAX	5					
MULTIPLE	7					
count	0	1				
number	0					

다음은 7의 배수를 구하는 처리기호를 실행하게 되어 개수를 셀 때와 똑같은 방식으로 number에다 7을 저장하게 됩니다.

명칭	초기	1	2	3	4	5
MAX	5					
MULTIPLE	7					
count	0	1				
number	0	7				

그리고 에코 출력하면 다음과 같이 출력됩니다.

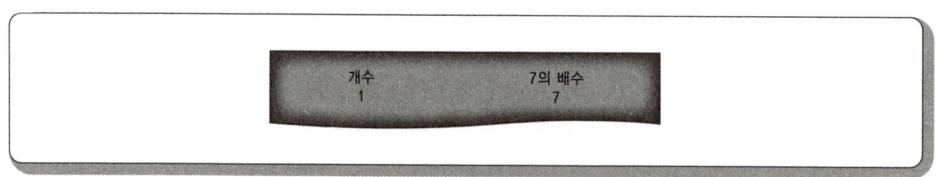

그리고 다시 왼쪽 화살표를 이용하여 제어 흐름을 위쪽으로 이동하여 비교 및 판단기호를 실행하게 됩니다. number에 저장된 값은 검토표에서 확인해 보면 7입니다. 7이 MAX 5보다 작지 않고, 같지도 않기 때문에, 즉 크기 때문에 거짓으로 평가돼서 오른쪽 화살표로 이동하여 반복을 탈출하게 됩니다. 왜냐하면, 선 검사 반복구조에서는 조건식이 참이면 계속하고, 거짓이면 탈출하기 때문입니다.

아직은 작도하지 않았지만, 전체 개수를 출력하는 출력기호도 작도되었다고 한다면, 전체 개수는 count에 저장된 값, 1이 출력되게 됩니다.

논리 오류가 발생했습니다. MAX 5보다 작은 7의 배수는 없기 때문입니다. 즉 0이 출력되어야 하는데 1이 출력되었기 때문에 논리 오류가 발생했다고 합니다. 논리 오류가 있어 틀린 제어논리입니다. 답이 제대로 나오도록 하려면 개수에서 1을 뺀 후에 출력해야 합니다. 이러한 제어논리는 무엇인지 어설픈 것처럼 보입니다. 이러한 현상은 근본적으로 문제를 변형시켜 왜곡함으로써 또는 개념적인 오류로 발생하는 문제입니다.

여기서 발생한 이유는 개념적인 오류로 발생한 것입니다. 반복구조를 표현하는 데 있어 개념적인 오류가 발생한 것입니다. 맞지 않는 부분에 대해 아마도 여러분도 어렴풋이 알고 있을 것입니다.

반복구조에서는 세 개의 식을 사용합니다. 반복제어변수의 초기식, 조건식 그리고 반복 제어변수의 변경식입니다. 다음은 반복구조를 표현할 때 세 개의 식들이 나열되는 순서가 있는데, 위에서 열거한 순서대로 초기식, 조건식 그리고 변경식입니다. 그래서 변경식은 반드시 반복해서 처리하는 내용에서 마지막 처리단계로 표현돼야 합니다. 이러한 개념적인 부분을 정리하고 다시 아래에 제시된 순서도를 검토해 보시면, 어떤 부분이 잘못된 것인지를 확인하실 수 있을 것입니다.

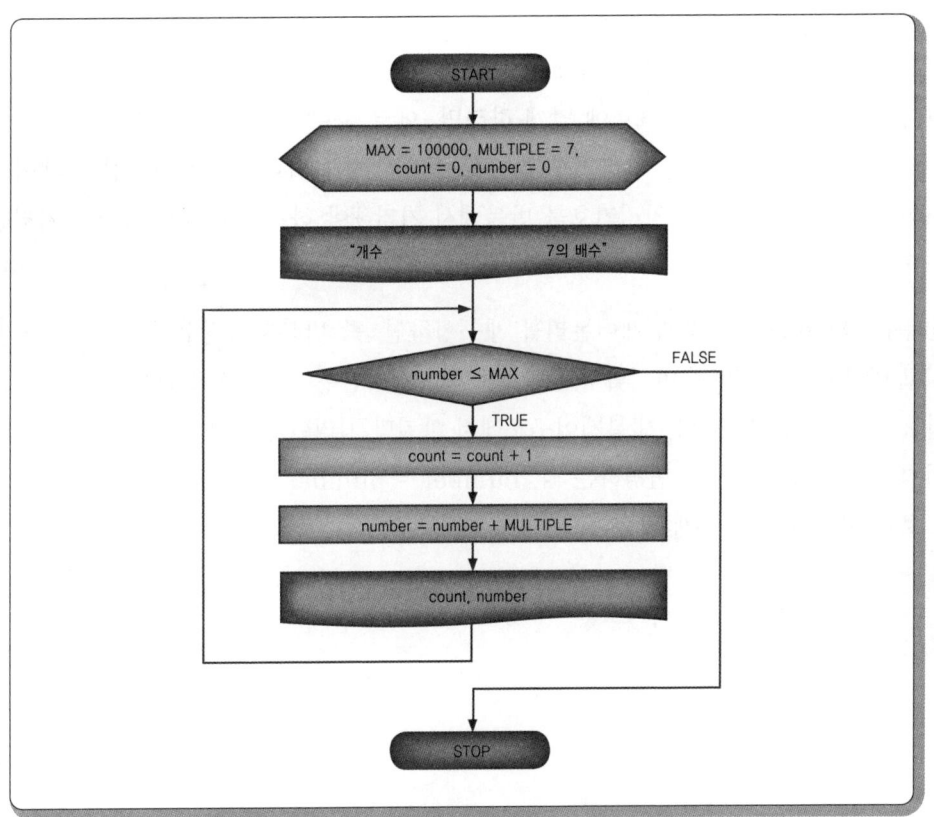

여기에서는 반복제어변수가 number입니다. number에 대한 초기식은 이미 준비기호에 표현돼 있습니다. 비교 및 판단기호에서 반복제어변수 number를 사용한 관계식이 조건식으로 표현돼 있습니다. 그리고 반복제어변수 number에 대한 변경식은 number = number + MULTIPLE 식이 적힌 처리기호로 표현되어 있습니다. 따라서 반복구조에서 사용해야 하는 3개의 식은 모두 표현되어 있습니다. 그러나 문제는 반복제어변수 number에 대한 변경식의 위치가 문제가 되는 것입니다. 반복제어변수의 변경식은 반드시 반복해서 처리해야 하는 내용에서 마지막 처리단계로 표현되어야 합니다. 그런데 여기에서는 마지막 처리단계로 표현돼 있지 않습니다. 에코 출력을 하는 출력기호보다 앞에 존재하고 있어, 에코 출력기호가 반복해서 처리해야 하는 내용에서 마지막 단계로 표현된 것입니다. 반복구조의 개념적 표현에 맞게 하려면, 에코 출력기호를 반복제어변수 number에 저장되는 값을 변경하는 처리기호 앞으로 이동하여야 합니다. 그러면 반복 제어변수 number의 값을 변경하는 처리기호를 반복해서 처리해야 하는 내용에서 마지막 처리단계로 작도되게 됩니다.

반복구조의 표준화에 맞게 제어논리를 재구성하면, 즉 반복제어변수의 초기식, 조건식, 그리고 반복제어구조의 맨 마지막 처리단계로 반복제어변수의 변경식으로 나열한다면, 오른쪽과 같이 작도될 것입니다. 반복제어구조에서 마지막 처리단계로 출력기호가 아니라 반복제어변수 number의 값을 변경하는 식, number = number + MULTIPLE이 적힌 처리기호로 순서를 바꾸어 놓게 됩니다.

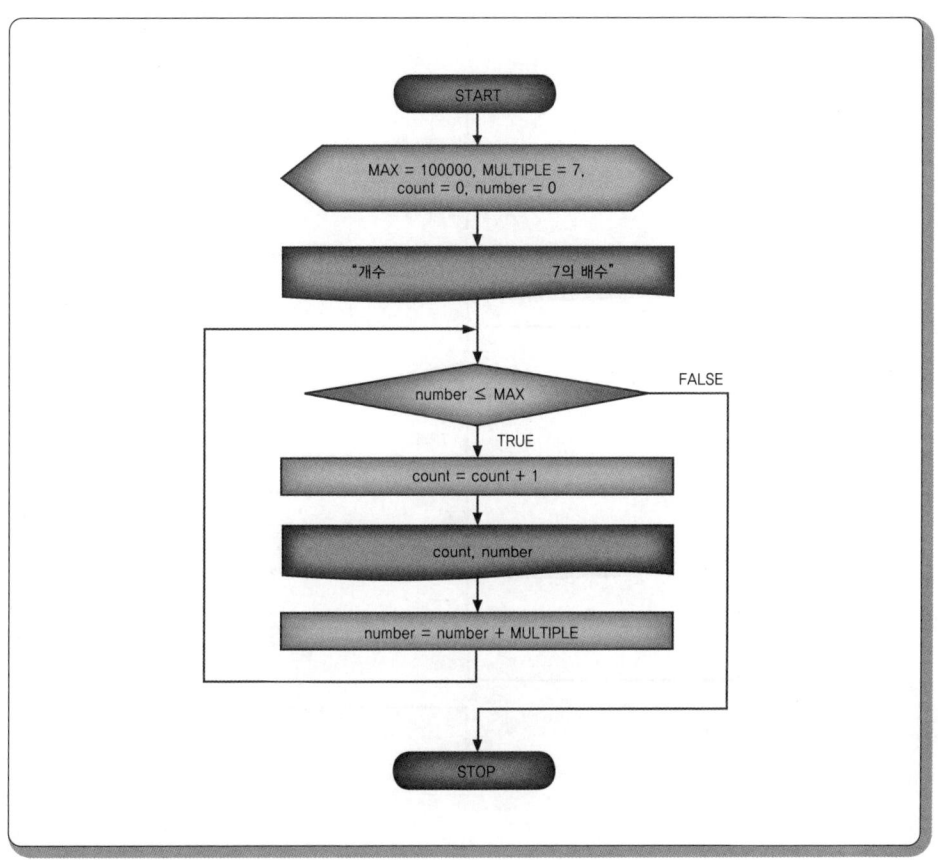

 7의 배수를 구하는 처리기호가 에코 출력 다음으로 이동했기 때문에 위에 작도된 순서도 대로 실행하면, 첫 번째 반복에서 개수는 세어지기 때문에 출력되는 개수는 1이고, 대신 나열되는 7의 배수는 0이 됩니다. 따라서 논리 오류가 발생하게 됩니다. 논리 오류를 고치기 위해서는 number의 값을 저장하는 표현들을 찾아 조정해야 합니다.

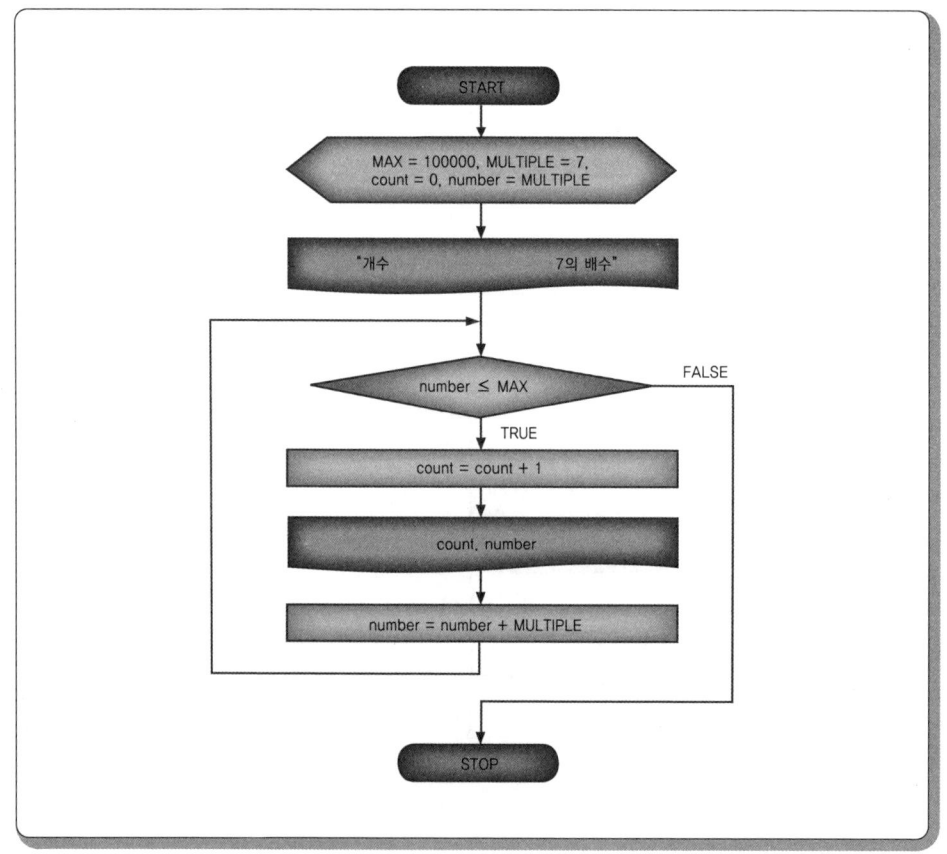

이 경우에는 첫 번째 반복에서 number가 7이 되어야 합니다. 따라서 number의 값을 7로 저장할 수 있는 경우는 number의 초기화에서만 가능합니다. 따라서 number, 즉 반복제어변수의 초기식을 고쳐야 하는데, 초기값으로 MULTIPLE을 설정해야 합니다.

따라서 초기값을 설정할 때는 이처럼 제어논리의 구성에 따라 결정될 수 있으므로 순서도를 작도할 때 초반부, 특히 준비기호를 작도할 때 초기값을 설정하는데 많은 시간과 노력을 허비할 필요가 없습니다.

이렇게 변경된 제어논리에서는 MAX를 5로 설정한다 하더라도 논리 오류에 빠지지 않게 됩니다. 따라서 순서도를 작성하는 동안이거나 혹은 작성을 끝내고 난 후 반드시 검토를 해보도록 합시다.

앞에서 사용한 검토표를 다시 사용합시다. MAX를 5로 설정합시다. 순서도를 보고, 초기값까지 정리하면 검토표는 다음과 같습니다.

명칭	초기	1	2	3	4	5
MAX	5					
MULTIPLE	7					
count	0					
number	7					

다음은 순서도를 보고 추적을 해 봅시다. 출력기호에 의해서 제목을 출력합니다. 그리고 아래쪽으로 이동하여 비교 및 판단기호에서 조건식을 평가합니다. number에 저장된 값 7이 MAX 5보다 크기 때문에 거짓입니다. 따라서 FALSE로 오른쪽으로 향하는 흐름선을 따라 이동해야 합니다. 그러면 STOP 단말기호를 만나 제어 흐름이 끝나게 됩니다. STOP 단말기호 앞에 7의 배수 개수를 출력하는 출력기호가 작도되었다면 count에 저장된 값인 0이 출력될 것입니다.

5보다 작은 7의 배수는 없어서 0이어야 합니다. 따라서 원하고자 하는 답을 구하게 되는 것입니다. 또한, 후 검사 반복구조에서 개수를 구하기 위해 반복구조를 탈출한 후 개수를 빼는 처리기호도 없이 정확하게 개수를 구하는 것을 알 수 있습니다.

후 검사 반복구조로 발생한 논리 오류와 합리적이지 못한 제어논리를 단순히 선 검사 반복구조와 반복구조의 표준화로 쉽게 고칠 수 있다는 것을 명심하도록 합시다.

여기서 기억할 내용은 제어구조를 작도한 후, 반드시 제어구조의 표준화에 맞는지를 확인하도록 합시다. 그렇지 않으면 제어구조의 표준화에 맞게 조정하도록 합시다.

여기까지 처리단계 "2. 수가 MAX보다 작거나 같은 동안 반복한다." 와 하위 처리단계들을 작도하는 것이 완료되었습니다.

다음 처리단계 "3. 개수를 출력한다."에 대해 순서도에 작도하는 방법에 대해서도 3장에서 이미 설명했기 때문에 여러분이 복습 삼아 작도해 보십시오.

☐ "3. 개수를 출력한다." 처리단계에 대해 순서도를 작도하세요.

이렇게 해서 같은 문제에 대해 또 다른 하나의 제어논리를 작성했습니다.

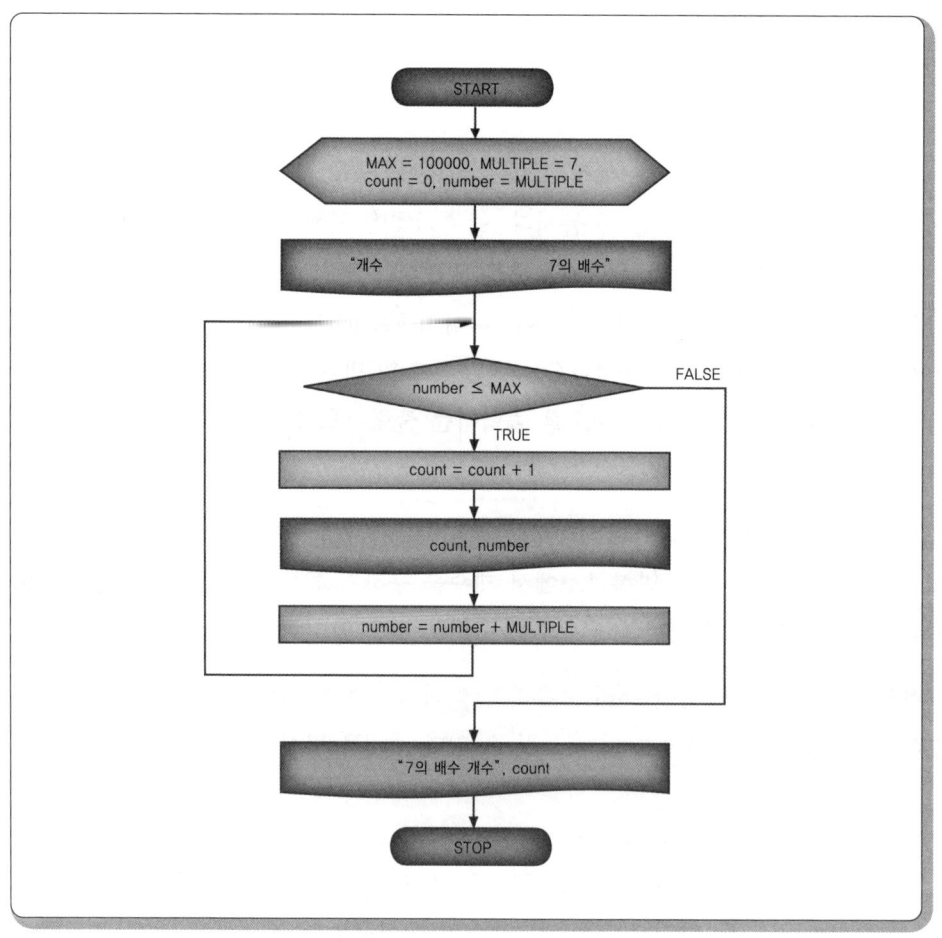

검토

다음은 작성된 제어논리가 정확하게 실행되는지를 확인해야 합니다. 따라서 검토해야 합니다. 우선 여러분이 각자 검토해 보시고, 계속해서 책을 읽도록 합시다. 검토하는 방법을 공부합시다.

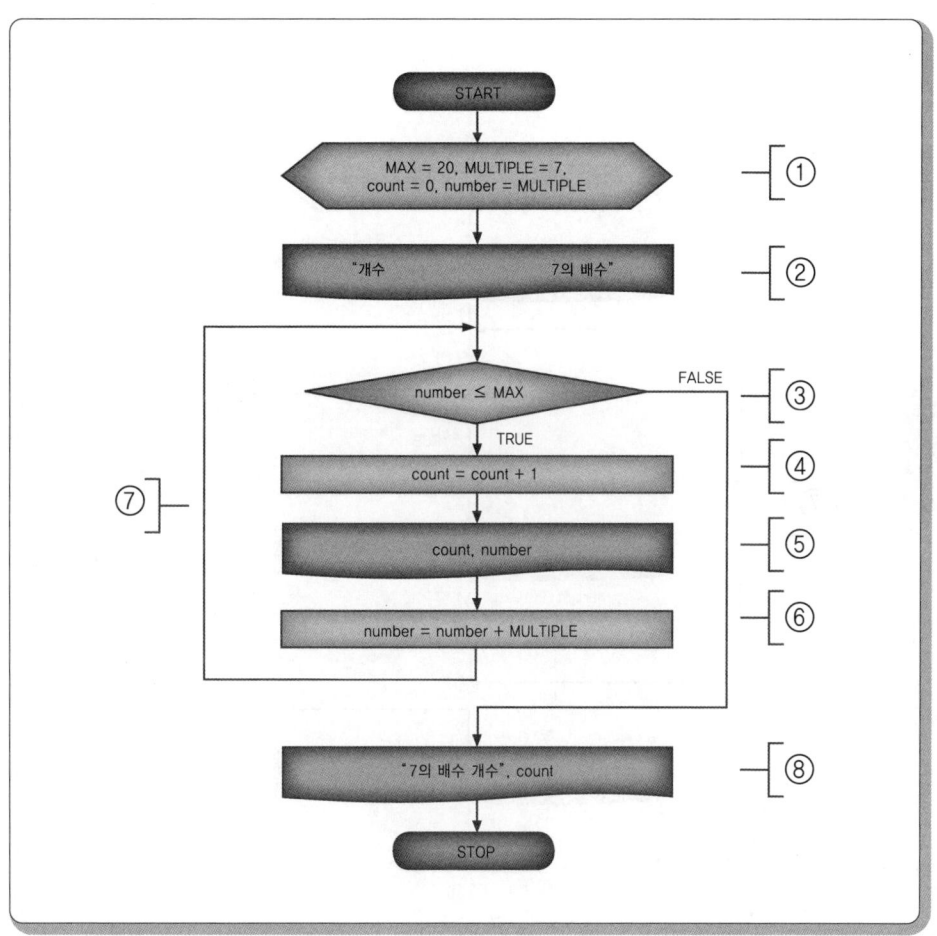

우선 준비 작업으로 순서도에 작도된 각 기호에 대해 전산에서 기본적인 처리 방향에 따라, 위쪽에서 아래쪽으로 또는 왼쪽에서 오른쪽으로 번호를 매기도록 합시다.

또한 검토하기 위해서는 다음과 같이 검토표를 작성해야 합니다. 열의 제목들을 적는 줄과 ①번 준비기호에 적힌 데이터들의 개수만큼 줄들이 필요합니다. 따라서 줄의 개수를 다섯 개로 해야 합니다. 준비기호에 적힌 데이터들을 기술할 열과 초기값 설정 열 그리고 MAX를 20으로 조정했기 때문에 반복횟수 세번에 대해 값들을 기술할 열들까지 포함하고, 충분하게 두 개의 열을 더해서 열의 개수를 일곱 개로 하는 표를 작성합니다. 그리고 첫 번째 줄에 열의 제목들을 적습니다. 왼쪽부터 오른쪽으로 기억장소 명칭, 초기, 그리고 반복횟수에 대해 적습니다.

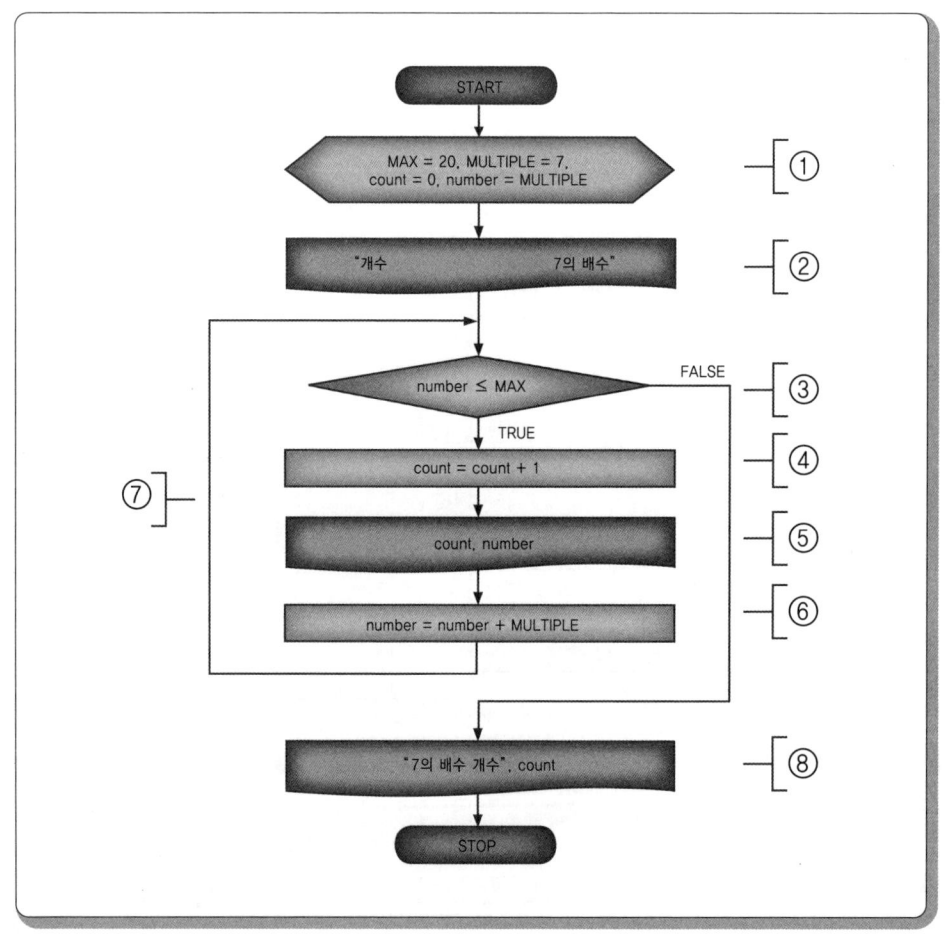

명칭	초기	1	2	3	4	5

그리고 가장 왼쪽 열에는 준비기호에 적힌 명칭들을 차례로 적습니다.

명칭	초기	1	2	3	4	5
MAX						
MULTIPLE						
count						
number						

입력데이터가 없어서 입력데이터를 설계하지 않아도 됩니다. 그리고 반복을 탈출하는 조건에 대해서는 순서도에서 MAX를 20으로 조정했습니다. 그러나 순서도에서 조정하지 않았으면 검토표에서 MAX에 대해 초기에 20을 적어도 됩니다.

이렇게 해서 검토하기 위한 준비 작업이 끝나면, 이제 제어논리에 대해 추적을 해야 합니다. 즉 기본적으로 위쪽에서 아래쪽으로 혹은 왼쪽에서 오른쪽으로 제어 흐름을 따라 이동하면서 순서도의 기호들을 실행하여 각각의 기억장소에 저장될 값을 적어 보도록 해야 합니다. 그러면 시작해 봅시다.

다음은 초기값을 설정하는 열, 열 제목이 "초기"인 열에 ①번 준비기호를 참고하여 기호상수인 경우 상수, 그리고 변수면 초기값을 적습니다.

MULTIPLE = 7로 설정되어 있으므로 MULTIPLE 줄의 초기값 설정 칸에 7을 적어야 합니다. 이때 특히 반복횟수와 관련이 있는 기호상수에 대해서는 너무 값이 큰 경우, 검토가 오히려 피곤한 작업이 될 수 있습니다. 따라서 제시된 값으로 이용하지 말고, 합리적으로 값을 고쳐 사용해야 합니다. 특히 반복을 탈출할 조건에 맞게끔 적절하게 값을 조정해서 사용하면 됩니다. 앞에 제시된 순서도를 보면 MAX를 20으로 고쳐서 사용하고 있습니다.

count = 0, 그리고 number = MULTIPLE로 초기화되어 있으므로 각각 0과 7을 적어야 합니다.

명칭	초기	1	2	3	4	5
MAX	20					
MULTIPLE	7					
count	0					
number	7					

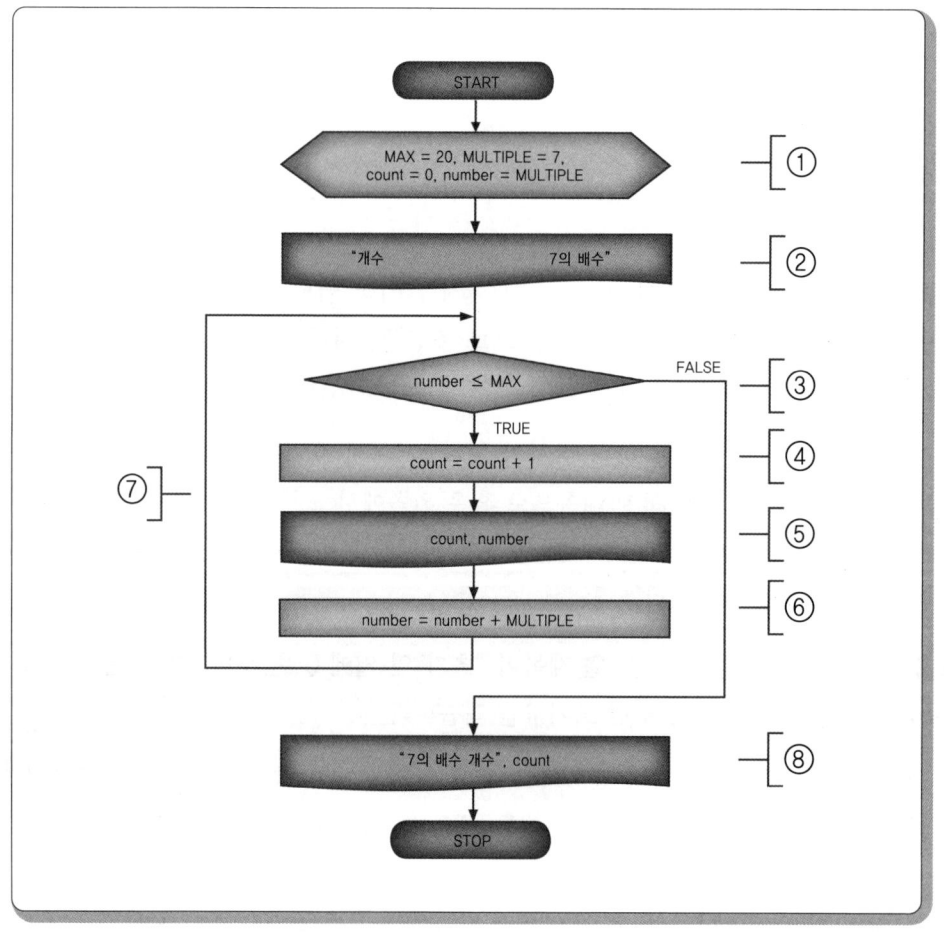

②번으로 이동하여 출력기호를 실행하게 됩니다. 그러면 아래와 같이 출력된 결과를 얻을 수 있습니다. 단지 문자열 상수를 출력하여 보고서의 제목을 출력하고 있습니다.

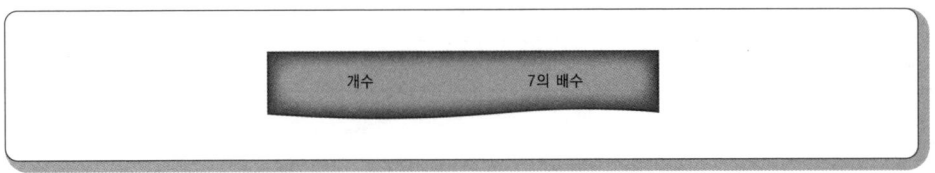

③번으로 이동하여 비교 및 판단기호를 실행하게 됩니다. 비교 및 판단기호와 흐름선들을 보면, 특히 가장 왼쪽에 위쪽으로 향하는 화살표를 보면, 반복구조임을 알 수 있습니다. 따라서 비교 및 판단기호에 적힌 조건식을 평가해서 결과에 따라 반복구조를 실행할지 아니면 반복구조를 실행하지 않고 끝낼지를 판단하게 됩니다. 반복구조는 선 검사 반복구조입니다. 반복하기 전에 반복할지 아니면 끝낼지에 대해 결정하는 조건식이 적힌 비교 및 판단기호가 반복해서 처리할 내용 앞에 있습니다. 비교 및 판단기호에 적힌 식, number ≤ MAX 관계식을 평가해서 참이면 반복하고, 거짓이면 반복을 끝내야 합니다. 현재 number에 저장된 값은 7이고, MAX는 20이므로 7이 20보다 작아서 관계식을 평가한 결과는 참입니다. 따라서 아래쪽으로 제어 흐름을 결정해서 반복해서 처리해야 할 내용에서 첫 번째 기호인 개수를 세는 처리기호를 실행해야 합니다.

④번으로 이동하여 처리기호를 실행해서 개수를 세게 됩니다. count에 저장된 값, 왼쪽에 있는 검토표에서 확인할 수 있듯이 초기값으로 설정한 값인 0을 읽어 레지스터에 복사합니다. 그리고 이렇게 복사된 값에 1을 더하여, 값을 구합니다. 그래서 구해진 값은 1이고, 레지스터에 저장됩니다. 다음은 구한 값 1을 다시 주기억장치 count에 저장해야 합니다. 따라서 count에 저장되는 값이 바뀌게 됩니다. 첫 번째 반복에 대한 열의 count 해당 칸에 1을 적습니다. 치환하면 검토표가 바뀌어야 합니다. 그러면 다음과 같이 검토표가 정리됩니다.

명칭	초기	1	2	3	4	5
MAX	20					
MULTIPLE	7					
count	0	1				
number	7					

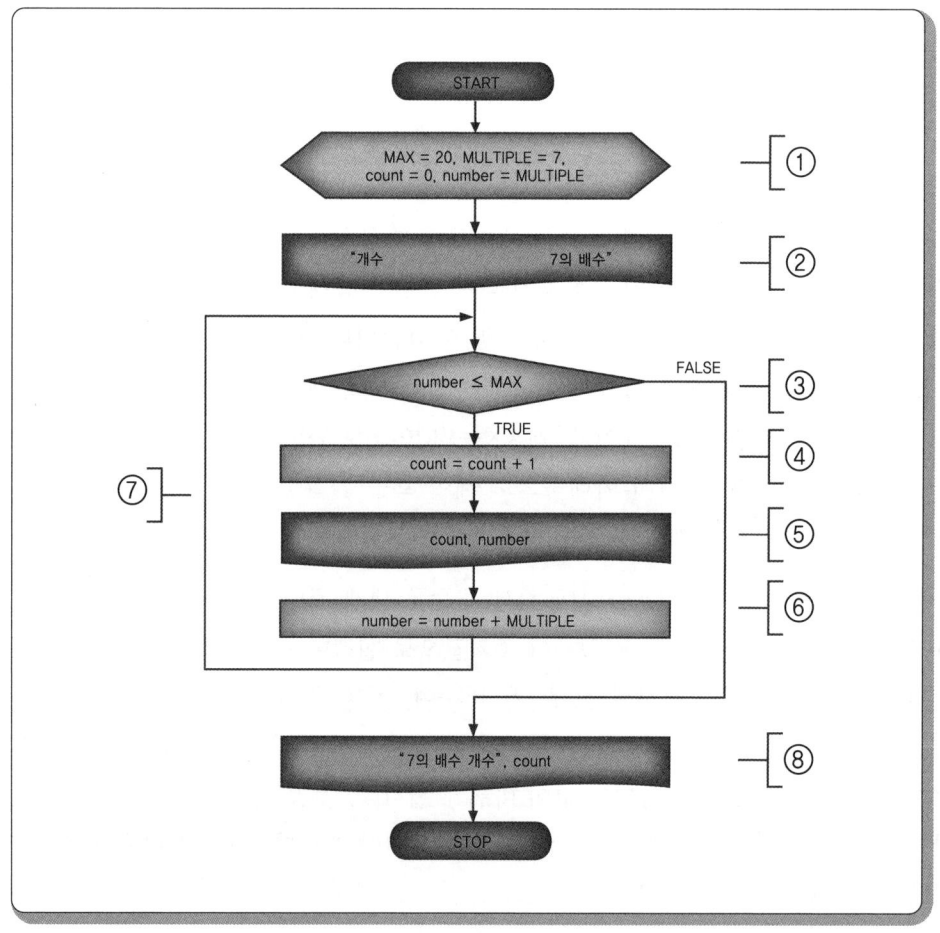

⑤번으로 이동하여 출력기호를 실행하게 되면 위쪽 검토표에서 확인할 수 있듯이 count와 number에 저장된 값들, 1과 7을 출력하게 되어 다음과 같이 출력됩니다.

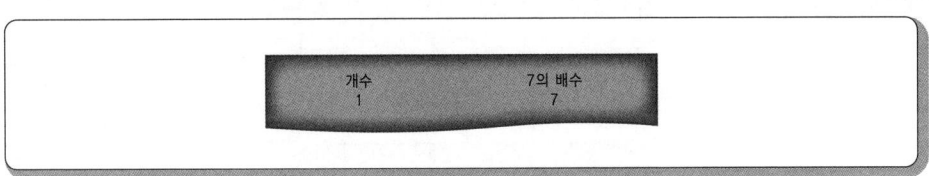

⑥번으로 이동하여 처리기호를 실행하여 7의 배수를 구합니다. 현재 number에 저장된 값, 7을 레지스터에 복사하고, 이 복사된 값에 MULTIPLE, 7을 더하여 7의 배수를 구합니다. 따라서 14입니다. 14를 다시 number에 저장하고 실행이 끝나게 됩니다. 치환되었기 때문에 다음과 같이 검토표가 정리되어야 합니다.

명칭	초기	1	2	3	4	5
MAX	20					
MULTIPLE	7					
count	0	1				
number	7	**14**				

그리고 ⑦번 화살표를 따라 다시 ③번 비교 및 판단기호로 이동하여 반복을 할지 아니면 탈출할지를 결정해야 합니다. 선 검사 반복구조이기 때문에 비교 및 판단기호에 적힌 관계식, number ≤ MAX를 평가해서 참이면 반복을 하고, 거짓이면 반복을 탈출하면 됩니다. number가 14이고 MAX가 20이므로 14가 20보다 작아서 참으로 평가되어 반복해야 합니다. 이렇게 해서 두 번째 반복을 수행해야 합니다.

다음은 ④번 처리기호를 이동하여 실행하면 count에 저장될 값은 2가 됩니다. 첫 번째 처리의 결과를 보면 1입니다. 이 1을 읽어 1을 더하면, 2가 되고, 이렇게 구해진 값, 2를 다시 count에 저장하기 때문에 1은 없어지고, 2가 count에 저장되어 있게 되는 것입니다. 다음과 같이 검토표가 정리됩니다.

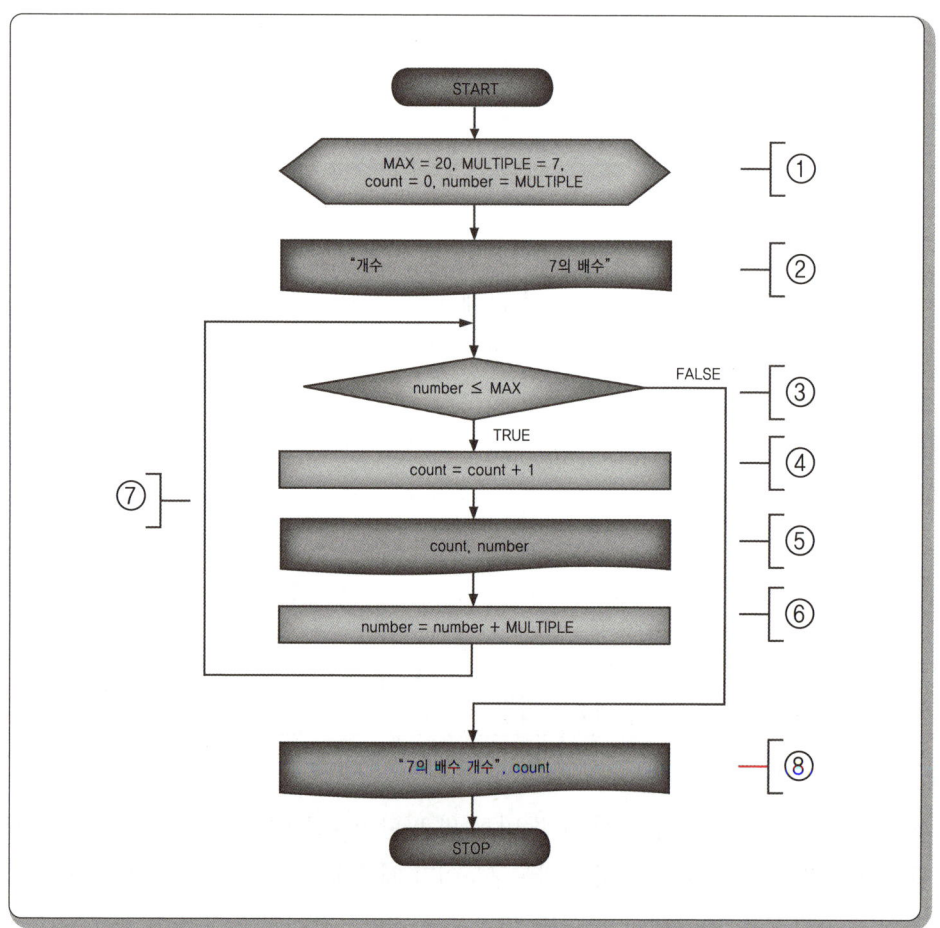

명칭	초기	1	2	3	4	5
MAX	20					
MULTIPLE	7					
count	0	1	2			
number	7	14				

⑤번으로 이동하여 출력기호를 실행하게 되면 count와 number에 저장된 값들, 두 번째 반복 열에 적혀 있는 2와 첫 번째 반복 열에 적혀 있는 14를 출력하게 되어 다음과 같이 출력됩니다.

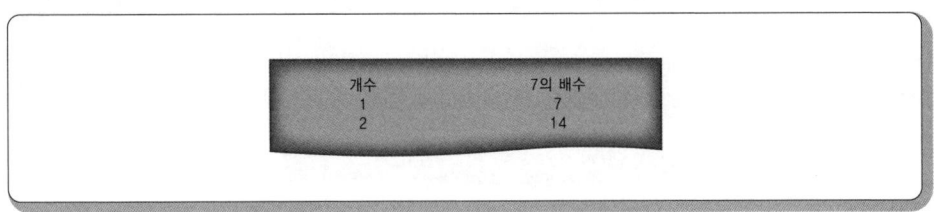

다음은 ⑥번으로 이동하여 처리기호를 실행하여 7의 배수를 구하게 됩니다. 현재 number에 저장된 값, 14를 레지스터에 복사하고, 이 복사된 값에 MULTIPLE, 7을 더하여 구한 값, 21을 다시 number에 저장함으로써 실행이 끝나게 됩니다. 다음과 같이 검토표가 정리되어야 합니다.

명칭	초기	1	2	3	4	5
MAX	20					
MULTIPLE	7					
count	0	1	2			
number	7	14	21			

그리고 ⑦번 화살표를 따라 다시 ③번 비교 및 판단기호로 이동하여 반복을 할지 아니면 탈출할지를 결정해야 합니다. 선 검사 반복구조이기 때문에 비교 및 판단기호에 적힌 식, number ≤ MAX 관계식을 평가해서 참이면 반복하고, 거짓이면 반복을 끝내야 합니다. 현재 number에 저장된 값은 21이고, MAX는 20이므로 21이 20보다 크기 때문에 관계식을 평가한 결과는 거짓입니다. 따라서 반복을 끝내고 FALSE 쪽으로 실행 제어를 이동하여 ⑧번 출력기호로 이동하게 됩니다.

⑧번 출력기호를 실행하면, "7의 배수 개수" 문자열을 출력하고 현재 count에 저장된 값, 2를 다음과 같이 출력하게 됩니다.

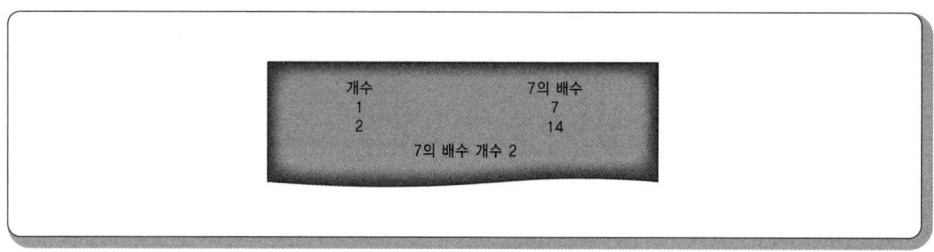

그리고 STOP 단말기호를 만나서 제어논리의 실행이 끝나게 됩니다. 이렇게 해서 선 검사 반복구조를 사용한 제어논리가 실행이 완료되고, 출력으로 제어논리의 정확성이 추적돼서 결과로 제시됩니다.

20까지 7의 배수의 개수는 2이고 에코 출력도 2개만 출력되었음을 알 수 있습니다. 앞에서 후 검사 반복구조로 표현된 제어논리보다는 더욱더 자연스럽고, 정확한 결과를 보이고 있습니다.

C 구현(Implementation)

다음은 선 검사 반복구조로 정리된 제어논리를 C 언어를 사용하여 구현해서 프로그램을 작성하여 컴퓨터에서 실행시켜 보도록 합시다.

내부 설계(Internal Design) --- 모듈 기술서						
명칭	한글	배수의 개수를 세다					
	영문	CountMultiples				
기능	1에서 100000까지 수들에서 7의 배수를 적고, 개수를 세고, 그때 7의 배수와 개수를 출력한다. 그리고 마지막으로 전체 개수를 출력한다.					
입·출력	입력	없음				
	출력	개수				
관련 모듈							
자료 명세서						
번호	명칭		자료유형	구분	비고
	한글	영문			
1	가장 큰 수	MAX	정수	상수	100000
2	공차	MULTIPLE	정수	상수	7
3	개수	count	정수	출력	
4	수	number	정수	처리	7의 배수
처리 과정						

1. 제목을 출력한다.
2. 수가 MAX보다 작거나 같은 동안 반복한다.
    2.1. 개수를 세다.
    2.2. 7의 배수를 구한다.
    2.3. 개수와 7의 배수를 출력한다.
3. 개수를 출력한다.
4. 끝내다.

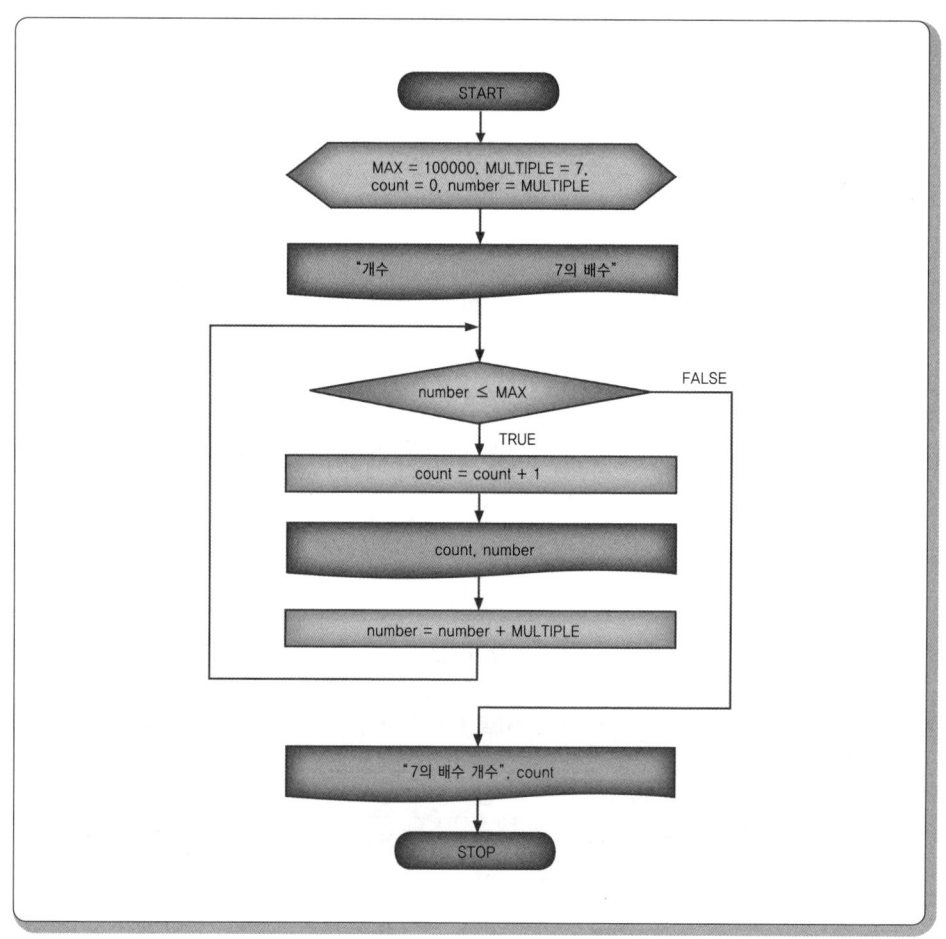

아래 내용을 읽기 전에 앞에 제시된 후 검사 반복구조에 관한 내용을 참고하여 직접 코드를 작성해 보고 작성된 코드와 아래 기술되는 내용을 비교해 가면서 읽으시면 훨씬 빠르게 이해할 수 있을 것입니다.

3장에서 배웠던 내용으로 복습 삼아, 아래에 제시된 절차대로 직접 코딩을 해 보세요. 제목을 출력하는 출력기호까지 직접 코딩을 하세요.

☐ 1. 원시 코드 파일을 만드세요.

☐ 2. 프로그램에 대해 설명을 달아 보세요.

☐ 3. main 함수를 선언하세요.

- [ ] 4. main 함수를 정의하세요.
- [ ] 5. 단말기호에 대해 main 함수 블록을 구현하세요.
- [ ] 6. 준비기호에서 기호상수를 매크로로 구현하세요.
- [ ] 7. 준비기호에서 변수를 main 함수에 자동변수로 구현하세요.
- [ ] 8. 처리 과정으로 코드에 대해 설명을 달아 보세요.
- [ ] 9. 제목을 출력하는 출력기호를 구현하세요.

다음과 같이 코드를 작성했다면 참 잘했습니다.

■ [C 코드]

```c
// CountMultiples.c
/********************************************************************************
파일 명칭 : CountMultiples.c
함수 명칭 : main
기   능 : 1에서 100000까지 수들에서 7의 배수를 적고, 개수를 세고, 그때 7의 배수와 개수를
          출력한다. 그리고 마지막으로 전체 개수를 출력한다.
입   력 : 없음
출   력 : 개수
작 성 자 : 김석현
작성 일자 : 2007-12-28
********************************************************************************/
// 외부 파일 포함 기능
#include <stdio.h>

// 매크로들
#define MAX         100000
#define MULTIPLE    7

// 함수 선언
int main( int argc, char* argv[] ); // 함수 원형

// 함수 정의
int main( int argc, char* argv[] ) {
    // 자동 변수들 선언 및 정의
    auto unsigned long int count = 0;
```

```
        auto unsigned long int number = MULTIPLE;

        // 1. 제목을 출력한다.
        printf("개수\t\t7의 배수\n");
        // 2. 수가 MAX보다 작거나 같은 동안 반복한다.
            // 2.1. 개수를 세다.
            // 2.2. 7의 배수를 구한다.
            // 2.3. 개수와 7의 배수를 출력한다.
        // 3. 개수를 출력한다.
        // 4. 끝내다.

        return 0;
    }
```

다음은 "2. 수가 MAX보다 작거나 같은 동안 반복한다." 처리단계에 대해 순서도에서 선 검사 반복구조를 C 언어로 구현해야 합니다.

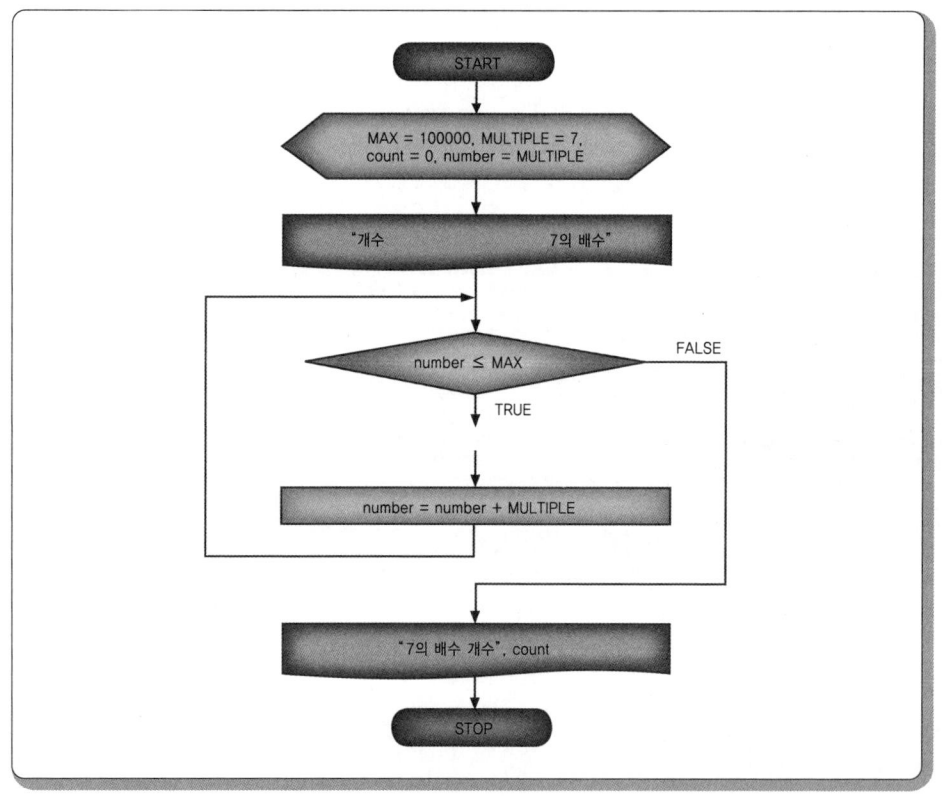

선 검사 반복구조를 표현할 수 있는 C 언어의 제어구조에 대해서 공부해 봅시다. C 언어에서는 선 검사 반복구조에 대한 제어문장을 제공하는데, 하나는 while 문이고, 또 하나는 for 문입니다. 먼저 while 문을 이용하여 선 검사 반복구조를 구현해 보도록 합시다. while 반복문의 형식은 다음과 같습니다.

```
[C 코드]
while(조건식) {
        // 단문 혹은 복문
}
```

반복해서 처리해야 하는 문장들을 실행하기 전에 먼저 조건식으로 반복할지 아니면 끝낼지를 판단합니다. 조건식을 평가해서 참이면 반복을 하고, 거짓이면 반복을 끝내게 됩니다.

while 키워드를 적고 소괄호를 열고 비교 및 판단기호에 적힌 관계식을 적고, 소괄호를 닫아야 합니다. C언어에서 조건식은 반드시 소괄호로 묶어져야 합니다. 그렇지 않으면 문법 오류가 발생하게 됩니다.

반복해서 처리해야 할 내용이 개수를 세고, 7의 배수를 나열하고, 개수와 7의 배수를 출력해야 하므로 최소한 세 개의 문장이 기술되어야 합니다. 따라서 반복하여 처리하는 내용을 복문으로 취급해야 해서 블록을 설정해야 합니다. C 언어에서 블록은 복문을 나타내기 위한 도구입니다. 중괄호를 여닫아 블록을 설정할 수 있습니다. 여기까지 원시 코드를 정리하면 다음과 같습니다.

- **단문(Simple Statement)**
  C 프로그램 코드에서 대체로 한 줄에 한 개씩 세미콜론으로 끝나는 문

- **복문(Compound Statement)**
  선택구조나 반복 구조를 표현하는데 있어서 처리 내용을 중괄호({})로 묶어서 2개 이상의 문장들이 표현되는 때도 있는데, 이렇게 표현된 문장들

[C 코드]

```c
// CountMultiples.c
/*********************************************************************
파일 명칭 : CountMultiples.c
함수 명칭 : main
기    능 : 1에서 100000까지 수들에서 7의 배수를 적고, 개수를 세고, 그때 7의 배수와 개수를
           출력한다. 그리고 마지막으로 전체 개수를 출력한다.
입    력 : 없음
출    력 : 개수
작 성 자 : 김석현
작성 일자 : 2007-12-28
*********************************************************************/
// 외부 파일 포함 기능
#include <stdio.h>

// 매크로들
#define MAX         100000
#define MULTIPLE    7

// 함수 선언
int main( int argc, char* argv[] ); // 함수 원형

// 함수 정의
int main( int argc, char* argv[] ) {
    // 자동 변수들 선언 및 정의
    auto unsigned long int count = 0;
    auto unsigned long int number = MULTIPLE;

    // 1. 제목을 출력한다.
```

```
        printf("개수\t\t7의 배수\n");
        //  2. 수가 MAX보다 작거나 같은 동안 반복한다.
        while ( number <= MAX) {
            // 2.1. 개수를 세다.
            // 2.2. 7의 배수를 구한다.
            // 2.3. 개수와 7의 배수를 출력한다.
        }
        // 3. 개수를 출력한다.
        // 4. 끝내다.

        return 0;
}
```

반복해서 처리해야 하는 내용에서 마지막 문장은 반복제어변수의 값을 변경하는 문장이어야 합니다. 반복구조의 표준화에 따라 반복해서 처리해야 하는 내용에서 마지막 처리 단계로 "2.2. 7의 배수를 구한다."에 대한 처리기호입니다.

따라서 주석으로 달린 처리 과정에서 "2.2. 7의 배수를 구한다."와 "2.3. 개수와 7의 배수를 출력한다."를 순서를 바꾸어야 합니다. 코드에서 다음과 같이 정리되어야 합니다.

■ [C 코드]

```
// CountMultiples.c
/*******************************************************************************
파일 명칭 : CountMultiples.c
함수 명칭 : main
기     능 : 1에서 100000까지 수들에서 7의 배수를 적고, 개수를 세고, 그때 7의 배수와 개수를
           출력한다. 그리고 마지막으로 전체 개수를 출력한다.
입     력 : 없음
출     력 : 개수
작 성 자 : 김 석 현
작성 일자 : 2007-12-28
*******************************************************************************/
// 외부 파일 포함 기능
#include <stdio.h>

// 매크로들
#define MAX       100000
#define MULTIPLE  7
```

```
// 함수 선언
int main( int argc, char* argv[] ); // 함수 원형

// 함수 정의
int main( int argc, char* argv[] ) {
        // 자동 변수들 선언 및 정의
        auto unsigned long int count = 0;
        auto unsigned long int number = MULTIPLE;

        // 1. 제목을 출력한다.
        printf("개수\t\t7의 배수\n");
        // 2. 수가 MAX보다 작거나 같은 동안 반복한다.
        while ( number <= MAX ) {
                // 2.1. 개수를 세다.
                // 2.3. 개수와 7의 배수를 출력한다.
                // 2.2. 7의 배수를 구한다.
        }
        // 3. 개수를 출력한다.
        // 4. 끝내다.

        return 0;
}
```

3장의 참고해서 7의 배수를 구하는 처리기호에 대해 C 언어로 구현해 봅시다.

☐ 10. 7의 배수를 구하는 처리기호를 구현하세요.

다시 전체 코드를 정리해 보면 다음과 같습니다.

[C 코드]

```c
// CountMultiples.c
/*******************************************************************************
파일 명칭 : CountMultiples.c
함수 명칭 : main
기    능 : 1에서 100000까지 수들에서 7의 배수를 적고, 개수를 세고, 그때 7의 배수와 개수를
          출력한다. 그리고 마지막으로 전체 개수를 출력한다.
입    력 : 없음
출    력 : 개수
작 성 자 : 김석현
작성 일자 : 2007-12-28
*******************************************************************************/
// 외부 파일 포함 기능
#include <stdio.h>

// 매크로들
#define MAX         100000
#define MULTIPLE    7

// 함수 선언
int main( int argc, char* argv[] ); // 함수 원형

// 함수 정의
int main( int argc, char* argv[] ) {
    // 자동 변수들 선언 및 정의
    auto unsigned long int count = 0;
    auto unsigned long int number = MULTIPLE;

    // 1. 제목을 출력한다.
    printf("개수\t\t7의 배수\n");
    // 2. 수가 MAX보다 작거나 같은 동안 반복한다.
    while ( number <= MAX) {
        // 2.1. 개수를 세다.
        // 2.3. 개수와 7의 배수를 출력한다.
        // 2.2. 7의 배수를 구한다.
        number += MULTIPLE; // number = number + MULTIPLE;
    }
    // 3. 개수를 출력한다.
    // 4. 끝내다.

    return 0;
}
```

이렇게 함으로써 선 검사 반복구조에 대해 C 언어의 구현이 마무리되었습니다.

다음은 반복해서 처리해야 하는 내용을 3장을 참고하여 여러분이 직접 C 언어로 구현해 보도록 합시다.

☐ 11. 개수를 세는 처리기호를 구현하세요.

☐ 12. 개수와 7의 배수를 출력하는 출력기호를 구현하세요.

다음과 같이 코드가 작성되어야 합니다.

```
[C 코드]

// CountMultiples.c
/***************************************************************************
파일 명칭 : CountMultiples.c
함수 명칭 : main
기     능 : 1에서 100000까지 수들에서 7의 배수를 적고, 개수를 세고, 그때 7의 배수와 개수를
           출력한다. 그리고 마지막으로 전체 개수를 출력한다.
입     력 : 없음
출     력 : 개수
작 성 자 : 김석현
작성 일자 : 2007-12-28
***************************************************************************/
// 외부 파일 포함 기능
#include <stdio.h>

// 매크로들
#define MAX        100000
#define MULTIPLE   7

// 함수 선언
int main( int argc, char* argv[] ); // 함수 원형

// 함수 정의
int main( int argc, char* argv[] ) {
    // 자동 변수들 선언 및 정의
    auto unsigned long int count = 0;
    auto unsigned long int number = MULTIPLE;

    // 1. 제목을 출력한다.
```

```c
        printf("개수\t\t7의 배수\n");
        // 2. 수가 MAX보다 작거나 같은 동안 반복한다.
        while ( number <= MAX ) {
            // 2.1. 개수를 세다.
            count++; // count += 1; // count = count + 1;
            // 2.3. 개수와 7의 배수를 출력한다.
            printf("%d\t\t%d\n", count, number);
            // 2.2. 7의 배수를 구한다.
            number += MULTIPLE; // number = number + MULTIPLE;
        }
        // 3. 개수를 출력한다.
        // 4. 끝내다.

        return 0;
}
```

다음은 반복구조를 탈출한 후, 마지막으로 배수의 전체 개수를 출력하는 출력기호를 C 언어로 구현해 보도록 합시다.

□ 13. 7의 배수의 개수를 출력하는 출력기호를 구현하세요.

■ [C 코드]

```
// CountMultiples.c
/*******************************************************************************
파일 명칭 : CountMultiples.c
함수 명칭 : main
기    능 : 1에서 100000까지 수들에서 7의 배수를 적고, 개수를 세고, 그때 7의 배수와 개수를
          출력한다. 그리고 마지막으로 전체 개수를 출력한다.
입    력 : 없음
```

```
출    력 : 개수
작 성 자 : 김석현
작성 일자 : 2007-12-28
********************************************************************************/
// 외부 파일 포함 기능
#include <stdio.h>

// 매크로들
#define MAX         100000
#define MULTIPLE    7

// 함수 선언
int main( int argc, char* argv[] ); // 함수 원형

// 함수 정의
int main( int argc, char* argv[] ) {
    // 자동 변수들 선언 및 정의
    auto unsigned long int count = 0;
    auto unsigned long int number = MULTIPLE;

    // 1. 제목을 출력한다.
    printf("개수\t\t\t7의 배수\n");
    // 2. 수가 MAX보다 작거나 같은 동안 반복한다.
    while ( number <= MAX) {
        // 2.1. 개수를 세다.
        count++; // count += 1; // count = count + 1;
        // 2.3. 개수와 7의 배수를 출력한다.
        printf("%d\t\t\t%d\n", count, number);
        // 2.2. 7의 배수를 구한다.
        number += MULTIPLE; // number = number + MULTIPLE;
    }
    // 3. 개수를 출력한다.
    printf("7의 배수 개수 %d\n", count);
    // 4. 끝내다.

    return 0;
}
```

다음은 선 검사 반복구조에 대해 C 언어로 표현할 수 있는 또 다른 방법에 대해 공부해 보도록 합시다. 앞에서 언급된 것처럼 for 반복문장을 이용하여 표현할 수 있습니다. 개념적으로도 제시된 제어논리처럼 반복횟수가 정해진 경우는 반복횟수가 정해지지 않았을

때 사용되는 while 문장보다는 for 문장이 더욱더 적합하기 때문입니다. 따라서 아래 제시된 순서도에 대해 C 언어의 for 문장으로 작성해 보도록 합시다.

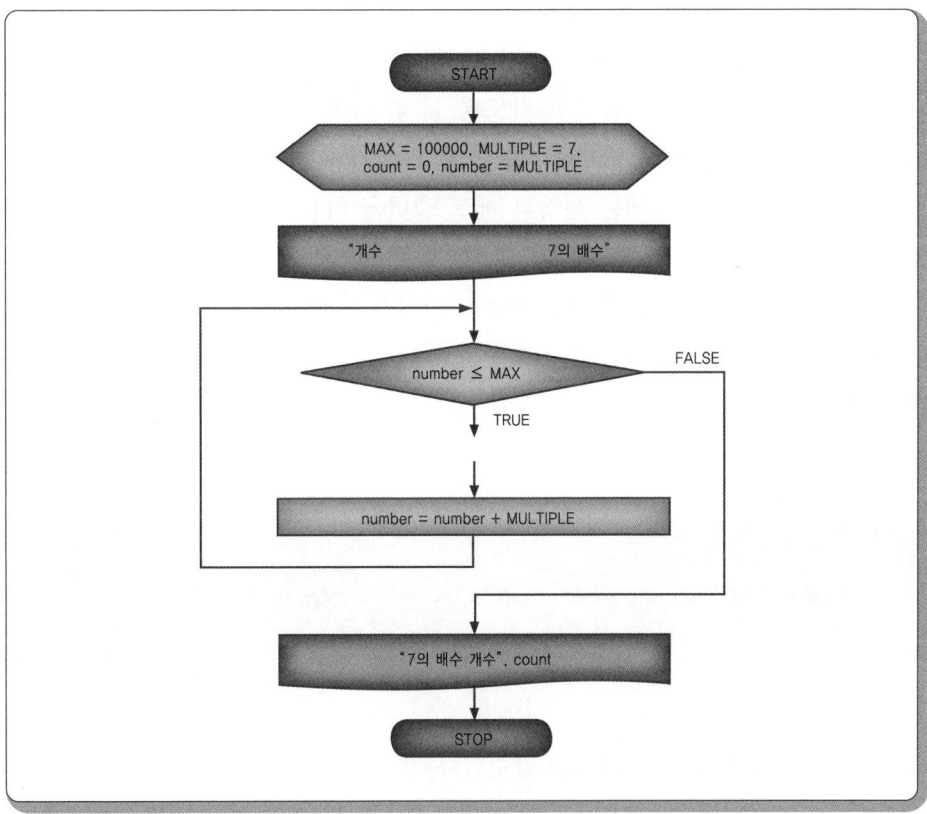

C 언어의 for 반복문장의 형식은 다음과 같습니다.

■ [C 코드]

```
for( 초기식; 조건식; 변경식 ) {
        // 단문 혹은 복문
    }
```

초기식은 주로 반복 제어변수에 초기값을 설정하는 치환식으로 작성되는데, 여기서는 준비기호에 기술된 number = MULTIPLE입니다. 조건식은 주로 반복 제어변수의 조건 범위를 검사하는 관계식과 논리식으로 작성됩니다. 비교 및 판단기호에 기술된 number ≤ MAX 관계식, 마지막으로 변경식은 주로 증감 연산자나 누적 관련 치환 연산자를 사용하여 반복 제어변수의 값을 변경시키는 산술식과 치환식으로 작성됩니다. 여기서는 반복해야 할 내용에서 마지막 처리단계로 작도된 처리기호에 적힌 number = number + MULTIPLE을 사용하여 작성하면 됩니다. 그리고 각각의 식들은 세미콜론(;)으로 구분되어야 합니다. 그리고 개수를 세는 문장과 에코 출력을 하는 문장이 for 반복문장의 하위 문장들이 되어야 합니다. 따라서 단문이 아니라 복문이므로 블록을 설정해야 합니다. 단문인지 복문인지 구분하여 블록을 설정할 것인지 아닌지 따지지 말고, 앞으로는 모든 선택문과 반복문인 경우는 반드시 블록을 설정하도록 합시다. 따라서 다음과 같이 코드가 작성되어야 합니다.

■ [C 코드]

```
for( number = MULTIPLE; number <= MAX; number = number + MULTIPLE ) {
}
```

여기까지 코드를 정리해 보면 다음과 같습니다.

■ [C 코드]

```
// CountMultiples.c
/*******************************************************************************
파일 명칭 : CountMultiples.c
함수 명칭 : main
기    능 : 1에서 100000까지 수들에서 7의 배수를 적고, 개수를 세고, 그때 7의 배수와 개수를
           출력한다. 그리고 마지막으로 전체 개수를 출력한다.
입    력 : 없음
출    력 : 개수
작 성 자 : 김 석 현
작성 일자 : 2007-12-28
*******************************************************************************/
```

```c
// 외부 파일 포함 기능
#include <stdio.h>

// 매크로들
#define MAX         100000
#define MULTIPLE    7

// 함수 선언
int main( int argc, char* argv[] );  // 함수 원형

// 함수 정의
int main( int argc, char* argv[] ) {
    // 자동 변수들 선언 및 정의
    auto unsigned long int count = 0;
    auto unsigned long int number = MULTIPLE;

    // 1. 제목을 출력한다.
    printf("개수\t\t7의 배수\n");
    // 2. 수가 MAX보다 작거나 같은 동안 반복한다.
    for( number = MULTIPLE; number <= MAX; number = number + MULTIPLE ) {
        // 2.1. 개수를 세다.
        count++; // count += 1; // count = count + 1;
        // 2.3. 개수와 7의 배수를 출력한다.
        printf("%d\t\t%d\n", count, number);
        // 2.2. 7의 배수를 구한다.
        // number += MULTIPLE; // number = number + MULTIPLE;
    }
    // 3. 개수를 출력한다.
    printf("7의 배수 개수 %d\n", count);
    // 4. 끝내다.

    return 0;
}
```

for 반복문장에서 변경식 표현에 대해 C 언어답게 구현해 봅시다. C 언어의 특성 중의 하나가 간결성이므로 누적 연산자로 표현하는 것이 더욱더 효율적인 표현입니다.

[C 코드]

```c
for( number = MULTIPLE; number <= MAX; number += MULTIPLE ) {
}
```

다시 전체 코드를 정리해 보면 다음과 같습니다.

[C코드]

```c
// CountMultiples.c
/*******************************************************************************
파일 명칭 : CountMultiples.c
함수 명칭 : main
기    능 : 1에서 100000까지 수들에서 7의 배수를 적고, 개수를 세고, 그때 7의 배수와 개수를
          출력한다. 그리고 마지막으로 전체 개수를 출력한다.
입    력 : 없음
출    력 : 개수
작 성 자 : 김석현
작성 일자 : 2007-12-28
*******************************************************************************/
// 외부 파일 포함 기능
#include <stdio.h>

// 매크로들
#define MAX         100000
#define MULTIPLE    7

// 함수 선언
int main( int argc, char* argv[] ); // 함수 원형

// 함수 정의
int main( int argc, char* argv[] ) {
    // 자동 변수들 선언 및 정의
    auto unsigned long int count = 0;
    auto unsigned long int number = MULTIPLE;

    // 1. 제목을 출력한다.
    printf("개수\t\t\t7의 배수\n");
    // 2. 수가 MAX보다 작거나 같은 동안 반복한다.
    for( number = MULTIPLE; number <= MAX; number += MULTIPLE ) {
```

```
        // 2.1. 개수를 세다.
        count++; // count += 1; // count = count + 1;
        // 2.3. 개수와 7의 배수를 출력한다.
        printf("%d\t\t%d\n", count, number);
        // 2.2. 7의 배수를 구한다.
        // number += MULTIPLE; // number = number + MULTIPLE;
    }
    // 3. 개수를 출력한다.
    printf("7의 배수 개수 %d\n", count);
    // 4. 끝내다.

    return 0;
}
```

이렇게 함으로써 선 검사 반복구조에 대해 C 언어로 코드를 작성하는 것을 마무리되었습니다.

for 반복문장에 대해 더 공부해 보면, 위 코드에서 변수 number에 초기값 개념으로 설정하는 곳이 두 곳이 있습니다. 하나는 number에 대한 변수 선언문에서 초기화, 다른 곳은 for 반복문장을 작성할 때 초기식에서 입니다. 따라서 변수 선언할 때 초기화했기 때문에 for 반복문 작성 시 초기식을 생략해도 될 것 같습니다. 그래서 for 반복문의 초기식을 생략하여 다음과 같이 코드를 작성하고 싶습니다. 가능할까요. C 언어에서는 합당한 표현입니다.

[C 코드]

```
for( ; number <= MAX; number += MULTIPLE ) {
}
```

C 언어가 제공하는 for 반복문에서 초기식, 조건식 또는 변경식은 필요에 따라서 얼마든지 생략할 수가 있으므로 합당한 표현입니다. 그렇지만 될 수 있으면 프로그램의 논리적인 제어구조를 깨뜨리지 않는 범위에서 표현하도록 하십시오. 특히 위의 같은 코드 작성 시는 for 반복문에서 초기식을 생략하는 것보다 변수 선언문에서 초기화를 생략하는 것이 좋은 방법입니다.

[C 코드]

```
// CountMultiples.c
/*********************************************************************
파일 명칭 : CountMultiples.c
함수 명칭 : main
기    능 : 1에서 100000까지 수들에서 7의 배수를 적고, 개수를 세고, 그때 7의 배수와 개수를
          출력한다. 그리고 마지막으로 전체 개수를 출력한다.
입    력 : 없음
출    력 : 개수
작 성 자 : 김 석 현
작성 일자 : 2007-12-28
*********************************************************************/
// 외부 파일 포함 기능
#include <stdio.h>

// 매크로들
#define MAX         100000
#define MULTIPLE    7

// 함수 선언
int main( int argc, char* argv[] ); // 함수 원형

// 함수 정의
int main( int argc, char* argv[] ) {
    // 자동 변수들 선언 및 정의
    auto unsigned long int count = 0;
    auto unsigned long int number;

    // 1. 제목을 출력한다.
    printf("개수\t\t\t7의 배수\n");
    // 2. 수가 MAX보다 작거나 같은 동안 반복한다.
    for( number = MULTIPLE; number <= MAX; number += MULTIPLE ) {
        // 2.1. 개수를 세다.
        count++; // count += 1; // count = count + 1;
```

```
        // 2.3. 개수와 7의 배수를 출력한다.
        printf("%d\t\t%d\n", count, number);
        // 2.2. 7의 배수를 구한다.
        // number += MULTIPLE; // number = number + MULTIPLE;
    }
    // 3. 개수를 출력한다.
    printf("7의 배수 개수 %d\n", count);
    // 4. 끝내다.

    return 0;
}
```

둘 다 표현된다 해도 처리 시간에는 차이가 없습니다. 차이가 있다 하더라도 요사이 우리가 사용하고 있는 컴퓨터의 컴퓨팅 능력을 고려하면 문제가 될 부분이 아닙니다.

앞에서 제시된 제어논리에는 개념적으로는 제어논리를 작성할 때 반복횟수가 정해진 경우이므로 for 문장을 사용하는 것이 합리적입니다.

C 언어에서 제공하는 for 문장의 특징을 보면, 반복할 내용의 앞에 조건식이 위치하고, 조건식을 평가했을 때 참인 동안 처리하고, 조건식을 평가했을 때 거짓이면 탈출하는 전형적인 선 검사 반복구조입니다. 개념적으로 for 문장은 while 문장을 대치할 수는 있으나 while 문장이 할 수 있는 작업을 for 문장으로 대체할 수 없는 경우가 적지 않기 때문에 for 문장은 while 문장의 부분 집합이라고 합니다. 그렇지만 C 언어에서는 반대 개념이 성립됩니다. C 언어에서 for 문장은 반대로 while 문장의 상위 구조입니다. 왜냐하면, for 문장은 while 문장의 약식 표기법이라 할 수 있기 때문입니다. C언어에서 for 문장은 while 문장을 보다 압축된 형태로 간결하게 표현해 주는 반복문입니다. 따라서 for 문장의 형식을 지킨다면, for 문장을 구성하는 데 필요한 반복제어변수와 식들에 대한 제한이 없다는 말입니다. 개념적으로 for 문장에서는 한 개의 반복 제어변수를 가지나, C 언어의 for 문장에서는 쉼표 연산자를 사용하여 여러 개의 반복 제어변수를 동시에 사용할 수 있습니다. 반복 제어변수에 대한 제한이 없습니다. 정수형 변수는 물론이고 float, double 형 변수나 문자형 변수, 심지어는 포인터 변수도 사용할 수 있습니다.

초기식에도 제한이 없습니다. 합당한 수식이기만 하면 된다는 말로써 관계식, 논리식 또는 논리적으로 의미가 있는 어떠한 임의의 수식이라도 모두 허용되므로, 조건식에도 제한이 없습니다. 반복 제어변수가 반드시 일정한 단위로 증감할 필요가 없으며, 또한 산술급수적이거나 기하급수적으로만 증감할 필요 없으므로 변경식에 대한 제한이 없습니다.

또한, 초기식, 조건식 또는 변경식은 필요에 따라서 얼마든지 생략할 수가 있으나 될 수 있으면 프로그램의 논리적인 제어구조를 망치지 않는 범위에서 표현해야 합니다.

실행 속도 면에서 비교해 볼 때 C 언어에서 for 문장과 while 문장의 속도가 서로 같습니다.

앞으로 C 언어로 반복문장을 만들 때 반복횟수가 정해진 경우는 for 문장을 사용하도록 하고, 반복횟수를 알지 못하는 경우는 while 문장을 사용하도록 합시다. 이 원리는 모든 언어에서 적용할 수 있습니다.

이렇게 해서 코드 편집이 끝나고, 제어논리가 컴퓨터에서도 정확하게 실행되는지를 확인하기 위해서는 3장에서 했던 것처럼 컴파일, 링크 그리고 적재하여 실행시켜서 결과를 확인하면 다음 그림과 같습니다.

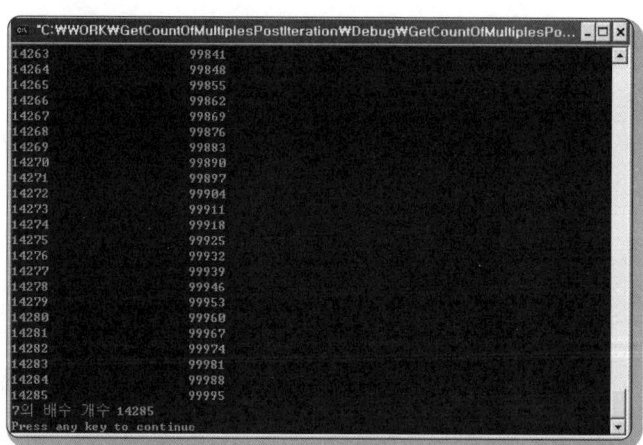

이번에 작성된 제어논리에서 선 검사 반복구조를 적용했는데, 후 검사 반복구조에서처럼 반복을 탈출한 후 개수를 조정하는 처리를 하지 않아도 됩니다. 결과 창에서도 100000을 넘었을 때 개수와 수, 14286, 100002가 출력되지 않는 것을 확인할 수 있습니다.

 디버깅

다음은 적재했을 때 프로그램이 어떻게 작동하는지를 알아봅시다. 물론 논리 오류가 발생했을 때 우리가 논리 오류를 찾기 위해서 해야 하는 디버깅입니다.

디버깅을 위해서 코드에 줄마다 번호를 매기고, 17번째 줄에서 볼 수 있듯이 MAX를 20으로 고쳤습니다. 이렇게 디버깅에 합리적인 상황을 설정하도록 해야 합니다.

```
[코드]
01 : // CountMultiples.c
02 : /****************************************************************
03 : 파일 명칭 : CountMultiples.c
04 : 함수 명칭 : main
05 : 기     능 : 1에서 100000까지 수들에서 7의 배수를 적고, 개수를
06 :           세고, 그때 7의 배수와 개수를 출력한다. 그리고 마지막으로
07 :           전체 개수를 출력한다.
08 : 입     력 : 없음
09 : 출     력 : 개수
10 : 작 성 자 : 김 석 현
11 : 작성 일자 : 2007-12-28
12 : ****************************************************************/
13 : // 외부 파일 포함 기능
14 : #include <stdio.h>
15 :
16 : // 매크로 상수들
17 : #define MAX          20
18 : #define MULTIPLE      7
19 :
20 : // 함수 선언
21 : int main( int argc, char *argv[] ); // 함수 원형(Function Prototype)
```

```
22 :
23 :    // 함수 정의
24 :    int main( int argc, char *argv[] ) {
25 :        // 자동 변수들 선언 및 정의
26 :        auto unsigned long int count = 0;
27 :        auto unsigned long int number;
28 :
29 :        // 1. 제목을 출력한다.
30 :        printf("개수\t\t7의 배수\n");
31 :        // 2. 수가 MAX보다 작거나 같은 동안 반복한다.
32 :        for( number = MULTIPLE; number <= MAX; number += MULTIPLE ) {
33 :            // 2.1. 개수를 세다.
34 :            count++; // count += 1; // count = count + 1;
35 :            // 2.3. 개수와 7의 배수를 출력한다.
36 :            printf("%d\t\t%d\n", count, number);
37 :            // 2.2. 7의 배수를 구한다.
38 :        }
39 :        // 3. 개수를 출력한다.
40 :        printf("7의 배수 개수 %d\n", count);
41 :        // 4. 끝내다.
42 :
43 :        return 0;
44 : }
```

프로그램을 실행했을 때 프로그램에 기술된 명령어와 데이터들이 주기억장치에 복사되어 저장되어야 합니다. 주기억장치에 명령어와 데이터들이 저장된 상태를 도식화하는 다이어그램을 메모리 맵이라고 합니다.

3장을 참고하여 프로그램을 실행했을 때 메모리 맵을 작도해 보세요. 그리고 책을 읽어 보십시오. 30번째 줄까지는 3장에서 설명했던 것과 같습니다. 따라서 제시되는 상태에 대해 직접 메모리 맵을 작도해 보십시오.

☐ 1. 코드 세그먼트를 작도하세요.

☐ 2. DATA 데이터 세그먼트를 작도하세요.

☐ 3. main 함수 스택 세그먼트를 작도하세요.

☐ 4. printf 함수 스택 세그먼트를 작도하세요.

실행된 printf 함수가 끝났을 때, 모니터에 "개수"가 출력되고, 24칸의 공백을 두고 "7의 배수"가 출력되고, 다음과 같은 메모리 맵이 작도되어야 합니다.

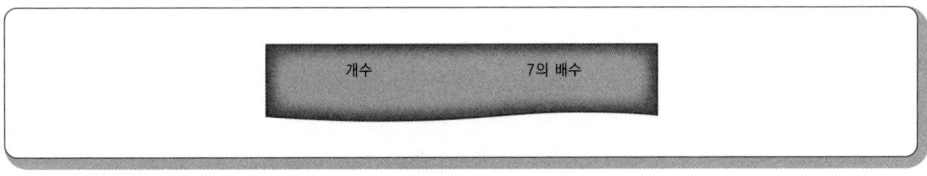

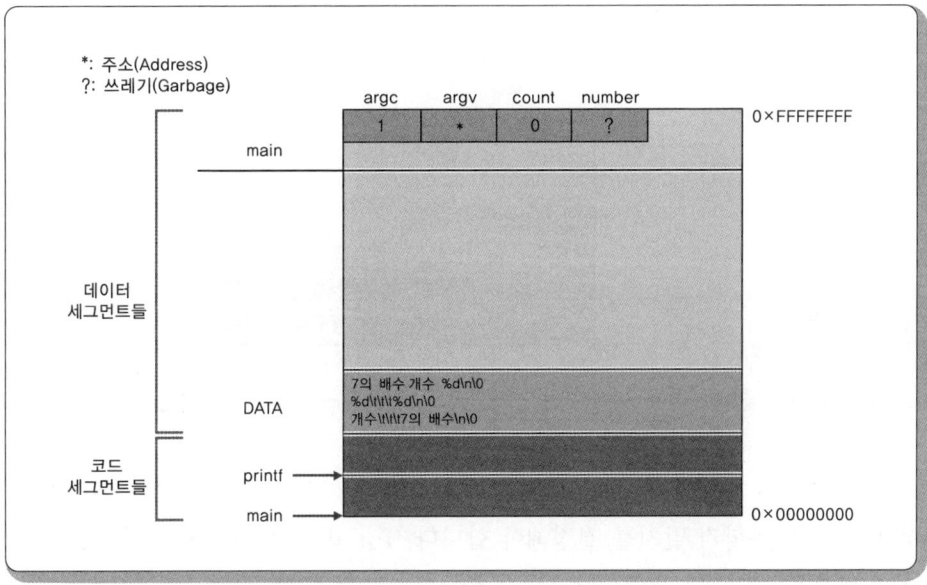

그리고 실행 제어가 32번째 줄로 이동되게 됩니다. 32번째 줄부터 시작하여 38번째 줄까지 for 반복문장입니다. for 반복문장이 실행되어야 합니다.

[코드]

```
31 :    // 2. 수가 MAX보다 작거나 같은 동안 반복한다.
32 :    for( number = MULTIPLE; number <= MAX; number += MULTIPLE ) {
            ...
37 :        // 2.2. 7의 배수를 구한다.
38 :    }
```

32번째 줄 소괄호에 적힌 초기식 number = MULTIPLE이 평가되어야 합니다. 따라서 number에 MULTIPLE 7이 저장되어야 합니다. 따라서 메모리 맵이 다시 작도되어야 합니다. 초기식은 한 번만 평가됩니다.

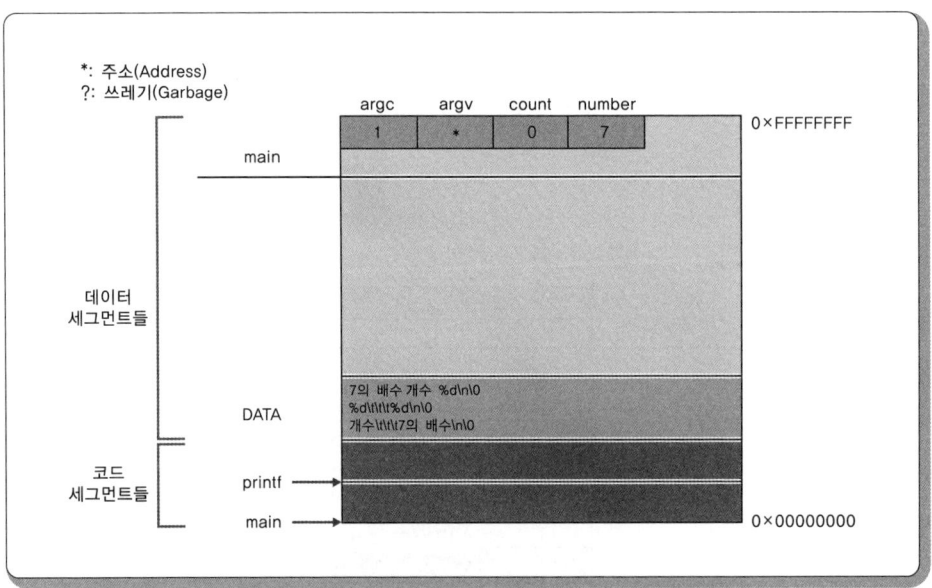

다음은 32번째 줄 소괄호에 적힌 조건식 number <= MAX 을 평가해야 합니다. 평가한 결과에 따라 반복할지 말지를 결정해야 합니다. for 반복문장은 선 검사 반복구조이므로 참이면 반복을 하고, 거짓이면 탈출해야 합니다.

number에 저장된 값 7이 MAX 20보다 작거나 같은지에 대해 관계식을 평가하면, 참입니다. 따라서 반복해야 합니다. 따라서 for 반복문장의 제어블록으로 이동하여 34번째 줄로 이동하게 됩니다.

[코드]
```
33 :        // 2.1. 개수를 세다.
34 :        count++; // count += 1; // count = count + 1;
```

count에 저장된 값 0을 읽어 레지스터에 복사해서 1을 더하게 됩니다. 그래서 구해지는 값 1을 레지스터에 저장합니다. 이렇게 레지스터에 저장된 값을 다시 count에 치환해서 저장하게 됩니다. 따라서 메모리 맵에서 count에 저장된 값을 바꾸어야 합니다.

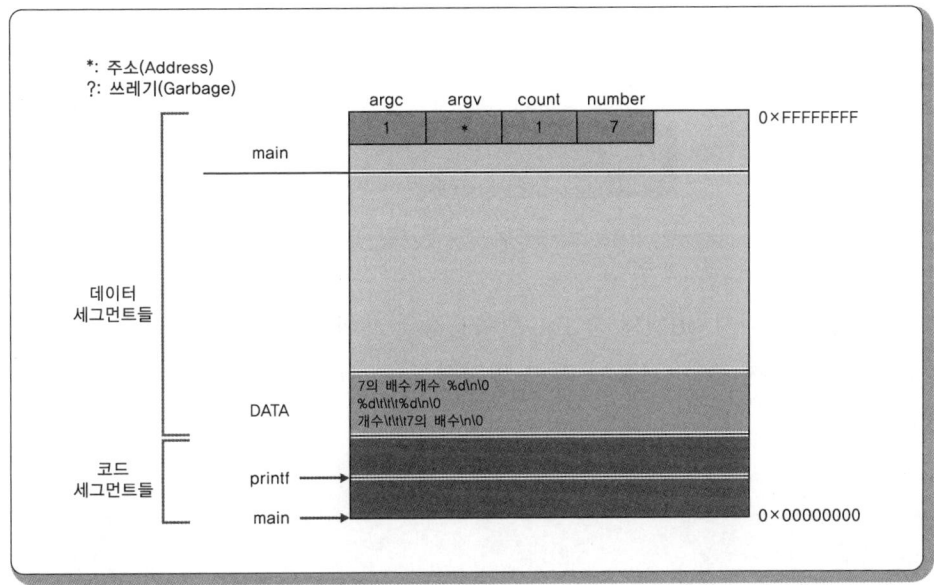

아래쪽으로 이동하여 36번째 줄로 이동하게 됩니다. 그러면 printf 함수가 호출되고 있습니다.

[코드]
```
35 :        // 2.3. 개수와 7의 배수를 출력한다.
36 :        printf("%d\t\t%d\n", count, number);
```

여러분이 메모리 맵을 작도해 보세요.

☐ 5. printf 함수 스택 세그먼트를 작도하세요.

printf 함수가 호출되어 실행되면 모니터에 count에 저장된 값 1과 number에 저장된 값 7을 모니터에 출력하게 됩니다.

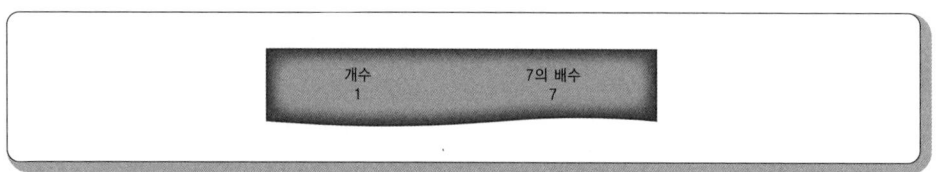

printf 함수가 끝나서 38번째 줄 for 반복문장의 제어블록의 끝을 나타내는 닫는 중괄호를 만나면, 32번째 줄 소괄호에 적힌 변경식 number += MULTIPLE을 평가해야 합니다.

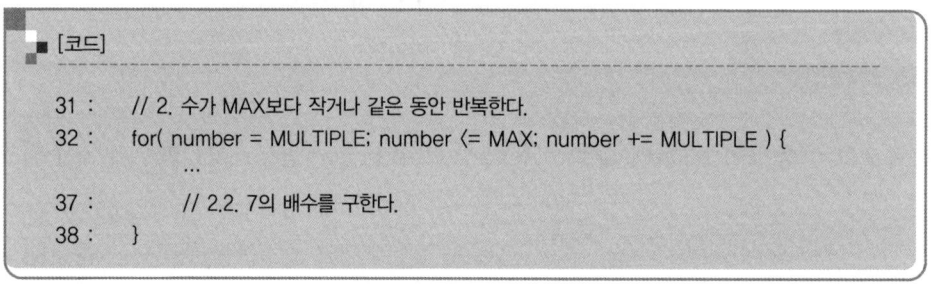

number에 저장된 값 7에 MULTIPLE 7을 더하여 구한 값 14를 number에 저장하게 됩니다. 따라서 변경식을 평가하는 것은 "2.2. 7의 배수를 구한다." 처리입니다.

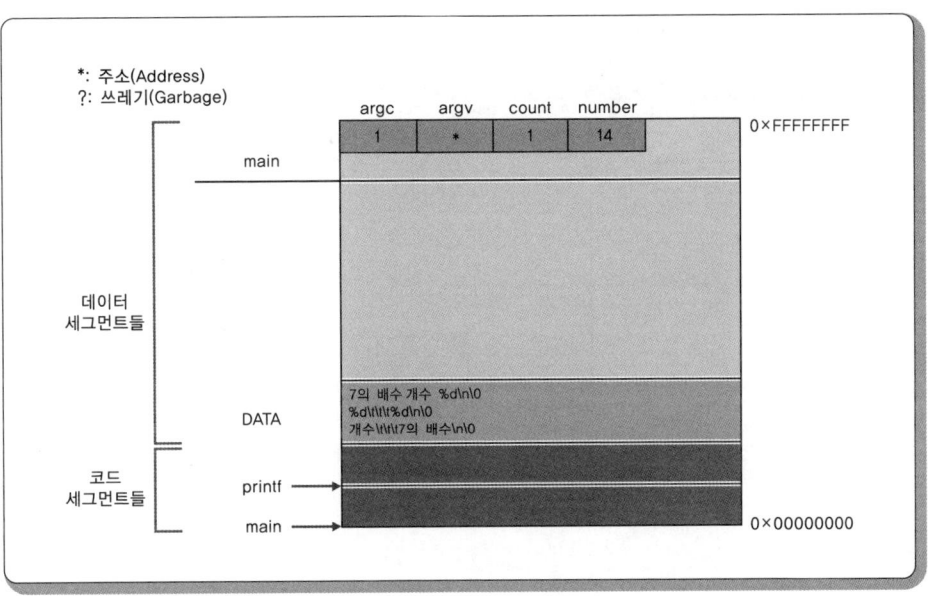

반복문장에서는 반드시 조건식을 평가해서 결과에 따라 실행제어를 결정해야 합니다. 변경식을 평가한 후 32번째 줄의 소괄호에 적힌 조건식 number <= MAX 을 평가해야 합니다. number에 저장된 값 14가 MAX보다 작아서 관계식을 평가하면 참입니다. 따라서 for 반복문장의 제어블록으로 이동하여 34번째 줄로 이동해야 합니다. 개수를 세는 누적 표현식을 평가해야 합니다.

■ [코드]
```
33 :        // 2.1. 개수를 세다.
34 :        count++; // count += 1; // count = count + 1;
```

누적 표현식을 평가하면 count는 2가 되어야 합니다. 따라서 메모리 맵에서 count에 저장된 값을 2로 고쳐야 합니다.

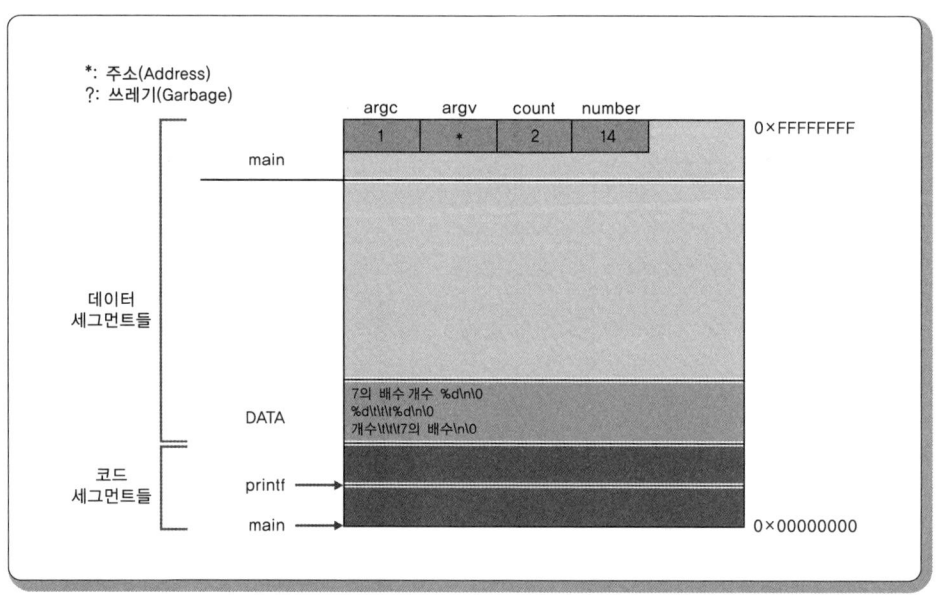

아래쪽으로 이동하여 36번째 줄로 이동하게 됩니다. 그러면 printf 함수가 호출되고 있습니다.

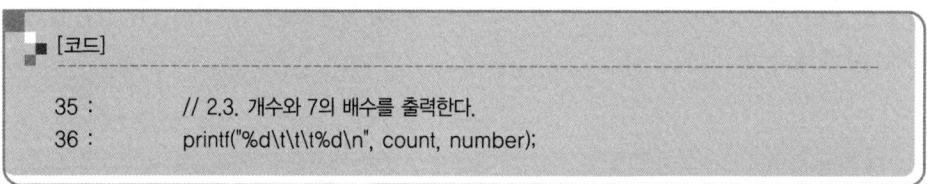

여러분이 메모리 맵을 작도해 보세요.

☐ 6. printf 함수 스택 세그먼트를 작도하세요.

printf 함수가 호출되어 실행되면 모니터에 count에 저장된 값 2과 number에 저장된 값 14를 모니터에 출력하게 됩니다.

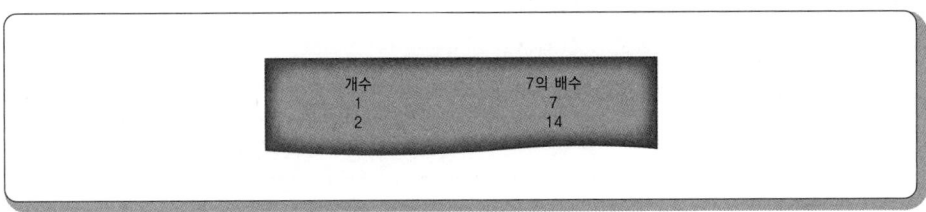

printf 함수가 끝나서 38번째 줄 for 반복문장의 제어블록의 끝을 나타내는 닫는 중괄호를 만나면, 32번째 줄 소괄호에 적힌 변경식 number += MULTIPLE을 평가해야 합니다.

```
[코드]
31 :    // 2. 수가 MAX보다 작거나 같은 동안 반복한다.
32 :    for( number = MULTIPLE; number <= MAX; number += MULTIPLE ) {
            ...
37 :        // 2.2. 7의 배수를 구한다.
38 :    }
```

number에 저장된 값 14에 MULTIPLE 7을 더하여 구한 값 21을 number에 저장하게 됩니다.

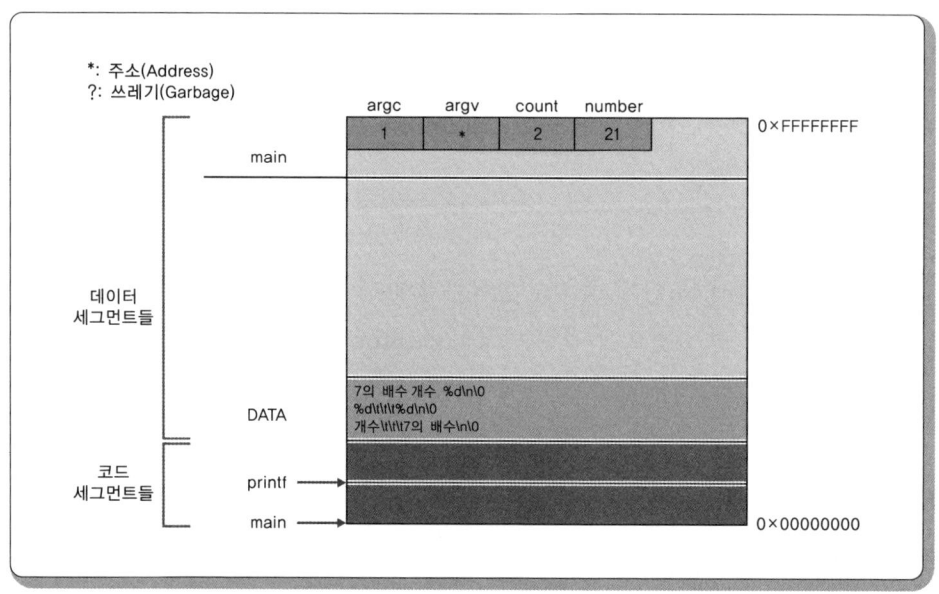

변경식을 평가한 후 32번째 줄 소괄호에 적힌 조건식 number <= MAX 을 평가해야 합니다. number에 저장된 값 21이 MAX 20보다 크기 때문에 관계식을 평가하면 거짓입니다. 따라서 for 반복문장을 탈출하기 때문에 32번째 줄부터 38번째 줄까지 제어블록을 건너뛰어, 40번째 줄로 이동하게 됩니다.

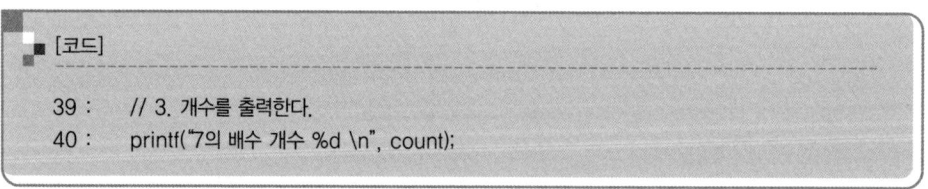

구해진 7의 배수 개수를 모니터에 출력하도록 printf 함수가 호출됩니다. printf 함수가 호출되었을 때 메모리 맵을 작도해 보십시오.

☐ 7. printf 함수 스택 세그먼트를 작도하세요.

printf 함수가 호출되어 실행되고 끝났을 때 모니터에 7의 배수 개수가 출력되어 있을 것입니다.

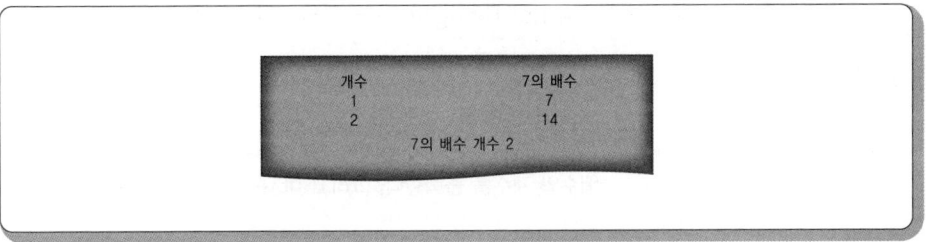

출력이 끝난 후에는 43번째 줄로 이동하게 됩니다.

43번째 줄에서 정상적으로 끝나게 되므로 운영체제에 0을 반환해야 하므로 return 문장으로 0을 레지스터에 복사하게 됩니다. 그리고 44번째 줄의 닫는 중괄호를 만나면, 함수 블록이 끝납니다. 따라서 main 함수의 실행이 끝난다는 것이므로 main 함수 스택 세그먼트가 할당 해제됩니다. 프로그램이 끝나게 되고, 정적으로 관리되는 세그먼트들도 할당 해제됩니다.

자바 구현

정확하게 작성된 제어논리에 대해 모듈 기술서와 순서도를 가지고 JAVA로 구현해 보도록 합시다.

내부 설계(Internal Design) ---- 모듈 기술서						
명칭		한글	배수의 개수를 세다			
^^		영문	CountMultiples			
기능			1에서 100000까지 수들에서 7의 배수를 적고, 개수를 세고, 그때 7의 배수와 개수를 출력한다. 그리고 마지막으로 전체 개수를 출력한다.			
입·출력		입력	없음			
^^		출력	개수			
관련 모듈						
자료 명세서						
번호	명칭		자료유형	구분	비고	
^^	한글	영문	^^	^^	^^	
1	가장 큰 수	MAX	정수	상수	100000	
2	공차	MULTIPLE	정수	상수	7	
3	개수	count	정수	출력		
4	수	number	정수	처리	7의 배수	
처리 과정						

1. 제목을 출력한다.
2. 수가 MAX보다 작거나 같은 동안 반복한다.
   2.1. 개수를 세다.
   2.2. 7의 배수를 구한다.
   2.3. 개수와 7의 배수를 출력한다.
3. 개수를 출력한다.
4. 끝내다.

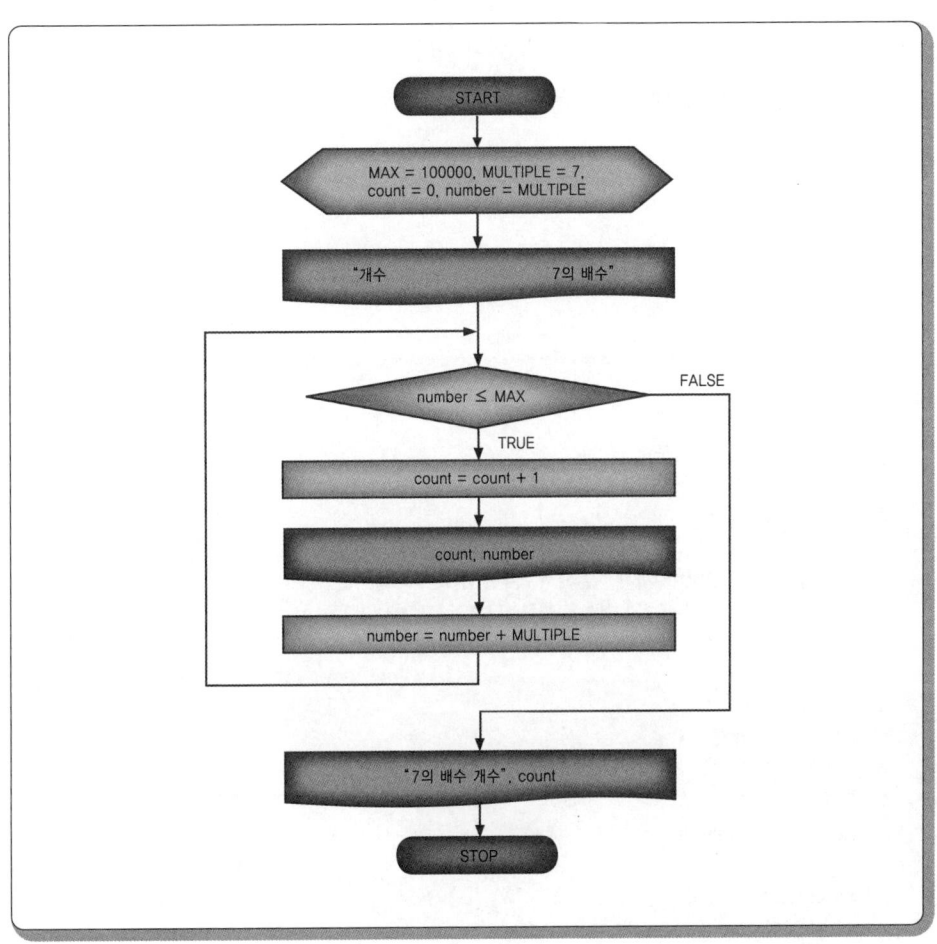

    3장에서 배웠던 내용으로 복습 삼아, 아래에 제시된 절차대로 직접 구현해 보세요. 제목을 출력하는 출력기호까지 직접 구현하세요.

- [ ] 1. 자바 소스 파일을 만드세요.
- [ ] 2. 프로그램에 대해 설명을 달아 보세요.
- [ ] 3. 패키지를 만드세요.
- [ ] 4. 메인 클래스를 만드세요.
- [ ] 5. main 메소드를 만드세요.
- [ ] 6. 단말기호를 구현하세요.

☐ 7. 준비기호를 구현하세요.

☐ 8. 처리 과정으로 코드에 대해 설명을 달아 보세요.

☐ 9. 제목을 출력하는 출력기호를 구현하세요.

아래 코드와 같이 구현되어야 합니다.

[JAVA 코드]

```java
// Main.java
/*******************************************************************************
파 일  명 칭 : Main.java
메소드 명칭 : main
기        능 : 1에서 100000까지 수들에서 개수를 세고, 7의 배수를
               구하고, 7의 배수와 개수를 출력한다. 그리고 마지막으로
               전체 개수를 출력한다.
입        력 : 없음
출        력 : 개수
작  성  자 : 김 석 현
작성  일자 : 2007-12-28
*******************************************************************************/
package countmultiples;

public class Main {
    public static void main(String[] args) {
        // 상수 변수들 선언
        final int MAX = 100000;
        final int MULTIPLE = 7;
        // 지역변수 선언문들
        int count = 0;
        int number = MULTIPLE;

        // 1. 제목을 출력한다.
        System.out.println("개수\t\t7의 배수");
        // 2. 수가 MAX보다 작거나 같을 때까지 반복한다.
            // 2.1. 개수를 세다.
            // 2.3. 개수와 7의 배수를 출력한다.
            // 2.2. 7의 배수를 구한다.
        // 3. 개수를 출력한다.
        // 4. 끝내다.
    }
}
```

다음은 순서도에서 선 검사 반복구조를 JAVA 언어로 구현해 봅시다.

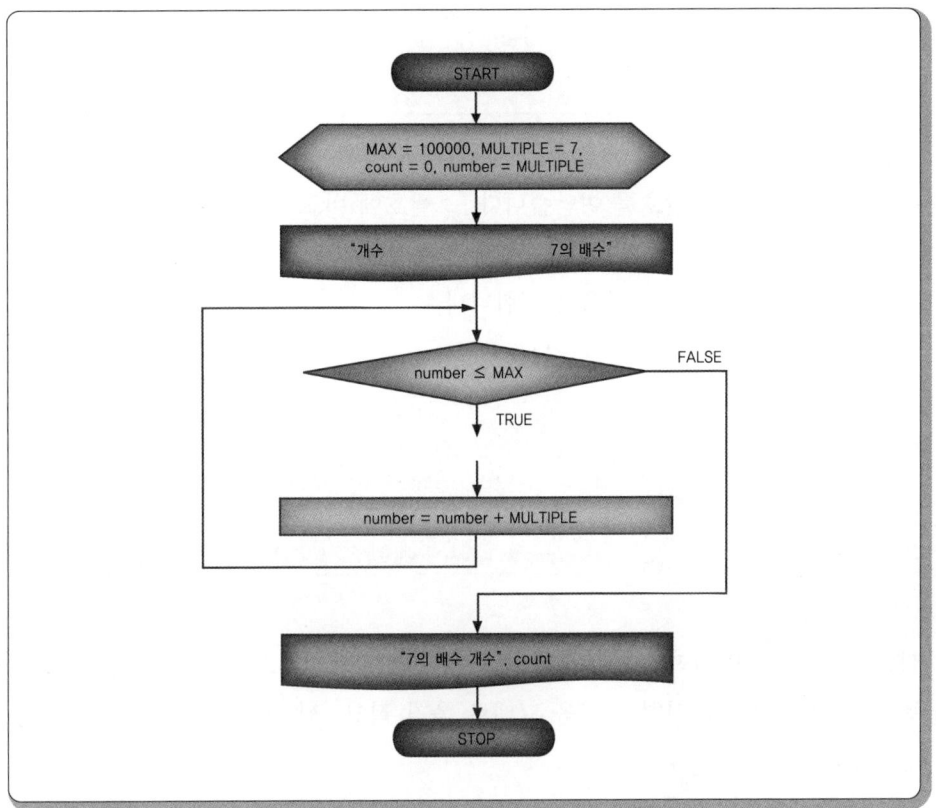

JAVA 언어에서 제공하는 반복 제어문장은 while, do ~ while 그리고 for 문장입니다. do ~ while 문장은 3장에서 언급했기 때문에 여기서 while과 for 문장으로 구현해 보도록 합시다. while 문장으로 구현해 봅시다.

JAVA에서 while 문장의 형식은 C 언어의 형식과 같습니다. 따라서 다음과 같습니다. while 키워드를 적고, 소괄호에 조건식을 적고, 중괄호로 제어블록을 설정합니다. 그리고 제어 블록에 자바의 문장(들)을 적으면 됩니다.

```
■ [JAVA 코드]
while ( 조건식 ) {
        // 단문 혹은 복문
}
```

while 키워드를 적고 소괄호를 여닫습니다. 소괄호에 비교 및 판단기호에 적힌 관계식을 그대로 옮겨 적어 조건식을 작성합니다. 이때 관계 연산자는 <= 로 바꾸어 적어야 합니다. 그리고 중괄호로 여닫아 제어블록을 설정합니다.

```
■ [JAVA 코드]
while ( number <= MAX) {
}
```

제어블록에서 가장 마지막 문장은 7의 배수를 구하는 처리기호를 자바 식 문장으로 작성하면 됩니다. 처리기호에 적힌 수식을 그대로 옮겨 적고, 세미콜론을 찍어 자바 문장으로 작성하면 됩니다.

```
■ [JAVA 코드]
number = number + MULTIPLE;
```

자바에서도 C 언어처럼 += 누적 연산자를 제공합니다. 따라서 다음과 같이 작성하는 것이 더욱더 효율적인 코드입니다.

```
■ [JAVA 코드]
number += MULTIPLE;
```

여기까지 정리하면 다음과 같습니다.

```
[JAVA 코드]

// Main.java
/*******************************************************************************
파 일 명 칭 : Main.java
메소드 명칭 : main
기     능 : 1에서 100000까지 수들에서 개수를 세고, 7의 배수를
            구하고, 7의 배수와 개수를 출력한다. 그리고 마지막으로
            전체 개수를 출력한다.
입     력 : 없음
출     력 : 개수
작 성 자 : 김석현
작 성 일자 : 2007-12-28
*******************************************************************************/
package countmultiples;

public class Main {
    public static void main(String[] args) {
        // 상수 변수들 선언
        final int MAX = 100000;
        final int MULTIPLE = 7;
        // 지역변수 선언문들
        int count = 0;
        int number = MULTIPLE;

        // 1. 제목을 출력한다.
        System.out.println("개수\t\t7의 배수");
        // 2. 수가 MAX보다 작거나 같을 때까지 반복한다.
        while ( number <= MAX) {
            // 2.1. 개수를 세다.
            // 2.3. 개수와 7의 배수를 출력한다.
            // 2.2. 7의 배수를 구한다.
            number += MULTIPLE;
        }
        // 3. 개수를 출력한다.
        // 4. 끝내다.
    }
}
```

다음은 여러분이 while 반복문장의 제어블록에서 처리해야 하는 "2.1. 개수를 세다."
와 "2.3. 개수와 7의 배수를 출력한다."에 대해 JAVA로 직접 구현해 봅시다. 또한,
while 반복문장을 탈출한 후 "3. 배수의 개수를 출력한다."에 대해서도 JAVA로 직접 구
현해 봅시다. 3장을 참고하여 하십시오.

☐ 10. 개수를 세는 처리기호를 구현하세요.

☐ 11. 개수와 7의 배수를 출력하는 출력기호를 구현하세요.

☐ 12. 7의 배수 개수를 출력하는 출력기호를 구현하세요.

이렇게 해서 JAVA로 구현이 끝나면 다음과 같이 코드가 정리됩니다.

■ [JAVA 코드]

```
// Main.java
/***************************************************************
파 일  명칭 : Main.java
메소드 명칭 : main
기      능 : 1에서 100000까지 수들에서 개수를 세고, 7의 배수를
             구하고, 7의 배수와 개수를 출력한다. 그리고 마지막으로
             전체 개수를 출력한다.
입      력 : 없음
출      력 : 개수
작  성  자 : 김석현
작성  일자 : 2007-12-28
***************************************************************/
package countmultiples;

public class Main {
    public static void main(String[] args) {
        // 상수 변수들 선언
        final int MAX = 100000;
        final int MULTIPLE = 7;
        // 지역변수 선언문들
        int count = 0;
        int number = MULTIPLE;

        // 1. 제목을 출력한다.
```

```
System.out.println("개수\t\t7의 배수");
// 2. 수가 MAX보다 작거나 같을 때까지 반복한다.
while ( number <= MAX) {
    // 2.1. 개수를 세다.
    count++;
    // 2.3. 개수와 7의 배수를 출력한다.
    System.out.printf("%d\t\t%d\n", count, number);
    // 2.2. 7의 배수를 구한다.
    number += MULTIPLE;
}
// 3. 개수를 출력한다.
System.out.println("7의 배수 개수" + count);
// 4. 끝내다.
}
}
```

다음은 JAVA 언어에서 제공하는 for 반복문장으로 구현해 봅시다. JAVA 언어에서 제공하는 for 반복문장의 형식은 다음과 같습니다.

■ [JAVA 코드]

```
for(초기식;조건식;변경식) {
    // 단문 혹은 복문
}
```

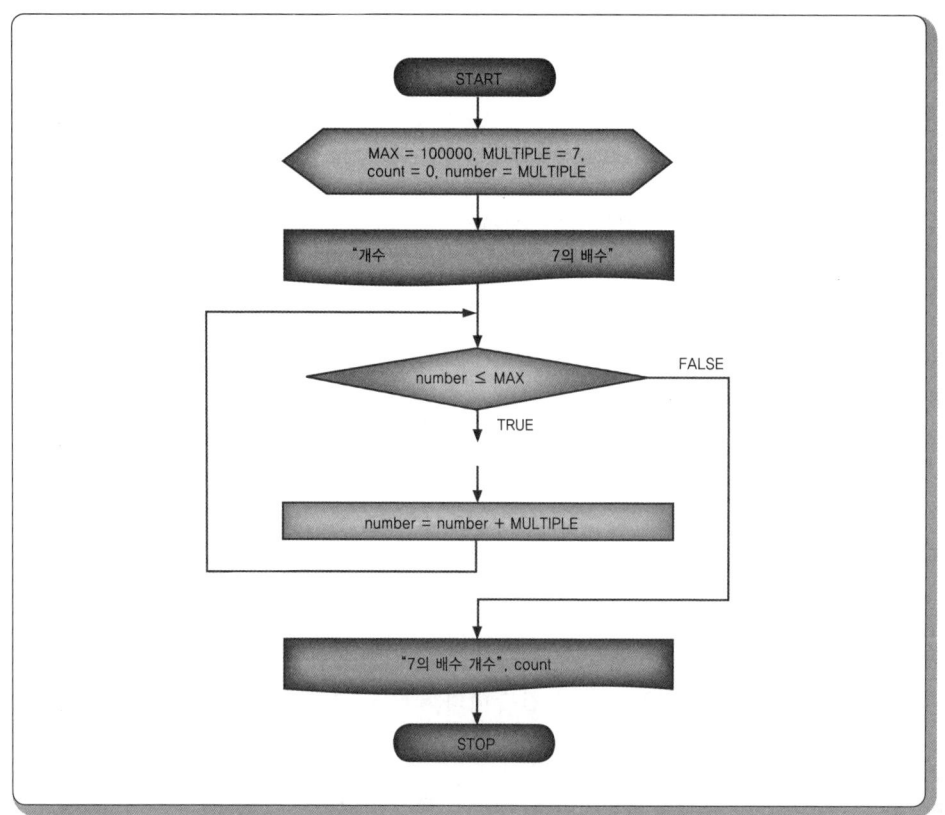

　for 키워드를 적고 소괄호를 여닫아야 합니다. 소괄호에는 차례로 초기식, 조건식 그리고 변경식이 세미콜론으로 구분되어 적혀야 합니다. 초기식은 반복제어변수에 초기값을 설정하는 치환식으로 작성됩니다. 여기서는 준비기호에 적힌 number = MULTIPLE입니다. 조건식은 반복할지를 결정하는 관계식과 논리식으로 작성됩니다. 비교 및 판단기호에 적힌 number ≤ MAX 관계식에 대해 number <= MAX를 적으면 됩니다. 변경식은 ++와 -- 같은 증감연산자나 누적 치환 연산자를 사용하여 반복제어변수에 저장된 값을 변경시키는 산술식과 치환식으로 작성됩니다. 여기서는 반복해야 할 내용에서 마지막 처리단계로 작도된 처리기호에 적힌 number = number + MULTIPLE을 사용하면 됩니다. 따라서 다음과 같이 코드가 작성되어야 합니다.

[JAVA 코드]

```
for(number = MULTIPLE; number <= MAX ; number = number + MULTIPLE)
```

더욱더 JAVA 다운 코드를 작성하자면, 변경식에 대해서 누적 치환 연산자를 사용하면 다음과 같이 작성될 것입니다.

[JAVA 코드]

```
number += MULTIPLE
```

그리고 개수를 세는 문장과 에코 출력을 하는 문장이 for 반복문장이 실행될 때 실행되어야 하는 문장들이므로 단문이 아니라 복문이므로 블록을 설정해야 합니다. 앞으로는 JAVA 언어의 제어문장, 선택문장과 반복문장이면 단문인지 복문인지 구분하여 블록을 설정할 것인지 아닌지 따지지 말고 블록을 설정하도록 합시다. 여기까지 코드를 정리해 보면 다음과 같습니다.

[JAVA 코드]

```
// Main.java
/********************************************************************
파 일 명칭 : Main.java
메소드 명칭 : main
기     능 : 1에서 100000까지 수들에서 개수를 세고, 7의 배수를
            구하고, 7의 배수와 개수를 출력한다. 그리고 마지막으로
            전체 개수를 출력한다.
입     력 : 없음
출     력 : 개수
작 성 자 : 김 석 현
작 성 일자 : 2007-12-28
********************************************************************/
package countmultiples;

public class Main {
```

```java
public static void main(String[] args) {
    // 상수 변수들 선언
    final int MAX = 100000;
    final int MULTIPLE = 7;
    // 지역변수 선언문들
    int count = 0;
    int number = MULTIPLE;

    // 1. 제목을 출력한다.
    System.out.println("개수\t\t7의 배수");
    // 2. 수가 MAX보다 작거나 같을 때까지 반복한다.
    for( number = MULTIPLE;number <= MAX;number += MULTIPLE ) {
        // 2.1. 개수를 세다.
        count++;
        // 2.3. 개수와 7의 배수를 출력한다.
        // System.out.println("" + count + "\t\t" + number);
        System.out.printf("%d\t\t%d\n", count, number);
        // 2.2. 7의 배수를 구한다.
    }
    // 3. 개수를 출력한다.
    System.out.println("7의 배수 개수" + count);
    // 4. 끝내다.
}
```

여기까지 공부한 바로는 제어논리를 작성할 때 반복횟수가 정해진 경우는 for 반복구조나 for 반복문장을 만드는 것이 더욱더 간결하고, 효율적인 것을 확인할 수 있을 것입니다.

3장에서 후 검사 반복구조로 작성된 제어논리보다는 더욱더 합리적이고, 자연스러운 제어논리가 작성된 것을 확인할 수 있습니다.

순서도와 나씨-슈나이더만 다이어그램

순서도로는 제어구조가 명확하지 않기 때문에 명확하게 제어구조를 작도할 수 있는 나씨-슈나이더만 다이어그램으로 반복구조에 대해 표준화해 보도록 합시다. 순서도를 나씨-슈나이더만 다이어그램으로 바꾸어 봅시다.

단말기호는 전형적인 순차구조입니다. 따라서 순차구조 기호로 사각형을 작도하고, 단말기호에 적힌 내용을 옮겨 적습니다. 나씨-슈나이더만 다이어그램에서는 대소문자를 구분합니다. 따라서 START와 STOP을 소문자로 기술합시다.

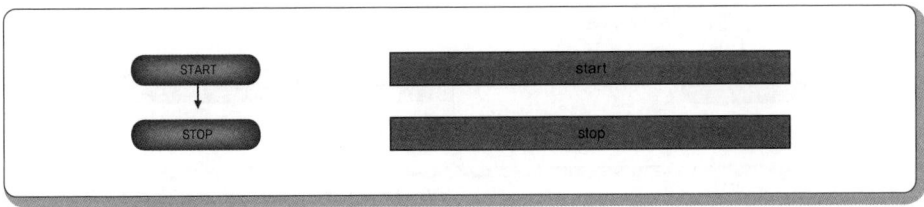

상수, 변수 그리고 배열을 선언 및 정의하는 준비기호도 전형적인 순차구조입니다. 따라서 start 순차구조 기호 바로 아래쪽에 사각형을 작도하고, 준비기호에 적힌 내용을 그대로 옮겨 적습니다.

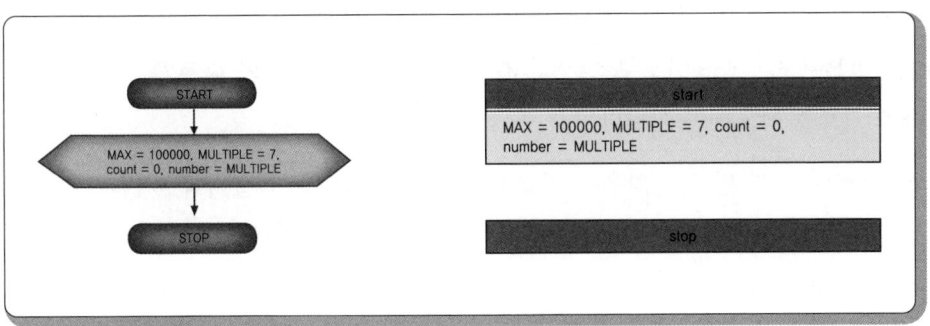

제목을 출력하는 출력기호는 전형적인 순차구조입니다. 따라서 상수, 변수 그리고 배열을 선언 및 정의하는 순차구조 기호 바로 아래쪽에 사각형을 작도합니다. 그리고 print 명령어를 적고 한 칸 띄우고 출력기호에 적힌 내용을 그대로 옮겨 적습니다. 나씨-슈나이더만 다이어그램에서도 문자열 상수는 큰따옴표로 싸야 합니다.

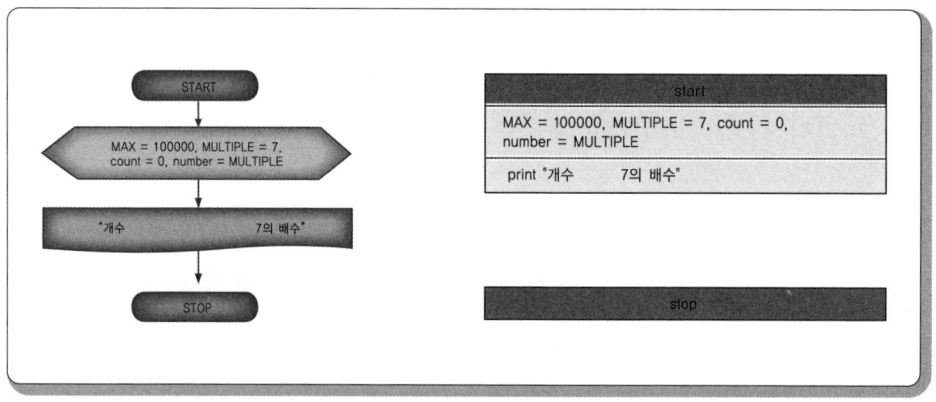

다음은 4장에서 공부해야 하는 선 검사 반복구조에 대해 나씨-슈나이더만 다이어그램에서는 어떻게 작도되는지 확인해 봅시다.

나씨-슈나이더만 다이어그램에서는 선 검사 반복구조는 두 개로 구분됩니다. 제어논리를 작성할 때 반복횟수가 정해지지 않는 경우 while 반복구조와 반복횟수가 정해지면 for 반복구조를 만들 수 있습니다.

while 반복구조든 for 반복구조든 ㄴ 자형 후 검사 반복구조와 다르게 ㄱ 자형 선 검사 반복구조 기호를 작도해야 합니다.

while 반복구조를 만드는 경우는 기호에 while 키워드를 적습니다. 키워드 다음에 소괄호를 여닫습니다. 소괄호에 비교 및 판단기호에 적힌 조건식을 그대로 옮겨 적습니다.

그리고 ㄱ 자 반복구조 기호에서 제일 아래쪽에는 반복제어변수 변경식인 처리기호에 대해 작도해야 합니다. 처리기호는 전형적인 순차구조입니다. 따라서 사각형을 작도하고, 처리기호에 적힌 내용을 그대로 옮겨 적으면 됩니다.

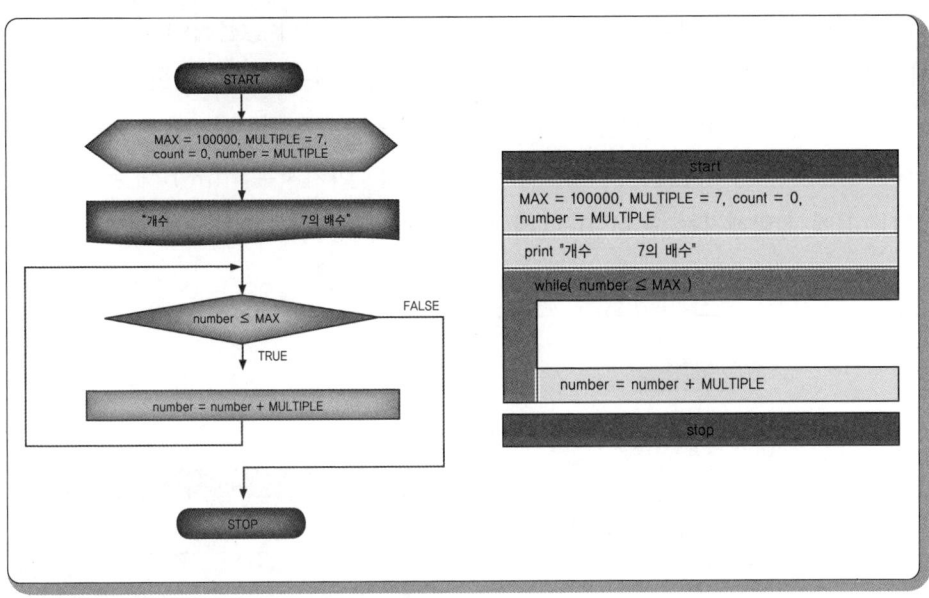

　상수, 변수 그리고 배열을 선언 및 정의하는 순차구조 기호에서 반복구조 제어변수의 초기식 number = MULTIPLE이 작성됩니다. 반복구조 기호에서 조건식이 작성됩니다. 그리고 반복구조 기호의 맨 아래쪽 순차구조 기호에 변경식이 작성됩니다.

　그렇지만 작성하고 있는 제어논리는 반복횟수가 정해져 있습니다. 따라서 이러한 경우는 for 반복구조가 더욱더 효율적입니다. for 반복구조는 while 반복구조의 부분집합으로 제어논리를 작성할 때 반복횟수가 정해지면 작성할 수 있는 반복구조입니다. 따라서 for 반복구조는 반드시 while 반복구조로 바꿀 수 있습니다.

　for 반복구조로 만들어 봅시다. 선 검사 반복구조이기 ㄷ자형 반복구조 기호를 작도합니다. 그리고 반복구조기호에 for 키워드를 적습니다. for 키워드 다음에 소괄호를 여닫습니다. 소괄호에 반복제어변수 초기식, 조건식 그리고 변경식을 작성해야 합니다. 이때 초기식은 치환식으로 작성되어야 합니다. 따라서 상수, 변수 그리고 배열을 선언 및 정의하는 순차구조기호에 적힌 number =MULTIPLE을 그대로 옮겨 적어야 합니다. 그리고 쉼표로 구분하여 조건식을 작성해야 합니다. 그런데 조건식과 변경식은 식으로 작성할 수 없습니다. 식으로 작성한다면 수식의 평가 결과에 따라 반복횟수가 결정되기 때문에 반복횟수가 정해진 경우라고 할 수 없습니다. 따라서 조건식에서 사용된 상수만 적어야 합니다. 비교 및 판단 기호에 적힌 관계식에서 상수인 MAX만 적어야 합니다. 그리고 관계식이어야 하고, 반복제어변수 number가 MAX보다 작거나 같은지에 대해 평가를 해야합니다. 마찬가지로 변경식에 대해서도 수식으로 작성할 수 없습니다. 변경식은 일반적으로 일정한 크기만큼 더하거나 빼는 산술식과 치환식으로 구성됩니다. 이때 더하거나 뺄 때 사용되는 일정한 크기의 값을 상수로 적어야 합니다. 여기서는 number = number + MULTIPLE에서 더해지는 수 MULTIPLE을 적으면 됩니다.

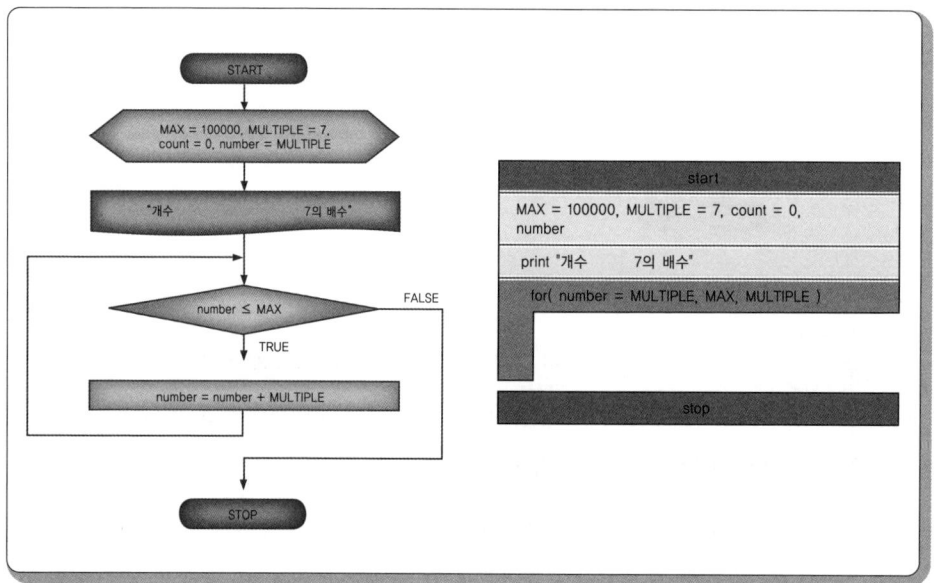

따라서 while 반복구조를 단순화한 것이 for 반복구조이다는 것을 알 수 있습니다. while 반복구조와 비교해 보면, 반복제어변수에 대해 초기식을 초기화나 치환으로 할 필요가 없습니다. 반복구조 기호의 맨 아래쪽에 작도되는 변경식이 적힌 순차구조 기호도 생략되어야 합니다.

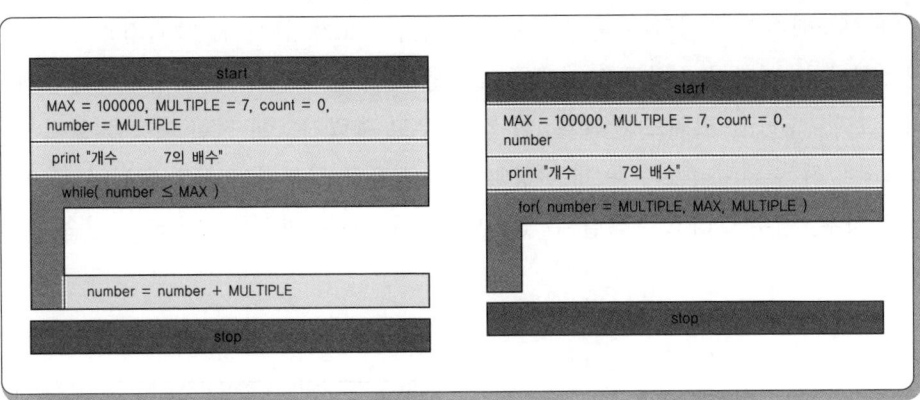

다음은 반복해서 처리해야 하는 내용에 대해 나씨-슈나이더만 다이어그램에 작도해 봅시다. 「자형 반복구조 기호에서 오른쪽 빈 영역에 위쪽에서 아래쪽으로 차례대로 작도하면 됩니다.

개수를 세는 처리기호는 순차구조 기호를 반복구조 기호에서 오른쪽 빈 영역에 들어가도록 크기에 맞추어 작도합니다. 그리고 처리기호에 적힌 내용을 옮겨 적습니다.

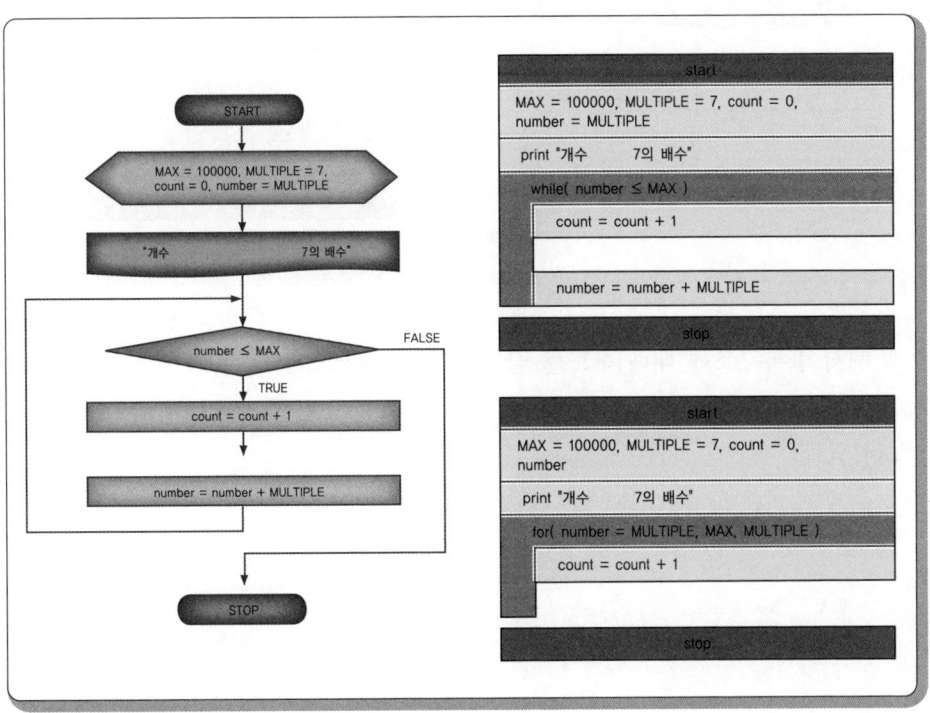

개수와 7의 배수를 출력하는 출력기호에 대해서 작도해 봅시다. 출력기호는 전형적인 순차구조입니다. 따라서 순차구조 기호를 개수를 세는 순차구조 기호 바로 아래쪽에 작도합니다. 그리고 print 키워드를 적고, 한 칸 띄우고 출력기호에 적힌 내용을 옮겨 적습니다. 출력해야 하는 데이터들이 두 개 이상일 때는 쉼표로 구분하여 적으면 됩니다. 이때 데이터들은 상수, 변수 그리고 수식일 수 있습니다. 여기서는 변수를 사용하고 있습니다.

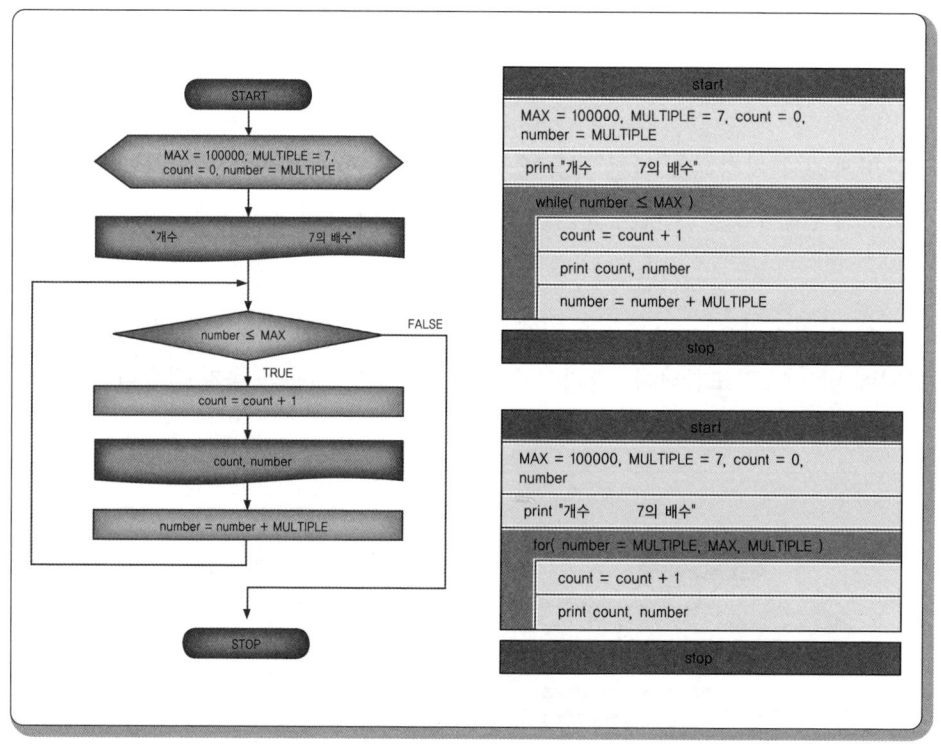

이렇게 해서 반복구조에 대해 작도를 끝냈습니다. 순서도 보다는 더욱더 명확하게 반복구조를 작도할 수 있습니다. 따라서 순서도 보다는 더욱더 쉽게 프로그램의 제어구조를 파악할 수 있습니다.

나씨-슈나이더만 다이어그램으로 변환하는 작업을 마무리해 봅시다. 7의 배수의 전체 개수를 출력하는 출력기호에 대해 작도를 마무리하면 될 것 같습니다. 출력기호는 순차구조이기 때문에 반복구조 기호 바로 아래쪽에 순차구조 기호를 작도해야 합니다. 그리고 print 키워드를 적고, 출력할 데이터들을 쉼표로 구분하여 적습니다. 출력기호에 적힌 내용을 그대로 옮겨 적으면 됩니다.

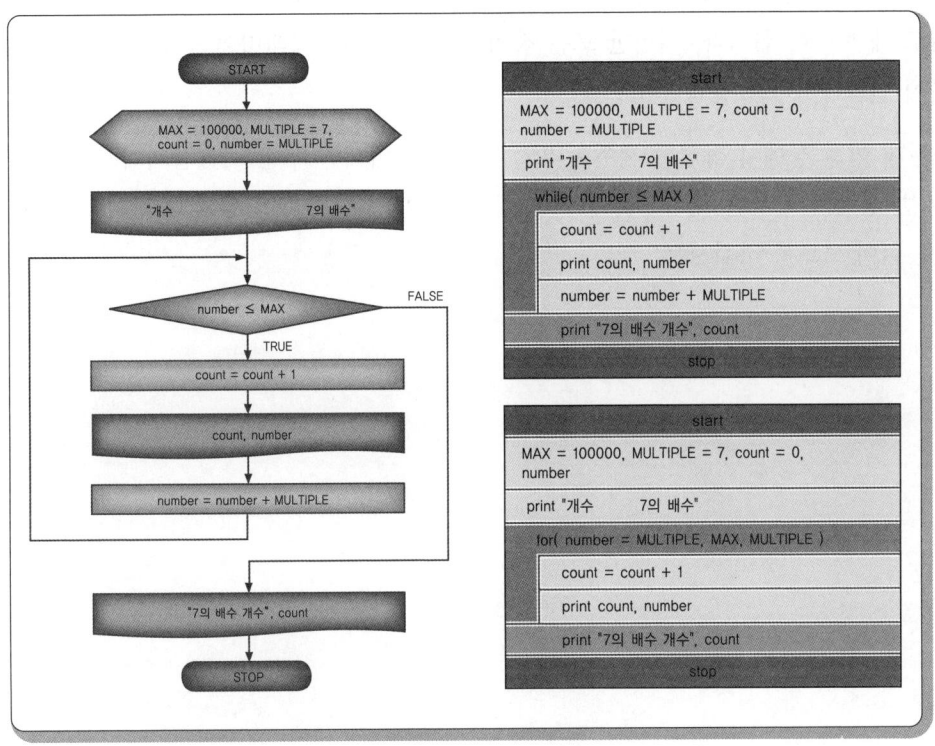

순서도를 나씨-슈나이더만 다이어그램으로 변환이 끝났습니다. 반복구조를 명확하게 이해할 수 있도록 정리되었습니다. 그리고 특히 for 반복구조를 보면, 정확히 반복제어변수의 초기식, 조건식 그리고 변경식이 차례대로 기술되는 것을 확인할 수 있습니다. 따라서 while 반복구조도 초기식, 조건식 그리고 변경식에 대해서 기술되는 순서를 지키도록 해야 합니다. 앞으로 작성되는 모든 제어논리에 이러한 개념적으로 정리된 규칙에 따라 작성하면 더욱더 쉽게 제어논리를 작성할 수 있을 것입니다.

정리

어떤 특정 문제에 대해 여러 개의 제어논리를 작성할 수 있습니다. 따라서 여러분들은 특정 문제에 대해 여러 개의 제어논리를 만들어 보고, 평가해서 어떠한 상황에서 가장 적합한 제어논리인지까지도 정리해야 합니다.

또한 특정 문제에 대해 다른 사람들이 작성한 제어논리도 많이 보고, 들어서 평가하는 작업도 해 보아야 합니다. 이러한 모든 작업은 훌륭한 프로그래머이면 해야 하는 작업이기 때문에 연습하시라는 것입니다.

그런데 이번 장에서 작성된 제어논리도 무엇인지 어색한 부분이 있습니다. 무엇일까요? 즉 이번 장에서 작성된 제어논리에 어떤 문제가 있을까요? 한번 생각해 보시고, 계속해서 5장을 읽어 보도록 하십시오.

Chapter 05

입력 없이 반복횟수가 정해졌을 때 문제는 어떻게 풀까?

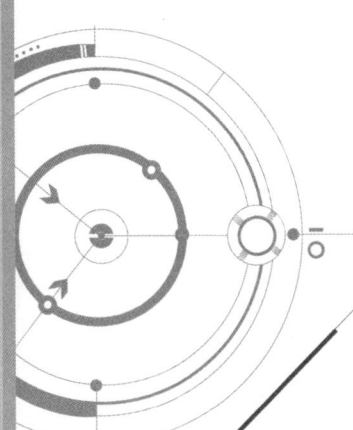

C PROGRAMMING
JAVA PROGRAMMING

05 :: 입력 없이 반복횟수가 정해졌을 때 문제는 어떻게 풀까?

> **풀어보세요** 100000까지 1, 2, 3, 4, 5, 6, 7, 8 순으로 수를 세면서 7의 배수인지 확인하면서 7의 배수이면 7의 배수의 개수를 세는 방식으로 선 검사 반복구조(진입조건 반복구조)로 제어논리를 작성하십시오.

4장에서 작성된 제어논리는 3장에서 작성된 제어논리보다는 더욱더 자연스럽고, 합리적인 표현인 것 같습니다. 그렇지만 첫 번째 7의 배수를 반복구조에서 처리하지 않고, 초기화로 해결한 부분은 자연스럽지 못한 부분입니다.

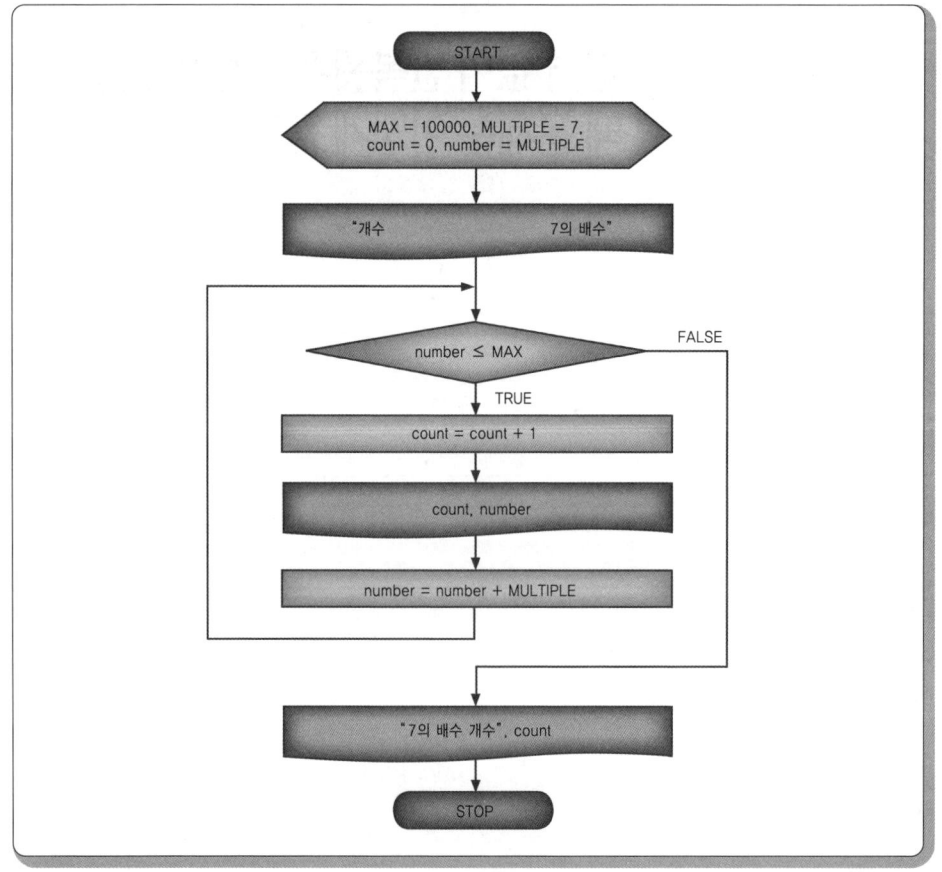

결론적으로 말하면, 결과만을 생각하고 문제를 변형하였기 때문에 초래되는 오류가 발생하게 된 것입니다. 정확하게 확인하기 위해서 다음과 같이 순서도를 고치고, 검토를 해 보시면 바로 확인할 수 있을 것입니다.

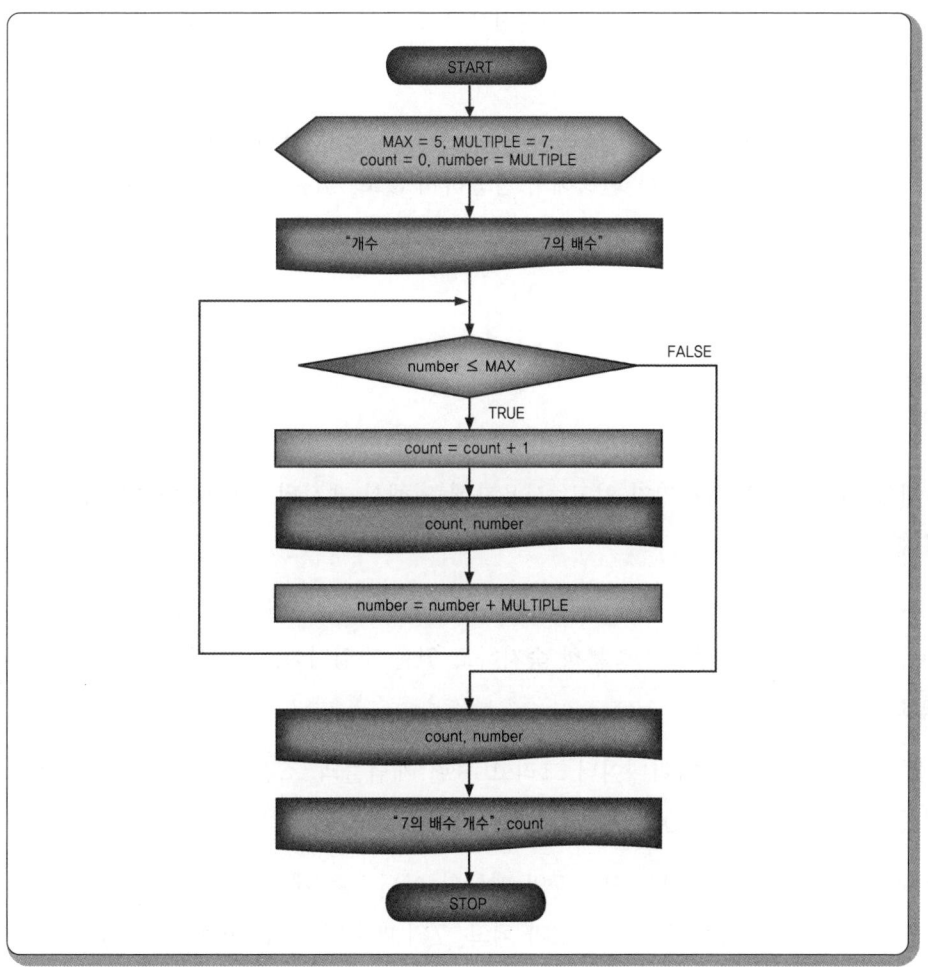

에코 출력을 7의 배수 개수를 출력하기 전에 두고, MAX를 5로 조정해서 검토해 보면, 약간의 문제가 있는 것을 확인할 수 있을 것입니다. 출력기호를 만나게 되면서 제목을 출력하게 됩니다. 그리고 비교 및 판단기호를 만나면, 현재 number에 저장된 값은 준비기호에서 초기화된 값, 7이고 MAX는 5이므로 number 7이 MAX 5보다 크기 때문에 관계식을 평가하면 거짓입니다. 따라서 반복을 탈출하여 FALSE 쪽으로 이동하여 에코 출력을 하게 됩니다. 이때 출력되는 값은 count 0, 그리고 number 7이 출력되게 됩니다. 여기서 주목할 점은 number가 7로 출력된다는 것인데, number가 7로 출력된다는 것은 개수가 세어져서 1이 되어야 한다는 것입니다. 그렇지만 MAX 5까지 7의 배수의 개수가 0이 되어야 하므로 어쩔 수 없는 표현입니다. 따라서 전체적으로는 정확하게 작동되는 것처럼 보이지만, 에코 출력으로 보면 논리적으로 오류이지요. 이러한 부분을 자연스럽지 못한 것이라고 합니다.

그래서 더욱더 자연스럽고, 정확한 결과를 내기 위해서는 다른 제어논리를 개발해야 합니다. 그러기 위해서는 문제를 변형해서 가공하지 않고, 있는 그대로 이해해서 제어논리를 표현해 봅시다.

문제 이해

문제를 왜곡해서 변형시키지 않고, 사용자에 의해서 제시된 그대로 이해해서 작성해 보도록 합시다

2장에서 제시된 내용으로 보면 출력데이터는 7의 배수 개수이며, 입력데이터는 없습니다. 배수에 관한 개념은 여러분이 충분히 숙지하고 있을 것입니다. 그렇지 않다면 다시 정리해 보세요.

이렇게 출력데이터와 입력데이터 그리고 관련 개념들과 조건들이 정리되면, 종이와 연필로 문제를 풀어 보도록 합시다.

1부터 7의 배수인지 확인합니다. 7의 배수가 아니므로 개수를 세지 않고, 개수와 수를 출력하지 않습니다. 다음 수를 세면 2가 되고, 7의 배수인지 확인하면, 7의 배수가 아니므로 개수를 세지 않고, 개수와 수를 출력하지 않습니다. 계속해서 수를 세어 3, 4, 5, 6에 대해 똑같은 처리를 합니다. 다시 수를 세어 7일 때, 7의 배수이므로 개수를 세고, 개수와 수 즉, 1과 7을 출력합니다. 이렇게 수가 100000일 때까지 반복하고, 100001이면 반복을 탈출하면 됩니다. 그리고 반복을 탈출하면 이때까지 센 개수를 출력합니다.

이러한 작업에 대해 표 형식으로 정리해서 작성해 봅시다. 아래와 같은 표가 작성됩니다.

수	7의 배수 여부	개수
1	×	0
2	×	0
3	×	0
…	…	…
7	O	1
8	×	1
…	…	…
13	×	1
14	O	2
…	…	…
100000	×	14285

모듈 기술서에 문제 이해 단계에서 파악된 내용을 정리해 봅시다.

내부 설계(Internal Design) ---- 모듈 기술서				
명칭	한글	배수의 개수를 세다		
	영문	CountMultiples		
기능	1에서 100000까지 수들에서 수를 세고, 7의 배수인지 확인하여 7의 배수이면 개수를 세고, 그때 개수와 7의 배수를 출력한다. 그리고 마지막으로 전체 개수를 출력한다.			
입·출력	입력	없음		
	출력	개수		
관련 모듈				

자료 명세서				
번호	명칭		자료유형	구분	비고
	한글	영문			

처리 과정

분석

자료명세서 작성

처리하는 데 필요한 데이터들 또는 구하고자 하는 데이터들을 정리하는 자료명세서를 작성해 보도록 합시다.

문제에서 제시된 값들을 정리해서 자료명세서를 작성합시다. 수의 범위가 제시되었습니다. 1에서 100000까지 수들에서 가장 큰 수, 100000 는 문제에서 제어논리 실행 시 바뀔 수 없는 값, 즉 상수입니다. 값에 대해 의미를 나타내는 이름으로 기호상수로 정리하도록 합시다. 그리고 7의 배수를 찾기 위해서 7로 나누어 떨어지는지를 확인해야 하기 때문에 7도 배수라고 의미를 두는 것이 이해하기 쉽도록 할 수 있습니다. 그래서 7도 문제에서 제시된 바뀔 수 없는 값, 상수로 기호상수로 정리하도록 합시다. 기호상수를 정리한 줄의 비고란에 상수 값을 적도록 합시다.

그리고 나열되는 수, 배수를 세는 개수는 제어논리가 실행될 때 바뀌는 값, 변수들로 정리해야 합니다. 앞에서 정리된 데이터들의 자료유형은 1에서 100000까지 수, 그리고 개수는 자연수이므로 정수로 정리하여야 합니다.

여기까지 모듈 기술서의 자료명세서에 정리하면 다음과 같습니다.

내부 설계(Internal Design) --- 모듈 기술서					
명칭	한글	배수의 개수를 세다			
	영문	CountMultiples			
기능		1에서 100000까지 수들에서 수를 세고, 7의 배수인지 확인하여 7의 배수이면 개수를 세고, 그때 개수와 7의 배수를 출력한다. 그리고 마지막으로 전체 개수를 출력한다.			
입·출력	입력	없음			
	출력	개수			
관련 모듈					
자료 명세서					
번호	명칭		자료유형	구분	비고
	한글	영문			
1	가장 큰 수	MAX	정수	상수	100000
2	배수	MULTIPLE	정수	상수	7
3	개수	count	정수	출력	
4	수	number	정수	처리	7의 배수
처리 과정					

처리 과정 작성

수작업 문제 풀이로 이해된 내용을 자연어로 정리하여 처리 과정을 작성합시다. 처리 과정은 한 번에 작성되지 않습니다. 세 가지 제어구조를 차례대로 적용하여 작성해야 합니다. 순차구조로만 정리된 처리 과정만을 작성해 봅시다. 제목을 출력하고, 수를 세어 적고, 7의 배수이면 개수를 세고, 개수와 수를 출력하게 되고, 개수를 출력하고 끝내면 됩니다. 모듈 기술서에 정리하면 다음과 같습니다.

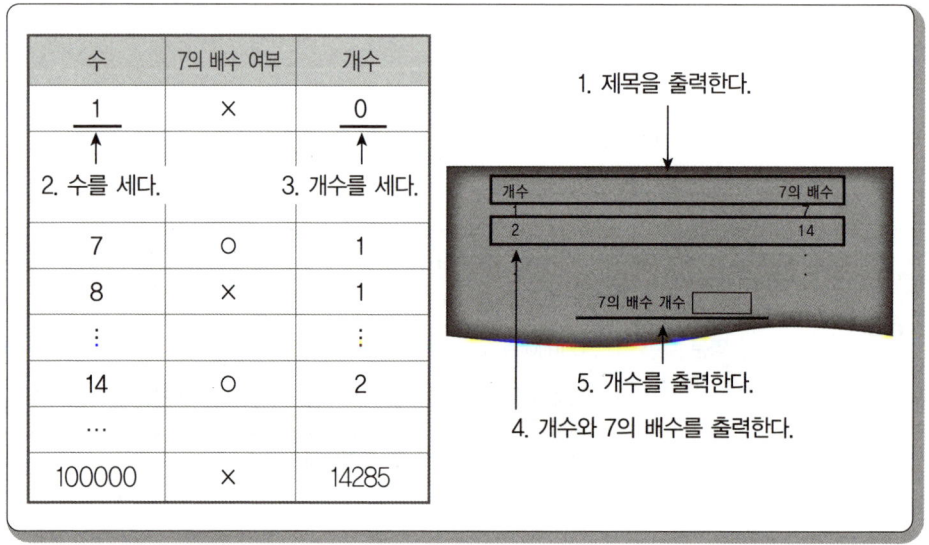

내부 설계(Internal Design) --- 모듈 기술서				
명칭	한글	배수의 개수를 세다		
	영문	CountMultiples		
기능		1에서 100000까지 수들에서 수를 세고, 7의 배수인지 확인하여 7의 배수이면 개수를 세고, 그때 개수와 7의 배수를 출력한다. 그리고 마지막으로 전체 개수를 출력한다.		
입·출력	입력	없음		
	출력	개수		
관련 모듈				
자료 명세서				
번호	명칭		자료유형	구분	비고
	한글	영문			
1	가장 큰 수	MAX	정수	상수	100000
2	공차	MULTIPLE	정수	상수	7
3	개수	count	정수	출력	
4	수	number	정수	처리	7의 배수
처리 과정				
1. 제목을 출력한다. 2. 수를 세다. 3. 개수를 세다. 4. 개수와 수를 출력한다. 5. 개수를 출력한다. 6. 끝내다.				

다음은 처리 과정에서 선택구조를 적용해야 하는 처리단계들을 찾아서 적용해야 합니다. "3. 개수를 세다."와 "4. 개수와 수를 출력한다." 처리단계들은 "2. 수를 세다." 처리단계에서 세어진 수가 7의 배수일 때만 실행되는 처리단계입니다. 따라서 3번과 4번 처리단계에 대해서는 선택구조를 적용해야 합니다.

그러면 선택구조를 적용한 처리 과정을 작성해 보도록 합시다. 먼저 선택구조에 대한 처리단계를 만들어야 합니다. "7의 배수인지 확인한다."라고 처리단계를 만들도록 합시다. 다음은 "7의 배수인지 확인한다."라는 처리단계와 "3. 개수를 세다." 와 "4. 개수와 수를 출력한다."라는 처리단계 간의 관계를 정리해야 합니다. "7의 배수인지 확인한다."라는 처리단계를 상위단계로 하고, "3. 개수를 세다." 와 "4. 개수와 수를 출력한다." 처리단계를 하위단계로 해야 합니다. 즉, 세어진 수가 7의 배수인지 확인해서 7의 배수일 때만 개수를 세고, 개수와 수를 출력하도록 하겠다는 것입니다. 이러한 관계 설정은 가우스 번호 매김 체계와 들여쓰기를 하여 이루어져야 합니다. "3. 개수를 세다." 처리단계 앞에 "7의 배수인지 확인한다." 처리단계를 적습니다. 그러면 "7의 배수인지 확인한다." 처리단계에 매겨지는 번호는 3이 됩니다. 왜냐하면 "7의 배수인지 확인한다." 처리단계 앞에 있는 처리단계가 "2. 수를 세다."이기 때문입니다. 그리고 "3. 개수를 세다." 처리단계는 "3.1. 개수를 세다." 처리단계로 정리되어야 합니다. "3. 7의 배수인지 확인한다." 처리단계를 상위단계로 해야 하므로 가우스 번호 매김 체계에 의하면 상위단계의 번호를 먼저 적고, 구두점으로 구분하여 하위단계의 번호를 다시 1번부터 시작하여 매겨야 합니다. 따라서 "3. 개수를 세다."는 "3.1. 개수를 세다."로 정리되어야 합니다. 그리고 "4. 개수와 수를 출력한다." 처리단계는 "3.2. 개수와 수를 출력한다." 처리단계로 번호를 매기고, 들여쓰기로 정리되어야 합니다.

그리고 "5. 개수를 출력한다." 와 "6. 끝내다." 처리단계들은 번호를 다시 매겨, 각각 "4. 개수를 출력한다." 와 "5. 끝내다."로 정리하여야 합니다. 모듈 기술서에 정리하면 다음과 같이 정리됩니다.

내부 설계(Internal Design) ---- 모듈 기술서						
명칭	한글	배수의 개수를 세다				
	영문	CountMultiples				
기능		1에서 100000까지 수들에서 수를 세고, 7의 배수인지 확인하여 7의 배수이면 개수를 세고, 그때 개수와 7의 배수를 출력한다. 그리고 마지막으로 전체 개수를 출력한다.				
입·출력	입력	없음				
	출력	개수				
관련 모듈						
자료 명세서						
번호	명칭		자료유형	구분	비고	
	한글	영문				
1	가장 큰 수	MAX	정수	상수	100000	
2	공차	MULTIPLE	정수	상수	7	
3	개수	count	정수	출력		
4	수	number	정수	처리	7의 배수	
처리 과정						

1. 제목을 출력한다.
2. 수를 세다.
3. 7의 배수인지 확인한다.
    3.1. 개수를 세다.
    3.2. 개수와 수를 출력한다.
4. 개수를 출력한다.
5. 끝내다.

다음은 반복해야 하는 처리단계들을 확인해야 합니다. 1부터 100000까지 수에 대해서 "2. 수를 세다." 와 "3. 7의 배수인지 확인한다." 와 하위단계들을 처리해야 합니다. 따라서 반복구조에 대한 처리단계는 "2. 수를 세다."라는 처리단계 앞에 기술되어야 합니다. 그리고 2번과 3번 처리단계는 반복구조 처리단계의 하위 단계로 조정되어야 합니다.

반복구조 처리단계를 만들어 봅시다. 3장과 4장에서 반복구조에 대해 정리를 했습니다. 후 검사 반복구조보다 선 검사 반복구조가 제어논리를 작성하는데 더 효율적임을 확인했습니다. 따라서 선 검사 반복구조로 제어논리를 작성하도록 합시다. 반복구조에 대한 처리단계는 "수가 100000보다 작거나 같은 동안 반복한다."라고 작성되어야 합니다. 수가 100000보다 작거나 같은지에 대한 관계식을 작성하고, 평가해서 참이면 반복을 계속하고, 거짓이면 반복을 끝내도록 해야 하기 때문입니다.

이렇게 작성된 처리단계를 "2. 수를 세다." 앞에 기술하고, 처리단계의 번호로 2를 매기도록 합시다. 즉, "2. 수가 MAX보다 작거나 같은 동안 반복한다."라고 정리하여야 합니다. 그리고 "2. 수를 세다." 와 "3. 7의 배수인지 확인한다." 와 하위 단계들을 "2. 수가 MAX보다 작거나 같은 동안 반복한다.", 처리단계의 하위 단계로 가우스 번호 매김 체계와 들여쓰기로 정리하면 됩니다. 따라서 "2. 수를 세다."는 "2.1. 수를 세다."로, "3. 7의 배수인지 확인한다."는 "2.2. 7의 배수인지 확인한다.", "3.1. 개수를 세다."는 "2.2.1. 개수를 세다.", "3.2. 개수와 수를 출력한다."는 "2.2.2. 개수와 수를 출력한다."로 각각 정리되어야 합니다.

여기서 처리 과정에서 레벨은 가능하면 3단계 이하로 하도록 합시다. 처리 과정의 레벨이 4단계 이상을 넘으면 너무 방법(How)적인 부분을 기술하기 때문에 처리 과정에서 개념(What)적인 기술이라는 목표를 위배하기 때문입니다.

그리고 반복을 끝내고 처리되어야 하는 "4. 개수를 출력한다." 와 "5. 끝내다." 처리단계들은 다시 "3. 개수를 출력한다." 와 "4. 끝내다."로 정리하면 처리 과정이 마무리됩니다. 모듈 기술서에 정리하면 다음과 같습니다.

내부 설계(Internal Design) --- 모듈 기술서				
명칭	한글	배수의 개수를 세다		
	영문	CountMultiples		
기능		1에서 100000까지 수들에서 수를 세고, 7의 배수인지 확인하여 7의 배수이면 개수를 세고, 그때 개수와 7의 배수를 출력한다. 그리고 마지막으로 전체 개수를 출력한다.		
입·출력	입력	없음		
	출력	개수		
관련 모듈				

자료 명세서						
번호	명칭		자료유형	구분	비고	
	한글	영문				
1	가장 큰 수	MAX	정수	상수	100000	
2	공차	MULTIPLE	정수	상수	7	
3	개수	count	정수	출력		
4	수	number	정수	처리	7의 배수	

처리 과정

1. 제목을 출력한다.
2. 수가 MAX보다 작거나 같은 동안 반복한다.
   2.1. 수를 세다.
   2.2. 7의 배수인지 확인한다.
      2.2.1. 개수를 세다.
      2.2.2. 개수와 수를 출력한다.
3. 개수를 출력한다.
4. 끝내다.

이렇게 처리 과정도 한 번에 작성하고자 하지 말고, 나름대로 규칙을 정해서, 즉 순차, 선택 그리고 반복구조를 차례대로 적용하여 작성하면 쉽게 작성할 수 있습니다.

선택구조를 먼저 할 것인지 반복구조를 먼저 할 것인지는 개개인의 취향에 따라서 하면 됩니다. 그러나 반복구조부터 먼저 추가하는 것이 더욱더 효율적일 것입니다. 왜냐하면, 제어논리에서 선택구조는 대개 반드시 존재하는 제어구조라기보다는 없을 수도 있습니다. 그러나 반복구조는 선택구조보다 반드시 존재하는 경우가 많습니다.

설계

● 순서도 작도

다음은 작성된 자료명세서와 처리 과정을 가지고 순서도를 작도해 보도록 합시다.

내부 설계(Internal Design) ---- 모듈 기술서			
명칭	한글	배수의 개수를 세다	
	영문	CountMultiples	
기능	1에서 100000까지 수들에서 수를 세고, 7의 배수인지 확인하여 7의 배수이면 개수를 세고, 그때 개수와 7의 배수를 출력한다. 그리고 마지막으로 전체 개수를 출력한다.		
입·출력	입력	없음	
	출력	개수	
관련 모듈			

자료 명세서

번호	명칭		자료유형	구분	비고
	한글	영문			
1	가장 큰 수	MAX	정수	상수	100000
2	공차	MULTIPLE	정수	상수	7
3	개수	count	정수	출력	
4	수	number	정수	처리	7의 배수

처리 과정

1. 제목을 출력한다.
2. 수가 MAX보다 작거나 같은 동안 반복한다.
   2.1. 수를 세다.
   2.2. 7의 배수인지 확인한다.
      2.2.1. 개수를 세다.
      2.2.2. 개수와 수를 출력한다.
3. 개수를 출력한다.
4. 끝내다.

처리 과정에서 "1. 제목을 출력한다.", "3. 개수를 출력한다." 그리고 "4. 끝내다."에 대해서 3장과 4장에서 설명한 대로 여러분이 직접 작도해 봅시다. 또한, 자료명세서에 정리된 데이터들에 대해 준비기호를 작도하는 것도 여러분이 직접 작도하시기 바랍니다.

- [ ] "4. 끝내다." 처리단계에 대해 순서도를 작도하세요.
- [ ] 자료명세서에 정리된 데이터들에 대해 순서도를 작도하세요.
- [ ] "1. 제목을 출력한다." 처리단계에 대해 순서도를 작도하세요.
- [ ] "3. 개수를 출력한다." 처리단계에 대해 순서도를 작도하세요.

그러면 3장과 4장에서 설명했던 처리 과정과 다른 처리단계인 반복구조 처리단계와 하위 단계에 대해서 어떻게 작도해야 하는지 알아보도록 합시다.

"2. 수가 MAX보다 작거나 같은 동안 반복한다." 처리단계에 대해 순서도에 작도해 보도록 합시다. 반복구조이므로 반복제어변수를 결정합니다. 반복제어변수를 가지고 관계식을 작성합니다. 그리고 비교 및 판단기호를 작도하고, 관계식을 적으면 됩니다. 따라서 반복제어변수는 처리단계 문장에서도 알 수 있듯이 수, number가 되어야 합니다. "수가 MAX보다 작거나 같은"에서 number ≤ MAX 관계식을 작성할 수 있습니다. 그리고 출력기호 아래에 비교 및 판단기호를 그립니다. 비교 및 판단기호에 관계식을 적습니다.

그리고 출력기호에서 비교 및 판단기호에 향하는 화살표로 흐름선을 작도합니다. 관계식을 평가해서 참이면, 아래쪽으로 제어 흐름을 결정할 수 있게끔 흐름선을 작도하고, 거짓이면 오른쪽으로 제어 흐름을 결정할 수 있게끔 흐름선을 작도하여 끝 단말기호로 향하도록 작도합니다. 그래서 순서도로 작성된 제어논리의 수행이 끝나도록 작도합니다. 그리고 왼쪽에는 아래쪽에서 위쪽으로 흐름선을 작도하여 비교 및 판단기호로 이동하도록 하여야 합니다.

선 검사 반복구조이므로 반복해서 처리해야 하는 내용을 실행하기 전에 조건식이 평가돼야 합니다. 따라서 보고서의 제목을 출력하는 출력기호 바로 다음에 작도되어야 합니다.

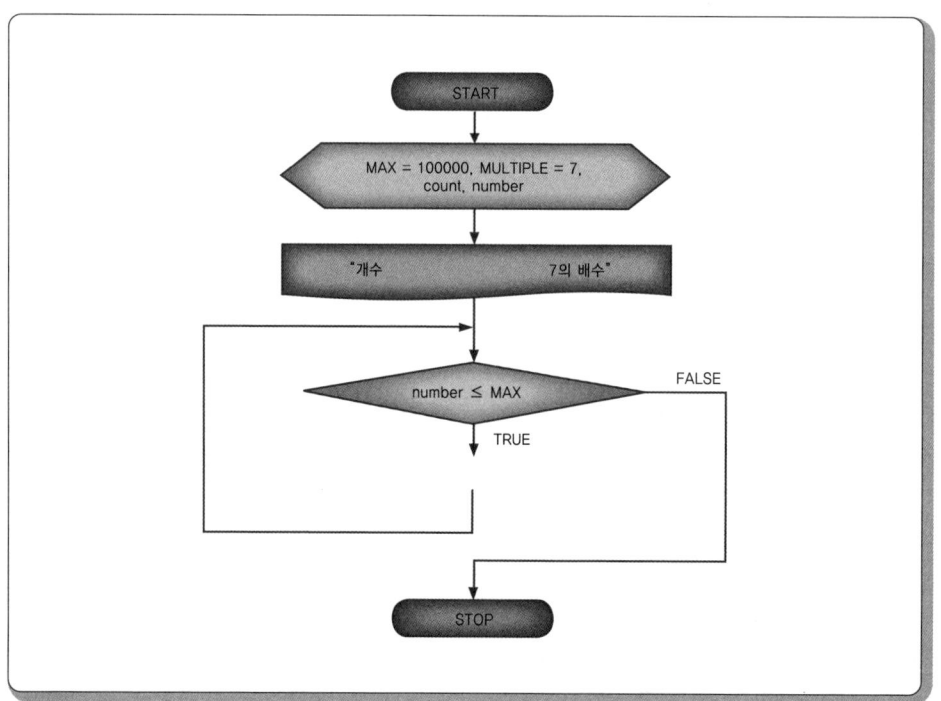

"2.1. 수를 세다." 처리기호에 대해 작도해 보도록 합시다. 1부터 100000까지 수를 세어야 하므로, 즉 1, 2, 3, 4 … ., 100000을 만들기 위해서는 현재 수에 1씩을 더하여 수를 만들어 내면 됩니다. 따라서 number = number + 1 누적 산술식을 만들어서 처리기호에 적어야 합니다.

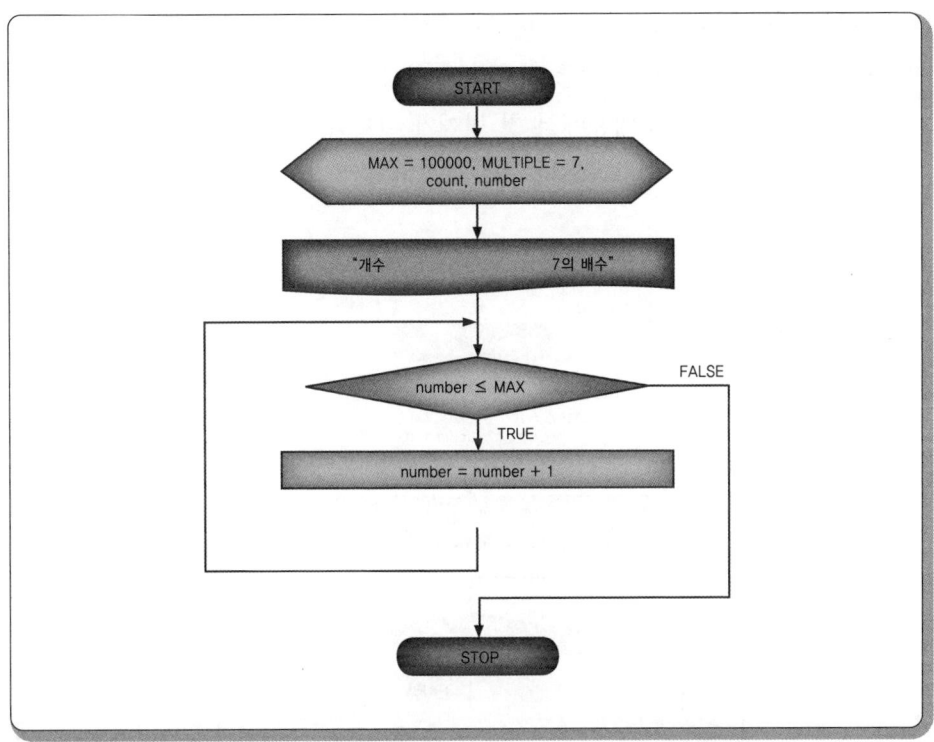

number는 누적에 사용되었기 때문에 초기값을 설정해야 합니다. 첫 번째 반복에서 구해져야 하는 값을 먼저 결정해야 합니다. 즉 number = number + 1 수식에서 왼쪽 number의 값이 얼마인지를 결정해야 합니다. number가 1이 되어야 합니다. 1이 될 때 오른쪽 number의 값은 얼마인지 계산하면, 초기값이 됩니다. 아래 수식을 정리해 보십시오. 0이 구해집니다. 따라서 number의 초기값으로 0을 설정해야 합니다.

$$1 = number + 1$$

여기서 잠깐 제어논리의 논리적인 표현을 검토해 보도록 합시다. 여기까지는 제어논리를 작성하는 데 있어 하나의 반복구조를 표현하고 있습니다. 반복구조의 표준화에 의하면 반복제어변수의 초기식, 조건식, 그리고 반복구조의 마지막 처리단계는 반복제어변수의 변경식 순으로 나열되어야 합니다.

반복제어변수를 number로 하고, 준비기호에서 반복제어변수의 초기식을 작성합니다. 비교 및 판단기호에서 반복제어변수를 사용한 조건식을 그리고 반복제어변수에 대한 변경식은 반복해서 처리해야 하는 내용에서 첫 번째가 아니라 마지막 처리단계로 작도되어야 합니다. 따라서 아래 순서도처럼 작도되어야 합니다.

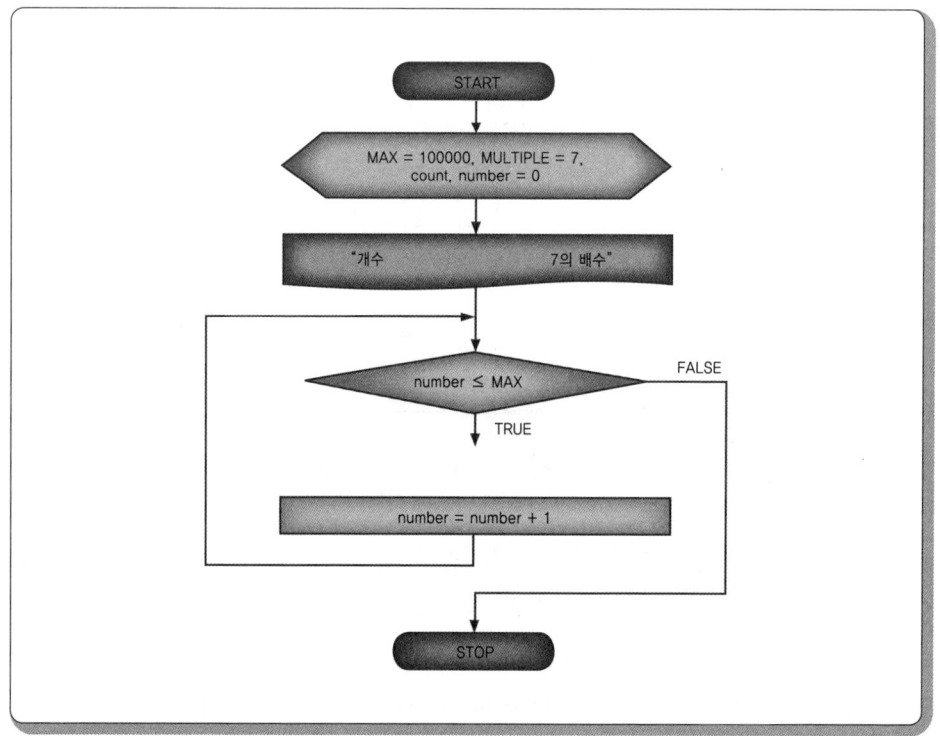

이때 number의 초기값은 얼마가 되어야 할까요? 초기값은 0이 되면 되지 않습니다. 위 순서도에서 반복제어변수를 변경하는 수식이 기술된 처리기호는 두 번째 반복을 위해 수를 세고 있습니다. 따라서 두 번째 반복에서 적히는 수가 얼마인지 확인해야 합니다. 두 번째 반복에서 세어져서 적히는 수는 2가 되어야 합니다. 따라서 다음과 같이 수식으로 정리되고, 수식을 풀면 1이 됩니다.

2 = number + 1

따라서 number의 초기값은 1이 되어야 합니다. 그래서 초기값을 1을 주어 첫 번째 반복에서는 1에 대해서 처리하고, 2번째 반복에서는 1에다 1을 더한 2에 대해서 처리를 하므로 1부터 "2.1. 수를 세다."라는 표현이 완성되는 것입니다.

따라서 준비기호를 작도할 때 초기값을 설정하는데 너무 시간을 낭비하지 않도록 합시다. 그리고 앞으로는 반복구조는 선 검사 반복구조를 사용하도록 하고, 반드시 반복제어변수 초기식, 조건식, 그리로 변경식 순으로 반복구조의 표준화에 맞게 작도하도록 합시다. 특히, 변경식은 반복해서 처리해야 하는 내용에서 가장 마지막에 처리되도록 합시다.

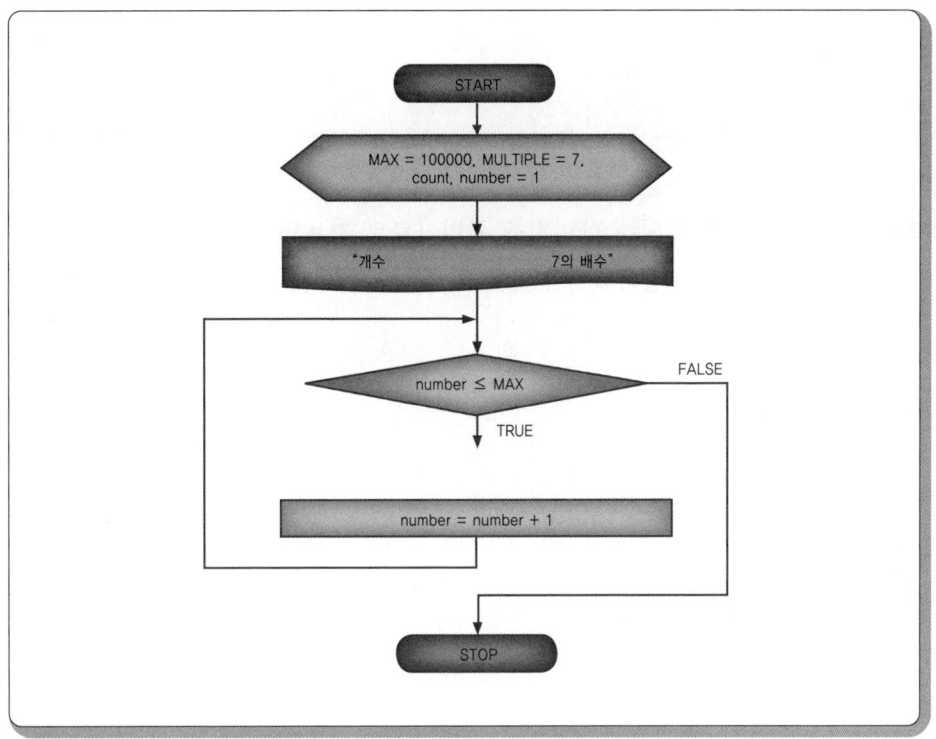

"2.2. 7의 배수인지 확인한다."라는 처리단계에서 7의 배수인지 아닌지를 확인하는 방법을 고안해야 합니다. 가장 간단한 방법은 산수 시간에 배운 7로 나누어서 떨어지면, 즉 나머지가 0이면 7의 배수이고, 그렇지 않으면 7의 배수가 아닙니다. 그러나 순서도에서는 정수에 대해서 나눗셈으로 나머지를 구할 수 없고, 단지 몫만을 구할 수 있습니다. 그러면 나머지를 어떻게 구할 수 있을까요? 나눗셈은 기본적으로 빼기의 또 다른 표현이지요. 즉, 임의의 수를 7로 계속 빼어 7보다 작을 때까지 뺀 횟수가 몫이고 7보다 작은 남은 수를 나머지라고 하여 구하는 수식을 말하는 것입니다. 빼기를 이용하여 나머지를 구하는 방법을 적용하도록 하고, 이 방법에 대해 처리 과정을 적어 보면 다음과 같습니다.

```
1. 수를 입력받는다.
2. 수가 7보다 크거나 같은 동안 반복한다.
    2.1. 수를 7로 빼다.
3. 나머지를 출력한다.
4. 끝낸다.
```

처리 과정에서 새로 발견되는 나머지를 처리자료로 자료명세서에 정리해야 합니다. 이렇게 자료명세서는 수시로 정리되어야 합니다.

Chapter_05
입력 없이 반복횟수가 정해졌을 때 문제는 어떻게 풀까?

내부 설계(Internal Design) ---- 모듈 기술서

명칭	한글	배수의 개수를 세다
	영문	CountMultiples
기능		1에서 100000까지 수들에서 수를 세고, 7의 배수인지 확인하여 7의 배수이면 개수를 세고, 그때 개수와 7의 배수를 출력한다. 그리고 마지막으로 전체 개수를 출력한다.
입·출력	입력	없음
	출력	개수
관련 모듈		

자료 명세서

번호	명칭 한글	명칭 영문	자료유형	구분	비고
1	가장 큰 수	MAX	정수	상수	100000
2	공차	MULTIPLE	정수	상수	7
3	개수	count	정수	출력	
4	수	number	정수	처리	7의 배수
5	나머지	remainder	정수	처리	7의 배수인지 아닌지 여부

처리 과정

1. 제목을 출력한다.
2. 수가 MAX보다 작거나 같은 동안 반복한다.
   2.1. 수를 세다.
   2.2. 7의 배수인지 확인한다.
      2.2.1. 개수를 세다.
      2.2.2. 개수와 수를 출력한다.
3. 개수를 출력한다.
4. 끝내다.

준비기호에 remainder를 마지막 항목으로 쉼표로 구분하여 적습니다. 이 변수는 수 number로 치환되기 때문에 따로 초기화를 할 필요가 없습니다.

"2.2. 7의 배수인지 확인한다." 처리단계의 처리 과정에서 "1. 수를 입력받는다." 처리단계에 대해 처리기호를 작도하고, 나머지에 수를 치환하는 식을 적습니다.

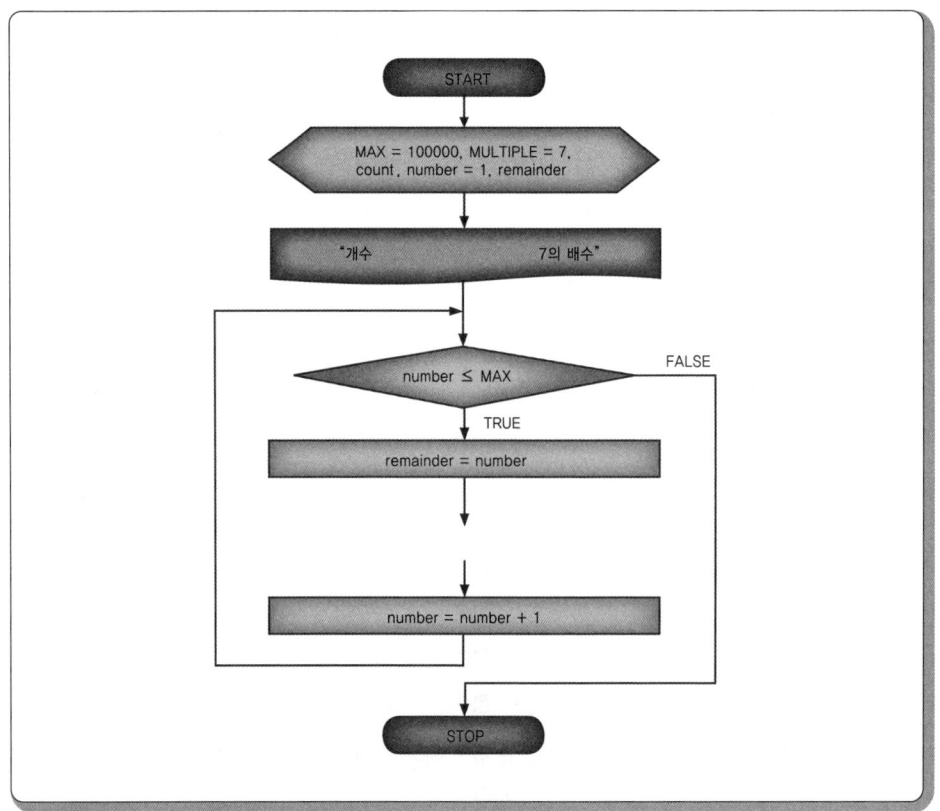

그리고 "2. 수가 7보다 크거나 같은 동안 반복한다." 처리단계에 대해서는 순서도에 선 검사 반복구조로 표현되어야 합니다. 나머지가 7보다 크거나 같은지에 대해 관계식을 작성해서 비교 및 판단기호에 적습니다. 관계식을 평가하여 값이 참이면 반복하도록 하고, 거짓이면 반복을 탈출하도록 합니다. 반복해서 처리해야 하는 내용은 "2.1. 수를 7로 뺀다."입니다. 이에 대한 식은 나머지에서 7을 뺀 후 나머지에 치환하는 누적으로 작성되어야 합니다. 작성된 누적 표현식을 처리기호에 적으면 됩니다.

선 검사 반복구조의 표준화에 맞게 반복제어변수 remainder에 대해 초기식, 조건식 그리고 마지막으로 변경식으로 작도되어 졌는지를 확인해야 합니다. 비교 및 판단기호 앞에 작도된 처리기호에 반복제어변수의 초기식이 적혀야 하고, 비교 및 판단기호에 조건식이고, 마지막으로 반복구조에서 마지막 처리단계로 처리기호에 반복제어변수의 변경식이 적혀져야 합니다. 여기까지를 순서도로 정리하면 다음과 같습니다.

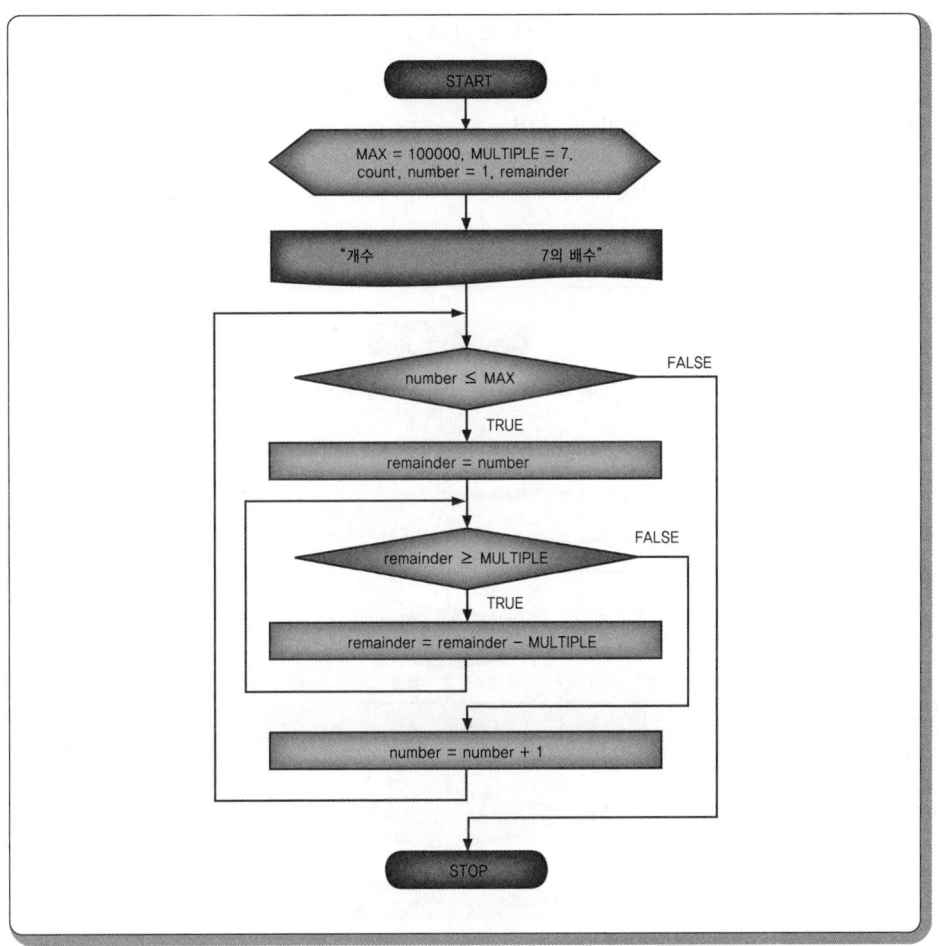

7의 배수인지 확인하기 위해서 나머지를 구했습니다. 나머지를 이용하여 7의 배수인지 확인하여 7의 배수이면 개수를 세고, 해당 수를 출력해야 합니다. 이때는 선택구조를 작도해야 하는데, 선택구조에 사용되는 조건식을 표현하기 위해서는 비교 및 판단기호를 작도합니다. 그리고 remainder = 0 관계식을 적습니다. 그리고 관계식을 평가해서 참(TRUE)이면 왼쪽으로 제어 흐름을 결정하여 화살표를 그리고, 거짓(FALSE)이면 오른쪽으로 제어 흐름을 결정하여 화살표를 그려 분기하는 모양으로 작도합니다. 왼쪽 제어 흐름은 참(TRUE)일 때이므로 "2.2.1. 개수를 세다." 처리단계와 "2.2.2. 개수와 수를 출력한다." 처리단계를 수행해야 합니다. 따라서 처리기호에 count = count + 1 누적 표현식을 기술해서 "2.2.1. 개수를 세다." 처리단계에 대해 작도합니다.

그리고 누적에 사용된 count에 대해서 초기화를 해야 합니다. 처리기호에서 누적으로 표현된 복합수식으로 첫 번째 구해져야 하는 count의 값을 결정해야 합니다. count는 1 이어야 합니다. 따라서 식을 정리해 보면 count는 0이 됩니다. 준비기호에서 count에 대해 초깃값을 0을 설정하면 됩니다.

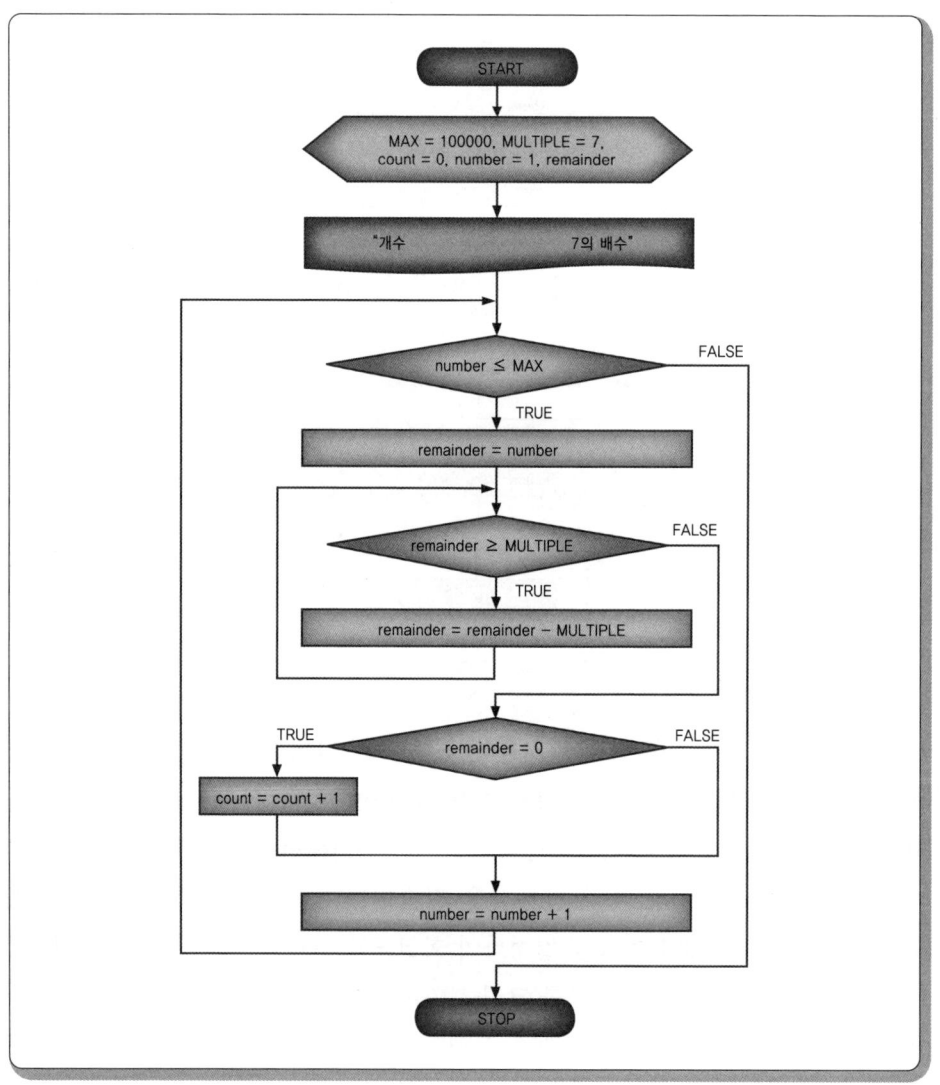

또한, 7의 배수이면 "2.2.2. 개수와 수를 출력한다." 처리단계에 대해서 출력기호를 작도하고, 출력하고자 하는 데이터들을 쉼표로 구분하여 적습니다.

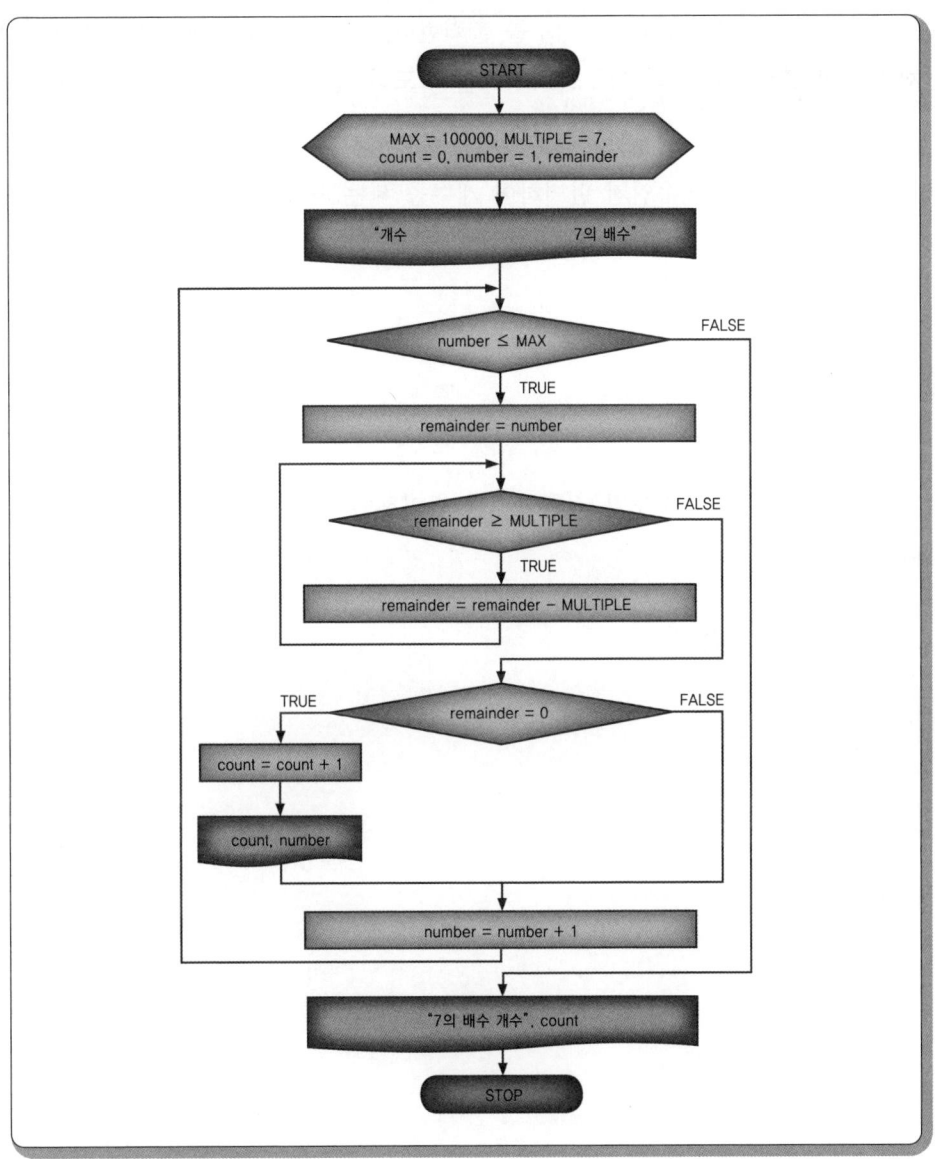

거짓(FALSE)인 경우는 아래쪽으로 향하는 흐름선을 작도하여 어떠한 처리도 없는 것으로 정리되어야 합니다. 분기된 흐름선은 다시 하나로 모여서 처리되도록 해야 합니다.

다음은 반복구조를 벗어나서 "3. 개수를 출력한다." 처리 단계에 대해 마지막으로 배수의 전체 개수를 출력하여야 하므로 출력기호를 작도하고, "7의 배수 개수" 문자열 상수와 count를 쉼표로 구분하여 적습니다.

이렇게 하면 수가 7의 배수인지 판별하여 개수를 세는 처리 과정에 대해 순서도를 작도하는 것을 마무리할 수 있습니다.

검토

다음은 앞에서 작성된 순서도가 정확한지를 확인해야 합니다. 따라서 검토해서 평가해야 합니다.

01»» 검토용 순서도 만들기

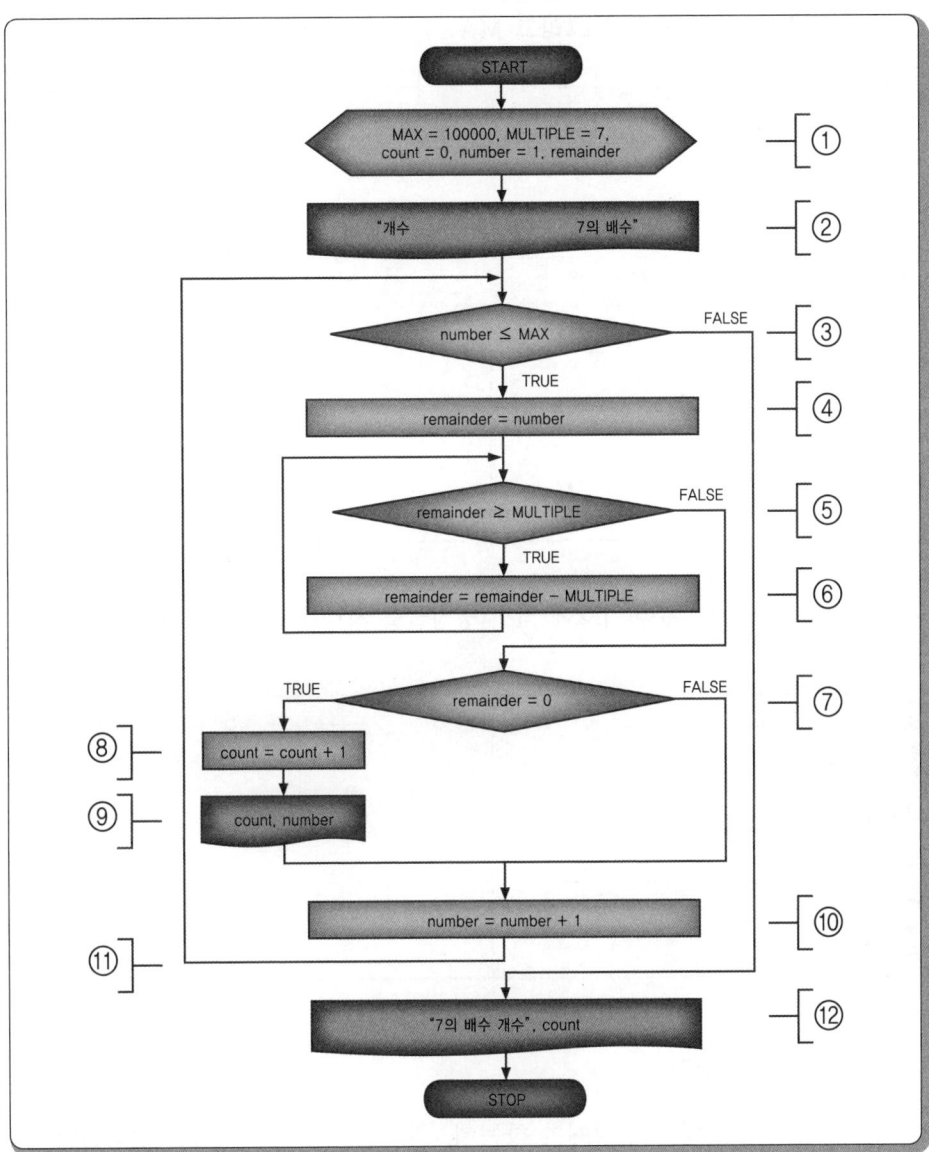

우선 검토용 순서도를 만듭니다. 단말기호를 빼고 기호마다 위쪽에서 아래쪽으로 1번부터 시작하여 차례대로 번호를 매깁니다.

02»» 검토표 만들기

다음은 검토표를 작성해야 합니다. 열의 제목들을 적을 줄과 ①번 준비기호에 열거된 데이터들의 개수만큼 줄들이 필요하여 줄의 개수를 여섯 개로 합니다. 준비기호에 적힌 데이터들을 적을 열과 초기값 설정 열 그리고 MAX를 7로 조정해서 반복횟수 7번에 대해 값들을 적을 열들까지 포함해서 열의 개수는 아홉 개로 합니다. 따라서 여섯 개의 줄과 아홉 개의 열로 구성되는 표를 작성합니다. 그리고 첫 번째 줄, 즉 열의 제목들을 적는 줄에 열의 제목들을 적습니다.

명칭	초기	1	2	3	4	5	6	7

그리고 가장 왼쪽 열에는 준비기호에 적힌 명칭들을 차례대로 적습니다.

명칭	초기	1	2	3	4	5	6	7
MAX								
MULTIPLE								
count								
number								
remainder								

03»» 입력 데이터 설계하기

다음은 입력 데이터에 대해 가정해야 하는데, 검토할 제어논리에서는 입력을 사용하지 않으므로 설계할 필요가 없습니다.

04»» 추적

이렇게 해서 검토를 하기 위한 준비 작업이 끝났습니다. 이제 제어논리에 대해 추적을 해야 합니다. 즉, 위쪽에서 아래쪽으로 혹은 왼쪽에서 오른쪽으로 제어 흐름을 따라 이동하고, 순서도의 기호들을 실행시켜서 값이 변할 때 각각의 변수에 저장되는 값을 검토표에 적어 보도록 해야 합니다. 그러면 시작해 봅시다.

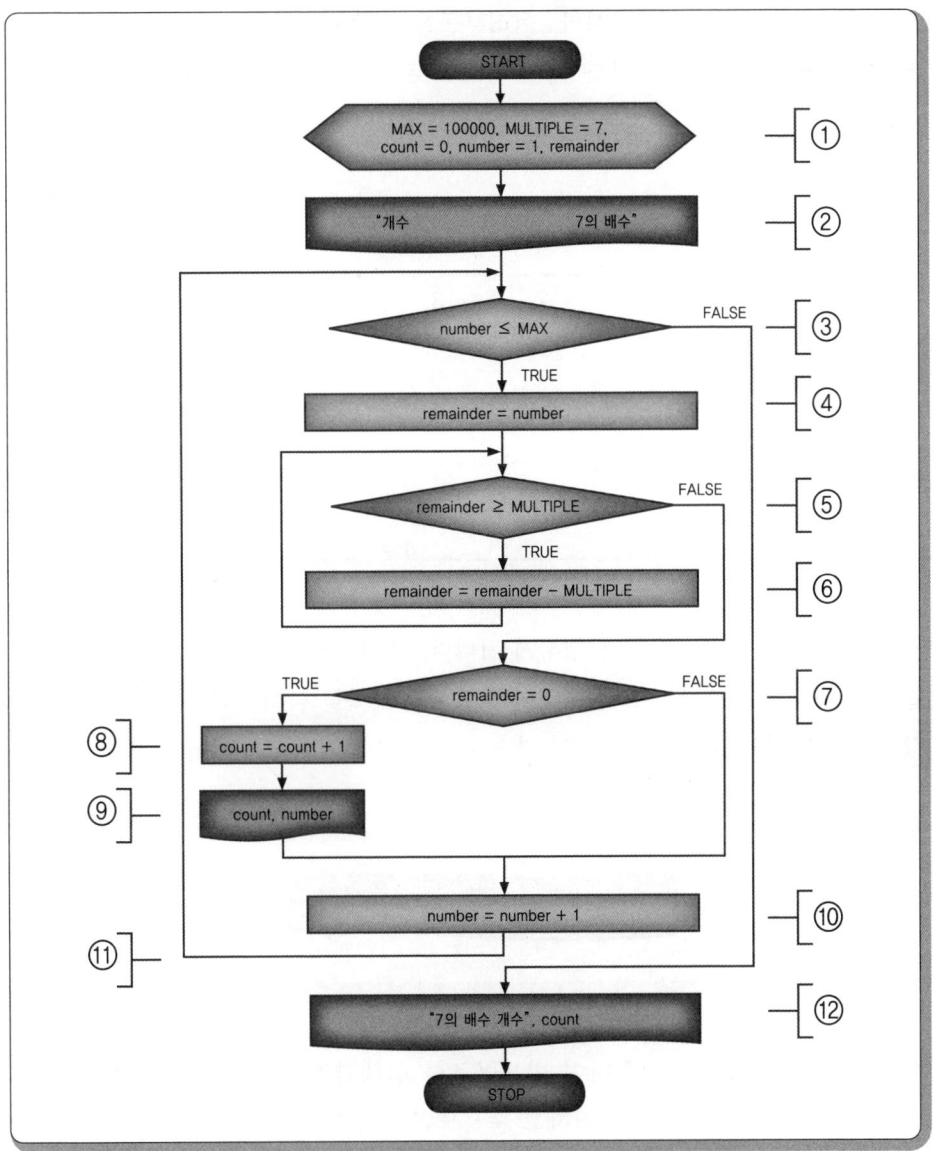

다음은 초기값을 설정하는 열, 즉 열 제목이 "초기"인 열에 ①번 준비기호를 참고하여 기호상수에 대한 상수, 그리고 변수에 대해 초기값을 적습니다. MULTIPLE = 7로 설정되어 있으므로 MULTIPLE 줄의 초기값 설정 열에 7을 적어야 합니다. 이때 특히 반복횟수와 관련이 있는 기호상수에 대해서는 너무 값이 큰 경우, 검토가 오히려 피곤한 작업이 될 수 있으므로, 제시된 값으로 이용하지 말고, 합리적으로 값을 고쳐 사용해야 합니다. 특히 반복을 탈출할 조건에 맞게끔 적절하게 값을 바꾸어서 사용하면 됩니다. 이 문제에서는 7로 고쳐서 사용해 보도록 합시다. 여러분들은 14으로 고쳐서 해 보십시오. count = 0, 그리고 number = 1로 초기화 되어 있으므로 각각 0과 1을 적어야 합니다. 그리고 remainder는 초기값을 설정하는 표현이 없으므로 쓰레기로 표현해야 합니다. 물음표(?)로 표시하도록 합시다.

명칭	초기	1	2	3	4	5	6	7
MAX	7							
MULTIPLE	7							
count	0							
number	1							
remainder	?							

②번으로 이동하여 출력기호를 실행하게 됩니다. 그러면 아래와 같이 출력된 결과를 얻을 수 있습니다. 단지 문자열 상수를 출력하여 보고서의 제목을 출력하고 있습니다. 출력기호에서는 값을 읽기만 해서 값이 절대 바뀌지 않습니다. 따라서 검토표에 어떠한 변경도 없습니다.

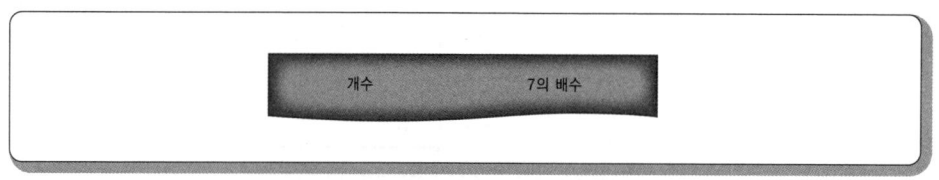

③번 비교 및 판단기호로 이동하여 반복구조를 실행할지 아니면 반복구조를 실행하지 않고 7의 배수의 개수가 0으로 출력하고 순서도의 실행을 끝낼지에 대한 비교 및 판단기호를 실행하여야 합니다. 즉 number가 MAX보다 작거나 같은지에 대해 관계식을 평가해야 합니다. 위의 검토표로 확인하면, number에 저장된 값은 현재 1이고 MAX는 현재 7이므로 1이 7보다 작아서 평가한 결과는 참(TRUE)이 됩니다. 따라서 제어 흐름을 아래쪽으로 정하고, 즉 반복을 실행해야 합니다. 이때는 number에 저장된 값만 읽어 관계식에 사용만 해서 주기억장치의 number에 저장된 값이 바뀌지 않으므로 검토표의 값을 고칠 필요가 없습니다. 비교 및 판단기호에서는 값을 읽어 사용만 해서 검토표에 어떠한 변경도 없습니다.

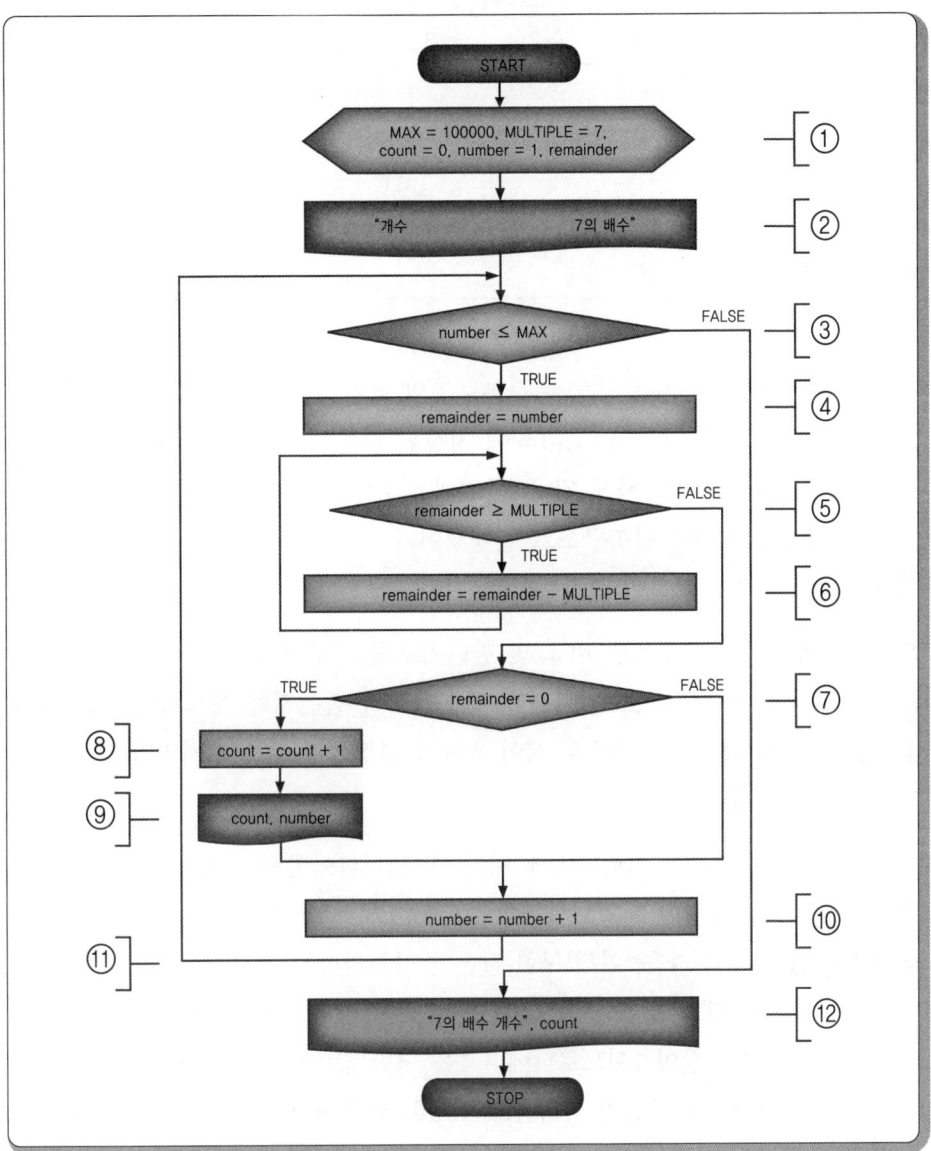

④번으로 이동하여 처리기호를 실행하게 됩니다. number에 저장된 값을 읽어 remainder에 저장합니다. 따라서 remainder에 저장되어 있던 쓰레기가 없어지고 number에서 읽은 값 1로 바뀌게 됩니다. 이렇게 remainder에 저장할 값이 변하게 되었으므로 검토표를 정리해야 합니다. 첫 번째 반복이므로 열 제목이 "1"이 적힌 열에 remainder가 적힌 줄에 대응되는 칸에 값 1을 적습니다.

명칭	초기	1	2	3	4	5	6	7
MAX	7							
MULTIPLE	7							
count	0							
number	1							
remainder	?	1						

⑤번으로 이동하여 나머지를 구하는 반복구조의 조건식을 평가하기 위하여 비교 및 판단기호를 실행하게 됩니다. remainder에 저장된 값인 1이 MULTIPLE 7보다 크거나 같은지에 대해 관계식을 평가하게 됩니다. 결과는 1이 7보다 작아서 거짓(FALSE)이 됩니다. 거짓(FALSE)이므로 반복구조로 실행제어가 이동되는 것이 아니라 반복구조를 탈출하여 오른쪽으로 제어 흐름이 결정됩니다.

⑦번으로 이동하여 선택구조의 비교 및 판단기호를 실행하게 됩니다. 7의 배수인지 확인하는 작업이지요. remainder가 1이기 때문에 0과 같은지에 대해 관계식을 평가하면 거짓(FALSE)이 됩니다. 오른쪽으로 제어 흐름을 결정했기 때문에 처리가 없으므로 바로 ⑩번으로 이동하게 됩니다.

⑩번은 "2.1. 수를 세다." 처리단계에 대해 표현한 식이면서 반복제어변수의 변경식이기도 합니다. 누적을 표현한 식입니다. 즉 number에 저장된 값을 읽어 중앙처리장치에서 1을 더하여 값을 구한 다음, 아직 구한 값은 중앙처리장치의 기억장소인 레지스터에 있는 값을 말합니다. 이때 값을 오른쪽 값(R-Value)이라고 한다는 것도 이해하도록 합시다. number에 저장된 값이 1이므로 1에다 1을 더한 값이므로 오른쪽 값은 2가 됩니다. 이 상황에서 주기억장치에 할당된 기억장소 number에 저장된 값은 2가 아니라 1입니다. 이때 number의 값은 왼쪽 값(L-Value)이라고 하고, 1이지요. 이제 치환 연산자에 의해서 레지스터에 저장된 값 2를 주기억장치 number에 저장하게 되어 number에 저장된 값이 2가 되는 것입니다. 이렇게 특정 기억장소의 이용과 저장 원리를 이용하여 값을 증감하도록 하는 표현을 누적이라고 합니다. 따라서 주기억장치의 내용이 바뀌었으므로 검토표도 정리되어야 합니다.

Chapter_05
입력 없이 반복횟수가 정해졌을 때 문제는 어떻게 풀까?

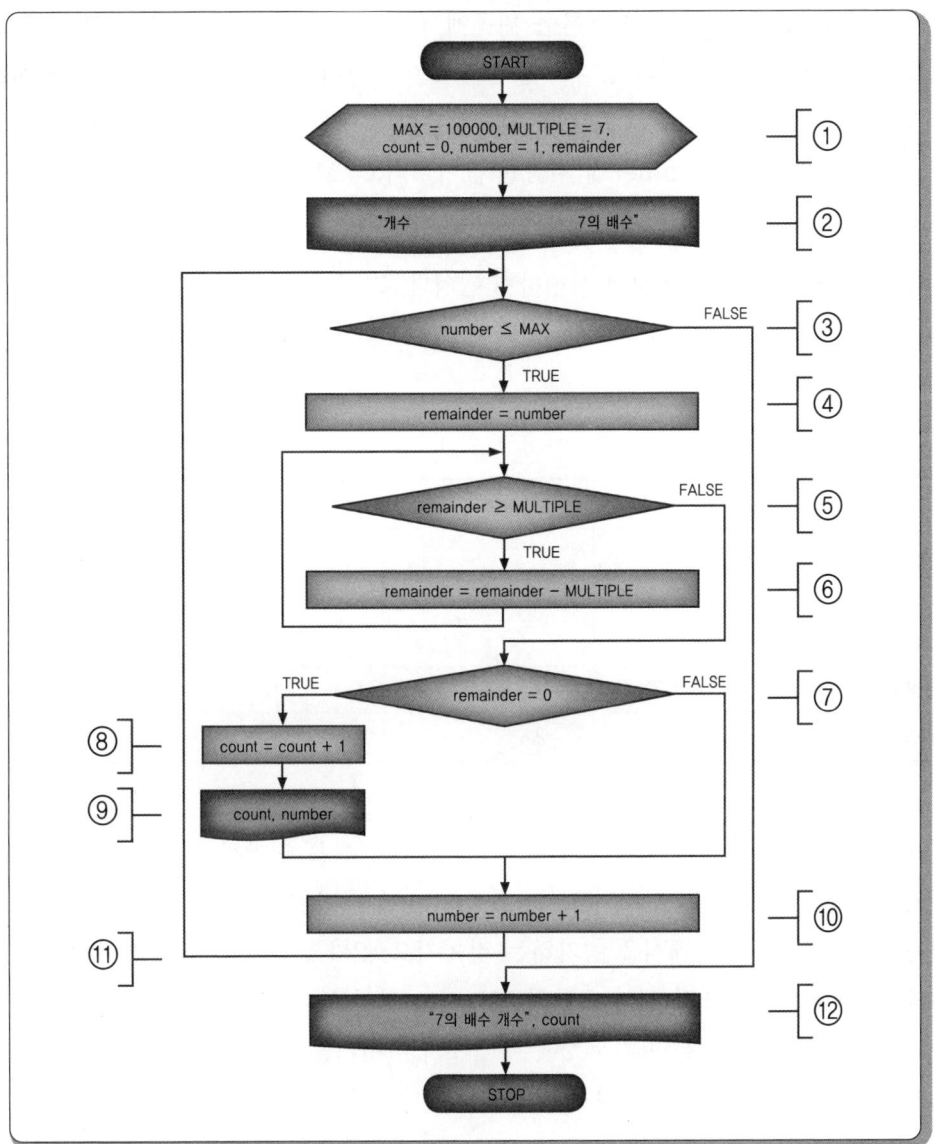

명칭	초기	1	2	3	4	5	6	7
MAX	7							
MULTIPLE	7							
count	0							
number	1	2						
remainder	?	1						

⑪번 화살표를 이용해서 제어 흐름을 위쪽에서 아래쪽으로 기본적인 흐름과 반대로 위쪽으로 향하도록 합니다. 그래서 다시 ③번으로 이동하여 반복을 계속할지를 판단하도록 해야 합니다. number가 MAX보다 작거나 같은지에 대한 관계식을 갖는 비교 및 판단기호를 실행하게 됩니다. number에 저장된 값이 2이고, MAX가 7이므로 2가 7보다 작아서 참(TRUE)이 되어 반복을 계속하게 됩니다.

다시 ④번 처리기호로 이동하여 실행하게 됩니다. 그러면 number에 저장된 값, 2를 읽어 주기억장치에 할당된 기억장소 remainder에 저장하게 됩니다. 그러면 이전 1이 없어지고, 2가 저장되게 됩니다.

명칭	초기	1	2	3	4	5	6	7
MAX	7							
MULTIPLE	7							
count	0							
number	1	2						
remainder	?	1	2					

⑤번 비교 및 판단기호로 이동하여 반복구조의 조건식을 평가하게 됩니다. 즉 비교 및 판단기호를 실행하게 되는 것이지요. remainder에 저장된 값 2가 MULTIPLE 7보다 크거나 같은지에 대한 관계식을 평가하는 것이지요. 2가 7보다 작아서 거짓(FALSE)이 됩니다. 따라서 반복구조로 제어 흐름이 정해지는 것이 아니라 거짓일 때 제어 흐름인 오른쪽으로 정해지게 됩니다. 따라서 2에 대해 7의 나머지를 구한 것입니다. 2에 대해 7의 나머지를 구하면 2가 되지요. 따라서 정확하게 나머지를 구한 것이 됩니다.

⑦번 비교 및 판단기호로 이동하여 2가 7의 배수인지를 판단하게 됩니다. 7의 배수이기 위해서는 위쪽에서 구한 remainder가 0이 되어야 합니다. 그러나 remainder가 2이므로 선택구조의 조건식을 평가하는 비교 및 판단기호의 실행 결과는 거짓(FALSE)이 됩니다. 따라서 오른쪽으로 제어 흐름을 결정하게 되고 아무런 처리 없이 ⑩번으로만 제어 흐름이 이동하게 됩니다.

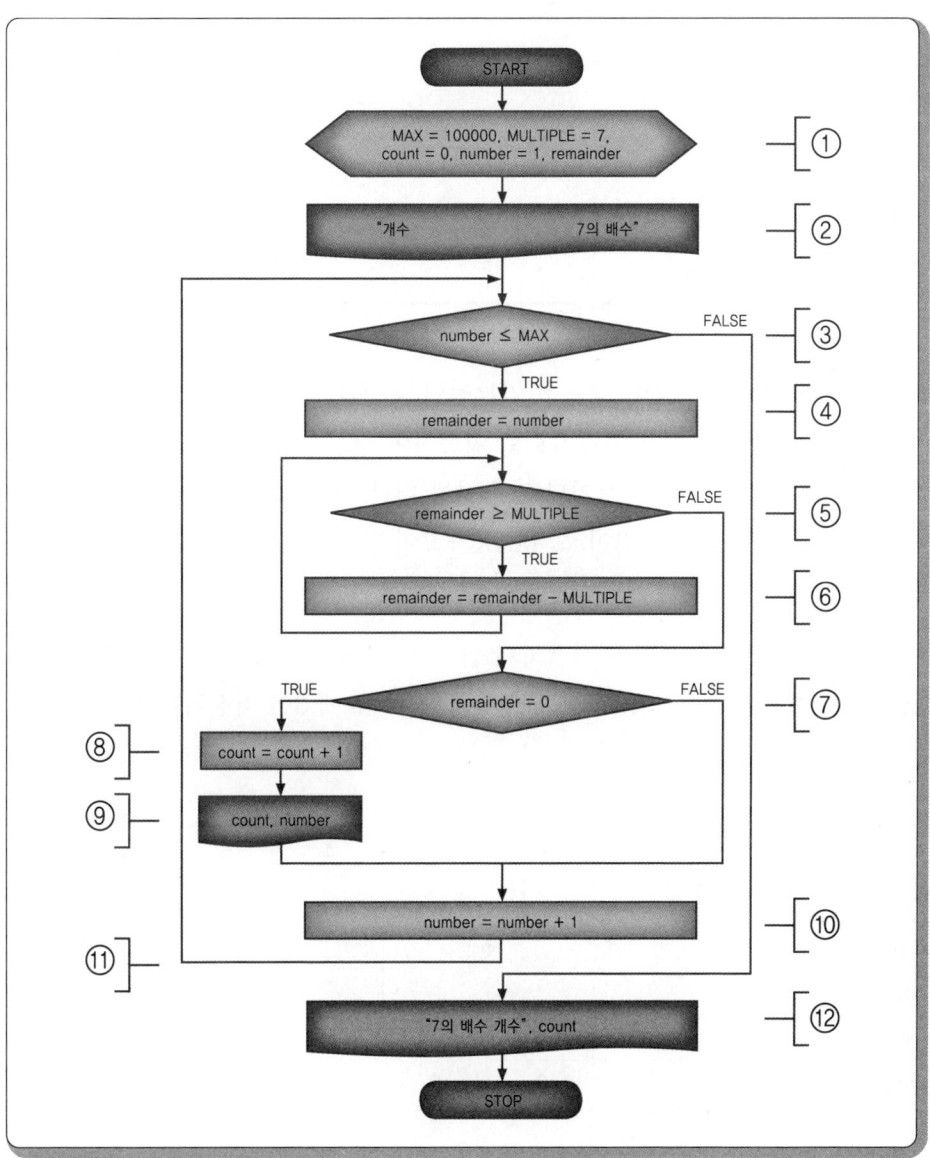

⑩처리기호를 실행하게 되면, 다시 number에 3이 저장되게 됩니다.

명칭	초기	1	2	3	4	5	6	7
MAX	7							
MULTIPLE	7							
count	0							
number	1	2	3					
remainder	?	1	2					

⑪번 화살표를 이용해서 제어 흐름을 기본적인 흐름과 반대로 위쪽으로 향하도록 합니다. 그래서 다시 ③번 비교 및 판단기호로 이동하여 반복을 계속할지를 판단하도록 해야 합니다. number가 MAX보다 작거나 같은지에 대한 관계식을 갖는 비교 및 판단기호를 실행하게 됩니다. number가 3이고, MAX가 7이므로 3이 7보다 작아서 참(TRUE)이 되어 반복을 계속하게 됩니다.

다시 ④번 처리기호로 이동하여 실행하게 됩니다. 그러면 number에 저장된 값, 3을 읽어 remainder에 저장하게 됩니다. 그러면 remainder에 3이 저장됩니다.

명칭	초기	1	2	3	4	5	6	7
MAX	7							
MULTIPLE	7							
count	0							
number	1	2	3					
remainder	?	1	2	3				

⑤번으로 이동하여 반복구조의 조건식을 평가하게 됩니다. 즉 비교 및 판단기호를 실행하게 되는 것이지요. remainder 3이 MULTIPLE 7보다 크거나 같은지에 대한 관계식을 평가하는 것이지요. 3이 7보다 작아서 거짓(FALSE)이 됩니다. 따라서 반복구조로 제어 흐름이 정해지는 것이 아니라 거짓일 때 제어 흐름인 오른쪽으로 정해지게 됩니다. 따라서 3에 대해 7의 나머지를 구한 것이 끝나게 됩니다.

⑦번으로 이동하여 3이 7의 배수인지를 판단하게 됩니다. 7의 배수이기 위해서는 위쪽에서 구한 remainder가 0이 되어야 합니다. 그러나 remainder가 3이므로 선택구조의 조건식을 평가하는 비교 및 판단기호의 실행 결과는 거짓이 됩니다. 따라서 오른쪽을 제어 흐름으로 결정하게 되고 아무런 처리 없이 ⑩번으로만 제어 흐름이 이동하게 됩니다.

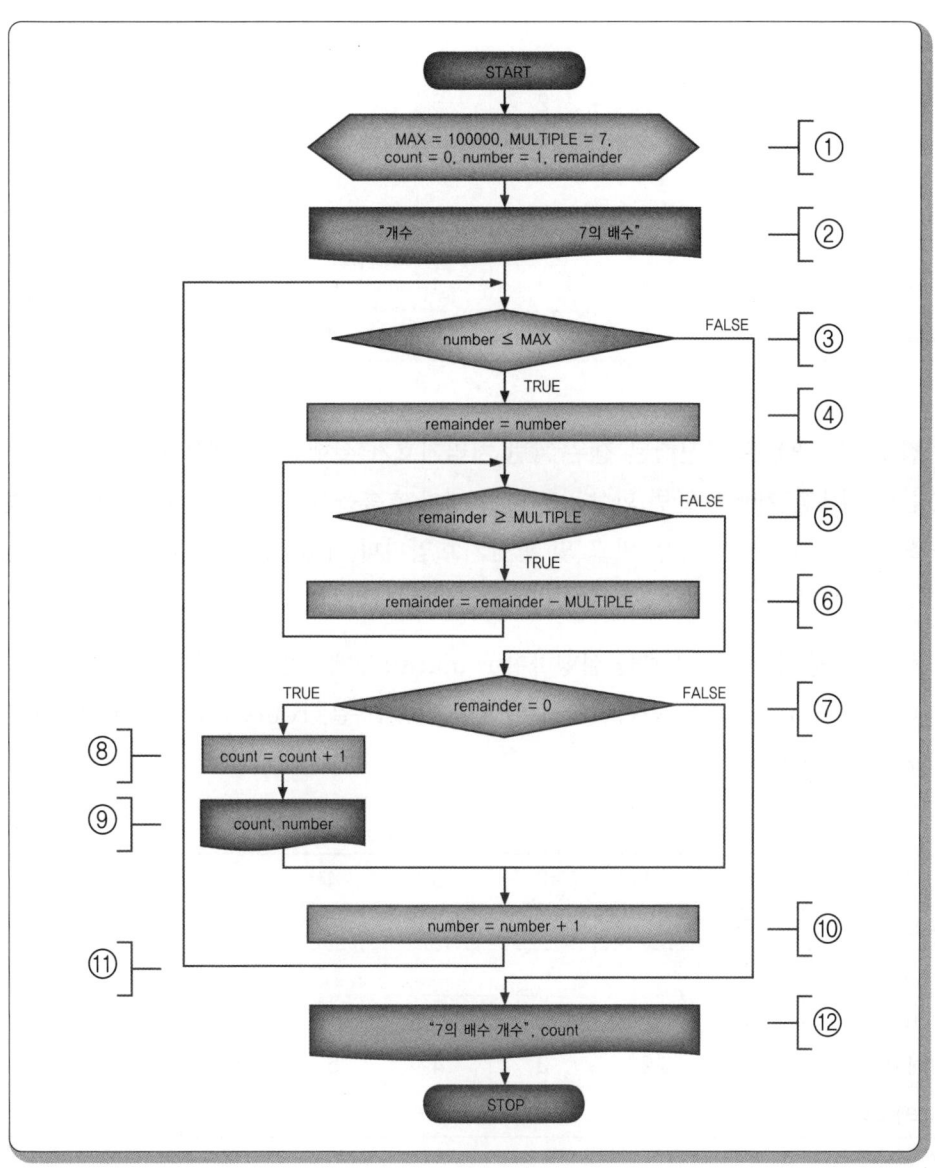

⑩처리기호를 실행하게 되면, 다시 number에 4를 저장하게 됩니다. 다시 ⑪번 화살표를 이용하여 위쪽으로 이동하여 반복을 계속할지 판단하게 됩니다. 6회까지는 이러한 작업을 반복하게 됩니다. count의 변화는 없이 단지 number만 하나씩 증가하고 이에 따른 remainder가 하나씩 증가한 상태로 유지됩니다. 이러한 상태를 검토표를 이용해서 정리하도록 합시다.

명칭	초기	1	2	3	4	5	6	7
MAX	7							
MULTIPLE	7							
count	0							
number	1	2	3	4	5	6	7	
remainder	?	1	2	3	4	5	6	

위 검토표의 내용대로 진행된 경우 ⑩번 처리기호가 실행된 상태입니다. 그래서 이동하여 다음에 실행할 기호는 ⑪번 화살표를 따라 제어 흐름을 위쪽으로 향하여 만나는 ③번 반복구조의 조건식을 평가하는 비교 및 판단기호입니다. number에 저장된 값이 7이고, MAX도 7이므로 7이 7과 같으므로 참(TRUE)이 됩니다. 따라서 반복을 계속하게 됩니다.

④번으로 이동하여 처리기호를 실행하여 remainder에 7을 저장합니다. 따라서 검토표를 정리해야 합니다. 7번째 반복이므로 열 제목이 7인 열, remainder 줄에 대응되는 칸에 7을 기록해야 합니다.

명칭	초기	1	2	3	4	5	6	7
MAX	7							
MULTIPLE	7							
count	0							
number	1	2	3	4	5	6	7	
remainder	?	1	2	3	4	5	6	7

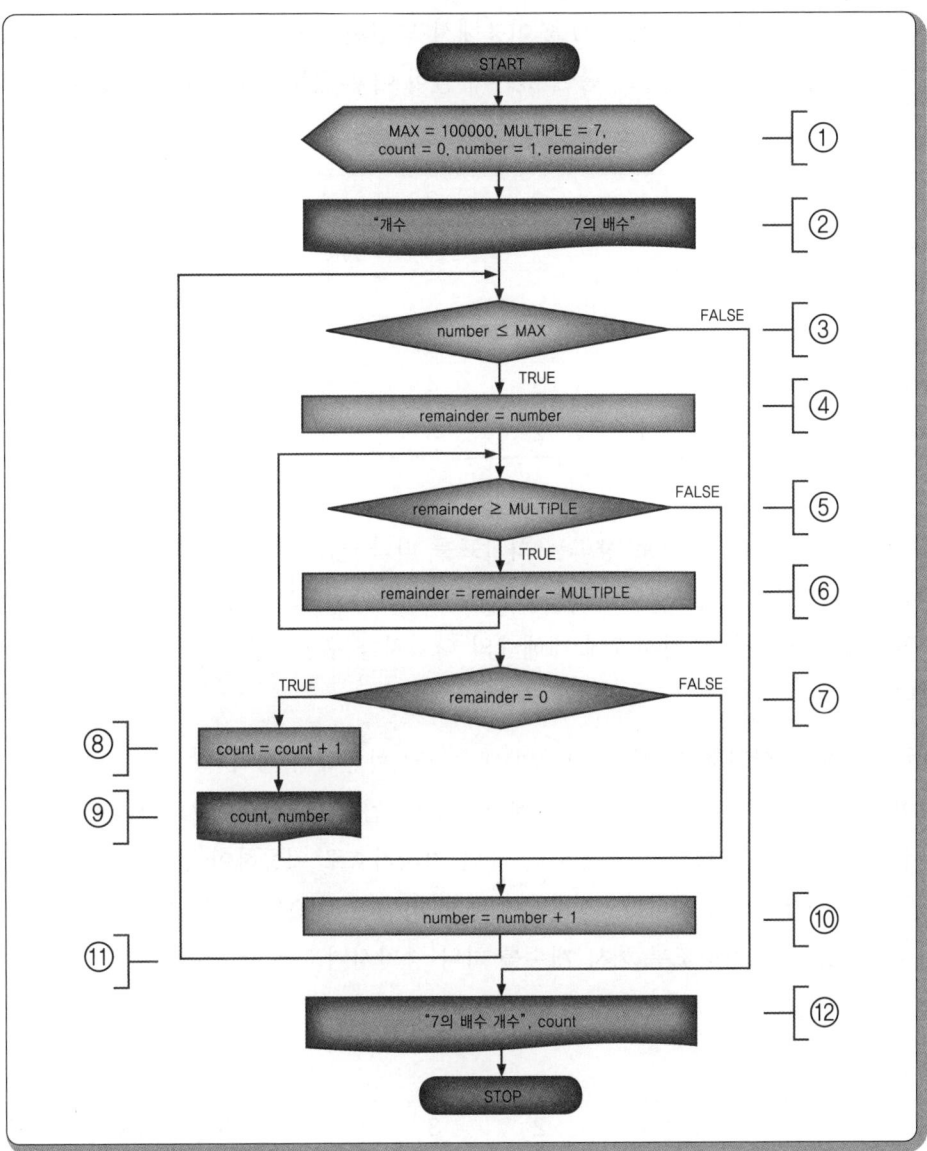

⑤번 비교 및 판단기호로 이동하여 반복할지 아니면 반복을 탈출할지를 결정합니다. remainder에 저장된 값, 7이 7보다 크거나 같은지에 대한 관계식을 평가해야 합니다. 같으므로 평가된 결과는 참(TRUE)이 됩니다. 따라서 반복을 진행해야 합니다. 즉 반복구조로 이동하는 것이지요. 오른쪽이 아니라 아래쪽으로 이동하여 ⑥번 처리기호로 이동합니다. 그리고 실행하게 되면, 누적 표현으로 remainder에 저장된 값 7을 읽어 중앙처리장치에서 MULTIPLE 7을 빼서 구한 값, 0을 다시 remainder에 저장하게 됩니다. 이에

대해 검토표를 정리합시다. 사선(/)을 이용해서 변경된 값들을 남기도록 합시다. 왼쪽에 있는 값들이 이전 값들이고, 오른쪽에 있는 값들이 이후 값들로 표기하도록 합시다.

명칭	초기	1	2	3	4	5	6	7
MAX	7							
MULTIPLE	7							
count	0							
number	1	2	3	4	5	6	7	
remainder	?	1	2	3	4	5	6	7/0

안쪽 반복구조에서 위쪽으로 향하는 화살표를 따라 ⑤번 비교 및 판단기호로 이동하여 실행하게 됩니다. 이번에는 remainder에 저장된 값이 0이므로 관계식이 거짓이 되어 반복을 탈출하게 됩니다. 따라서 7에 대해 7의 나머지를 구한 것이므로 나머지는 0이 되어야 합니다.

⑦번 비교 및 판단기호로 이동하여 7의 배수인지 확인해야 합니다. remainder에 저장된 값이 0이므로 0과 같은지에 대한 관계식은 참이 됩니다. 따라서 7의 배수란 말입니다. 그래서 왼쪽으로 제어 흐름을 정합니다. ⑧번 처리기호로 이동하여 실행하여 7의 배수의 개수를 하나 증가시키게 됩니다. count에 현재 저장된 값 0을 읽어 1을 더하여 1을 만들고 다시 count에 저장하도록 해서 개수를 하나 증가시키도록 합니다. 즉 "2.2.1. 개수를 세다."라는 표현을 만들 수 있지요.

명칭	초기	1	2	3	4	5	6	7
MAX	7							
MULTIPLE	7							
count	0							1
number	1	2	3	4	5	6	7	
remainder	?	1	2	3	4	5	6	7/0

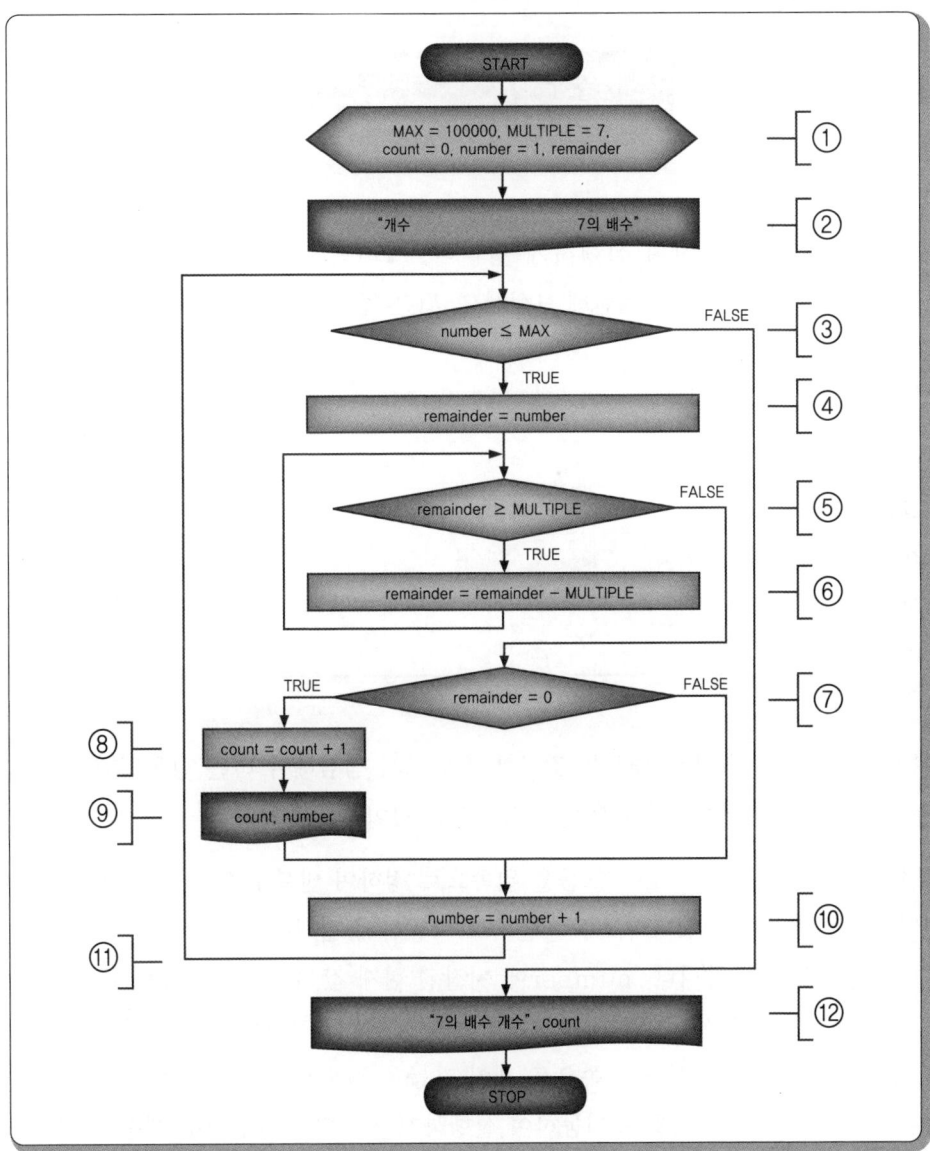

⑨번 출력기호로 이동하여, 개수와 현재 세어진 수를 출력하도록 합니다. 즉 count 1, number 7을 출력하게 됩니다. 그러면 다음과 같이 출력됩니다.

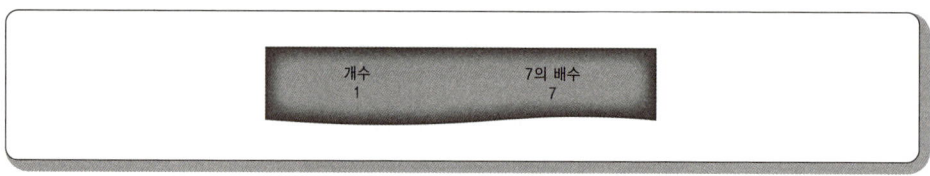

⑩번 처리기호로 이동하여 실행하게 됩니다. 그러면 누적에 대한 개념을 이용해서 number의 값을 구해 봅시다. 계산해 보십시오. 답은 얼마입니까? number는 8이 됩니다.

명칭	초기	1	2	3	4	5	6	7
MAX	7							
MULTIPLE	7							
count	0							1
number	1	2	3	4	5	6	7	8
remainder	?	1	2	3	4	5	6	7/0

반복을 탈출하는 상황에 대해서는 검토에서 반드시 점검해야 하는 항목입니다. 즉 제어 논리는 반드시 끝이 나야 해서 중요한 작업이라는 것이지요.

⑪번 화살표를 이용하여 제어 흐름을 위쪽으로 정하여 반복구조의 조건식이 적힌 비교 및 판단기호로 이동하게 됩니다. 즉 ③번으로 이동하게 됩니다. ③번 비교 및 판단기호에 적힌 내용을 검토해야 합니다. number에 저장된 현재 값, 8이 MAX 7보다 작거나 같은 지에 대한 관계식을 평가해 보아야 합니다. 8이 7보다 크기 때문에 평가의 결과는 거짓(FALSE)이 됩니다. 따라서 오른쪽으로 제어 흐름을 정하게 됩니다. 즉 반복을 탈출하게 됩니다. 그래서 ⑫번 출력기호로 이동하여 실행하게 됩니다. "7의 배수 개수" 문자열 상수와 count의 현재 값 1을 출력하게 됩니다. 그래서 출력은 다음과 같습니다.

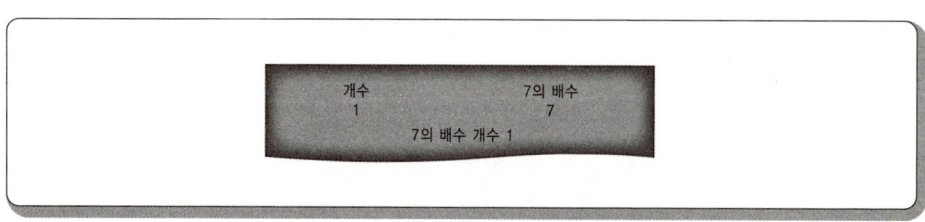

그리고 STOP 단말기호를 만나서 순서도의 실행을 종료하게 됩니다.

이렇게 검토해서 제어논리의 정확성을 확인할 수 있습니다. 또한, 수작업으로 검토해서 여러 상황을 경험하게 됩니다.

3장에서 후 검사 반복구조로 작성된 제어논리와 4장에서 문제를 변형하여 선 검사 반복구조로 작성된 제어논리보다는 이번 장에서 작성된 제어논리가 더욱더 합리적이고 자연스러운 제어논리임을 검토로 확인할 수 있었습니다.

그렇지만 나머지를 구하고자 하는 반복구조에 의해서 숫자가 커질수록 반복횟수는 매우 증가하리라는 것을 알 수 있지요. 그러면 이러한 반복회수를 줄이는 방안을 찾아 제어논리를 개선하는 방법도 연구해 보게 될 것입니다. 이러한 것들이 검토 및 평가 작업의 목표가 되는 것입니다.

컴퓨터를 이용하여 문제를 풀어 보라고 하면, 대부분 처리 소요 시간이 짧고, 기억장소를 적게 사용하는 해결책이 정답이라고 생각하고 있습니다. 그래서 문제가 제시되면 처리 소요 시간이 짧고 기억장소를 적게 사용하는 해결책만을 생각하다보니, 그러한 해결책을 생각하기가 어려워서 문제를 해결하는데 시간도 오래 걸리고, 설상 생각한 해결책도 상식에 맞지 않는 해결책이라서 난해하여 제대로 된 결과를 얻지 못하는 경우가 빈번합니다. 이러한 상황이 지속하면 지쳐서 포기하는 바보 같은 짓을 합니다.

따라서 문제가 제시되면, 공식이나 패턴에 입각한 해결책을 생각하지 말고, 상식에 맞는 경험에 입각한 해결책을 생각하여 먼저 문제를 푸십시오. 다음에 해결책을 평가하십시오. 평가할 때 처리 소요 시간이 길고 기억장소를 너무 많이 사용한다면, 처리 소요 시간을 짧게, 기억장소를 적게 사용하는 해결책을 생각해 내는 것이 효과적인 문제 해결 방안이라는 것도 기억하도록 하십시오.

이러한 방식으로 더 나은 새로운 해결책을 생각해 가면, 세상에서 없는 새로운 해결책을 만들어 낼 수 있겠지요. 그렇게 만들어진 해결책이 사람들에게 새로운 가치를 제공하는 창조물이 되는 것입니다. 우리가 하는 작업 방식입니다. 잘 기억합시다. 그렇게 해서 세상에서 하나뿐인 여러분만의 프로그램을 만들 수 있게 되는 것입니다.

C 구현(Implementation)

다음은 문제를 변형하지 않고 선 검사 반복구조로 정리된 제어논리를 C 언어를 사용하여 구현해서 프로그램을 작성하여 컴퓨터에서 실행시켜 보도록 합시다.

우선 계속해서 책을 읽기 전에 모듈 기술서와 순서도를 가지고 직접 코드를 작성해 보고, 작성된 코드와 책의 내용을 비교해 가면서 읽으시면 훨씬 빠르게 이해할 수 있을 것입니다.

내부 설계(Internal Design) --- 모듈 기술서					
명칭	한글	배수의 개수를 세다			
	영문	CountMultiples			
기능		1에서 100000까지 수들에서 수를 세고, 7의 배수인지 확인하여 7의 배수이면 개수를 세고, 그때 개수와 7의 배수를 출력한다. 그리고 마지막으로 전체 개수를 출력한다.			
입·출력	입력	없음			
	출력	개수			
관련 모듈					

자료 명세서					
번호	명칭		자료유형	구분	비고
	한글	영문			
1	가장 큰 수	MAX	정수	상수	100000
2	공차	MULTIPLE	정수	상수	7
3	개수	count	정수	출력	
4	수	number	정수	처리	7의 배수
5	나머지	remainder	정수	처리	7의 배수인지 아닌지 여부

처리 과정
1. 제목을 출력한다.
2. 수가 MAX보다 작거나 같은 동안 반복한다.
   2.1. 수를 세다.
   2.2. 7의 배수인지 확인한다.
      2.2.1. 개수를 세다.
      2.2.2. 개수와 수를 출력한다.
3. 개수를 출력한다.
4. 끝낸다.

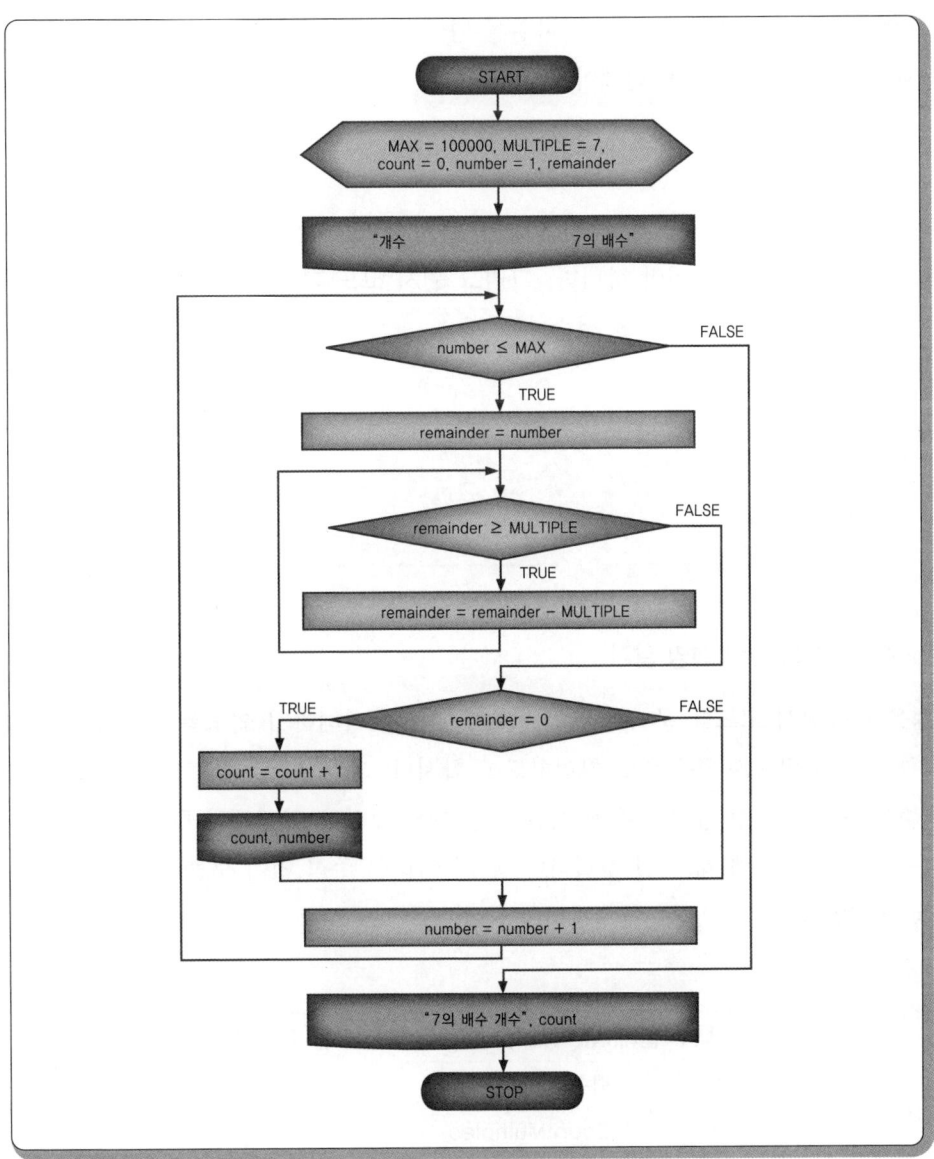

아래 작성된 코드는 3장과 4장에서 후 검사 반복구조와 선 검사 반복구조에 대해 작성된 코드와 많이 중복됩니다. 그러나 코드를 작성하는 절차를 이해하는 것이 이 책의 중요한 학습 목표이기 때문에 중복이 되더라도 모듈 기술서와 순서도를 가지고 코딩하는 방법을 설명하도록 하겠습니다.

C 프로그램을 구성하는 원시 코드 파일을 만들고 난 후, 원시 코드 파일에 순서도로 정리된 제어논리를 C 언어로 구현해야 합니다.

01»» 원시 코드 파일 만들기

모듈 기술서에서 모듈 명칭을 이용하여 원시 코드 파일을 만드는데, 파일 명칭을 CountMultiples.c로 지어야 합니다. 그리고 원시 코드 파일의 첫 번째 줄에 // 로 시작하는 한 줄 주석으로 파일 명칭을 적습니다.

[C 코드]
```
// CountMultiples.c
```

02»» 프로그램에 대한 설명 달기

주석을 이용해서 코드를 문서로 만듦으로써 코드를 이해하기 쉽도록 합시다. 특히 모듈에 대한 개요는 반드시 주석으로 처리하도록 합시다. 지금은 한 개의 모듈만 처리하기 때문에 중요성을 느낄 수 없지만 수백 혹은 수천 개의 모듈을 작성해야 하는 경우, 원시코드 파일도 수십 혹은 수백 개가 될 것입니다. 이때 이러한 주석 없이 모듈을 관리한다는 것은 불가능한 일입니다.

내부 설계(Internal Design) ─── 모듈 기술서		
명칭	한글	배수의 개수를 세다
	영문	CountMultiples
기능		1에서 100000까지 수에서 7의 배수인지를 확인하고, 7의 배수이면 개수를 세고, 그때 7의 배수와 개수를 출력한다. 그리고 마지막으로 전체 개수를 출력한다.
입·출력	입력	없음
	출력	개수
관련 모듈		

/*로 시작하여 */로 끝나는 블록 주석으로 모듈 기술서의 명칭, 기능, 입력 그리고 출력을 서술하도록 합시다. 명칭을 참고하여 파일 명칭과 함수 명칭을 만들도록 합시다. 그리고 기능, 입력, 그리고 출력순으로 기술하면 됩니다. 그리고 작성자와 작성 일자를 기술하도록 합시다.

더욱더 명확하게 구분이 쉽도록 그리고 문서 제목을 만드는 것처럼 다음과 같이 주석 단락을 만들어 봅시다.

[C 코드]

```
// CountMultiples.c
/***************************************************************
파 일 명칭 : CountMultiples.c
함 수 명칭 : main
기     능 : 1에서 100000까지 수에서 7의 배수인지를 확인하고, 7의 배수이면 개수를 세고, 그때
            7의 배수와 개수를 출력한다. 그리고 마지막으로 전체 개수를 출력한다.
입     력 : 없음
출     력 : 개수
작 성 자 : 김석현
작성 일자 : 2010-10-21
***************************************************************/
```

03»» 함수 선언하기

다음은 함수를 선언해야 합니다. 모듈 기술서를 참고하여 C 언어의 논리적 모듈인 함수를 선언해야 합니다. 그러나 이 책에서는 모듈 기술서에 정리된 모듈 명칭 CountMultiples를 이름으로 사용자 정의 함수(User Defined Function)를 작성하는 방법을 설명하지 않습니다. 프로그램을 실행시켜서 결과를 확인해야 하므로 main 함수로 작성해 보도록 하겠습니다. 실행 가능한 C 응용 프로그램은 반드시 main 함수를 가져야 해서 main 함수로 작성하겠다는 것입니다.

먼저 main 함수에 대해서 정리해 보도록 합시다. C 언어로 작성되는 프로그램은 한 개 이상의 함수로 이루어지는데, 단독으로 실행 가능한 프로그램을 만들려면 반드시 main이라는 함수가 존재해야 합니다. 프로그램의 실행은 함수가 기술된 순서에 상관없이 main

함수에서 시작됩니다. 따라서 반드시 실행 가능한 프로그램을 만들려고 하면 main 함수를 작성해야만 합니다.

main 함수는 프로그래머에 의해서 작성되는 함수, 사용자 정의 함수이나 운영체제에 의해서 호출되어 운영체제와의 통신을 위한 부분, 즉 인수목록과 되돌림 값에 관한 규정은 정해져 있습니다. C 언어에서 main 함수에 대해 권장되는 함수 원형(Function Prototype)은 다음과 같습니다.

[C 코드]
```
int main( int argc, char* argv[] );
```

함수 명칭은 반드시 소문자로 main이어야 합니다. 관습적으로 main 함수는 따로 선언하지 않고 정의해서 사용하지만, 함수를 만드는 절차를 이해하기 위해서 함수 원형으로 main 함수를 선언합시다. 여기까지 원시 코드로 정리하면 다음과 같습니다.

[C 코드]
```
// CountMultiples.c
/**********************************************************************
파일 명칭 : CountMultiples.c
함수 명칭 : main
기    능 : 1에서 100000까지 수에서 7의 배수인지를 확인하고, 7의 배수이면 개수를 세고, 그때
           7의 배수와 개수를 출력한다. 그리고 마지막으로 전체 개수를 출력한다.
입    력 : 없음
출    력 : 개수
작 성 자 : 김 석 현
작성 일자 : 2010-10-21
**********************************************************************/
// 함수 선언
int main ( int argc, char* argv[] );
```

04›» 함수 정의하기

순서도를 가지고 함수를 정의해야 합니다. 함수를 선언했기 때문에 다음은 선언된 함수를 정의해야 합니다. 함수를 정의하는 형식에 대해서 공부해 보도록 합시다. C 언어에서 함수를 정의하는 형식은 다음과 같습니다.

```
[C 코드]
반환형 함수명칭( 매개변수 목록) // 함수 머리(Function Header)
{ // 함수 몸체(Function Body) 시작
        선언문
        제어 구조
        [return 값;] // return 문
} // 함수 몸체(Function Body) 끝
```

C 언어에서 함수는 크게 두 부분, 머리(Header)와 몸체(Body)로 나누어집니다. 함수의 머리를 만들어야 하는데 이것은 함수 원형과 같으므로 다시 한 번 함수 원형을 기술합니다. 그리고 함수를 정의해야 해서 문장이 아니므로 세미콜론을 제거하면 머리가 작성되어집니다.

05›» START와 STOP 단말기호 구현하기

순서도에서 START 단말기호부터 STOP 단말기호까지 해당하는 영역으로 함수의 몸체를 만들어야 합니다. 함수의 몸체는 C 언어의 여러 문장으로 구성되므로 블록을 설정함으로써 함수 정의를 시작합니다. START 단말기호에 대해

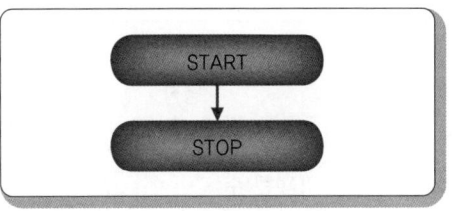

여는 중괄호({)와 STOP 단말기호에 대해 닫는 중괄호(})를 써서 블록을 설정합니다. 이때 여는 중괄호의 위치는 대개 함수머리가 적힌 줄 다음 줄의 첫 번째 열에 있도록 하는 것과 함수 머리가 기술된 줄의 끝에 있도록 하는 것이 있는데 이것은 전적으로 프로그래머의 취향에 의해서 결정됩니다.

```
[C 코드]
// CountMultiples.c
/*****************************************************************
파일 명칭 : CountMultiples.c
함수 명칭 : main
기      능 : 1에서 100000까지 수에서 7의 배수인지를 확인하고, 7의 배수이면 개수를 세고, 그때
            7의 배수와 개수를 출력한다. 그리고 마지막으로 전체 개수를 출력한다.
입      력 : 없음
출      력 : 개수
작 성 자 : 김 석 현
작성 일자 : 2010-10-21
*****************************************************************/
// 함수 선언 : 함수 원형(Function Prototype)
int main ( int argc, char *argv[] );
// 함수 정의
int main ( int argc, char *argv[] ) /* 함수 머리 */ {
        // 함수 몸체
}
```

06》》 준비기호 구현하기

다음은 자료명세서와 순서도에서 준비기호에서 정리된 데이터들에 대해 C 언어로 구현하도록 합시다.

자료 명세서					
번호	명칭		자료유형	구분	비고
	한글	영문			
1	가장 큰 수	MAX	정수	상수	100000
2	공차	MULTIPLE	정수	상수	7
3	개수	count	정수	출력	
4	수	number	정수	처리	7의 배수
5	나머지	remainder	정수	처리	7의 배수인지 아닌지 여부

```
MAX = 100000, MULTIPLE = 7,
count = 0, number = 1, remainder
```

 기호상수들에 대해서 C 언어로 구현해 봅시다. 기호상수는 전처리기 지시자 #define을 이용해서 아래 형식에 맞게 기술하면 됩니다. 한 줄에 하나씩 전처리기 지시자로 매크로를 작성해야 합니다.

[C 코드]

```
#define 매크로명칭 치환목록
```

 매크로 명칭은 기호상수 명칭으로, 치환목록은 상수 값으로 대응되게 기술하십시오. 프로그램을 설명하는 주석 단락 바로 다음에 적으면 됩니다. 상수는 값과 자료형으로 명시되어야 합니다. 정수형 상수에 대해서는 소수점이 없는 숫자들과 기본적으로 명시하지 않으면 int 을 자료형으로 합니다. 따라서 100000에 대해서는 자료형이 long 형이어야 합니다. 따라서 숫자 뒤에 소문자 엘(l) 혹은 대문자 엘(L)을 적어야 합니다. 소문자 엘은 숫자 1가 혼동되므로 기본적으로 대문자를 사용합니다.

[C 코드]

```
// CountMultiples.c
/***************************************************************************
파일 명칭 : CountMultiples.c
함수 명칭 : main
기    능 : 1에서 100000까지 수에서 7의 배수인지를 확인하고, 7의 배수이면 개수를 세고, 그때
           7의 배수와 개수를 출력한다. 그리고 마지막으로 전체 개수를 출력한다.
입    력 : 없음
출    력 : 개수
작 성 자 : 김석현
작성 일자 : 2010-10-21
***************************************************************************/
```

```
// 매크로 상수들
#define MAX         100000L
#define MULTIPLE    7

// 함수 선언 : 함수 원형(Function Prototype)
int main ( int argc, char *argv[] );
// 함수 정의
int main ( int argc, char *argv[] ) /* 함수 머리 */ {
        // 함수 몸체
}
```

다음 모듈기술서와 순서도의 준비기호를 보고 변수에 대해서는 자동 변수를 선언해야 합니다. 모듈기술서에 정리된 데이터들의 자료유형이 정수이므로 정수 데이터를 저장할 기억장소를 할당해야 합니다.

기억장소를 할당할 때 고려해야 하는 것에 대해서는 C 언어에서는 기억 부류(Storage Class)와 자료형(Data Type)이란 개념으로 정리되어 있습니다.

기억 부류 개념에 따라 할당할 기억장소의 위치와 변수 명칭이 원시 코드 파일에서 어디까지 참조하는데 유효한지를 결정합니다. 자동 변수로 선언한다는 것은 함수가 실행할 때 할당되고, 함수가 끝날 때 할당 해제되는 동적 관리 영역인 스택으로 할당되는 위치를 정하고, 참조 범위(Scope)는 지역범위(Local Scope)로 함수 블록에서만 유효하다는 것입니다.

자료형 개념에 따라 개수와 7의 배수에 대해 기억장소에 저장될 값은 1에서 100000까지 정수 데이터이므로 int로 기억장소의 크기는 100000을 저장할 만큼이어야 해서 long이고, 음수 표현은 필요치 않으므로 unsigned로 결정해서 문법에 맞게 서술하면 다음과 같습니다.

■ [C 코드]

```
unsigned long int
```

그리고 C 언어에서 변수를 선언하는 위치는 항상 블록의 선두이어야 합니다. 한 줄에 한 개의 변수를 선언합니다. 자료형을 적고 공백문자를 두고 변수 명칭을 적습니다. 선언문장으로 표현해야 하기 때문에 줄의 끝에 세미콜론을 적습니다. 따라서 다음과 같이 코드를 작성하면 됩니다.

[C 코드]

```c
// CountMultiples.c
/************************************************************************
파일 명칭 : CountMultiples.c
함수 명칭 : main
기     능 : 1에서 100000까지 수에서 7의 배수인지를 확인하고, 7의 배수이면 개수를 세고, 그때
           7의 배수와 개수를 출력한다. 그리고 마지막으로 전체 개수를 출력한다.
입     력 : 없음
출     력 : 개수
작 성 자 : 김 석 현
작성 일자 : 2010-10-21
************************************************************************/
// 매크로 상수들
#define MAX         100000L
#define MULTIPLE    7

// 함수 선언 : 함수 원형(Function Prototype)
int main ( int argc, char *argv[] );
// 함수 정의
int main ( int argc, char *argv[] ) /* 함수 머리 */ {
    // 자동 변수들의 선언 및 정의
    unsigned long int count; // 개수
    unsigned long int number; // 수
    unsigned long int remainder; // 나머지
}
```

함수 정의의 시작을 나타내는 여는 중괄호({)의 다음 줄부터 변수를 선언하면 됩니다. 따라서 자동으로 변수들은 지역 범위(Local Scope)를 갖게 됩니다. main 함수에서만 참조 가능할 뿐입니다. 이렇게 선언된 변수들은 스택에 할당됩니다. 그리고 함수가 실행될 때 할당되고, 함수가 끝날 때 할당 해제됩니다. 즉 동적으로 관리됩니다. 기억장소의 위치를 정하는 키워드 auto가 자료형 앞에 적혀야 하므로, 따라서 더욱더 정확한 코드는 다음과 같습니다.

```c
[C 코드]

// CountMultiples.c
/**********************************************************************
파일 명칭 : CountMultiples.c
함수 명칭 : main
기    능 : 1에서 100000까지 수에서 7의 배수인지를 확인하고, 7의 배수이면 개수를 세고, 그때
           7의 배수와 개수를 출력한다. 그리고 마지막으로 전체 개수를 출력한다.
입    력 : 없음
출    력 : 개수
작 성 자 : 김석현
작성 일자 : 2010-10-21
**********************************************************************/
// 매크로 상수들
#define MAX         100000L
#define MULTIPLE    7

// 함수 선언 : 함수 원형(Function Prototype)
int main ( int argc, char *argv[] );
// 함수 정의
int main ( int argc, char *argv[] ) /* 함수 머리 */ {
        // 자동 변수들의 선언 및 정의
        auto unsigned long int count; // 개수
        auto unsigned long int number; // 수
        auto unsigned short int remainder; // 나머지
}
```

이러한 변수들을 자동 변수(Automatic Variable)라고 합니다. 자동 변수는 선언과 정의를 분리할 수 없습니다.

> MAX = 100000, MULTIPLE = 7,
> count = 0, number = 1, remainder

　C 언어에서는 자동변수들에 대해 초기화가 시스템에 의해서 자동적으로 이루어지지 않습니다. 따라서 할당된 자동변수에 저장된 값은 먼저 실행되었던 프로그램이 사용했던 값들로 채워져 있을 것입니다. 이러한 값들을 쓰레기(Garbage)라고 합니다. 따라서 C 프로그래머는 초기화가 필요한 기억장소에 대해서는 반드시 초기화를 해야 합니다. 위 준비기호에서 count와 number는 둘 다 초기화되어 있습니다. C 언어에서는 변수 명칭 다음에 등호를 적고 다음에 초기값을 적으면 됩니다. 이때 등호는 뒤에 적히는 값이 초기값임을 강조하는 구두점입니다. 따라서 다음과 같이 코드가 작성되어야 합니다.

■ [C 코드]

```
// CountMultiples.c
/******************************************************************************
파일 명칭 : CountMultiples.c
함수 명칭 : main
기    능 : 1에서 100000까지 수에서 7의 배수인지를 확인하고, 7의 배수이면 개수를 세고, 그때
          7의 배수와 개수를 출력한다. 그리고 마지막으로 전체 개수를 출력한다.
입    력 : 없음
출    력 : 개수
작 성 자 : 김 석 현
작성 일자 : 2010-10-21
******************************************************************************/
// 매크로 상수들
#define MAX          100000L
#define MULTIPLE     7

// 함수 선언 : 함수 원형(Function Prototype)
int main ( int argc, char *argv[] );
// 함수 정의
int main ( int argc, char *argv[] ) /* 함수 머리 */ {
    // 자동 변수들의 선언 , 정의 및 초기화
    auto unsigned long int count = 0; // 개수
    auto unsigned long int number = 1; // 수
    auto unsigned long int remainder; // 나머지
}
```

자료명세서와 준비기호로 정리된 데이터들에 대해서는 C 언어로 매크로와 자동변수로 옮기는 작업을 마무리했습니다.

07»» 코드 주석 달기

다음은 제어논리에 대해 C 언어로 어떻게 옮기는지 알아보도록 합시다. 그래서 제일 먼저 해야 하는 것은 어떠한 제어논리에 대해 C 언어로 옮겨야 하는지를 // 로 시작하는 한 줄 주석으로 처리 과정을 적어 봅시다.

주석으로 처리된 처리 과정을 보고, 처리단계마다 C 언어로 어떻게 옮겨야 하는지 집중해서 작업하면 효율적으로 처리할 수 있습니다. 따라서 앞으로 코드를 작성할 때 바로 프로그래밍 언어로 코드를 작성하지 말고, 어떠한 처리를 할 것인지를 자연어로 적고, 프로그래밍 언어로 코드를 작성하도록 합시다.

처리 과정

1. 제목을 출력한다.
2. 수가 MAX보다 작거나 같은 동안 반복한다.
   2.1. 수를 세다.
   2.2. 7의 배수인지 확인한다.
      2.2.1. 개수를 세다.
      2.2.2. 개수와 수를 출력한다.
3. 개수를 출력한다.
4. 끝내다.

처리 과정을 주석으로 처리할 때도 들여쓰기를 하여 읽기 쉽도록 합시다.

```c
// CountMultiples.c
/***********************************************************************
파일 명칭 : CountMultiples.c
함수 명칭 : main
기     능 : 1에서 100000까지 수에서 7의 배수인지를 확인하고, 7의 배수이면 개수를 세고, 그때
           7의 배수와 개수를 출력한다. 그리고 마지막으로 전체 개수를 출력한다.
입     력 : 없음
출     력 : 개수
작 성 자 : 김 석 현
작성 일자 : 2010-10-21
***********************************************************************/
// 매크로 상수들
#define MAX          100000L
#define MULTIPLE     7

// 함수 선언 : 함수 원형(Function Prototype)
int main ( int argc, char *argv[] );
// 함수 정의
int main ( int argc, char *argv[] ) /* 함수 머리 */ {
    // 자동 변수들의 선언 , 정의 및 초기화
    auto unsigned long int count = 0; // 개수
    auto unsigned long int number = 1; // 수
    auto unsigned long int remainder; // 나머지

    // 1. 제목을 출력한다.
    // 2. 수가 MAX보다 작거나 같은 동안 반복한다.
        // 2.1. 수를 세다.
        // 2.2. 7의 배수인지 확인한다.
            // 2.2.1. 개수를 세다.
            // 2.2.2. 개수와 수를 출력한다.
    // 3. 개수를 출력한다.
    // 4. 끝낸다.
}
```

다음은 주석으로 처리된 처리 과정과 순서도에 작도된 대로 제어논리를 C 언어로 구현하면 되는 것입니다.

08 >>> 출력기호 구현하기

처리 과정에서 "1. 제목을 출력한다." 와 순서도에서 제목을 출력하는 출력기호에 대해서 C 언어로 옮겨 봅시다. 출력기호에 의해 보고서의 제목을 출력하도록 합시다.

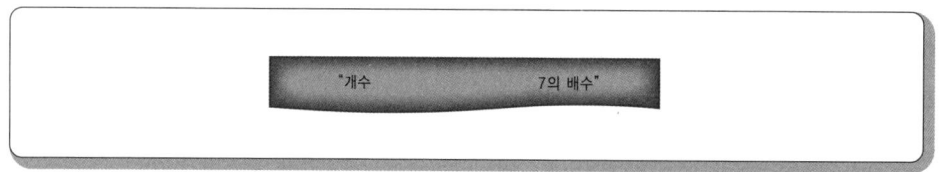

C 언어에서 모니터에 문자열을 출력하고자 한다면, C 컴파일러 개발자들에 의해 작성된 printf 라이브러리 함수를 사용해야 합니다. 그러면 printf 함수로 모니터에 제목을 출력하는 코드를 작성해 봅시다. 모니터에 출력하는 기능을 갖는 printf 함수를 사용하고자 한다면 먼저 C 프로그래머는 전처리기로 현재 작성하고 있는 CountMultiples.c에 stdio.h에서 printf 함수 원형을 복사하도록 지시하여야 합니다. 따라서 다음과 같이 전처리기 지시자를 작성하면 됩니다.

#include 전처리기 지시자도 전처리기 단락에 대개는 #define 전처리기 지시자에 의한 매크로 표현 영역과 주석 단락 사이에 기술되어야 합니다. 따라서 아래와 같이 코드가 작성되어야 합니다.

[C 코드]

```c
// CountMultiples.c
/***************************************************************************
파일 명칭 : CountMultiples.c
함수 명칭 : main
기    능 : 1에서 100000까지 수에서 7의 배수인지를 확인하고, 7의 배수이면 개수를 세고, 그때
           7의 배수와 개수를 출력한다. 그리고 마지막으로 전체 개수를 출력한다.
입    력 : 없음
출    력 : 개수
작 성 자 : 김 석 현
작성 일자 : 2010-10-21
***************************************************************************/
// 외부 파일 포함 기능
#include <stdio.h>

// 매크로 상수들
#define MAX         100000L
#define MULTIPLE    7

// 함수 선언 : 함수 원형(Function Prototype)
int main ( int argc, char *argv[] );
// 함수 정의
int main ( int argc, char *argv[] ) /* 함수 머리 */ {
    // 자동 변수들의 선언, 정의 및 초기화
    auto unsigned long int count = 0; // 개수
    auto unsigned long int number = 1; // 수
    auto unsigned long int remainder; // 나머지

    // 1. 제목을 출력한다.
    // 2. 수가 MAX보다 작거나 같은 동안 반복한다.
        // 2.1. 수를 세다.
        // 2.2. 7의 배수인지 확인한다.
            // 2.2.1. 개수를 세다.
            // 2.2.2. 개수와 수를 출력한다.
    // 3. 개수를 출력한다.
    // 4. 끝낸다.
}
```

다음은 printf 함수를 호출하는 문장을 작성해야 합니다. 이때는 함수의 입출력 정보가 필요합니다. 따라서 함수 원형을 참고해야 합니다. printf 함수의 원형은 다음과 같습니다.

■ [C 코드]
```
int printf( const char *format [, argument]... );
```

출력 서식(format)은 어떤 자료형의 데이터를 몇 개 출력할지를 지정하는 것이고, 인수(argument)는 출력할 값을 지정해야 합니다. %로 출력할 데이터의 개수를 정해야 합니다. 그리고 출력할 데이터에 대해 정수는 d, 문자열은 s, 문자는 c 그리고 실수는 f 자료형 변환 형식 문자를 이용해 문자열 리터럴을 만드시면 해당 출력 서식이 만들어지며, 각 자료형 변환 형식 문자에 맞게 값들을 적으면 되는 것입니다.

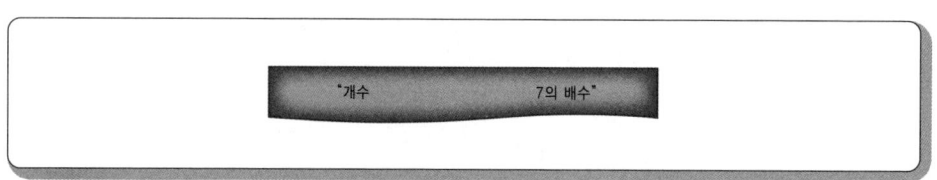

따라서 제시된 출력기호에 대해서는 한 개의 문자열을 출력하고 줄을 바꾸어야 해서 다음과 같이 코드를 작성하면 됩니다.

■ [C 코드]
```
printf("%s", "개수            7의 배수\n" );
```

한 개의 문자열을 출력해야 해서 서식 문자열 안에는 % 가 한 개이어야 하고, 자료형 변환 문자는 s가 되어야 합니다. 자료형 변환 형식문자 s에 맞는 값이 인수로 설정돼야 합니다. 이때 인수로 정해진 문자열을 작성할 때 코드 편집상에서 3개의 탭 키를 입력해도 되고, 다음처럼 3개의 탭 키에 대해 확장 열(Escape Sequence)인 '\t'로 처리해도 됩니다. 그렇지만 줄 바꿈에 대한 엔터 키 입력은 즉 개행 문자를 문자열에 삽입하기 위해서는 확장 열인 '\n'을 사용해야 합니다.

[C 코드]

printf("%s", "개수\t\t\t7의 배수\n");

이렇게 문자열에 특수 제어 키를 코드에 삽입하고자 할 때 확장 열을 사용한다는 것을 명심하도록 합시다.

그렇지만 서식 문자열 안에는 '%'와 자료형 변환 형식 문자 이외의 다른 문자들도 사용할 수 있습니다. 특히 한 줄씩 출력하게 하려고 개행 문자('\n')도 출력 서식에 사용하게 됩니다.

따라서 앞의 출력기호에 대해 다음과 같이 코드를 작성해도 됩니다. 이렇게 작성된 코드가 더욱더 기억장소 관리 측면에서는 효율적입니다. 문자열 리터럴(혹은 문자열 상수)을 2개 만드는 것보다는 한 개를 만드는 것이 더욱더 적게 기억장소를 사용하는 것입니다. 출력기호는 순차구조입니다. 따라서 하나의 문장으로 처리되어야 합니다. 따라서 줄의 마지막에는 세미콜론을 찍어야 합니다.

[C 코드]

printf("개수\t\t\t7의 배수\n");

이렇게 해서 제목을 출력하게 됩니다. 여기까지 작성된 코드를 보면 다음과 같습니다.

[C 코드]

```c
// CountMultiples.c
/******************************************************************
파일 명칭 : CountMultiples.c
함수 명칭 : main
기     능 : 1에서 100000까지 수에서 7의 배수인지를 확인하고, 7의 배수이면 개수를 세고, 그때
            7의 배수와 개수를 출력한다. 그리고 마지막으로 전체 개수를 출력한다.
입     력 : 없음
출     력 : 개수
작 성 자 : 김 석 현
작성 일자 : 2010-10-21
******************************************************************/
// 외부 파일 포함 기능
#include <stdio.h>

// 매크로 상수들
#define MAX         100000L
#define MULTIPLE    7

// 함수 선언 : 함수 원형(Function Prototype)
int main ( int argc, char *argv[] );
// 함수 정의
int main ( int argc, char *argv[] ) /* 함수 머리 */ {
    // 자동 변수들의 선언 , 정의 및 초기화
    auto unsigned long int count = 0; // 개수
    auto unsigned long int number = 1; // 수
    auto unsigned long int remainder; // 나머지

    // 1. 제목을 출력한다.
    printf("개수\t\t7의 배수\n");
    // 2. 수가 MAX보다 작거나 같은 동안 반복한다.
        // 2.1. 수를 세다.
        // 2.2. 7의 배수인지 확인한다.
            // 2.2.1. 개수를 세다.
            // 2.2.2. 개수와 수를 출력한다.
    // 3. 개수를 출력한다.
    // 4. 끝낸다.
}
```

09»» 비교 및 판단기호 구현하기

처리 과정에서 "2. 수가 MAX보다 작거나 같은 동안 반복한다."에 대해서 C 언어로 구현해 봅시다. 출력기호 바로 아래쪽에 작도된 비교 및 판단기호를 포함한 반복구조에 대해서 C 언어로 어떻게 옮겨져야 하는지 알아봅시다.

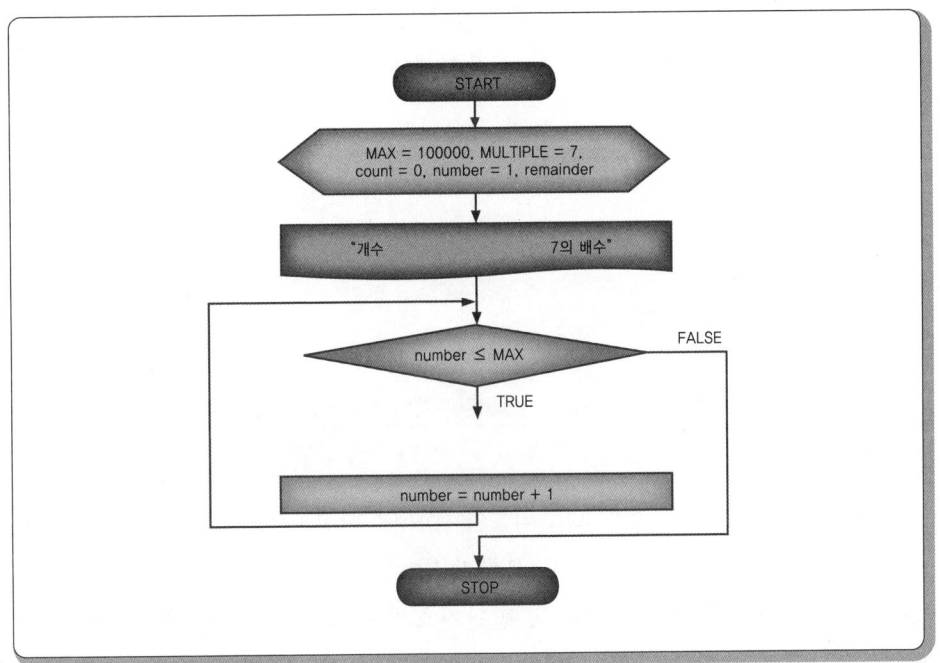

다음은 비교 및 판단기호를 C 언어로 구현해 보도록 합시다. 순서도에서 비교 및 판단기호는 선택구조나 반복구조에 사용되어 집니다. 따라서 C 언어로 표현하기 위해서는 비교 및 판단기호가 어떠한 제어구조에 사용되었는지를 결정해야 합니다. 가장 쉽게 판단하는 방법은 흐름선의 방향을 확인해 보는 것인데, 순서도를 작성할 때는 일반적으로 흐름선의 방향은 처리 순서에 따라 위쪽에서 아래쪽으로, 그리고 왼쪽에서 오른쪽으로 향하도록 작도하는 것이 일반적인 표현입니다. 대체로 선택구조에서는 일반적인 표현으로 작도되나, 이 순서도에서는 위쪽으로 향하는 흐름선이 비교 및 판단기호 앞에 있는 것으로 보아 비교 및 판단기호가 반복구조에 사용되었다는 것을 알 수 있습니다.

따라서 비교 및 판단기호의 관계식에 사용된 number가 반복제어변수의 역할을 하는 것을 알 수 있습니다. 준비기호에서 number 반복제어변수에 대해 초기화가 이루어지고 있고, 비교 및 판단기호에서 number 반복제어변수를 사용한 조건식이 적히고, 위쪽으로 향하는 흐름선의 시작 부분인 처리기호에 number 반복제어변수에 대한 변경식이 작성된 것으로 보아 반복제어구조에 사용되었음을 알 수 있습니다.

또한, 반복 횟수가 MAX 번으로 제한되어 있다는 것도 알 수 있습니다. C 언어에서 반복문은 크게 while 반복문과 for 반복문을 제공하고 있습니다. while 문은 반복 횟수가 정해져 있지 않은 경우, for 문은 반복 횟수가 정해져 있는 경우 사용되는 것이 일반적이므로 여기에서는 for 반복문으로 C 코드를 작성해 보도록 합시다.

C 언어에서 for 반복문의 형식은 다음과 같습니다.

```
[C 코드]
for( 초기식; 조건식; 변경식 ) {
        // 단문 혹은 복문
}
```

for 키워드를 적고 반드시 소괄호로 식들을 묶어야 하고, 세미콜론으로 식들을 구분하도록 해야 합니다. 그렇지 않으면 구문 오류가 발생합니다. 그리고 초기식은 준비기호에 있는 number = 1로, 조건식은 비교 및 판단기호의 관계식으로 그리고 변경식은 위쪽으로 향하는 화살표의 시작 부분인 처리기호의 내용으로 작성하면 됩니다. 따라서 아래와 같이 작성돼야 합니다.

```
[C 코드]
for( number = 1; number <= MAX; number = number + 1 ) {
        // 단문 혹은 복문
}
```

따라서 여기까지 전체 코드를 보면 다음과 같습니다.

■ [C 코드]

```c
// CountMultiples.c
/********************************************************************************
파일 명칭 : CountMultiples.c
함수 명칭 : main
기    능 : 1에서 100000까지 수에서 7의 배수인지를 확인하고, 7의 배수이면 개수를 세고, 그때
          7의 배수와 개수를 출력한다. 그리고 마지막으로 전체 개수를 출력한다.
입    력 : 없음
출    력 : 개수
작 성 자 : 김 석 현
작성 일자 : 2010-10-21
********************************************************************************/
// 외부 파일 포함 기능
#include <stdio.h>

// 매크로 상수들
#define MAX          100000L
#define MULTIPLE     7

// 함수 선언 : 함수 원형(Function Prototype)
int main ( int argc, char *argv[] );
// 함수 정의
int main ( int argc, char *argv[] ) /* 함수 머리 */ {
    // 자동 변수들의 선언 , 정의 및 초기화
    auto unsigned long int count = 0; // 개수
    auto unsigned long int number = 1; // 수
    auto unsigned long int remainder; // 나머지

    // 1. 제목을 출력한다.
    printf("개수\t\t7의 배수\n");
    // 2. 수가 MAX보다 작거나 같은 동안 반복한다.
    for( number = 1 ; number <= MAX ; number = number + 1) {
        // 2.2. 7의 배수인지 확인한다.
            // 2.2.1. 개수를 세다.
            // 2.2.2. 개수와 수를 출력한다.
        // 2.1. 수를 세다.
    }
    // 3. 개수를 출력한다.
    // 4. 끝낸다.
}
```

여기서 변수의 초기화를 없애고 반복제어변수의 초기식으로 대체해도 무방합니다. 즉 다음과 같이 코드가 작성되어도 된다는 것입니다.

[C 코드]

```c
// CountMultiples.c
/*******************************************************************
파일 명칭 : CountMultiples.c
함수 명칭 : main
기    능 : 1에서 100000까지 수에서 7의 배수인지를 확인하고, 7의 배수이면 개수를 세고, 그때
           7의 배수와 개수를 출력한다. 그리고 마지막으로 전체 개수를 출력한다.
입    력 : 없음
출    력 : 개수
작 성 자 : 김 석 현
작성 일자 : 2010-10-21
*******************************************************************/
// 외부 파일 포함 기능
#include <stdio.h>

// 매크로 상수들
#define MAX         100000L
#define MULTIPLE    7

// 함수 선언 : 함수 원형(Function Prototype)
int main ( int argc, char *argv[] );
// 함수 정의
int main ( int argc, char *argv[] ) /* 함수 머리 */ {
        // 자동 변수들의 선언, 정의 및 초기화
        auto unsigned long int count = 0; // 개수
        auto unsigned long int number /*= 1*/; // 수
        auto unsigned long int remainder; // 나머지

        // 1. 제목을 출력한다.
        printf("개수\t\t\t7의 배수\n");
        // 2. 수가 MAX보다 작거나 같은 동안 반복한다.
        for( number = 1 ; number <= MAX ; number = number + 1) {
                // 2.2. 7의 배수인지 확인한다.
                        // 2.2.1. 개수를 세다.
                        // 2.2.2. 개수와 수를 출력한다.
                // 2.1. 수를 세다.
        }
        // 3. 개수를 출력한다.
        // 4. 끝낸다.
}
```

auto unsigned long int number = 1; 문장을 auto unsigned long int number; 로 고쳐도 무방하다는 것입니다. 또한, for 반복문에서 초기식 표현 부분을 생략해도 무방하므로 변수의 초기화를 그대로 둔다면 다음과 같이 코드를 작성해도 됩니다.

[C 코드]

```
// CountMultiples.c
/************************************************************************
파일 명칭 : CountMultiples.c
함수 명칭 : main
기    능 : 1에서 100000까지 수에서 7의 배수인지를 확인하고, 7의 배수이면 개수를 세고, 그때
           7의 배수와 개수를 출력한다. 그리고 마지막으로 전체 개수를 출력한다.
입    력 : 없음
출    력 : 개수
작 성 자 : 김석현
작성 일자 : 2010-10-21
************************************************************************/
// 외부 파일 포함 기능
#include <stdio.h>

// 매크로 상수들
#define MAX          100000L
#define MULTIPLE     7

// 함수 선언 : 함수 원형(Function Prototype)
int main ( int argc, char *argv[] );
// 함수 정의
int main ( int argc, char *argv[] ) /* 함수 머리 */ {
    // 자동 변수들의 선언 , 정의 및 초기화
    auto unsigned long int count = 0; // 개수
    auto unsigned long int numbe = 1; // 수
    auto unsigned long int remainder; // 나머지

    // 1. 제목을 출력한다.
    printf("개수\t\t7의 배수\n");
    // 2. 수가 MAX보다 작거나 같은 동안 반복한다.
    for( ; number <= MAX ; number = number + 1) {
        // 2.2. 7의 배수인지 확인한다.
            // 2.2.1. 개수를 세다.
            // 2.2.2. 개수와 수를 출력한다.
        // 2.1. 수를 세다.
    }
```

```
            // 3. 개수를 출력한다.
            // 4. 끝낸다.
}
```

변수를 초기화하고, for 반복문에서 초기식을 생략하는 것도 무방하나 좋은 표현법은 아니라고 생각됩니다. 개념적으로 완벽하도록 하는 것이 혼동을 줄일 수 있는 것임을 명심하도록 합시다.

또한, C 언어가 제공하는 다양한 연산자 기능을 이용하면, 누적 표현인 number = number + 1에 대해 다음과 같은 표현들을 할 수 있습니다.

[C 코드]
```c
number += 1;
++number;
number++;
```

1씩 증가하는 표현에서 관습적으로 많이 사용하는 number++로 표현하는 것이 더욱더 C 언어다운 표현입니다.

[C 코드]
```c
// CountMultiples.c
/*************************************************************
파일 명칭 : CountMultiples.c
함수 명칭 : main
기     능 : 1에서 100000까지 수에서 7의 배수인지를 확인하고, 7의 배수이면 개수를 세고, 그때
           7의 배수와 개수를 출력한다. 그리고 마지막으로 전체 개수를 출력한다.
입     력 : 없음
출     력 : 개수
작 성 자 : 김 석 현
작성 일자 : 2010-10-21
*************************************************************/
// 외부 파일 포함 기능
```

```
#include <stdio.h>

// 매크로 상수들
#define MAX         100000L
#define MULTIPLE    7

// 함수 선언 : 함수 원형(Function Prototype)
int main ( int argc, char *argv[] );
// 함수 정의
int main ( int argc, char *argv[] ) /* 함수 머리 */ {
        // 자동 변수들의 선언 , 정의 및 초기화
        auto unsigned long int count = 0; // 개수
        auto unsigned long int numbe; // 수
        auto unsigned long int remainder; // 나머지

        // 1. 제목을 출력한다.
        printf("개수\t\t7의 배수\n");
        // 2. 수가 MAX보다 작거나 같은 동안 반복한다.
        for( number = 1 ; number <= MAX ; number++ ) {
                // 2.2. 7의 배수인지 확인한다.
                        // 2.2.1. 개수를 세다.
                        // 2.2.2. 개수와 수를 출력한다.
                // 2.1. 수를 세다.
        }
        // 3. 개수를 출력한다.
        // 4. 끝낸다.
}
```

그리고 이미 했지만, 계속해서 처리해야 하는 내용이 한 문장 이상이므로 복문으로 처리해야 합니다. 따라서 반드시 중괄호로 제어 블록을 설정해야 합니다.

■ [C 코드]

```
// CountMultiples.c
/************************************************************************
파일 명칭 : CountMultiples.c
함수 명칭 : main
기     능 : 1에서 100000까지 수에서 7의 배수인지를 확인하고, 7의 배수이면 개수를 세고, 그때
            7의 배수와 개수를 출력한다. 그리고 마지막으로 전체 개수를 출력한다.
```

```
입     력 : 없음
출     력 : 개수
작 성 자 : 김석현
작성 일자 : 2010-10-21
**************************************************************************/
// 외부 파일 포함 기능
#include <stdio.h>

// 매크로 상수들
#define MAX          100000L
#define MULTIPLE     7

// 함수 선언 : 함수 원형(Function Prototype)
int main ( int argc, char *argv[] );
// 함수 정의
int main ( int argc, char *argv[] ) /* 함수 머리 */ {
        // 자동 변수들의 선언 , 정의 및 초기화
        auto unsigned long int count = 0; // 개수
        auto unsigned long int numbe; // 수
        auto unsigned long int remainder; // 나머지

        // 1. 제목을 출력한다.
        printf("개수\t\t7의 배수\n");
        // 2. 수가 MAX보다 작거나 같은 동안 반복한다.
        for( number = 1 ; number <= MAX ; number++ ) {
                // 2.2. 7의 배수인지 확인한다.
                        // 2.2.1. 개수를 세다.
                        // 2.2.2. 개수와 수를 출력한다.
                // 2.1. 수를 세다.
        }
        // 3. 개수를 출력한다.
        // 4. 끝낸다.
}
```

다음은 계속해서 처리되어야 하는 내용을 C 언어로 구현해 보도록 합시다. "2.1. 수를 세다." 처리단계에 대해서는 반복문장에서 반복제어변수의 변경식으로 처리되었습니다.

"2.2. 7의 배수인지 확인한다." 처리단계에 대해서 C 언어로 어떻게 옮겨지는지 알아봅시다. 순서도에서는 나머지를 구하는 반복구조입니다. 어떤 수에 대해 7의 나머지를 구하는 부분에 대해 C 언어로 구현해 보도록 합시다.

흐름선의 방향과 반복구조의 표준구조, 반복제어변수 remainder의 초기식, 조건식 그리고 변경식으로 구성된 것으로 보아 반복제어구조입니다. 따라서 반복문으로 표현하면 되는데, 반복횟수가 수에 따라 결정되기 때문에 정해지지 않은 경우라서 while 반복문을 사용해야 합니다.

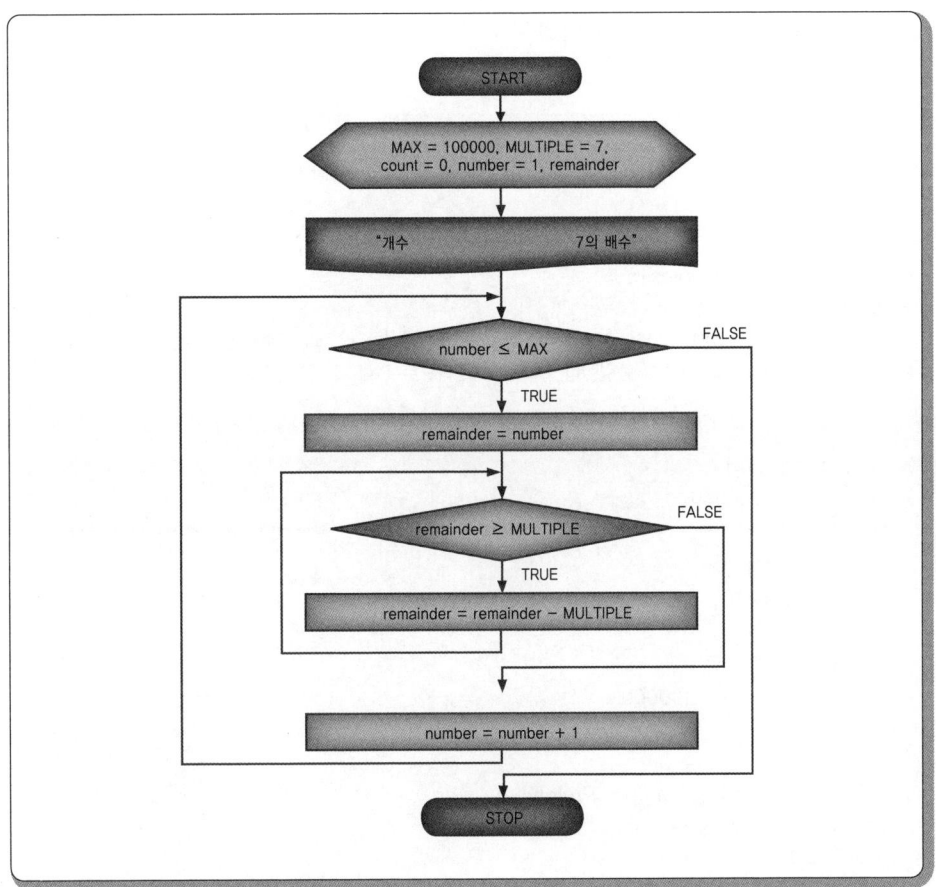

10»» 처리기호 구현하기

따라서 while 반복문 앞에 반복제어변수 초기식이 작성되어야 합니다. 반복제어변수의 초기식이 적힌 처리기호에 대해 C 언어로 구현하면 다음과 같습니다. 처리기호는 순차구조입니다. 따라서 하나의 문장으로 표현되어야 합니다. 따라서 처리기호에 적힌 내용을 그대로 옮겨 적고, 줄의 맨 끝에 세미콜론을 찍으면 됩니다. 단순히 대입 연산자를 이용하여 대입(혹은 치환)문으로 구현하면 됩니다.

■ [C 코드]

```c
// CountMultiples.c
/***********************************************************************
파일 명칭 : CountMultiples.c
함수 명칭 : main
기    능 : 1에서 100000까지 수에서 7의 배수인지를 확인하고, 7의 배수이면 개수를 세고, 그때
           7의 배수와 개수를 출력한다. 그리고 마지막으로 전체 개수를 출력한다.
입    력 : 없음
출    력 : 개수
작 성 자 : 김석현
작성 일자 : 2010-10-21
***********************************************************************/
// 외부 파일 포함 기능
#include <stdio.h>

// 매크로 상수들
#define MAX         100000L
#define MULTIPLE    7

// 함수 선언 : 함수 원형(Function Prototype)
int main ( int argc, char *argv[] );
// 함수 정의
int main ( int argc, char *argv[] ) /* 함수 머리 */ {
    // 자동 변수들의 선언, 정의 및 초기화
    auto unsigned long int count = 0; // 개수
    auto unsigned long int numbe; // 수
    auto unsigned long int remainder; // 나머지

    // 1. 제목을 출력한다.
    printf("개수\t\t\t7의 배수\n");
    // 2. 수가 MAX보다 작거나 같은 동안 반복한다.
    for( number = 1 ; number <= MAX ; number++ ) {
```

```
        // 2.2. 7의 배수인지 확인한다.
        remainder = number;
                // 2.2.1. 개수를 세다.
                // 2.2.2. 개수와 수를 출력한다.
            // 2.1. 수를 세다.
        }
        // 3. 개수를 출력한다.
        // 4. 끝낸다.
    }
```

11》 비교 및 판단기호 구현하기

그리고 while 반복문을 작성하면 됩니다. while 키워드를 적고, 소괄호를 여닫아야 합니다. 왜냐하면 반복문에 사용되는 조건식은 반드시 소괄호로 싸여야 합니다. 그렇지 않으면 구문오류가 발생합니다. 그리고 소괄호에 비교 및 판단기호에 적힌 조건식을 옮겨 적어야 합니다. 크거나 같은지에 대한 연산자는 >=로 바꾸어야 합니다. 그리고 중괄호를 여닫아 제어블록을 만듭니다. 제어블록에 처리해야하는 내용을 문장으로 구현하면 됩니다.

앞의 비교 및 판단기호를 while 반복문으로 옮기면 다음과 같이 코드를 작성하면 됩니다.

[C 코드]
```
while( remainder >= MULTIPLE ) {
    // 단문 혹은 복문
}
```

12》 처리기호 구현하기

그리고 계속해서 처리되어야 하는 내용은 처리기호가 한 개이므로 단문으로 처리해도 무방하므로 블록을 설정하지 않아도 됩니다. 그렇지만 제어블록을 설정하고 들여쓰기로 반복문의 하위 문장으로 실행되고 있다는 것을 나타내면 더욱더 이해하기 쉬운 코드가 작성됩니다. 처리기호는 순차구조이므로 처리기호에 적힌 수식을 그대로 옮겨 적고, 줄의 마지막에 세미콜론을 찍으면 됩니다.

[C 코드]

```
while( remainder >= MULTIPLE )
        remainder = remainder - MULTIPLE;
```

여기까지 전체 코드를 정리하면 다음과 같습니다.

[C 코드]

```c
// CountMultiples.c
/***************************************************************************
파일 명칭 : CountMultiples.c
함수 명칭 : main
기     능 : 1에서 100000까지 수에서 7의 배수인지를 확인하고, 7의 배수이면 개수를 세고, 그때
            7의 배수와 개수를 출력한다. 그리고 마지막으로 전체 개수를 출력한다.
입     력 : 없음
출     력 : 개수
작 성 자 : 김 석 현
작성 일자 : 2010-10-21
***************************************************************************/
// 외부 파일 포함 기능
#include <stdio.h>

// 매크로 상수들
#define MAX         100000L
#define MULTIPLE    7

// 함수 선언 : 함수 원형(Function Prototype)
int main ( int argc, char *argv[] );
// 함수 정의
int main ( int argc, char *argv[] ) /* 함수 머리 */ {
        // 자동 변수들의 선언 , 정의 및 초기화
        auto unsigned long int count = 0; // 개수
        auto unsigned long int numbe; // 수
        auto unsigned long int remainder; // 나머지

        // 1. 제목을 출력한다.
        printf("개수\t\t7의 배수\n");
        // 2. 수가 MAX보다 작거나 같은 동안 반복한다.
        for( number = 1 ; number <= MAX ; number++ ) {
```

```
        // 2.2. 7의 배수인지 확인한다.
        remainder = number;
        while ( remainder )= MULTIPLE)
            remainder = remainder - MULTIPLE;
            // 2.2.1. 개수를 세다.
            // 2.2.2. 개수와 수를 출력한다.
        // 2.1. 수를 세다.
    }
    // 3. 개수를 출력한다.
    // 4. 끝낸다.
}
```

그렇지만 제어구조에 대해서는 단문이든 복문이든 블록으로 설정하는 것이 코드를 읽을 때나 관리할 때 유리한 표현입니다. 따라서 앞으로는 무조건 제어구조에 대해, 즉 반복문과 선택문에 대해서는 단문과 복문 구분하지 말고 블록으로 설정하도록 합시다.

■ [C 코드]

```
// CountMultiples.c
/********************************************************************************
파일 명칭 : CountMultiples.c
함수 명칭 : main
기   능 : 1에서 100000까지 수에서 7의 배수인지를 확인하고, 7의 배수이면 개수를 세고, 그때
          7의 배수와 개수를 출력한다. 그리고 마지막으로 전체 개수를 출력한다.
입   력 : 없음
출   력 : 개수
작 성 자 : 김 석 현
작성 일자 : 2010-10-21
********************************************************************************/
// 외부 파일 포함 기능
#include <stdio.h>

// 매크로 상수들
#define MAX         100000L
#define MULTIPLE    7

// 함수 선언 : 함수 원형(Function Prototype)
int main ( int argc, char *argv[] );
// 함수 정의
```

```
int main ( int argc, char *argv[] ) /* 함수 머리 */ {
    // 자동 변수들의 선언 , 정의 및 초기화
    auto unsigned long int count = 0; // 개수
    auto unsigned long int numbe; // 수
    auto unsigned long int remainder; // 나머지

    // 1. 제목을 출력한다.
    printf("개수\t\t7의 배수\n");
    // 2. 수가 MAX보다 작거나 같은 동안 반복한다.
    for( number = 1 ; number <= MAX ; number++ ) {
        // 2.2. 7의 배수인지 확인한다.
        remainder = number;
        while ( remainder >= MULTIPLE) {
            remainder = remainder - MULTIPLE;
        }
            // 2.2.1. 개수를 세다.
            // 2.2.2. 개수와 수를 출력한다.
        // 2.1. 수를 세다.
    }
    // 3. 개수를 출력한다.
    // 4. 끝낸다.
}
```

여기까지가 수가 7의 배수인지를 결정하기 위한 나머지를 구하는 코드를 순서도에 작도된 대로 작성했습니다. 그렇지만 C 언어의 특징 중의 하나가 간결성인데, 이 점을 가장 정확하게 보여 주는 예가 여기에서 제시되고 있습니다. C 언어는 다양한 연산자를 제공한다는 것은 앞에서도 언급했습니다. 그중에 나머지를 구하는 연산자 %를 제공합니다. 정수형 데이터에 대해 2항 연산자로 제공됩니다. 이 연산자를 이용하면 위 코드 3줄을 한 줄의 식 문장으로 나타낼 수 있습니다. 다음처럼 코드가 작성됩니다.

[C 코드]

```c
remainder = number % MULTIPLE;
```

다시 전체 코드를 정리해 보고, 위 코드와 비교해 보면 C 언어의 특징 중 간결성을 명확히 확인할 수 있을 것입니다.

[C 코드]

```c
// CountMultiples.c
/***************************************************************************
파일 명칭 : CountMultiples.c
함수 명칭 : main
기    능 : 1에서 100000까지 수에서 7의 배수인지를 확인하고, 7의 배수이면 개수를 세고, 그때
           7의 배수와 개수를 출력한다. 그리고 마지막으로 전체 개수를 출력한다.
입    력 : 없음
출    력 : 개수
작 성 자 : 김 석 현
작성 일자 : 2010-10-21
***************************************************************************/
// 외부 파일 포함 기능
#include <stdio.h>

// 매크로 상수들
#define MAX         100000L
#define MULTIPLE    7

// 함수 선언 : 함수 원형(Function Prototype)
int main ( int argc, char *argv[] );
// 함수 정의
int main ( int argc, char *argv[] ) /* 함수 머리 */ {
    // 자동 변수들의 선언 , 정의 및 초기화
    auto unsigned long int count = 0; // 개수
    auto unsigned long int numbe; // 수
    auto unsigned long int remainder; // 나머지

    // 1. 제목을 출력한다.
    printf("개수\t\t\t7의 배수\n");
    // 2. 수가 MAX보다 작거나 같은 동안 반복한다.
    for( number = 1 ; number <= MAX ; number++ ) {
```

```
                // 2.2. 7의 배수인지 확인한다.
    #if 0
                remainder = number;
                while ( remainder )= MULTIPLE) {
                        remainder = remainder - MULTIPLE;
                }
    #endif
                remainder = number % MULTIPLE;
                        // 2.2.1. 개수를 센다.
                        // 2.2.2. 개수와 수를 출력한다.
                // 2.1. 수를 센다.
        }
        // 3. 개수를 출력한다.
        // 4. 끝낸다.
}
```

위 코드에서 전처리기 지시자 #if 와 #endif를 이용해서 주석 처리를 하는 것도 공부해 두도록 합시다. #if 지시자 다음에 C 언어에서 논리적 거짓인 0을 적으면 주석으로 처리 되며, 1을 적으면 실행 코드로 처리됩니다. 이러한 표현은 블록 주석이 중첩되지 않는다는 단점을 보완하는 표현법이므로 실제 코딩 작업에서 자주 사용되는 것입니다. #if 와 #endif 사이에 다시 #if 와 #endif 단락을 기술할 수 있습니다.

여기서 하나 생각해 볼 문제가 있습니다. 나머지 연산자를 사용하면 remainder에 저장 될 값은 0에서 6까지 정수 데이터입니다. 따라서 크기가 4바이트인 long을 사용하는 것 보다는 나머지 remainder는 0에서 6까지 정수 데이터를 저장할 기억장소를 2바이트만 할당하고 음수 표현은 할 필요가 없습니다. 그래서 음수 표현을 하지 않도록 unsigned이 고, 크기는 2바이트 short로 정해서 문법에 맞게 서술하면 다음과 같습니다.

```
[C 코드]
unsigned short int
```

따라서 remainder의 변수 선언문에서 unsigned long int를 unsigned short int 로 자료형을 바꾸어 봅시다.

```c
// CountMultiples.c
/***************************************************************************
파일 명칭 : CountMultiples.c
함수 명칭 : main
기    능 : 1에서 100000까지 수에서 7의 배수인지를 확인하고, 7의 배수이면 개수를 세고, 그때
           7의 배수와 개수를 출력한다. 그리고 마지막으로 전체 개수를 출력한다.
입    력 : 없음
출    력 : 개수
작 성 자 : 김석현
작성 일자 : 2010-10-21
***************************************************************************/
// 외부 파일 포함 기능
#include <stdio.h>

// 매크로 상수들
#define MAX         100000L
#define MULTIPLE    7

// 함수 선언 : 함수 원형(Function Prototype)
int main ( int argc, char *argv[] );
// 함수 정의
int main ( int argc, char *argv[] ) /* 함수 머리 */ {
    // 자동 변수들의 선언, 정의 및 초기화
    auto unsigned long int count = 0; // 개수
    auto unsigned long int numbe; // 수
    auto unsigned short int remainder; // 나머지

    // 1. 제목을 출력한다.
    printf("개수\t\t\t7의 배수\n");
    // 2. 수가 MAX보다 작거나 같은 동안 반복한다.
    for( number = 1 ; number <= MAX ; number++ ) {
        // 2.2. 7의 배수인지 확인한다.
#if 0
        remainder = number;
        while ( remainder >= MULTIPLE) {
            remainder = remainder - MULTIPLE;
        }
```

```
    #endif
            remainder = number % MULTIPLE;
                    // 2.2.1. 개수를 세다.
                    // 2.2.2. 개수와 수를 출력한다.
                // 2.1. 수를 세다.
            }
            // 3. 개수를 출력한다.
            // 4. 끝낸다.
    }
```

컴파일해 봅시다. 그러면 경고(Warning)가 발생합니다. 왜냐하면, 치환연산자의 오른쪽에서 사용된 데이터들은 long 형이기 때문에 식을 평가해서 구해지는 값도 long형입니다. long 값을 치환연산자에 의해서 short 형 변수에 저장하기 때문에 경고가 발생합니다. 왼쪽 값과 오른쪽 값의 자료형이 다를 때, 다른 말로는 기억장소의 크기가 다를 때 발생하는 경고입니다. 특히 오른쪽 값의 자료형이 왼쪽 값의 자료형보다 클 때 발생합니다.

일상생활에서 비유를 들자면, 물이 가득 채워져 있는 큰 컵이 있다고 합시다. 큰 컵에 채워진 물을 크기가 작은 컵에 부을 때 발생합니다. 큰 컵에 채워진 물을 작은 컵에 다 부으면 넘치게 됩니다. 이에 대한 경고라고 생각하시면 됩니다.

그러면 이러한 경고를 없애는 방법은 없을까? 작은 컵의 크기에 맞게 물을 부을 수 있는 것처럼, 컴퓨터에 왼쪽 값의 크기에 맞게 값을 저장하라고 명령을 내리면 될 것입니다. 이러한 기능을 형 변환(Type Casting) 기능이라고 합니다. 오른쪽 값 앞에 형 변환 연산자 ()를 적고, 소괄호에 왼쪽 값의 자료형을 적으면 됩니다.

따라서 number % MULTIPLE을 먼저 계산하라는 의미로 소괄호로 싸고, 앞에 형 변환 연산자를 적고, 소괄호에 왼쪽 값의 자료형 unsigned short int를 적으면 됩니다.

■ [C 코드]

```c
// CountMultiples.c
/************************************************************************
파일 명칭 : CountMultiples.c
함수 명칭 : main
기     능 : 1에서 100000까지 수에서 7의 배수인지를 확인하고, 7의 배수이면 개수를 세고, 그때
           7의 배수와 개수를 출력한다. 그리고 마지막으로 전체 개수를 출력한다.
입     력 : 없음
출     력 : 개수
작 성 자 : 김 석 현
작성 일자 : 2010-10-21
************************************************************************/
// 외부 파일 포함 기능
#include <stdio.h>

// 매크로 상수들
#define MAX         100000L
#define MULTIPLE    7

// 함수 선언 : 함수 원형(Function Prototype)
int main ( int argc, char *argv[] );
// 함수 정의
int main ( int argc, char *argv[] ) /* 함수 머리 */ {
        // 자동 변수들의 선언, 정의 및 초기화
        auto unsigned long int count = 0; // 개수
        auto unsigned long int numbe; // 수
        auto unsigned short int remainder; // 나머지

        // 1. 제목을 출력한다.
        printf("개수\t\t\t7의 배수\n");
        // 2. 수가 MAX보다 작거나 같은 동안 반복한다.
        for( number = 1 ; number <= MAX ; number++ ) {
                // 2.2. 7의 배수인지 확인한다.
                remainder = (unsigned short int)(number % MULTIPLE);
                        // 2.2.1. 개수를 세다.
                        // 2.2.2. 개수와 수를 출력한다.
                // 2.1. 수를 세다.
        }
        // 3. 개수를 출력한다.
        // 4. 끝낸다.
}
```

13»» 비교 및 판단기호 구현하기

다음은 이렇게 구한 나머지를 이용해서 나머지가 0이면 7의 배수로 판정해서 개수를 세고, 제어논리에 대해 오류 추적을 하는 에코 출력, 즉 디버깅 메시지를 출력하는 순서도 부분을 C 언어로 구현하도록 합시다.

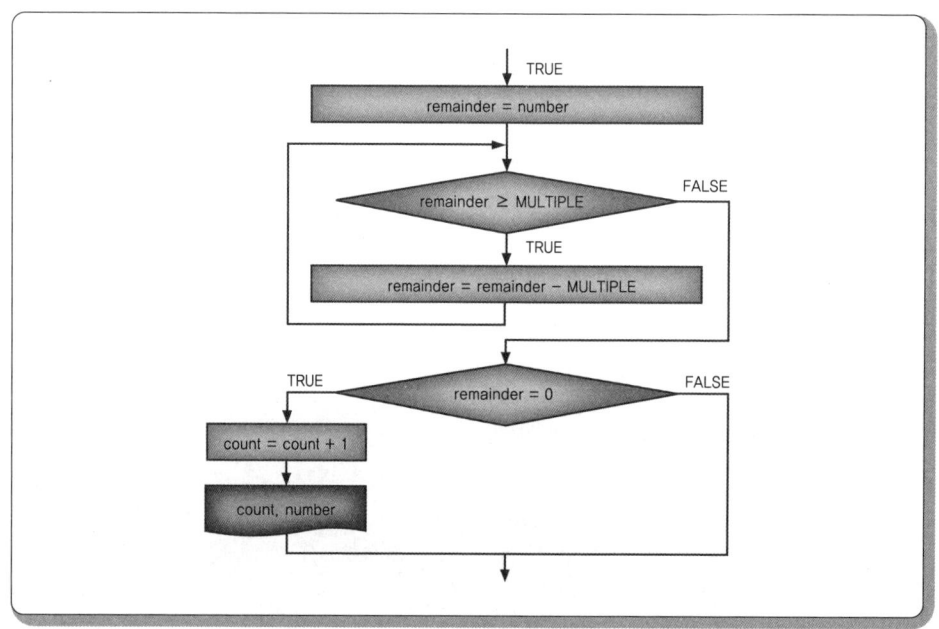

수식 remainder = 0 이 적힌 비교 및 판단기호에 대해 제어구조를 결정해야 하는데, 화살표의 방향이 위쪽에서 아래쪽으로만 향하고 있어 전형적인 선택구조입니다. 따라서 C 언어의 선택문에 대해서 정리해 보고 C 언어로 구현해 보도록 합시다.

C 언어에서는 선택문으로 양자택일이면 if ~ else 문, 다중 택일이면 if ~ else if ~ else 문, switch 문이 있습니다. 여기서는 양자택일로 if ~ else 문으로 구현해야 합니다.

우선 remainder = 0 관계식을 갖는 비교 및 판단기호와 왼쪽, 오른쪽으로 분기되는 구조에 대해 C 언어의 선택문을 만들어 보도록 합시다. C 언어에서 if 선택문의 형식은 다음과 같습니다.

```
[C 코드]
if( 조건식 ) {
        // 단문 혹은 복문
}
else {
        // 단문 혹은 복문
}
```

if 키워드를 적고, 다음은 비교 및 판단기호에 적힌 관계식을 조건식으로 표현해야 해서 소괄호로 묶어야 합니다. 소괄호를 생략하면 문법 오류가 발생합니다. 그리고 등가 비교 연산자는 C 언어에서는 == 입니다. 처음 C 언어를 공부하시는 분들이 논리 오류를 당하는 경우가 등가 비교 연산자를 등호(=)로 잘못 표현해서, 즉 치환연산자를 이용해서 빈번하게 발생합니다. 반드시 C 언어에서는 등호는 치환연산자이고, 등가 비교 연산자는 == 임을 명심해야 합니다. 그리고 조건식에 사용되는 경우는 일반적으로 등가 비교 연산자임을 기억하셔서 원하는 값이 제대로 출력되지 않는 경우 반드시 연산자를 확인하도록 합시다.

참(TRUE)으로 향하는 흐름선에 대해 2개의 순서도 기호, 처리기호와 출력기호가 있으므로 if 문에 대한 복문으로 처리해야 합니다. 그리고 거짓(FALSE)으로 향하는 흐름선과 참으로 향한 흐름선이 만나는 사이에 처리되는 내용이 없으므로 else 문은 필요치 않아 생략합니다. 따라서 작성되는 코드는 다음과 같습니다.

```
[C 코드]
if( remainder == 0 ) {
}
```

이렇게 해서 "2.2. 7의 배수인지 확인한다."라는 처리단계에 대해서 C 언어로 옮기는 것을 마무리할 수 있습니다.

[C 코드]

```c
// CountMultiples.c
/*******************************************************************************
파일 명칭 : CountMultiples.c
함수 명칭 : main
기    능 : 1에서 100000까지 수에서 7의 배수인지를 확인하고, 7의 배수이면 개수를 세고, 그때
           7의 배수와 개수를 출력한다. 그리고 마지막으로 전체 개수를 출력한다.
입    력 : 없음
출    력 : 개수
작 성 자 : 김 석 현
작성 일자 : 2010-10-21
*******************************************************************************/
// 외부 파일 포함 기능
#include <stdio.h>

// 매크로 상수들
#define MAX         100000L
#define MULTIPLE    7

// 함수 선언 : 함수 원형(Function Prototype)
int main ( int argc, char *argv[] );
// 함수 정의
int main ( int argc, char *argv[] ) /* 함수 머리 */ {
    // 자동 변수들의 선언 , 정의 및 초기화
    auto unsigned long int count = 0; // 개수
    auto unsigned long int numbe; // 수
    auto unsigned short int remainder; // 나머지

    // 1. 제목을 출력한다.
    printf("개수\t\t7의 배수\n");
    // 2. 수가 MAX보다 작거나 같은 동안 반복한다.
    for( number = 1 ; number <= MAX ; number++ ) {
        // 2.2. 7의 배수인지 확인한다.
#if 0
        remainder = number;
        while ( remainder >= MULTIPLE) {
            remainder = remainder - MULTIPLE;
        }
#endif
        remainder = (unsigned short int)(number % MULTIPLE);
        if ( remainder == 0 ) {
            // 2.2.1. 개수를 세다.
            // 2.2.2. 개수와 수를 출력한다.
        }
```

```
            // 2.1. 수를 세다.
        }
        // 3. 개수를 출력한다.
        // 4. 끝낸다.
    }
```

14»› 처리기호 구현하기

```
count = count + 1
```

다음은 if 선택문의 내용으로 개수를 세는 처리기호를 C 언어로 구현해 보도록 합시다. 처리기호는 순차구조이기 때문에 C언어의 문장으로 표현되어야 합니다. 처리기호에 적힌 내용을 그대로 옮겨 적고 마지막에 세미콜론을 찍으면 됩니다. 따라서 여기에 사용할 수 있는 연산자는 순서도에 표현된 대로 코드를 작성한다면 산술 더하기 (+) 연산자와 치환연산자를 사용해야 합니다. 다음과 같이 코드가 작성되어야 합니다.

■ [C 코드]
```
count = count + 1;
```

C 언어는 누적 표현 다양한 연산자들을 제공합니다. 이러한 산술 더하기 연산과 치환 연산을 하나의 연산자로 처리할 수 있도록 += 누적 연산자를 제공합니다. 이 연산자를 이용하면 다음과 같이 코드가 작성되어야 합니다.

■ [C 코드]
```
count += 1;
```

마지막으로 1씩 증가하는 누적 표현에 대해서는 ++ 증가 연산자가 제공되고 있습니다. 연산자의 위치에 따라 후위(Postfix) 표기 또는 전위(Prefix) 표기로 나타낼 수 있습니다. 물론 두 개 이상의 연산자들로 구성된 수식이면 표기에 따라 평가되는 값이 다를 수 있으므로 주의해야 합니다. 증가 연산자로만 표현된 수식에서는 후위이든 전위이든 평가되는 값은 같으므로 어떤 표기를 하시더라도 무방하나 관습적으로 대개 후위 표기를 자주 사용합니다.

■ [C 코드]

```
count++; // 후위 표기 증가 연산자
++count; // 전위 표기 증가 연산자
```

위에서 제시된 누적 표현이 적힌 처리기호에 대한 여러 개의 표현 방법 중에서 가장 좋은 방법을 결정하는 것은 대개 프로그래머에 의해서 결정되는 것입니다. 즉, 다시 말해서 프로그래머의 취향이라는 것입니다. 그렇지만 첫 번째 방식보다는 ++ 이나 += 연산자를 이용한 방식이 더욱더 C 언어다운 표현 방식이라고 할 수 있습니다. 1씩 증가하는 누적 표현에 대해 C 프로그래머에 의해서 가장 많이 사용되는 표현 방법은 증가 연산자를 이용한 표현법입니다.

■ [C 코드]

```
// CountMultiples.c
/******************************************************************
파일 명칭 : CountMultiples.c
함수 명칭 : main
기     능 : 1에서 100000까지 수에서 7의 배수인지를 확인하고, 7의 배수이면 개수를 세고, 그때
            7의 배수와 개수를 출력한다. 그리고 마지막으로 전체 개수를 출력한다.
입     력 : 없음
출     력 : 개수
작 성 자 : 김석현
작성 일자 : 2010-10-21
******************************************************************/
// 외부 파일 포함 기능
#include <stdio.h>
```

```c
// 매크로 상수들
#define MAX          100000L
#define MULTIPLE     7

// 함수 선언 : 함수 원형(Function Prototype)
int main ( int argc, char *argv[] );
// 함수 정의
int main ( int argc, char *argv[] ) /* 함수 머리 */ {
    // 자동 변수들의 선언 , 정의 및 초기화
    auto unsigned long int count = 0; // 개수
    auto unsigned long int numbe; // 수
    auto unsigned short int remainder; // 나머지

    // 1. 제목을 출력한다.
    printf("개수\t\t7의 배수\n");
    // 2. 수가 MAX보다 작거나 같은 동안 반복한다.
    for( number = 1 ; number <= MAX ; number++ ) {
        // 2.2. 7의 배수인지 확인한다.
        remainder = (unsigned short int)(number % MULTIPLE);
        if ( remainder == 0 ) {
            // 2.2.1. 개수를 세다.
            count++; // count += 1; // count = count + 1;
            // 2.2.2. 개수와 수를 출력한다.
        }
        // 2.1. 수를 세다.
    }
    // 3. 개수를 출력한다.
    // 4. 끝낸다.
}
```

15»» 출력기호 구현하기

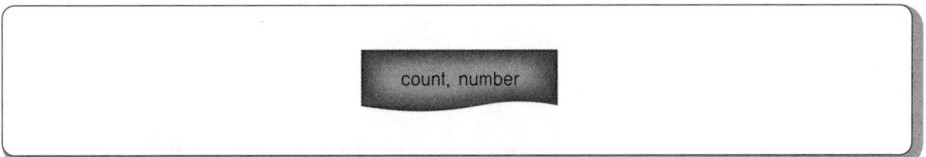

count, number

다음은 제어논리가 정확한지를 추적하는 데 사용할 목적으로 사용되는 에코 출력에 대해 C 언어로 구현해 보도록 합시다. 출력기호는 순차구조입니다. printf 함수로 함수 호출식을 작성하고 마지막에 세미콜론을 찍어 문장으로 옮기면 됩니다.

출력기호에 의하면 2개의 정수 데이터를 출력하도록 하고 있습니다. 앞에서 언급되었던 printf 함수를 이용하여 코드를 작성하면 다음과 같습니다.

```
[C 코드]
printf("%d\t\t%d\n", count, number);
```

출력 서식 문자열을 만들어야 하는데, 두 개의 데이터를 출력해야 해서 % 기호를 두 개 적어야 하고, 정수 데이터를 출력해야 하므로, 자료형 변환 문자는 d를 사용합니다. 출력할 데이터들 사이 띄울 간격은 세 개의 탭 문자로 설정하고 줄 바꿈을 위해 개행 문자도 문자열에 포함하도록 합니다. 그리고 두 개의 자료형 변환 문자 각각에 대해 출력할 값을 적으면 됩니다. 출력할 값은 상수, 변수 그리고 수식일 수 있습니다. 여기서는 출력기호에 적힌 변수들 count와 number를 적으면 됩니다. 여기까지 코드 전체를 정리하면 다음과 같습니다.

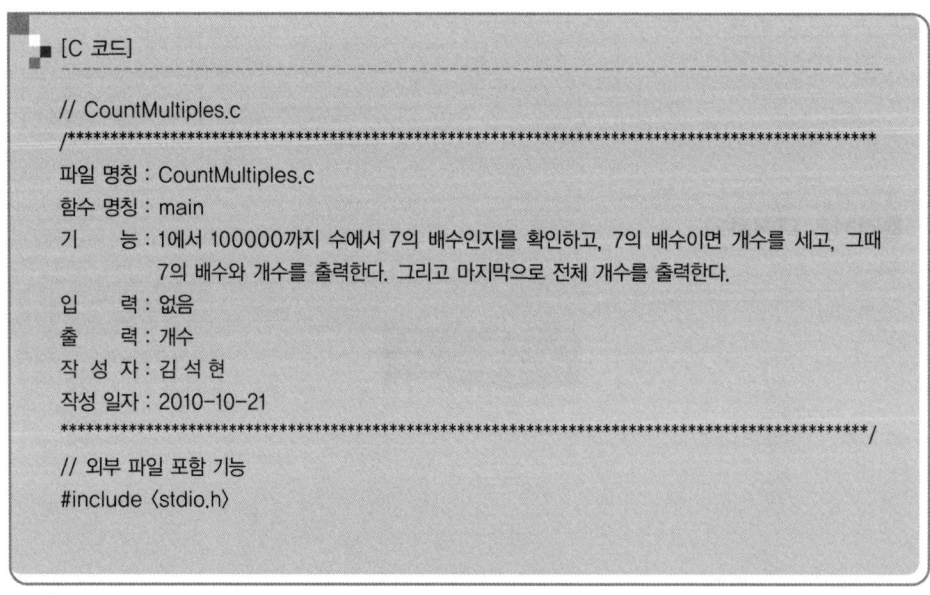

```
// 매크로 상수들
#define MAX          100000L
#define MULTIPLE     7

// 함수 선언 : 함수 원형(Function Prototype)
int main ( int argc, char *argv[] );
// 함수 정의
int main ( int argc, char *argv[] ) /* 함수 머리 */ {
        // 자동 변수들의 선언 , 정의 및 초기화
        auto unsigned long int count = 0; // 개수
        auto unsigned long int numbe; // 수
        auto unsigned short int remainder; // 나머지

        // 1. 제목을 출력한다.
        printf("개수\t\t7의 배수\n");
        // 2. 수가 MAX보다 작거나 같은 동안 반복한다.
        for( number = 1 ; number <= MAX ; number++ ) {
                // 2.2. 7의 배수인지 확인한다.
                remainder = (unsigned short int)(number % MULTIPLE);
                if ( remainder == 0 ) {
                        // 2.2.1. 개수를 세다.
                        count++; // count += 1; // count = count + 1;
                        // 2.2.2. 개수와 수를 출력한다.
                        printf( "%d\t\t%d\n", count, number);
                }
                // 2.1. 수를 세다.
        }
        // 3. 개수를 출력한다.
        // 4. 끝낸다.
}
```

16»» 출력기호 구현하기

마지막으로 배수의 전체 개수를 출력하는 출력기호를 C 언어로 구현해 보도록 합시다.

"7의 배수 개수", count

앞에서 배운 대로 출력을 모니터로 하는 경우, printf 함수를 이용하여 다음과 같이 출력하면 됩니다.

[C 코드]
```
printf("%s %d\n", "7의 배수 개수", count);
```

출력기호에 적힌 것을 보면 한 개의 문자열과 한 개의 정수 값을 출력해야 합니다. 따라서 출력 서식 문자열은 두 개의 % 기호와 문자열에 대해 s, 정수형에 대해 d 자료형 변환 문자로 문자열에 대해 %s 그리고 정수에 대해 %d를 가져야 합니다. 각 자료형 변환 형식 문자 사이에는 하나 이상의 공백을 삽입해야 하므로 스페이스 키를 눌러 띄우고, 마지막에는 개행 문자를 확장 열로 삽입하여 줄 바꿈을 하도록 작성합니다. 그리고 각각의 자료형 변환 문자에 해당하는 값들을 인수로 나열하면 됩니다. 출력기호에 적힌 내용을 그대로 옮겨 적습니다. 그리고 문장으로 표현해야 해서 마지막에 세미콜론을 찍습니다.

서식 문자열에는 출력할 문자열 상수는 따로 인수로 표현하지 않고, 서식 문자열에 포함해서 나타내도록 하는 것이 더욱더 좋은 표현입니다. 출력할 문자열인 "7의 배수 개수"를 %s 위치에 그대로 기술하는 것이 더욱더 좋은 표현입니다. 따라서 다음과 같이 작성되어져야 합니다.

[C 코드]
```
printf("7의 배수 개수 %d\n", count);
```

[C 코드]
```
// CountMultiples.c
/***************************************************************
파일 명칭 : CountMultiples.c
함수 명칭 : main
기    능 : 1에서 100000까지 수에서 7의 배수인지를 확인하고, 7의 배수이면 개수를 세고, 그때
```

```c
                7의 배수와 개수를 출력한다. 그리고 마지막으로 전체 개수를 출력한다.
입    력 : 없음
출    력 : 개수
작 성 자 : 김석현
작성 일자 : 2010-10-21
********************************************************************************/
// 외부 파일 포함 기능
#include <stdio.h>

// 매크로 상수들
#define MAX         100000L
#define MULTIPLE    7

// 함수 선언 : 함수 원형(Function Prototype)
int main ( int argc, char *argv[] );
// 함수 정의
int main ( int argc, char *argv[] ) /* 함수 머리 */ {
        // 자동 변수들의 선언 , 정의 및 초기화
        auto unsigned long int count = 0; // 개수
        auto unsigned long int numbe; // 수
        auto unsigned short int remainder; // 나머지

        // 1. 제목을 출력한다.
        printf("개수\t\t7의 배수\n");
        // 2. 수가 MAX보다 작거나 같은 동안 반복한다.
        for( number = 1 ; number <= MAX ; number++ ) {
                // 2.2. 7의 배수인지 확인한다.
                remainder = (unsigned short int)(number % MULTIPLE);
                if ( remainder == 0 ) {
                        // 2.2.1. 개수를 세다.
                        count++; // count += 1; // count = count + 1;
                        // 2.2.2. 개수와 수를 출력한다.
                        printf( "%d\t\t%d\n", count, number);
                }
                // 2.1. 수를 세다.
        }
        // 3. 개수를 출력한다.
        printf("7의 배수 개수 %d\n", count);
        // 4. 끝낸다.
}
```

마지막으로 "4. 끝내다."에 대해 C 언어로 어떻게 구현하는지에 대해 공부해 보도록 합시다. "4. 끝내다." 처리단계는 C 언어에서 함수의 끝을 나타내는 닫는 중괄호를 의미합니다. 그렇지만 끝내기 전에 생각할 문제가 있습니다.

함수는 기본적으로 하나의 값을 구하기 위한 연산이므로 함수를 끝내기 전에 구한 값을 호출한 함수로 내보내는 문제에 대해 생각해 보아야 합니다. 이 문제는 함수에 의해서 구해져서 호출한 함수로 보내지는 값인 되돌림 값(Return Value)의 자료형 즉 반환형(Return Type)에 의해서 결정됩니다. 되돌림 값 자료형이 void이면, 되돌림 값에 대해 명확하게 처리할 필요가 없다는 것으로 따로 어떠한 표현을 할 필요없이 함수 블록의 끝을 나타내는 닫는 중괄호(})로 마무리됩니다. 그렇지만 되돌림 값 자료형이 void가 아니면, 되돌림 값에 대해 명확한 처리를 해야 한다는 것으로 되돌림에 대해 표현을 해야 합니다. 되돌림에 관련된 명령어는 return입니다. 형식은 다음과 같습니다.

■ [C 코드]

```
return (되돌림)값;
```

여기서 기억할 것은 return 다음에 적히는 되돌림 값은 반드시 한 개이어야 합니다.

여기서는 되돌림 값 자료형이 int 이므로 정수 값으로 return으로 되돌림에 대해 표현을 해야 합니다. C 프로그램이 정상적으로 종료되었음을 운영체제에 알리도록 되돌림 값은 0을 설정했습니다. 따라서 다음과 같이 코드가 최종적으로 정리됩니다.

■ [C 코드]

```
// CountMultiples.c
/*****************************************************************
파일 명칭 : CountMultiples.c
함수 명칭 : main
기     능 : 1에서 100000까지 수에서 7의 배수인지를 확인하고, 7의 배수이면 개수를 세고, 그때
           7의 배수와 개수를 출력한다. 그리고 마지막으로 전체 개수를 출력한다.
입     력 : 없음
출     력 : 개수
```

```c
    작 성 자 : 김석현
    작 성 일자 : 2010-10-21
    ********************************************************************************/
    // 외부 파일 포함 기능
    #include <stdio.h>

    // 매크로 상수들
    #define MAX         100000L
    #define MULTIPLE    7

    // 함수 선언 : 함수 원형(Function Prototype)
    int main ( int argc, char *argv[] );
    // 함수 정의
    int main ( int argc, char *argv[] ) /* 함수 머리 */ {
            // 자동 변수들의 선언, 정의 및 초기화
            auto unsigned long int count = 0; // 개수
            auto unsigned long int numbe; // 수
            auto unsigned short int remainder; // 나머지

            // 1. 제목을 출력한다.
            printf("개수\t\t\t7의 배수\n");
            // 2. 수가 MAX보다 작거나 같은 동안 반복한다.
            for( number = 1 ; number <= MAX ; number++ ) {
                    // 2.2. 7의 배수인지 확인한다.
                    remainder = (unsigned short int)(number % MULTIPLE);
                    if ( remainder == 0 ) {
                            // 2.2.1. 개수를 세다.
                            count++; // count += 1; // count = count + 1;
                            // 2.2.2. 개수와 수를 출력한다.
                            printf( "%d\t\t\t%d\n", count, number);
                    }
                    // 2.1. 수를 세다.
            }
            // 3. 개수를 출력한다.
            printf("7의 배수 개수 : %d\n", count);
            return 0;
            // 4. 끝낸다.
    }
```

코드 편집이 끝났으므로 저장하고, 컴파일, 링크 그리고 적재해서 실행시키면 정확한 결과를 확인할 수 있을 것입니다.

디버깅

프로그램의 실행 원리를 이용하여 기억장소에 저장되는 값을 추적하여 정확한 결과를 얻는지를 확인할 수도 있습니다. 물론 이 작업은 논리 오류가 발생했을 때 논리 오류를 찾을 때 하는 것입니다. 이러한 작업을 디버깅이라고 합니다. 프로그램의 실행 원리를 이용하여 디버깅해 보도록 합시다. 디버깅을 위해서 코드에 줄 번호를 매기도록 합니다. 그리고 MAX를 10으로 고쳐서 진행하도록 하겠습니다.

[C 코드]

```
01 : // CountMultiples.c
02 : /****************************************************************
03 : 파일 명칭 : CountMultiples.c
04 : 함수 명칭 : main
05 : 기      능 : 1에서 100000까지 수에서 7의 배수인지를 확인하고, 7의
06 :              배수이면 개수를 세고, 그때 7의 배수와 개수를 출력한다. 그리고
07 :              마지막으로 전체 개수를 출력한다.
08 : 입      력 : 없음
09 : 출      력 : 개수
10 : 작 성 자 : 김석현
11 : 작성 일자 : 2010-10-21
12 : ****************************************************************/
13 : // 외부 파일 포함 기능
14 : #include <stdio.h>
15 :
16 : // 매크로 상수들
17 : #define MAX         10
18 : #define MULTIPLE    7
19 :
20 : // 함수 선언 : 함수 원형(Function Prototype)
21 : int main( int argc, char *argv[] );
22 : // 함수 정의
23 : int main ( int argc, char *argv[] ) /* 함수 머리 */ {
24 :     // 자동 변수들의 선언, 정의 및 초기화
25 :     auto unsigned long int count = 0; // 개수
26 :     auto unsigned long int number; // 수
27 :     auto unsigned short int remainder; // 나머지
28 :
29 :     // 1. 제목을 출력한다.
```

```
30 :        printf("개수\t\t7의 배수\n");
31 :        // 2. 수가 MAX보다 작거나 같은 동안 반복한다.
32 :        for( number = 1 ; number <= MAX ; number++ ) {
33 :             // 2.2. 7의 배수인지 확인한다.
34 :             remainder = (unsigned short int)(number % MULTIPLE);
35 :             if ( remainder == 0 ) {
36 :                  // 2.2.1. 개수를 세다.
37 :                  count++; // count += 1; // count = count + 1;
38 :                  // 2.2.2. 개수와 수를 출력한다.
39 :                  printf( "%d\t\t%d\n", count, number);
40 :             }
41 :             // 2.1. 수를 세다.
42 :        }
43 :        // 3. 개수를 출력한다.
44 :        printf("7의 배수 개수 : %d\n", count);
45 :        return 0;
46 :        // 4. 끝내다.
47 : }
```

결과를 예측하고 디버깅해야 합니다. 7의 배수 개수는 1이 되어야 합니다. 출력되는 7의 배수는 7이어야 합니다.

그러면 디버깅을 시작해 봅시다.

3장과 4장을 참고하여 다음에 제시되는 상황들에 대해 메모리 맵을 직접 작도하십시오.

☐ 코드 세그먼트를 작도하세요.

☐ DATA 데이터 세그먼트를 작도하세요.

››› main 함수 스택 세그먼트 작도하기

정적으로 관리되는 코드 세그먼트와 DATA 데이터 세그먼트가 할당된 후 바로 main 함수가 실행됩니다. 따라서 main 함수에서 사용되는 데이터들을 저장할 기억장소를 할당할 main 함수 스택 세그먼트가 할당됩니다.

main 함수를 정의하는 코드 영역을 참고하여 main 함수 스택 세그먼트를 작도해 봅시다.

> [C 코드]
>
> 22 : // 함수 정의
> 23 : int main (int argc, char *argv[]) /* 함수 머리 */ {
> 24 :   // 자동 변수들의 선언, 정의 및 초기화
> 25 :   auto unsigned long int count = 0; // 개수
> 26 :   auto unsigned long int number; // 수
> 27 :   auto unsigned short int remainder; // 나머지

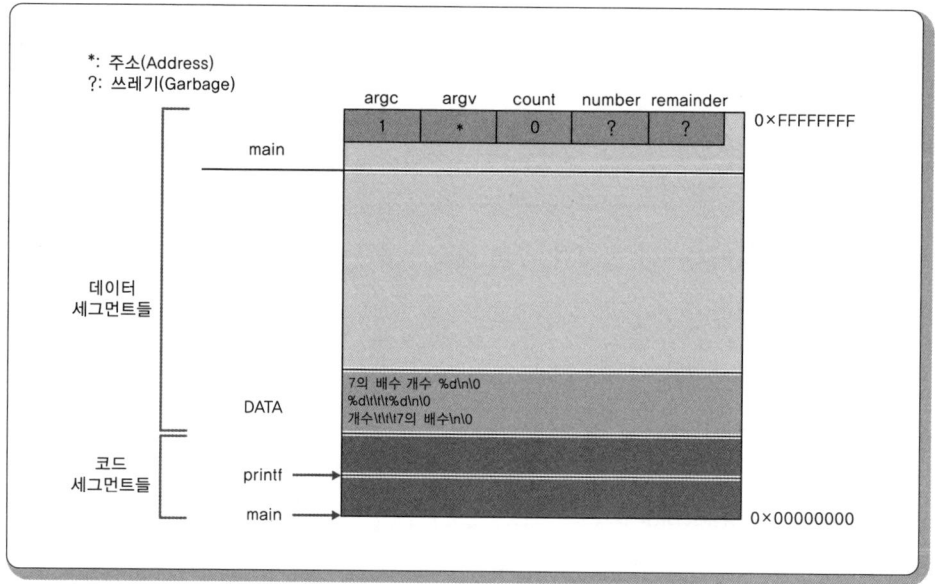

위쪽에서 아래쪽으로 일정한 크기의 사각형을 그립니다. 그리고 왼쪽에 함수 명칭인 main을 적습니다. main 함수 스택 세그먼트에 왼쪽에서 오른쪽으로, 위쪽에서 아래쪽으로 main 함수의 매개변수들, argc, argv와 자동변수들, count, number 그리고 remainder에 대해 기억장소가 할당되어야 합니다. 그리고 기억장소에 저장되는 값은 매개변수에 대해서는 운영체제로부터 복사되는 값과 자동변수에 대해서는 초기화된 변수에 대해서는 초기값과 초기화되지 않은 변수는 쓰레기이어야 합니다.

main 함수 스택 세그먼트 영역에 변수들에 대해 작은 사각형을 순서대로 작도합니다. 사각형의 위쪽에 변수 이름을 적습니다. 그리고 사각형에 값을 적습니다. 매개변수들에 대한 값은 자세하게 설명하지 않겠습니다. count는 초기화되어 있기 때문에 초기값인 0을 사각형에 적으면 됩니다. number와 remainder는 초기화되어 있지 않으므로 쓰레기가 저장되어 있으므로 물음표(?)를 적습니다.

30번째 줄로 이동하여 printf 함수를 호출하여 모니터에 제목을 출력하여야 합니다.

[C 코드]
```
29 :    // 1. 제목을 출력한다.
30 :    printf("개수\t\t7의 배수\n");
```

☐ printf 함수 스택 세그먼트를 작도하세요.

printf 함수가 호출되어 실행되고 난 후, 모니터에 제목이 출력되어 있을 것입니다. 그리고 메모리 맵은 다음과 같습니다.

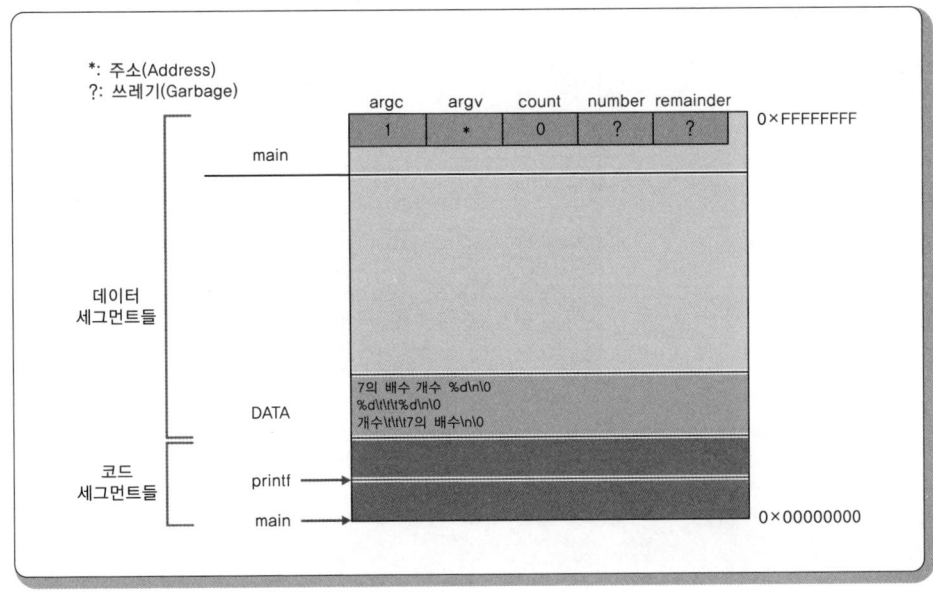

제목을 출력한 후 32번째 줄로 이동하여 32번째 줄부터 42번째 줄까지 for 반복문장을 실행하게 됩니다.

■ [C 코드]
```
31 :    // 2. 수가 MAX보다 작거나 같은 동안 반복한다.
32 :    for( number = 1 ; number <= MAX ; number++ ) {
        ...
42 :    }
```

반복문장은 초기식, 조건식 그리고 변경식으로 세 개의 수식으로 구성됩니다. 첫 번째로 평가되는 수식은 초기식입니다. 32번째 줄에서 소괄호에 적힌 number = 1이 초기식입니다. 초기식은 한 번만 평가됩니다. 치환으로 number에 1을 저장하게 됩니다. 따라서 메모리 맵에서 number에 1을 적어야 합니다.

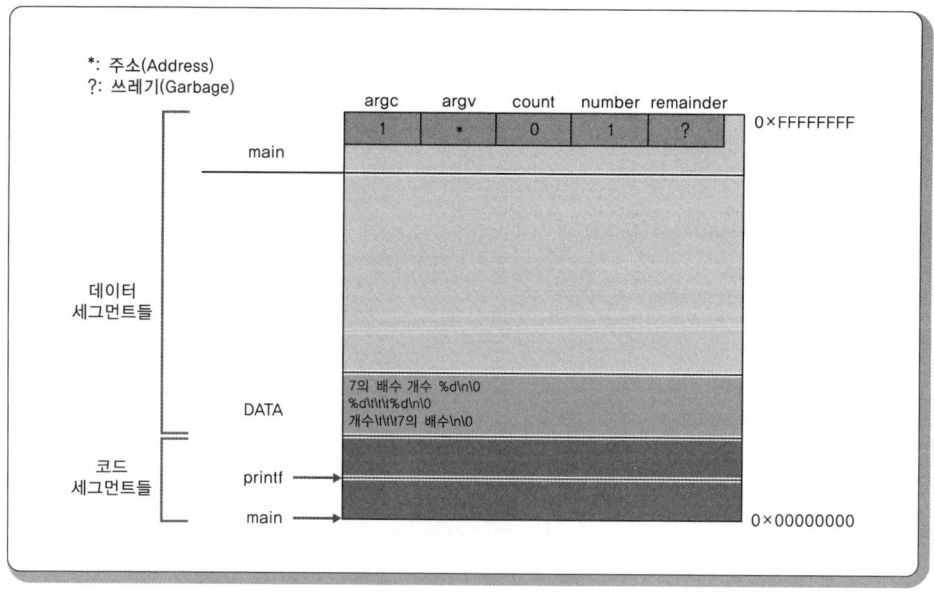

다음은 조건식을 평가해야 합니다. 32번째 줄에서 두 번째 수식으로 number <= MAX 관계식이 조건식입니다. number에 저장된 값 1을 읽어 레지스터에 복사하고, MAX 10도 읽어 레지스터에 복사한 다음 number가 MAX보다 작거나 같은지에 대해 평가합니다.

구해진 값은 참입니다. 평가되어 구해진 값은 레지스터에 저장되기 때문에 메모리 맵에는 아무런 변화가 없습니다. 따라서 산술식, 관계식 그리고 논리식이 평가된 후에는 메모리 맵을 고칠 필요는 없습니다.

for 반복문장은 선 검사 반복구조라 참이면 반복을 계속하고, 거짓이면 탈출합니다. 참이기 때문에 반복을 계속해야 합니다. 따라서 제어블록으로 이동합니다. 따라서 34번째 줄로 이동합니다.

■ [C 코드]

```
33 :        // 2.2. 7의 배수인지 확인한다.
34 :        remainder = (unsigned short int)(number % MULTIPLE);
```

34번째 줄에 적힌 문장은 세 개의 수식으로 구성되어 있습니다. 따라서 우선순위와 다른 수식보다 먼저 평가하도록 하는 구두점인 소괄호 ()에 의해서 평가 순서가 정해져 있습니다. 따라서 다음과 같이 평가됩니다.

(1) number % MULTIPLE
(2) (unsigned short int)
(3) remainder = (1) 수식에서 평가된 값

(1) 수식을 평가해 봅시다. number에 저장된 값 1과 MULTIPLE 7로 나머지 연산자로 평가하면, 다시 말해서 1에 대해 7의 나머지를 구하면 구해지는 값은 1입니다. 따라서 레지스터에 1이 저장되어 있습니다.

레지스터에 저장된 값 1에 대해 자료형이 unsigned long int이고, (3) 수식에서 저장될 기억장소인 remainder의 자료형은 unsigned short int입니다. 크기에 차이가 있습니다. long은 4바이트이고, short는 2바이트입니다. 따라서 표현할 수 있는 값의 범위가 차이가 있습니다. 잘못하면 정확한 값이 저장될 수 없습니다. 형 변환할 때도 마찬가지

로 레지스터에 있는 값에 대해 처리를 하므로 메모리 맵에 어떠한 변화도 없습니다.

(3) 수식은 레지스터에 처리된 값 1을 주기억장치에 할당된 remainder에 저장하라는 명령입니다. 따라서 메모리 맵에서 remainder에 1을 적어야 합니다. 치환과 입력에 의해서만 메모리 맵에서 값들이 변경됩니다.

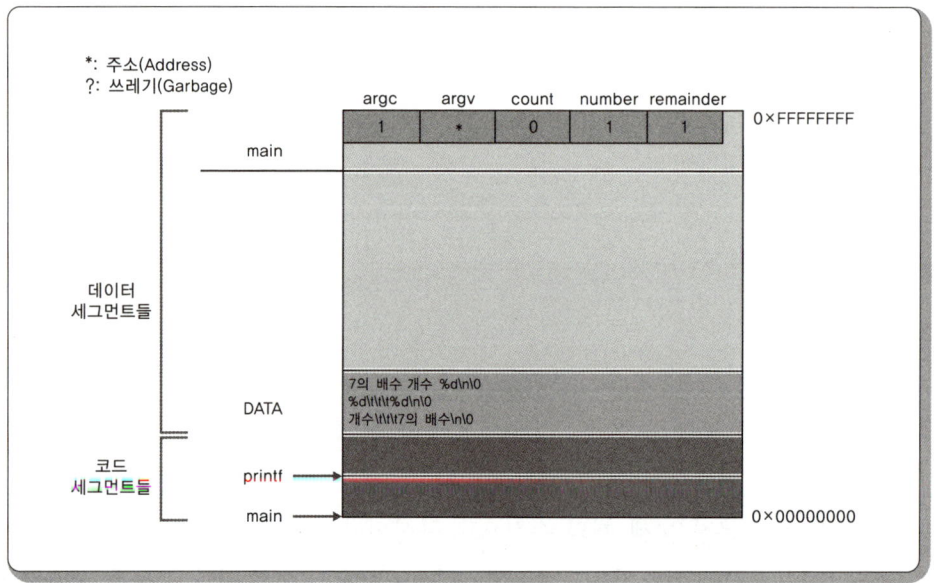

다음은 35번째 줄로 이동하게 됩니다. 구해진 나머지로 7의 배수인지 확인해야 합니다. 35번째 줄부터 40번째 줄까지 if 선택문장을 실행해야 합니다. 조건식을 평가해서 참이면 제어블록으로 이동하고, 거짓이면 if 제어블록을 건너 뛰면 됩니다.

[C 코드]

```
35 :        if ( remainder == 0 ) {
                ...
40 :        }
```

remainder에 저장된 값 1이 0과 같은지에 대해 평가해야 합니다. 평가하면 거짓입니다. 따라서 if 문장의 제어블록으로 이동하지 않습니다. 42번째 줄로 이동하게 됩니다. 42번째 줄은 for 반복문장의 제어블록의 끝을 나타내는 닫는 중괄호입니다. 따라서 실행 제어는 바로 아래 줄로 이동하는 것이 아니라, 32번째 줄로 이동합니다.

■ [C 코드]

```
32 :    for( number = 1 ; number <= MAX ; number++ ) {
           ...
42 :    }
```

32번째 줄에서 변경식부터 먼저 평가해야 합니다. 소괄호에 적힌 수식들에서 가장 마지막 수식인 number++을 평가해야 합니다. ++증가 연산자에 의해서 number에 저장된 값 1을 읽어 레지스터에 복사하고, 1을 더하여 값을 구합니다. 구해진 값은 2입니다. 2를 number에 저장해야 합니다. 따라서 메모리 맵에서 number에 적힌 값 1을 지우고, 2를 적어야 합니다.

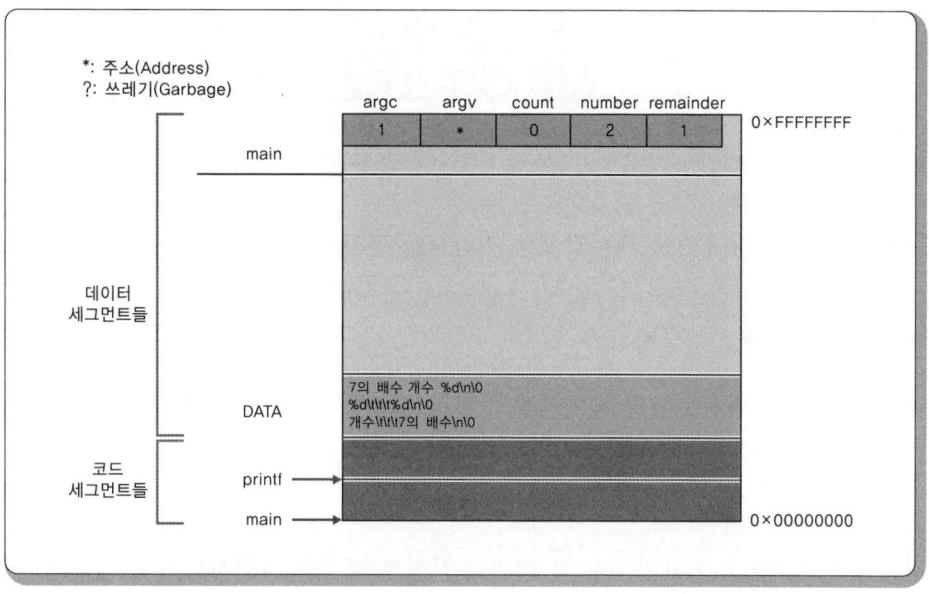

다음은 32번째 줄에서 반복을 할지 말지를 결정하는 조건식을 평가해야 합니다. 소괄호에 적힌 두 번째 수식 number <= MAX가 조건식입니다. number에 저장된 값 2를 읽어 레지스터에 복사하고, MAX 10을 읽어 레지스터에 복사한 후 2가 10보다 작거나 같은지에 대해 값을 구합니다. 참입니다. for 반복문장은 선 검사 반복구조이므로 참일 때 계속해야 합니다. 따라서 34번째 줄로 이동하여 나머지를 구해야 합니다.

나머지가 2입니다. 따라서 메모리 맵에서 remainder에 적힌 값 1을 지우고, 2를 적어야 합니다.

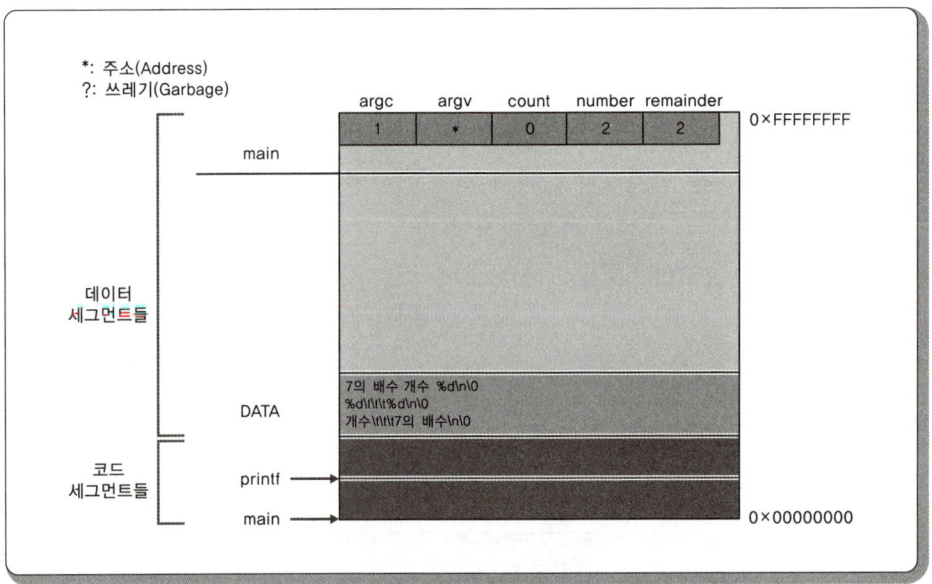

35번째 줄로 이동하여 if 선택문장에서 조건식을 평가해야 합니다. 나머지가 2이므로 0과 같지 않습니다. 따라서 조건식을 평가했을 때 거짓입니다. if 선택문장의 제어블록을 건너 뛰어 42번째 줄로 이동합니다.

42번째 줄은 for 반복문장의 제어블록의 끝을 나타내기 때문에 32번째 줄로 이동하게 됩니다. 그리고 변경식을 평가하고, 조건식을 평가하여 계속할지 아니면 탈출할지 결정합니다.

이러한 방식으로 number가 6이 될 때까지 직접 디버깅을 하십시오.

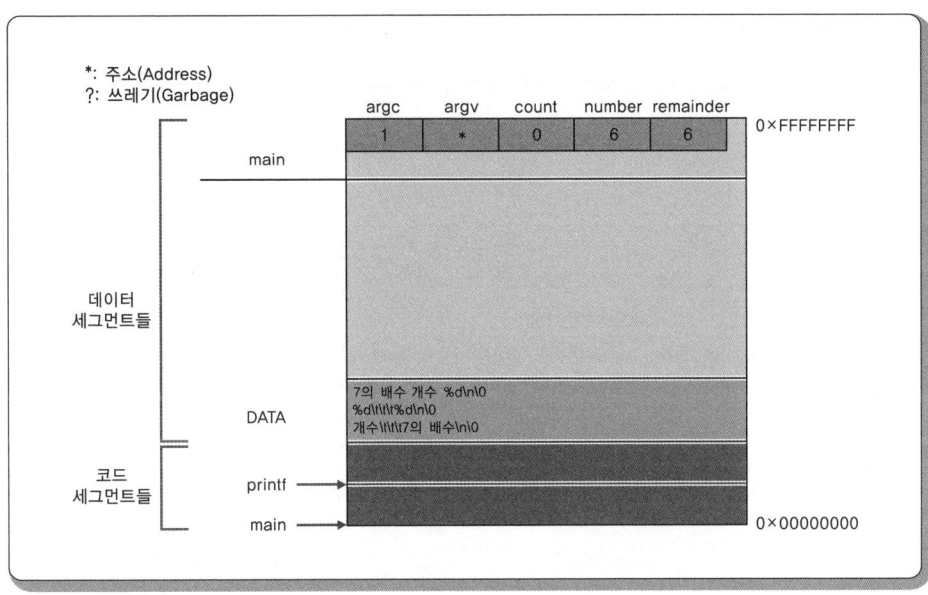

다시 32번째 줄로 이동합니다. number++ 변경식을 평가합니다. 그러면 number는 7이 됩니다. 메모리 맵에서 number에 적힌 값 6을 지우고, 7을 적습니다.

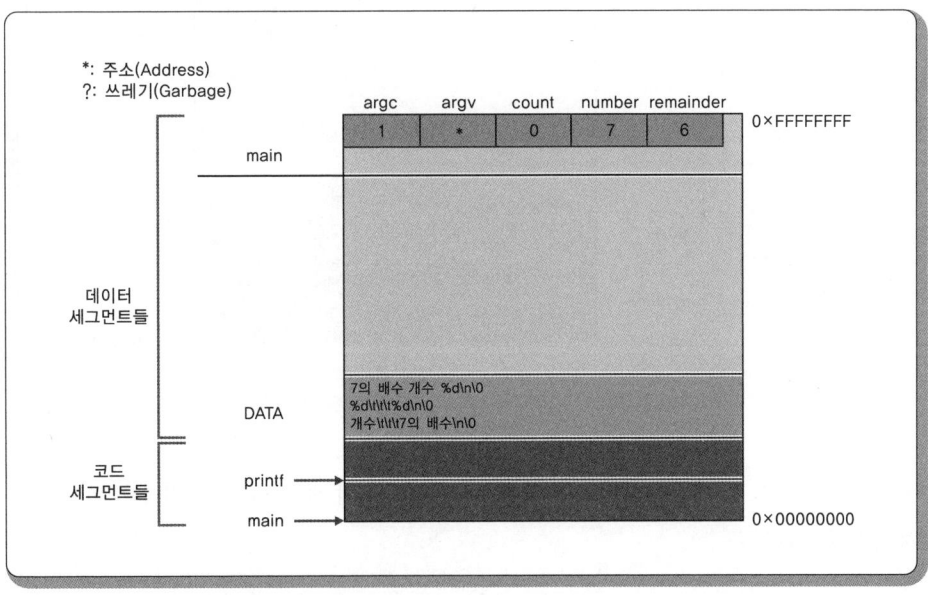

다음은 32번째 줄에서 조건식 number <= MAX를 평가합니다. 7이 10보다 작아서 참입니다. 참이기 때문에 for 반복문장의 제어블록으로 이동하여 34번째 줄로 이동하게 됩니다.

```
[C 코드]
33 :        // 2.2. 7의 배수인지 확인한다.
34 :        remainder = (unsigned short int)(number % MULTIPLE);
```

나머지를 구하면 0입니다. 따라서 메모리 맵에서 remainder에 적힌 값 6을 지우고, 0을 적어야 합니다.

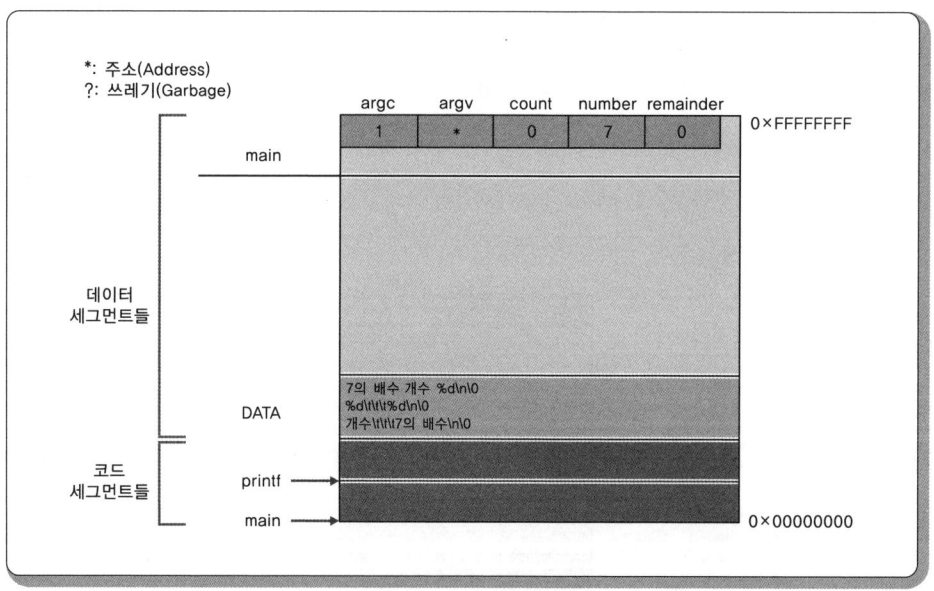

다음은 35번째 줄로 이동합니다. 구해진 나머지로 7의 배수인지 확인해야 하는 if 문장을 실행해야 합니다.

[C 코드]
```
35 :        if ( remainder == 0 ) {
                   ...
40 :        }
```

if 문장에서 조건식이 참이면 제어블록으로 이동하고, 거짓이면 if 문장의 제어블록을 건너 뛰면 됩니다. remainder에 적힌 값 0이 0과 같으므로 참입니다. 그러면 if 문장의 제어블록으로 이동해야 합니다. 37번째 줄로 이동해야 합니다.

[C 코드]
```
36 :           // 2.2.1. 개수를 세다.
37 :           count++; // count += 1; // count = count + 1;
```

개수를 세는 문장입니다. count에 저장된 값 0에 1을 더하여 값을 구하고, 구해진 값을 다시 count에 저장해야 합니다. 따라서 메모리 맵에서 count에 저장된 값 0을 지우고, 1을 적습니다.

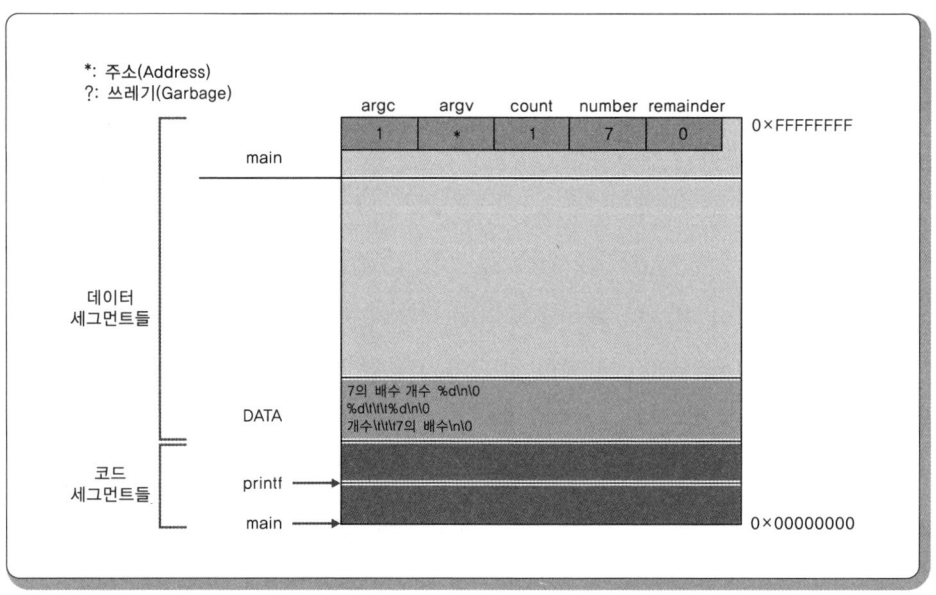

다음은 39번째 줄로 이동합니다. 모니터에 개수와 7의 배수를 출력해야 합니다.

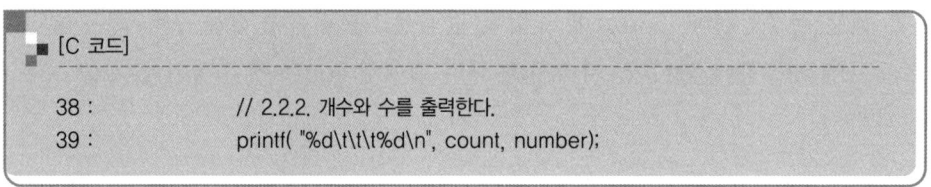

main 함수 스택 세그먼트 바로 아래쪽에 일정한 크기의 사각형을 작도합니다. 그리고 왼쪽에 함수 명칭 printf 을 적습니다. 스택 세그먼트의 구성은 라이브러리 함수라 정확하게 작도할 수 없습니다. 그렇지만 함수 호출식에서 사용된 값들은 저장해야 하므로 명칭을 적지 않은 사각형을 작도합니다. 함수 호출식에서 적힌 값의 개수만큼 작도합니다. 39번째 줄을 보면, 세 개의 값이 적혀 있습니다. 따라서 세 개의 사각형을 printf 함수 스택 세그먼트에 작도합니다.

그리고 함수 호출식을 보고, 사각형에 값을 적습니다. 첫 번째 사각형에는 별표를 적고, 화살표를 이용하여 DATA 세그먼트에 할당된 문자 배열의 시작 위치를 가리키도록 합니다. 문자열 상수는 문자 배열로 저장됩니다. 그리고 배열은 정보 전달에서 배열 자체가 사용되는 것이 아니라 배열의 시작 주소가 사용되기 때문에 메모리 맵을 작도할 때 설명한 대로 작도해야 합니다.

그리고 두 번째 사각형에는 함수 호출식에서 count가 적혀 있기 때문에 count에 저장된 값 1을 적어야 합니다. 함수 호출식에 변수가 사용되면, 변수 명칭을 복사하는 것이 아니라 저장된 값을 복사한다는 것을 기억하도록 합시다. 마찬가지로 세 번째 사각형에는 number에 저장된 값 7을 적어야 합니다.

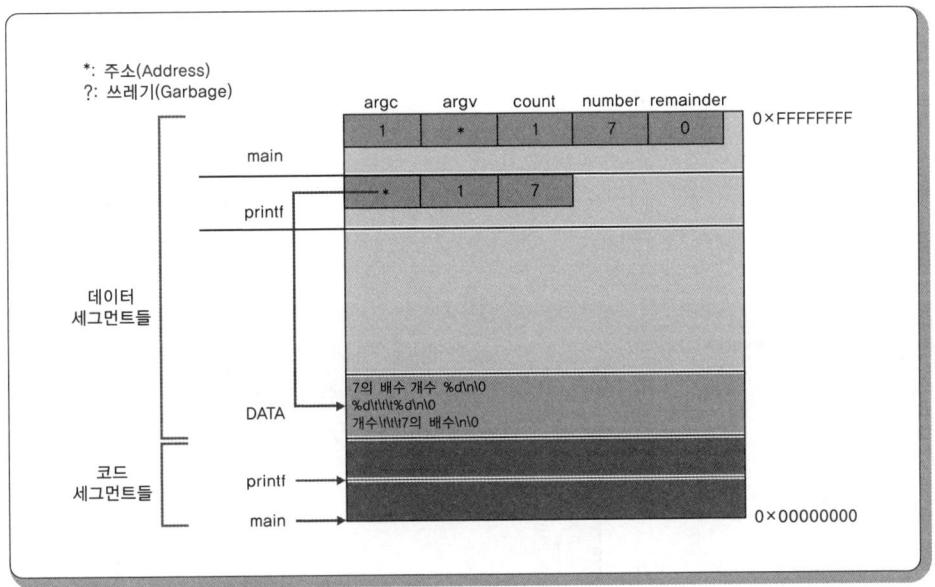

printf 함수에 의해서 모니터에 1과 7이 출력됩니다. 출력이 끝난 후 printf 함수 스택 세그먼트가 할당 해제됩니다. 따라서 printf 함수의 실행이 끝나고, 실행제어가 main 함수로 이동하게 됩니다. main 함수 스택 세그먼트만 남게 됩니다.

다음은 40번째 줄로 이동하여 if 선택문장의 제어블록의 끝을 나타내는 중괄호를 만나면 if 선택문장이 끝납니다.

■ [C 코드]

```
35 :        if ( remainder == 0 ) {
              ...
39 :            printf( "%d\t\t\t%d\n", count, number);
40 :        }
```

다음은 for 반복문장의 제어블록이 끝났음을 나타내는 중괄호를 만나는 42번째 줄로 이동하게 됩니다. 그러면 32번째 줄로 이동하여 다시 변경식을 평가하고, 조건식을 평가하게 됩니다.

조건식을 평가해서 참이면 계속해서 반복하게 됩니다. number가 10이 될 때까지 여러분이 직접 하십시오.

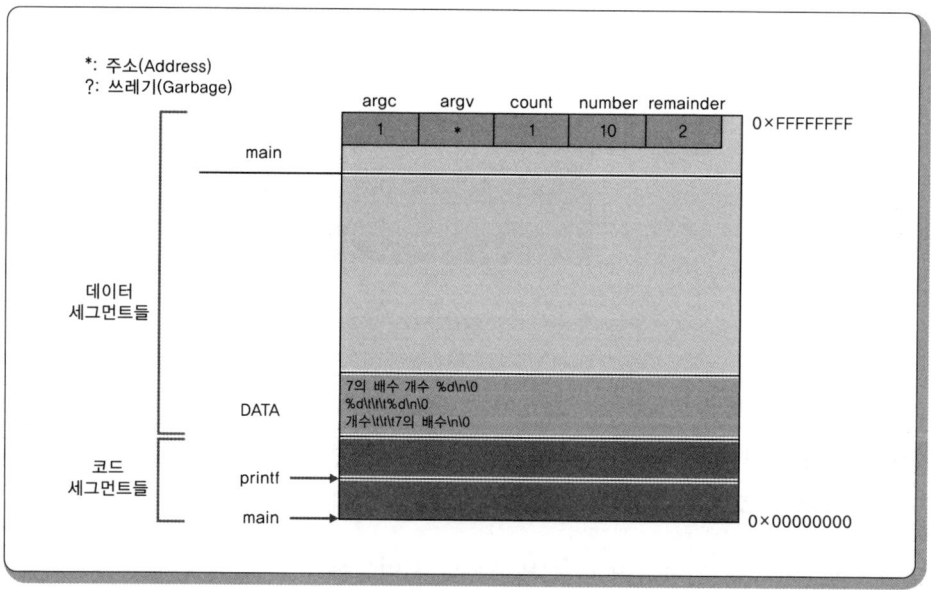

다음은 number <= MAX 조건식을 평가해야 합니다. number에 저장된 값 10이 MAX 10보다 작거나 같은지에 대해 평가해야 합니다. 10과 10은 같아서 조건식을 평가한 결과는 참입니다. 따라서 for 반복문장의 제어블록으로 이동하게 됩니다. 따라서 34번째 줄로 이동하여 나머지를 구합니다. 나머지는 3입니다. 따라서 remainder에 적힌 2를 지우고, 3을 적습니다.

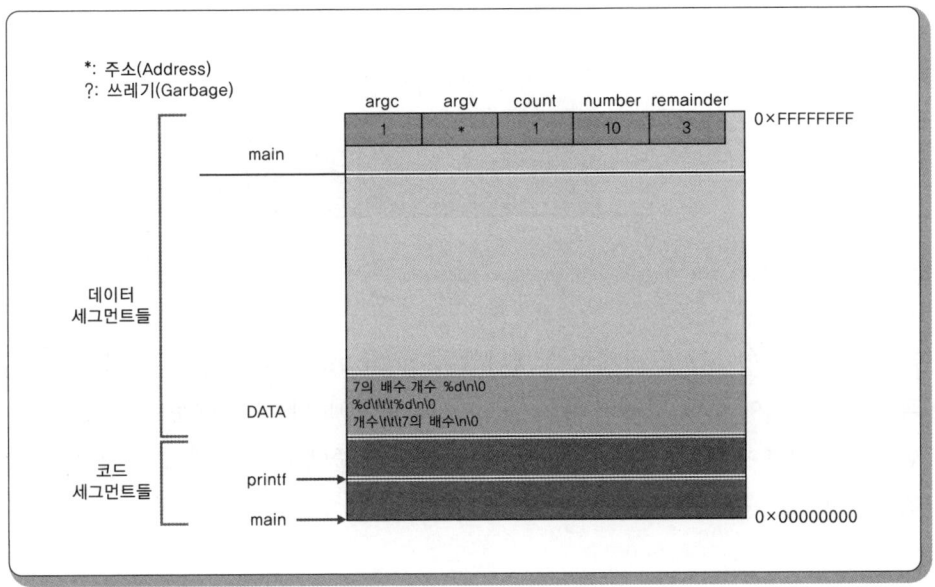

다음은 35번째 줄로 이동하여 remainder에 저장된 값 3이 0과 같은지 평가하는데, 거짓입니다. if 문장의 조건식을 평가했을 때 거짓이면 if 문장의 제어블록을 건너 뜁니다. 따라서 42번째 줄로 이동하게 됩니다.

42번째 줄에서 닫는 중괄호는 for 반복문장의 제어블록의 끝을 나타냅니다. 따라서 32번째 줄로 이동해야 합니다.

32번째 줄은 for 반복문장이기 때문에 차례대로 변경식 그리고 조건식을 평가해야 합니다. number++ 변경식을 평가하게 되면, number가 11이 되어야 합니다. 따라서 number에 적힌 값 10을 지우고, 11을 적습니다.

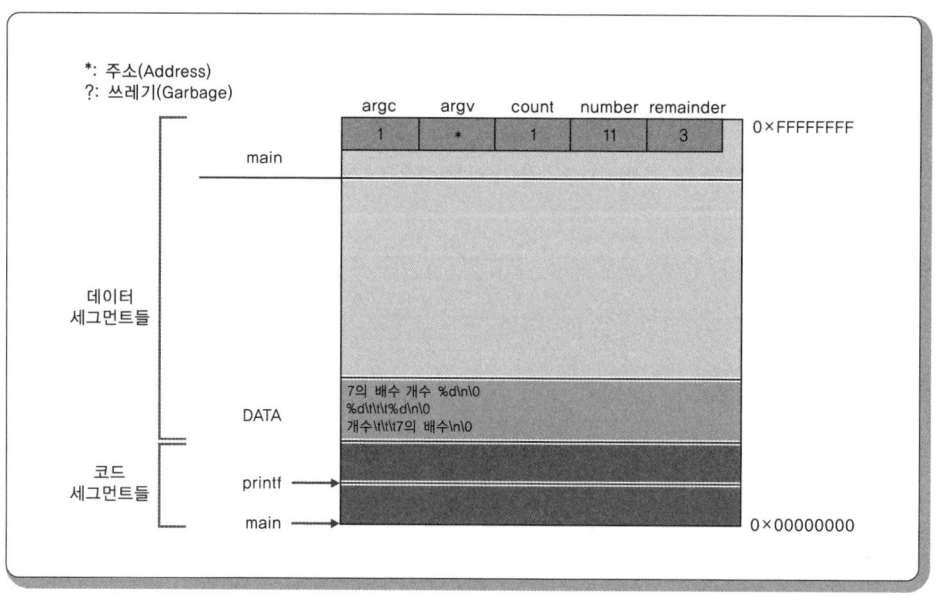

다음은 number <= MAX 관계식을 평가합니다. number에 저장된 값 11이 MAX 10보다 작거나 같은지에 대해 평가를 해야 합니다. 11은 10보다 크기 때문에 거짓입니다. 따라서 반복을 탈출해야 합니다. 즉 다시 말해서 32번째 줄에서 42번째 줄까지 세어블록을 건너 띄고, 44번째 줄로 이동해야 합니다.

[C 코드]

```
31 :    // 2. 수가 MAX보다 작거나 같은 동안 반복한다.
32 :    for( number = 1 ; number <= MAX ; number++ ) {
               ...
42 :    }
43 :    // 3. 개수를 출력한다.
44 :    printf("7의 배수 개수 : %d\n", count);
```

printf 함수를 호출하여 모니터에 7의 배수의 전체 개수를 출력해야 합니다.

□ printf 함수 스택 세그먼트를 작도하세요.

printf 함수가 호출되어 실행된 후 끝나게 되면, 모니터에 다음과 같이 출력되어야 합니다.

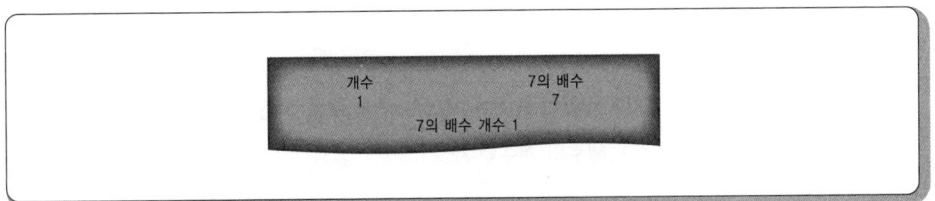

그리고 45번째 줄로 이동합니다. 계속해서 아래쪽으로 실행제어가 이동하여 프로그램이 끝나게 됩니다.

45번째 줄에서 return 문장으로 레지스터에 0을 복사하게 됩니다. 레지스터에 복사된 값 0은 운영체제로 전달되게 되어, 정상적으로 프로그램이 끝남을 알리게 됩니다.

```
[C 코드]
45 :    return 0;
46 :    // 4. 끝내다.
47 : }
```

47번째 줄로 이동하여 main 함수 블록의 끝을 나타내는 닫는 중괄호를 만나면 main 함수 스택 세그먼트가 할당 해제됩니다. 따라서 정적으로 관리되는 코드 세그먼트들과 DATA 세그먼트도 할당 해제됩니다. 따라서 프로그램이 끝나게 됩니다.

앞에서 본 출력결과를 보면 정상적으로 처리되었음을 알 수 있습니다. 정상적으로 처리되지 않았다면 추적하는 동안에 어디에서 오류가 발생했는지를 확인할 수 있습니다. 따라서 그렇게 찾아진 오류를 고치면 정상적으로 처리되도록 할 수 있는 것입니다.

JAVA 구현

정리된 제어논리를 JAVA 언어로 구현해 봅시다. 모듈 기술서와 순서도를 참고하여 직접 JAVA 언어로 구현해 봅시다. 그리고 책을 읽도록 하십시오.

내부 설계(Internal Design) --- 모듈 기술서						
명칭		한글	배수의 개수를 세다			
		영문	CountMultiples			
기능			1에서 100000까지 수들에서 수를 세고, 7의 배수인지 확인하여 7의 배수이면 개수를 세고, 그때 개수와 7의 배수를 출력한다. 그리고 마지막으로 전체 개수를 출력한다.			
입·출력			입력	없음		
			출력	개수		
관련 모듈						
자료 명세서						
번호	명칭		자료유형	구분	비고	
	한글	영문				
1	가장 큰 수	MAX	정수	상수	100000	
2	공차	MULTIPLE	정수	상수	7	
3	개수	count	정수	출력		
4	수	number	정수	처리	7의 배수	
5	나머지	remainder	정수	처리	7의 배수인지 아닌지 여부	
처리 과정						

1. 제목을 출력한다.
2. 수가 MAX보다 작거나 같은 동안 반복한다.
   2.1. 수를 세다.
   2.2. 7의 배수인지 확인한다.
       2.2.1. 개수를 세다.
       2.2.2. 개수와 수를 출력한다.
3. 개수를 출력한다.
4. 끝내다.

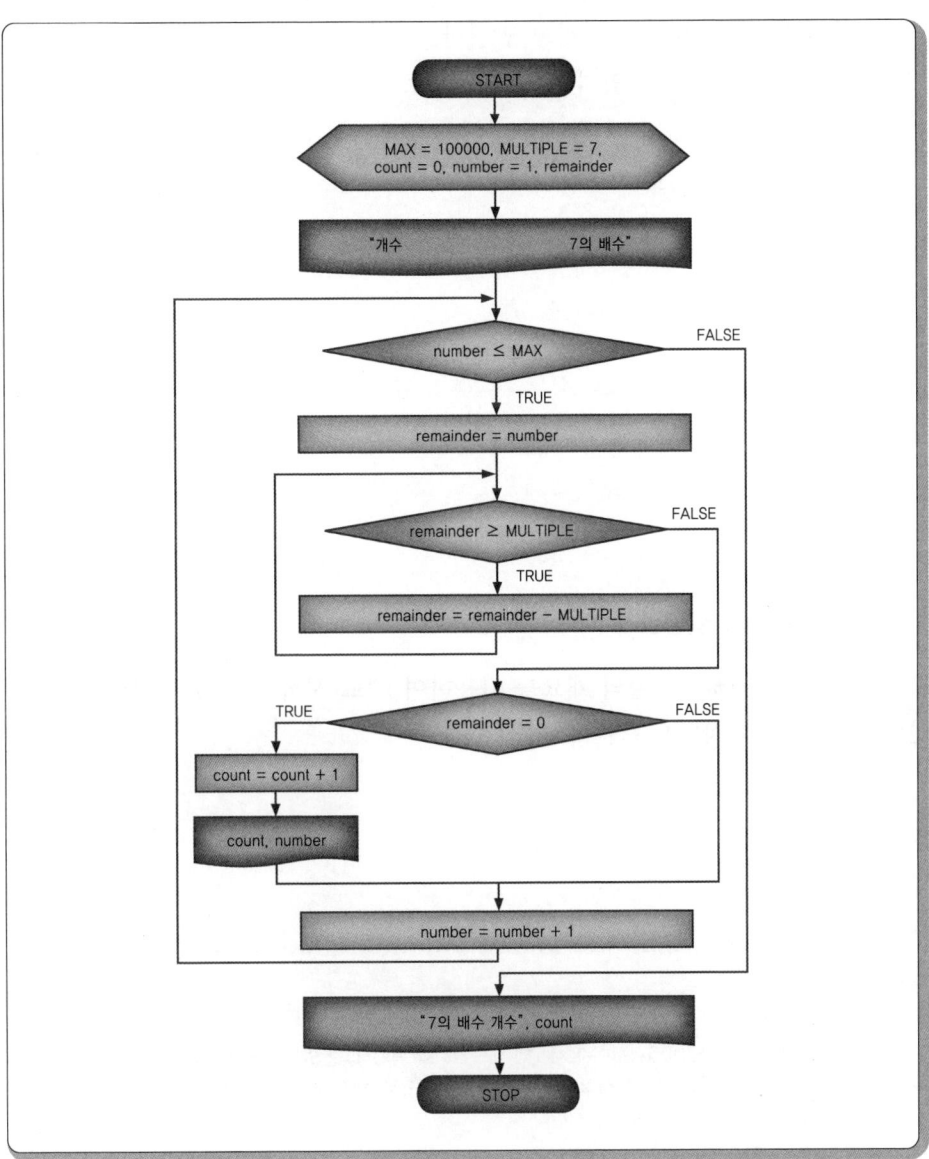

01》》 자바 소스 파일 만들기

우리가 만들어야 하는 자바 프로그램(JAVA Program)은 자바 응용 프로그램이어야 합니다. 왜냐하면, 우리가 만든 제어논리가 정확한지 확인하기 위해서는 프로그램이 데스크톱 컴퓨터나 노트북 컴퓨터에서 실행되어야 합니다. 따라서 작성되어야 하는 자바 프로그램은 main 메소드를 가지는 클래스가 반드시 있어야 합니다. main 메소드를 가지는 클래스를 메인 클래스(Main Class)라고 합니다. 이때 메인 클래스 명칭을 적절한 의미가 있는 프로그램 이름으로 줄 수 있지만, 일반적으로 메인 클래스 명칭을 Main으로 작성하는 것이 관습적입니다. 따라서 이 책에서는 메인 클래스를 Main이라고 합니다. 따라서 자바 소스 파일은 Main.java로 하겠습니다.

자바 소스 파일에서 첫 번째 줄에 한 줄 주석을 이용하여 자바 소스 파일 명칭을 적도록 합니다.

[JAVA 코드]

```
// Main.java
```

02»» 프로그램에 대해 설명달기

다음은 모듈 기술서에서 모듈의 개요를 이용하여 /*로 시작해서 */로 끝나는 블록 주석으로 프로그램에 대해 설명을 달도록 합시다.

[JAVA 코드]

```
// Main.java
/**********************************************************
파 일  명 칭 : Main.java
메소드 명칭 : main
기      능 : 1에서 100000까지 수에서 7의 배수인지를 확인하고, 7의 배수이면 개수를 세고, 그때
            7의 배수와 개수를 출력한다. 그리고 마지막으로 전체 개수를 출력한다.
입      력 : 없음
출      력 : 개수
작 성  자 : 김석현
작 성 일자 : 2011-10-25
**********************************************************/
```

03 》》 패키지 만들기

자바 응용 프로그램을 구성하는 자바 클래스들을 물리적으로 묶어 놓은 단위인 패키지(Package)를 만들어야 합니다. 주기억장치에 자바 명령어들이 복사될 때 구분되는 적재 단위인 클래스 파일(확장자가 .class인 파일)들을 물리적으로 모아 놓은 디렉토리(혹은 폴더)를 말합니다. 프로그램을 설명하는 주석 다음에 일반적으로 아래와 같이 패키지를 선언합니다. 모듈 명칭을 사용하는데 관습적으로 소문자로 적습니다.

```
[JAVA 코드]

// Main.java
/*****************************************************************************
파 일 명 칭 : Main.java
메 소 드 명 칭 : main
기      능 : 1에서 100000까지 수에서 7의 배수인지를 확인하고, 7의 배수이면 개수를 세고, 그때
             7의 배수와 개수를 출력한다. 그리고 마지막으로 전체 개수를 출력한다.
입      력 : 없음
출      력 : 개수
작  성  자 : 김석현
작 성 일 자 : 2011-10-25
*****************************************************************************/
package countmultiples;
```

04 》》 메인 클래스 정의하기

JAVA에서 모든 코드는 반드시 클래스에 작성되어야 합니다. 실행 가능토록 해야 한다면 main 메소드를 갖는 클래스를 만들어야 합니다. 관습적으로 메인 클래스 명칭을 Main으로 합니다. 따라서 클래스를 정의하는 방식에 따라 다음과 같이 메인 클래스를 작성해야 합니다. public class를 적고 한 칸 띄고 클래스 이름 Main을 적고 중괄호를 여닫아야 합니다.

```
[JAVA 코드]

// Main.java
/***************************************************************
파일 명칭 : Main.java
메소드 명칭 : main
기     능 : 1에서 100000까지 수에서 7의 배수인지를 확인하고, 7의 배수이면 개수를 세고, 그때
           7의 배수와 개수를 출력한다. 그리고 마지막으로 전체 개수를 출력한다.
입     력 : 없음
출     력 : 개수
작 성 자 : 김석현
작성 일자 : 2011-10-25
***************************************************************/
package countmultiples;

public class Main {
}
```

05»» main 메소드 정의

나음은 자바 응용 프로그램으로 작성한다면 반드시 작성되어야 하는 메소드인 main 메소드를 메인 클래스에 만들어야 합니다. 운영체제와 통신하기 때문에 반드시 다음과 같이 작성되어야 합니다.

```
[JAVA 코드]

// Main.java
/***************************************************************
파일 명칭 : Main.java
메소드 명칭 : main
기     능 : 1에서 100000까지 수에서 7의 배수인지를 확인하고, 7의 배수이면 개수를 세고, 그때
           7의 배수와 개수를 출력한다. 그리고 마지막으로 전체 개수를 출력한다.
입     력 : 없음
출     력 : 개수
작 성 자 : 김석현
작성 일자 : 2011-10-25
***************************************************************/
package countmultiples;
```

```
public class Main {
    public static void main(String[] args)
}
```

06»» 단말기호 구현하기

순서도에서 START와 STOP 단말기호에 대해 main 메소드 정의 영역을 나타내는 여는 중괄호와 닫는 중괄호를 적으면 됩니다. 그러면 main 메소드가 정의되었습니다. main 메소드는 반드시 다음과 같이 작성되어야 합니다.

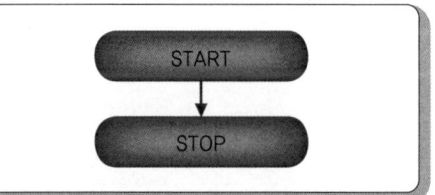

■ [JAVA 코드]

```
// Main.java
/*********************************************************************
파 일  명 칭 : Main.java
메소드 명칭 : main
기      능 : 1에서 100000까지 수에서 7의 배수인지를 확인하고, 7의 배수이면 개수를 세고, 그때
             7의 배수와 개수를 출력한다. 그리고 마지막으로 전체 개수를 출력한다.
입      력 : 없음
출      력 : 개수
작  성  자 : 김 석 현
작 성 일자 : 2011-10-25
*********************************************************************/
package countmultiples;

public class Main {
    public static void main(String[] args) {
    }
}
```

07»» 준비기호 구현하기

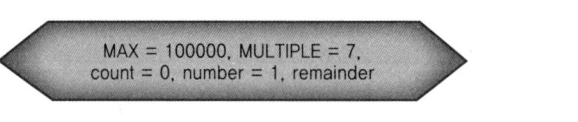

자료 명세서

번호	명칭		자료유형	구분	비고
	한글	영문			
1	가장 큰 수	MAX	정수	상수	100000
2	공차	MULTIPLE	정수	상수	7
3	개수	count	정수	출력	
4	수	number	정수	처리	7의 배수
5	나머지	remainder	정수	처리	7의 배수인지 아닌지 여부

자료명세서와 준비기호를 보고, 상수에 대해서는 final 변수, 변수는 지역변수(Local Variable)로 선언해야 합니다. JAVA 언어에서 변수를 선언하고 초기화하는 방식은 다음과 같습니다.

■ [JAVA 코드]

자료형 변수명칭[= 초기값];

그리고 문장으로 처리해야 하므로 반드시 마지막에 세미콜론을 찍어야 합니다. JAVA 언어에서는 이를 선언문(Declaration Statement)이라고 합니다.

final 변수는 변수 선언문에다 자료형 앞에 final 키워드를 적고, 반드시 초기화를 해야 합니다.

■ [JAVA 코드]

final 자료형 변수명칭 = 초기값;

그러면 선언문에서 사용할 자료형에 대해서 JAVA 언어가 제공하는 정수형에 대해서 정리해 봅시다.

번호	자료형	크기	값의 범위
1	byte	1	−128 ~ 127
2	short	2	−32768 ~ 32767
3	int	4	−2,147,483,648 ~ 2,147,483,647
4	long	8	−9,223,372,036,854,775,808 ~ 9,223,372,036,854,775,807

여기서 사용할 자료형은 100000까지 표현할 수 있는 값의 범위를 갖는 int입니다. 따라서 기호상수 MAX와 MULTIPLE에 대해서 int 형으로 final 변수를 선언합시다.

```
[JAVA 코드]
// Main.java
/***************************************************************
파 일  명 칭 : Main.java
메소드 명칭 : main
기      능 : 1에서 100000까지 수에서 7의 배수인지를 확인하고, 7의 배수이면 개수를 세고, 그때
             7의 배수와 개수를 출력한다. 그리고 마지막으로 전체 개수를 출력한다.
입      력 : 없음
출      력 : 개수
작  성  자 : 김석현
작 성 일 자 : 2011-10-25
***************************************************************/
package countmultiples;

public class Main {
    public static void main(String[] args) {
        // 상수 변수들 선언
        final int MAX = 100000;
        final int MULTIPLE = 7;
    }
}
```

다음은 변수들에 대해 main 메소드에 지역변수(Local Variable)로 선언합시다.

```
[JAVA 코드]

// Main.java
/***********************************************************************
파 일 명 칭 : Main.java
메소드 명칭 : main
기       능 : 1에서 100000까지 수에서 7의 배수인지를 확인하고, 7의 배수이면 개수를 세고, 그때
              7의 배수와 개수를 출력한다. 그리고 마지막으로 전체 개수를 출력한다.
입       력 : 없음
출       력 : 개수
작 성   자 : 김석현
작 성 일자 : 2011-10-25
***********************************************************************/
package countmultiples;

public class Main {
    public static void main(String[] args) {
        // 상수 변수들 선언
        final int MAX = 100000;
        final int MULTIPLE = 7;
        // 지역변수 선언문들
        int count = 0;
        int number;
        int remainder;
    }
}
```

08»» 코드 주석달기

처리 과정에서 정리된 제어 논리를 JAVA 언어의 제어구조로 구현해야 합니다. 그래서 주석으로 처리 과정을 옮겨 적어, 코드에 대해 설명을 달도록 합시다.

■ [JAVA 코드]

```java
// Main.java
/********************************************************************
파 일  명 칭 : Main.java
메소드 명 칭 : main
기        능 : 1에서 100000까지 수에서 7의 배수인지를 확인하고, 7의 배수이면 개수를 세고, 그때
               7의 배수와 개수를 출력한다. 그리고 마지막으로 전체 개수를 출력한다.
입        력 : 없음
출        력 : 개수
작  성  자 : 김석현
작 성 일 자 : 2011-10-25
********************************************************************/
package countmultiples;

public class Main {
    public static void main(String[] args) {
        // 상수 변수들 선언
        final int MAX = 100000;
        final int MULTIPLE = 7;
        // 지역변수 선언문들
        int count = 0;
        int number;
        int remainder;

        // 1. 제목을 출력한다.
        // 2. 수가 MAX보다 작거나 같을 때까지 반복한다.
            // 2.1. 수를 센다.
            // 2.2. 7의 배수인지 확인한다.
                // 2.2.1. 개수를 센다.
                // 2.2.2. 개수와 7의 배수를 출력한다.
        // 3. 개수를 출력한다.
        // 4. 끝내다.
    }
}
```

다음은 주석으로 처리된 처리단계에 대해 순서도에서 작도된 기호에 따라 JAVA 언어로 코드를 작성하면 됩니다.

09»› 출력기호 구현하기

"1. 제목을 출력한다." 처리단계에 대해 출력기호를 JAVA 언어로 옮겨 봅시다.

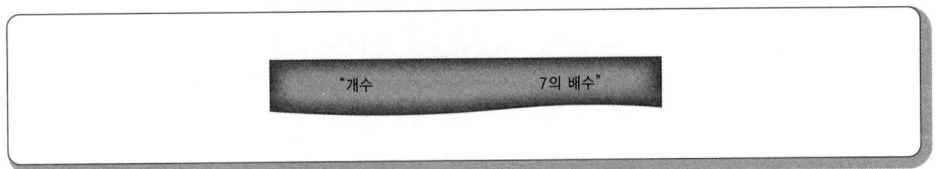

JAVA 언어에서 모니터에 출력을 위해서 표준 입출력 기능을 제공합니다. System.out 객체입니다. 출력기호에 적힌 내용은, 즉 출력하고자 하는 데이터는 문자열입니다. 그리고 줄 바꿈도 있어야 합니다. 이러한 기능들을 갖는 메소드를 찾아야 합니다. 한 개의 문자열을 출력하고 줄 바꿈도 할 수 있는 메소드는 println입니다.

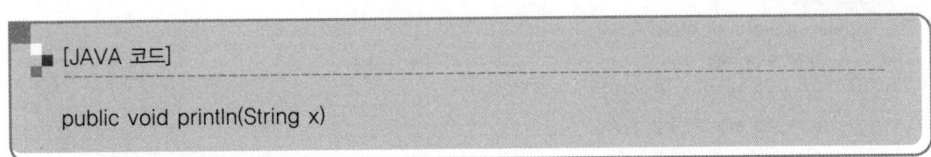

따라서 메소드를 호출하는 문장, 메소드 호출 문장(Method Invocation Statement)을 작성해야 합니다. JAVA 언어에서 메소드를 호출하는 문장의 형식은 다음과 같습니다.

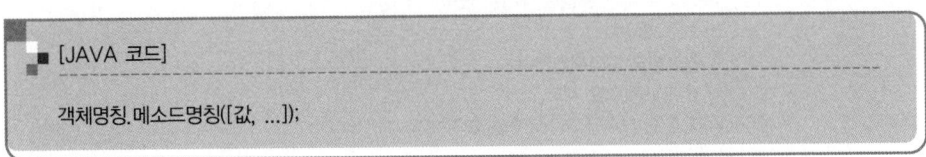

여기서는 출력 형식을 정해서 값을 출력하는 것이 아니라 문자열 리터럴만을 출력하면 됩니다. println 메소드 호출 문장을 작성하고 소괄호에 출력기호에 적힌 내용을 그대로 옮겨 적으면 됩니다. 이 때 간격을 두기 위해 입력되는 탭 키는 확장 열 '\t'로 처리합니다. 따라서 다음과 같이 코드가 작성되어야 합니다.

[JAVA 코드]

```java
// Main.java
/***************************************************************
파 일  명 칭 : Main.java
메소드 명칭 : main
기      능 : 1에서 100000까지 수에서 7의 배수인지를 확인하고, 7의 배수이면 개수를 세고, 그때
             7의 배수와 개수를 출력한다. 그리고 마지막으로 전체 개수를 출력한다.
입      력 : 없음
출      력 : 개수
작  성  자 : 김석현
작 성 일자 : 2011-10-25
***************************************************************/
package countmultiples;

public class Main {
    public static void main(String[] args) {
        // 상수 변수들 선언
        final int MAX = 100000;
        final int MULTIPLE = 7;
        // 지역변수 선언문들
        int count = 0;
        int number;
        int remainder;

        // 1. 제목을 출력한다.
        System.out.println("개수\t\t\t7의 배수");
        // 2. 수가 MAX보다 작거나 같을 때까지 반복한다.
            // 2.1. 수를 세다.
            // 2.2. 7의 배수인지 확인한다.
                // 2.2.1. 개수를 세다.
                // 2.2.2. 개수와 7의 배수를 출력한다.
        // 3. 개수를 출력한다.
        // 4. 끝내다.
    }
}
```

"2. 수가 MAX보다 작거나 같은 동안 반복한다." 처리단계에 대해 순서도에서 반복구조를 JAVA 언어로 구현해 봅시다.

10»» 비교 및 판단기호 구현하기

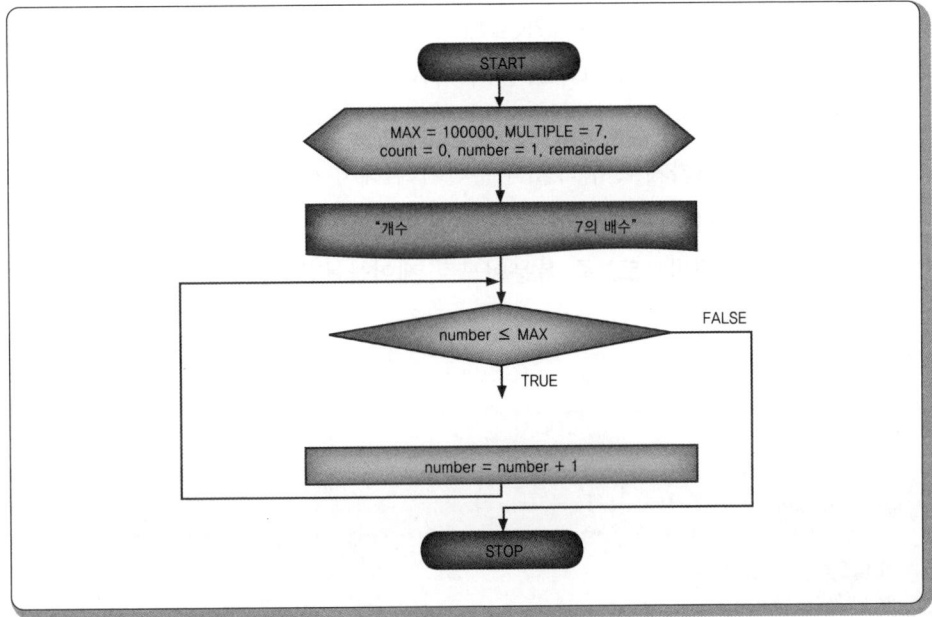

조건식에 의하면 반복횟수가 정해져 있습니다. 따라서 JAVA 언어에서 for 반복문장을 제공하는지 확인하여야 합니다. JAVA 언어에서 for 반복문장을 제공하고, 형식은 다음과 같습니다.

```
[JAVA 코드]

for( 초기식; 조건식; 변경식 ) {
    // 단문 혹은 복문
}
```

초기식은 반복문장이 시작할 때 단 한 번 실행되며, 반복제어변수에 초기값을 설정하는 치환식입니다. 조건식은 관계식과 논리식으로 구성되며, 조건식을 평가했을 때 참이면 계속하고, 거짓이면 탈출합니다. 변경식은 매번 할 때마다 일정량씩 증가하거나 감소하는 수식입니다.

키워드 for를 적고 소괄호를 여닫아야 합니다. 소괄호에 첫 번째 초기식을 작성하는데 준비기호에 적힌 number = 1을 그대로 옮겨 적습니다. 그리고 세미콜론을 찍고, 두 번째 수식인 조건식을 작성합니다. 비교 및 판단기호에 적힌 관계식 number <= MAX 을 그대로 옮겨 적습니다. 마찬가지로 수식을 구분하기 위해서 세미콜론을 찍고, 반복구조에서 마지막 처리인 처리기호에 적힌 수식을 그대로 옮겨 적습니다. 그리고 반복해야 하는 문장이 하나가 아니라 여러 개이므로, 즉 복문이므로 제어블록을 설정해야 합니다. 따라서 중괄호를 여닫아야 합니다.

■ [JAVA 코드]

```
// Main.java
/*****************************************************************
파일  명칭 : Main.java
메소드 명칭 : main
기     능 : 1에서 100000까지 수에서 7의 배수인지를 확인하고, 7의 배수이면 개수를 세고, 그때
            7의 배수와 개수를 출력한다. 그리고 마지막으로 전체 개수를 출력한다.
입     력 : 없음
출     력 : 개수
작 성  자 : 김석현
작성 일자 : 2011-10-25
*****************************************************************/
package countmultiples;

public class Main {
    public static void main(String[] args) {
        // 상수 변수들 선언
        final int MAX = 100000;
        final int MULTIPLE = 7;
        // 지역변수 선언문들
        int count = 0;
        int number;
        int remainder;
```

```
        // 1. 제목을 출력한다.
        System.out.println("개수\t\t7의 배수");
        // 2. 수가 MAX보다 작거나 같을 때까지 반복한다.
        for( number = 1; number <= MAX; number = number + 1 ) {
            // 2.2. 7의 배수인지 확인한다.
                // 2.2.1. 개수를 세다.
                // 2.2.2. 개수와 7의 배수를 출력한다.
            // 2.1. 수를 세다.
        }
        // 3. 개수를 출력한다.
        // 4. 끝내다.
    }
}
```

변경식에서 ++ 증가 연산자를 사용하여 더욱더 간결한 코드를 작성할 수 있습니다.

■ [JAVA 코드]

```
// Main.java
/*******************************************************************************
파 일 명 칭 : Main.java
메소드 명칭 : main
기      능 : 1에서 100000까지 수에서 7의 배수인지를 확인하고, 7의 배수이면 개수를 세고, 그때
             7의 배수와 개수를 출력한다. 그리고 마지막으로 전체 개수를 출력한다.
입      력 : 없음
출      력 : 개수
작  성  자 : 김석현
작 성 일 자 : 2011-10-25
*******************************************************************************/
package countmultiples;

public class Main {
    public static void main(String[] args) {
        // 상수 변수들 선언
        final int MAX = 100000;
        final int MULTIPLE = 7;
        // 지역변수 선언문들
        int count = 0;
        int number;
```

```
int remainder;

// 1. 제목을 출력한다.
System.out.println("개수\t\t\t7의 배수");
// 2. 수가 MAX보다 작거나 같을 때까지 반복한다.
for( number = 1; number <= MAX; number++ ) {
    // 2.2. 7의 배수인지 확인한다.
        // 2.2.1. 개수를 세다.
        // 2.2.2. 개수와 7의 배수를 출력한다.
    // 2.1. 수를 세다.
}
// 3. 개수를 출력한다.
// 4. 끝내다.
}
}
```

11》 처리기호 구현하기

"2.1. 수를 세다." 처리단계에 대해 JAVA 언어로 구현해 봅시다. 그러나 "2.1. 수를 세다." 처리단계에 대해 수를 1씩 증가시키는 처리기호는 반복문장 일부분입니다. for 반복문장의 변경식으로 표현되었습니다. 따라서 이미 구현이 되었습니다. 그리고 변경식은 매회 평가되어야 합니다. 그래서 "2.1. 수를 세다." 처리단계를 for 반복문장 블록의 제일 마지막으로 이동하였습니다.

"2.2. 7의 배수인지 확인한다." 처리단계에 대해 순서도에 정리된 제어논리를 JAVA 언어로 구현해 보도록 합시다.

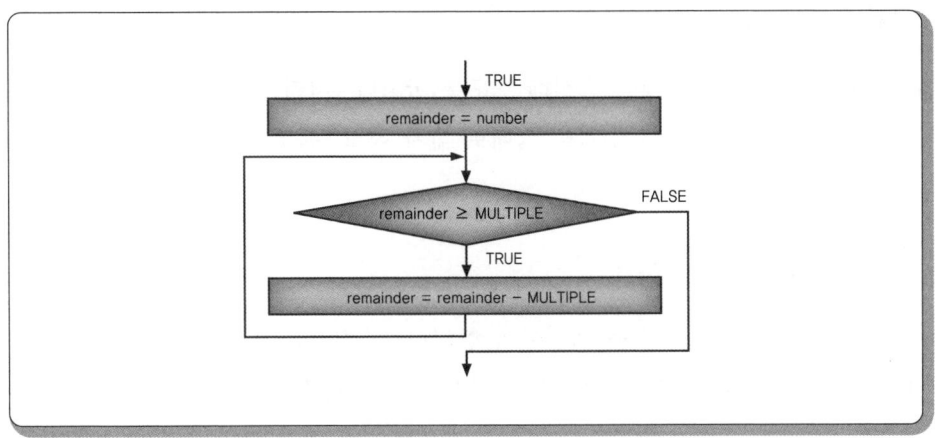

앞의 비교 및 판단기호를 보면 앞에 있는 처리기호는 반복제어변수의 초기식이고, 왼쪽에 있는 위쪽으로 향하는 흐름선으로 보아 반복구조입니다. 그런데 조건식을 보면 변수들을 사용하는 것으로 보아 반복횟수가 정해지지 않는 상태입니다. 따라서 선 검사 반복구조이고, 반복횟수가 정해지지 않은 경우이므로 while 반복문장을 사용해야 합니다. 어떠한 프로그래밍 언어이든지 while 반복문장은 제공합니다. 따라서 JAVA 언어의 while 반복문장의 형식을 알아봅시다.

■ [JAVA 코드]

```
while( 조건식 ) {
    // 단문 혹은 복문
}
```

while 키워드를 적고, 소괄호를 여닫아야 합니다. 조건식은 관계식과 논리식으로 작성하도록 하고, 조건식을 평가해서 참이면 계속하고, 거짓이면 탈출합니다. 그리고 반복해야 하는 문장이 하나이든 여러 개이든 제어블록을 설정하도록 합시다. 중괄호를 여닫으면 제어블록이 설정됩니다. 그리고 제어블록에서 제일 마지막 문장은 반복제어변수를 변경하는 변경식 문장으로 작성하도록 합시다.

12 》 처리기호 구현하기

반복제어변수의 초기식 문장을 작성해 보도록 합시다. 처리기호는 전형적인 순차구조입니다. 따라서 처리기호에 적힌 수식을 그대로 옮겨 적고, 문장으로 구현해야 하므로 마지막에 세미콜론을 찍도록 합시다.

13 》 비교 및 판단기호 구현하기

while 키워드를 적고 소괄호를 여닫아야 합니다. 조건식은 반드시 소괄호로 싸야 하기 때문입니다. 소괄호에 비교 및 판단기호에 적힌 내용을 옮겨 적습니다. 관계연산자는 >= 로 바꿔어야 합니다. 그리고 중괄호를 여닫아 제어블록을 설정합니다.

14 》 처리기호 구현하기

제어블록에 반복해서 처리해야 하는 내용을 문장으로 구현해야 합니다. 순서도를 보면 반복해서 처리해야 하는 내용은 특별한 것은 없고, 반복제어변수의 변경식을 처리하는 처리기호가 있습니다. 따라서 while 반복제어블록에 처리기호에 적힌 내용을 옮겨 적고, 마지막에 세미콜론을 찍어 수식 문장을 작성하면 됩니다.

[JAVA 코드]

```
// Main.java
/***************************************************************
파 일 명 칭 : Main.java
메소드 명칭 : main
기      능 : 1에서 100000까지 수에서 7의 배수인지를 확인하고, 7의 배수이면 개수를 세고, 그때
             7의 배수와 개수를 출력한다. 그리고 마지막으로 전체 개수를 출력한다.
입      력 : 없음
출      력 : 개수
작 성  자 : 김석현
작 성 일자 : 2011-10-25
***************************************************************/
package countmultiples;

public class Main {
    public static void main(String[] args) {
        // 상수 변수들 선언
        final int MAX = 100000;
```

```
        final int MULTIPLE = 7;
        // 지역변수 선언문들
        int count = 0;
        int number;
        int remainder;

        // 1. 제목을 출력한다.
        System.out.println("개수\t\t\t7의 배수");
        // 2. 수가 MAX보다 작거나 같을 때까지 반복한다.
        for( number = 1; number <= MAX; number++ ) {
                // 2.2. 7의 배수인지 확인한다.
                remainder = number;
                while(remainder >= MULTIPLE) {
                        remainder = remainder - MULTIPLE;
                }
                // 2.2.1. 개수를 세다.
                // 2.2.2. 개수와 7의 배수를 출력한다.
          // 2.1. 수를 세다.
        }
        // 3. 개수를 출력한다.
        // 4. 끝내다.
   }
}
```

변경식 문장은 또한 -= 누적 관련 연산자로 간결하게 표현할 수 있습니다.

[JAVA 코드]

```
// Main.java
/********************************************************************************
파 일  명 칭 : Main.java
메 소 드 명 칭 : main
기        능 : 1에서 100000까지 수에서 7의 배수인지를 확인하고, 7의 배수이면 개수를 세고, 그때
              7의 배수와 개수를 출력한다. 그리고 마지막으로 전체 개수를 출력한다.
입        력 : 없음
출        력 : 개수
작  성   자 : 김석현
작  성  일자 : 2011-10-25
*********************************************************************************/
```

```java
package countmultiples;

public class Main {
    public static void main(String[] args) {
        // 상수 변수들 선언
        final int MAX = 100000;
        final int MULTIPLE = 7;
        // 지역변수 선언문들
        int count = 0;
        int number;
        int remainder;

        // 1. 제목을 출력한다.
        System.out.println("개수\t\t7의 배수");
        // 2. 수가 MAX보다 작거나 같을 때까지 반복한다.
        for( number = 1; number <= MAX; number++ ) {
            // 2.2. 7의 배수인지 확인한다.
            remainder = number;
            while(remainder >= MULTIPLE) {
                remainder -= MULTIPLE;
            }
            // 2.2.1. 개수를 세다.
            // 2.2.2. 개수와 7의 배수를 출력한다.
            // 2.1. 수를 세다.
        }
        // 3. 개수를 출력한다.
        // 4. 끝내다.
    }
}
```

이러한 코드는 수가 커지면 커질수록 반복횟수가 많아져서 시간이 오래 걸리는 연산이 됩니다. 따라서 고민을 해야 하는 문제입니다. 따라서 어떻게 해결해야 할지 생각을 해야 합니다. 그러나 JAVA 언어에서는 이를 쉽게 해결할 수 있습니다. 나머지를 구하는 연산자 %를 제공합니다. 따라서 다음과 같이 간단하게 코드를 작성할 수 있고, 앞에서 제기된 문제도 해결됩니다.

■ [JAVA 코드]

```java
// Main.java
/*******************************************************************************
파 일 명칭 : Main.java
메소드 명칭 : main
기     능 : 1에서 100000까지 수에서 7의 배수인지를 확인하고, 7의 배수이면 개수를 세고, 그때
           7의 배수와 개수를 출력한다. 그리고 마지막으로 전체 개수를 출력한다.
입     력 : 없음
출     력 : 개수
작 성 자 : 김석현
작성 일자 : 2011-10-25
*******************************************************************************/
package countmultiples;

public class Main {
    public static void main(String[] args) {
        // 상수 변수들 선언
        final int MAX = 100000;
        final int MULTIPLE = 7;
        // 지역변수 선언문들
        int count = 0;
        int number;
        int remainder;

        // 1. 제목을 출력한다.
        System.out.println("개수\t\t7의 배수");
        // 2. 수가 MAX보다 작거나 같을 때까지 반복한다.
        for( number = 1; number <= MAX; number++ ) {
            // 2.2. 7의 배수인지 확인한다.
/*
            remainder = number;
            while(remainder >= MULTIPLE) {
                remainder -= MULTIPLE;
            }
*/
            remainder = number%MULTIPLE;
                // 2.2.1. 개수를 세다.
                // 2.2.2. 개수와 7의 배수를 출력한다.
            // 2.1. 수를 세다.
        }
        // 3. 개수를 출력한다.
        // 4. 끝내다.
    }
}
```

여기까지는 7의 배수인지 확인하기 위해서 7에 대한 나머지를 구한 것입니다. 나머지에 따라 7의 배수일 수도 있고, 그렇지 않을 수도 있습니다. 따라서 7의 배수인지 확인하는 작업은 다음 비교 및 판단기호에 의해서 선택구조가 구현되어야 합니다.

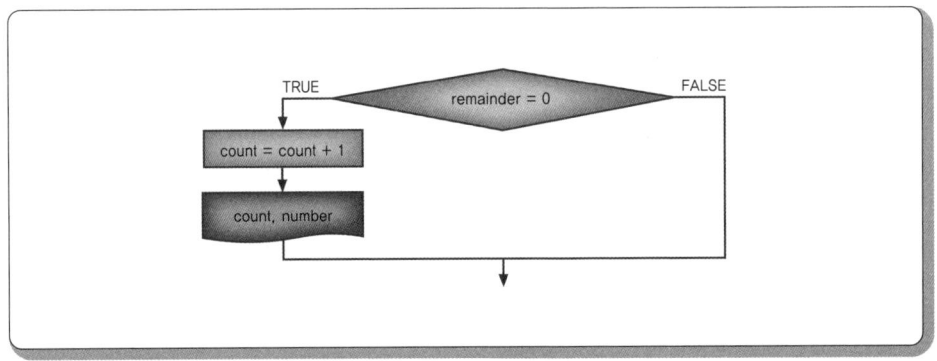

15»» 비교 및 판단기호 구현하기

비교 및 판단기호를 보면 흐름선이 왼쪽과 오른쪽으로 향하고, 아래쪽에 분기된 흐름선이 하나로 모여서 아래쪽으로 향하고 있습니다. 따라서 전형적인 선택구조입니다. 그리고 분기된 흐름선 중에서 오른쪽, 즉 조건식을 평가했을 때 거짓일 때 흐름선을 따라가 보면, 처리해야 하는 내용이 없습니다.

이럴 때 JAVA 언어에서는 if ~ then 문장을 제공합니다. if ~ then 문장의 형식은 다음과 같습니다.

■ [JAVA 코드]
```
if( 조건식 ) {
        // 단문 혹은 복문
}
```

물론 단문이면 제어블록을 생략할 수 있습니다. 그렇지만 코드를 이해하기 쉽게 하려고, 또한 개발 과정에서 코드를 삽입할 때 실수를 줄이기 위해서 단문이더라도 제어블록을 설정하도록 합시다.

if 키워드를 적고, 소괄호를 여닫아야 합니다. 소괄호에 비교 및 판단기호에 적힌 내용을 그대로 옮겨 적습니다. 그러나 이때 조심해야 하는 것이 있습니다. 같은지에 대해 비교하는 연산자입니다. 순서도에서는 등호 하나이지만 JAVA 언어에서는 등호 하나는 치환 연산자입니다. 따라서 비교 연산자는 다르게 표현됩니다. 등호 두 개를 연속해서 사용해야 합니다. 등호 두 개를 띄우면 안 되고, 붙여 적어야 합니다. 명심하도록 합시다.

[JAVA 코드]

```java
// Main.java
/***************************************************************************
파 일  명 칭 : Main.java
메소드 명 칭 : main
기       능 : 1에서 100000까지 수에서 7의 배수인지를 확인하고, 7의 배수이면 개수를 세고, 그때
              7의 배수와 개수를 출력한다. 그리고 마지막으로 전체 개수를 출력한다.
입       력 : 없음
출       력 : 개수
작  성  자 : 김 석 현
작 성 일자 : 2011-10-25
***************************************************************************/
package countmultiples;

public class Main {
    public static void main(String[] args) {
        // 상수 변수들 선언
        final int MAX = 100000;
        final int MULTIPLE = 7;
        // 지역변수 선언문들
        int count = 0;
        int number;
        int remainder;

        // 1. 제목을 출력한다.
        System.out.println("개수\t\t\t7의 배수");
        // 2. 수가 MAX보다 작거나 같을 때까지 반복한다.
        for( number = 1; number <= MAX; number++ ) {
            // 2.2. 7의 배수인지 확인한다.
            remainder = number % MULTIPLE;
            if(remainder == 0) {
                // 2.2.1. 개수를 세다.
                // 2.2.2. 개수와 7의 배수를 출력한다.
            }
```

```
                    // 2.1. 수를 세다.
            }
            // 3. 개수를 출력한다.
            // 4. 끝내다.
        }
    }
```

16»» 처리기호 구현하기

"2.2.1. 개수를 세다." 처리단계에 대해 순서도에 정리된 제어논리를 JAVA 언어로 구현해 봅시다. 개수를 하나씩 증가하는 수식이 적힌 처리기호입니다. 따라서 처리기호에 적힌 수식을 그대로 옮겨 적고, 마지막에 세미콜론을 찍으면 됩니다. 7의 배수이면 개수를 세어야 하므로 if ~ then 문장의 제어블록에 작성해야 합니다.

■ [JAVA 코드]

```
// Main.java
/************************************************************************
 파 일   명 칭 : Main.java
 메 소 드 명 칭 : main
 기       능 : 1에서 100000까지 수에서 7의 배수인지를 확인하고, 7의 배수이면 개수를 세고, 그때
               7의 배수와 개수를 출력한다. 그리고 마지막으로 전체 개수를 출력한다.
 입       력 : 없음
 출       력 : 개수
 작 성   자 : 김석현
 작 성 일 자 : 2011-10-25
*************************************************************************/
package countmultiples;

public class Main {
    public static void main(String[] args) {
        // 상수 변수들 선언
        final int MAX = 100000;
        final int MULTIPLE = 7;
        // 지역변수 선언문들
        int count = 0;
        int number;
        int remainder;
```

```
        // 1. 제목을 출력한다.
        System.out.println("개수\t\t\t7의 배수");
        // 2. 수가 MAX보다 작거나 같을 때까지 반복한다.
        for( number = 1; number <= MAX; number++ ) {
            // 2.2. 7의 배수인지 확인한다.
            remainder = number % MULTIPLE;
            if(remainder == 0) {
                // 2.2.1. 개수를 세다.
                count = count + 1;
                // 2.2.2. 개수와 7의 배수를 출력한다.
            }
            // 2.1. 수를 세다.
        }
        // 3. 개수를 출력한다.
        // 4. 끝내다.
    }
}
```

수를 셀 때와 마찬가지로 ++ 증가 연산자로 구현하면 더욱더 간결한 표현을 할 수 있을 뿐만 아니라 두 개의 수식을 사용하는 것보다 한 개의 수식으로 처리하는 것이 더욱더 효율적일 것입니다.

■ [JAVA 코드]

```
// Main.java
/********************************************************************************
파 일  명 칭 : Main.java
메 소 드 명 칭 : main
기        능 : 1에서 100000까지 수에서 7의 배수인지를 확인하고, 7의 배수이면 개수를 세고, 그때
               7의 배수와 개수를 출력한다. 그리고 마지막으로 전체 개수를 출력한다.
입        력 : 없음
출        력 : 개수
작  성  자 : 김 석 현
작 성  일 자 : 2011-10-25
********************************************************************************/
package countmultiples;
```

```java
public class Main {
    public static void main(String[] args) {
        // 상수 변수들 선언
        final int MAX = 100000;
        final int MULTIPLE = 7;
        // 지역변수 선언문들
        int count = 0;
        int number;
        int remainder;

        // 1. 제목을 출력한다.
        System.out.println("개수\t\t\t7의 배수");
        // 2. 수가 MAX보다 작거나 같을 때까지 반복한다.
        for( number = 1; number <= MAX; number++ ) {
            // 2.2. 7의 배수인지 확인한다.
            remainder = number % MULTIPLE;
            if(remainder == 0) {
                // 2.2.1. 개수를 세다.
                count++; // count = count + 1;
                // 2.2.2. 개수와 7의 배수를 출력한다.
            }
            // 2.1. 수를 세다.
        }
        // 3. 개수를 출력한다.
        // 4. 끝내다.
    }
}
```

17»» 출력기호 구현하기

"2.2.2. 개수와 7의 배수를 출력한다." 처리단계에 대해 순서도에 출력기호를 JAVA 언어로 구현해 봅시다.

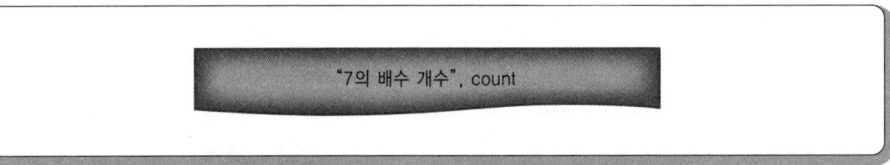

출력기호를 보면, 두 개의 변수가 적혀 있습니다. 두 개의 정수형 데이터를 출력해야 하는데, 출력할 때마다 값들이 달리 출력이 되어야 합니다. 출력기호에 변수가 적혔다고 해서 변수 명칭을 출력하는 것이 아니라, 변수에 저장된 값이 출력되어야 합니다. 이러한 경우는 일반적으로 출력 형식(Format)을 이용하는 것이 편합니다.

앞에서 이미 설명했듯이 JAVA 언어에서는 모니터에 데이터를 출력하는 기능을 갖는 System.out 객체를 제공합니다. System.out 객체가 C 언어로 구현할 때 모니터에 다양한 자료형의 데이터들을 출력할 때 사용했던 라이브러리 함수 printf 함수와 같은 기능을 갖는 메소드를 제공하는지 알아봅시다. 아래와 같은 형식의 printf 메소드를 제공합니다.

[JAVA 코드]

```
public PrintStream printf(String format,
                Object... args)
```

또한, format 메소드도 제공합니다.

[JAVA 코드]

```
public PrintStream format(String format,
                Object... args)
```

출력 형식 문자열(Format String)을 만들어 봅시다. 출력할 데이터들의 개수가 2개이므로 %를 두 개 사용해야 합니다. 그리고 출력할 데이터의 자료형이 정수형이므로 자료형 변환 문자는 d이어야 합니다. 그리고 출력되는 두 개의 데이터 사이에 24개의 빈칸을 두어야 하므로 8개의 빈칸을 삽입하는 탭 문자를 세 개 입력하도록 합시다. 탭 문자는 제어 키라서 코드에 삽입하기 위해서는 확장 열 개념을 사용해야 합니다. 즉 '\t'를 사용해야 합니다. 그리고 마지막은 줄 바꿈에 대해 개행 문자를 삽입해야 합니다. JAVA에서는 '\n' 확장 열보다는 '%n'을 사용하도록 권장하고 있습니다.

문자열 리터럴로 작성해야 하므로 끝 따옴표로 싸야 합니다. 다음과 같은 출력 형식 문자열이 작성되어야 합니다.

■ [JAVA 코드]

"%d\t\t\t%d%n"

printf 메소드 호출 문장에서 첫 번째 인수로 앞에서 작성된 출력 형식 문자열을 적고, 두 번째 인수와 세 번째 인수는 정수형의 값을 쉼표로 구분하여 적으면 됩니다. 여기서는 출력기호에 적힌 변수들을 그대로 옮겨 적습니다.

■ [JAVA 코드]

```
// Main.java
/***********************************************************************
파 일 명 칭 : Main.java
메소드 명칭 : main
기       능 : 1에서 100000까지 수에서 7의 배수인지를 확인하고, 7의 배수이면 개수를 세고, 그때
              7의 배수와 개수를 출력한다. 그리고 마지막으로 전체 개수를 출력한다.
입       력 : 없음
출       력 : 개수
작 성   자 : 김 석 현
작 성 일 자 : 2011-10-25
***********************************************************************/
package countmultiples;

public class Main {
    public static void main(String[] args) {
        // 상수 변수들 선언
        final int MAX = 100000;
        final int MULTIPLE = 7;
        // 지역변수 선언문들
        int count = 0;
        int number;
        int remainder;

        // 1. 제목을 출력한다.
```

```
                System.out.println("개수\t\t\t7의 배수");
                // 2. 수가 MAX보다 작거나 같을 때까지 반복한다.
                for( number = 1; number <= MAX; number++ ) {
                    // 2.2. 7의 배수인지 확인한다.
                    remainder = number % MULTIPLE;
                    if(remainder == 0) {
                        // 2.2.1. 개수를 세다.
                        count++; // count = count + 1;
                        // 2.2.2. 개수와 7의 배수를 출력한다.
                        System.out.printf("%d\t\t\t%d%n", count, number);
                    }
                    // 2.1. 수를 세다.
                }
                // 3. 개수를 출력한다.
                // 4. 끝내다.
            }
        }
```

7의 배수일 때 처리해야 하는 처리단계이므로 if ~ then 문장 제어블록에 작성되어야 합니다.

18»» 출력기호 구현하기

"3. 개수를 출력한다." 처리단계에 대해 구현해 봅시다. 출력기호에 대해서는 한 줄씩 출력하는 println 메소드를 이용하여 출력하도록 합시다. 출력기호에 적힌 문자열 리터럴과 count를 하나의 문자열을 만들어 println 메소드에 값으로 적어야 합니다.

문자열 리터럴에 대해서 문자열 객체가 생성됩니다. 그리고 + 연산자는 문자열 결합 연산자로서 이때 정수형 count가 문자열로 형 변환됩니다. 그리고 + 연산자에 의해서 하나의 문자열 객체가 만들어지게 됩니다. 따라서 println 메소드에 값으로 출력기호에 적힌 문자열 리터럴을 그대로 적고, + 연산자를 적고 변수를 적으면 됩니다.

[JAVA 코드]

```java
// Main.java
/*******************************************************************************
파일 명칭 : Main.java
메소드 명칭 : main
기      능 : 1에서 100000까지 수에서 7의 배수인지를 확인하고, 7의 배수이면 개수를 세고, 그때
            7의 배수와 개수를 출력한다. 그리고 마지막으로 전체 개수를 출력한다.
입      력 : 없음
출      력 : 개수
작 성 자 : 김석현
작 성 일자 : 2011-10-25
*******************************************************************************/
package countmultiples;

public class Main {
    public static void main(String[] args) {
        // 상수 변수들 선언
        final int MAX = 100000;
        final int MULTIPLE = 7;
        // 지역변수 선언문들
        int count = 0;
        int number;
        int remainder;

        // 1. 제목을 출력한다.
        System.out.println("개수\t\t7의 배수");
        // 2. 수가 MAX보다 작거나 같을 때까지 반복한다.
        for( number = 1; number <= MAX; number++ ) {
            // 2.2. 7의 배수인지 확인한다.
            remainder = number % MULTIPLE;
            if(remainder == 0) {
                // 2.2.1. 개수를 세다.
                count++; // count = count + 1;
                // 2.2.2. 개수와 7의 배수를 출력한다.
                System.out.printf("%d\t\t%d%n", count, number);
            }
            // 2.1. 수를 세다.
        }
        // 3. 개수를 출력한다.
        System.out.println("7의 배수 개수" + count);
        // 4. 끝내다.
    }
}
```

"4. 끝내다." 처리단계에 대해 구현해 봅시다. 단말기호를 구현할 때 메소드 블록을 닫는 중괄호로 표현되었습니다. 메소드 블록을 닫는 중괄호를 만나면 main 메소드 스택이 할당 해제됩니다. 따라서 프로그램이 끝나게 됩니다.

컴파일하고, 적재하여 프로그램을 실행시켜 봅시다. 정확한 결과를 확인할 수 있을 것입니다.

순서도와 나씨-슈나이더만 다이어그램

여기서는 특히 비교 및 판단기호를 사용하는 반복구조와 선택구조가 모두 사용되었는데 순서도에서 문맥으로 판단해야 합니다. 명확하게 프로그램의 제어구조를 파악할 수 없습니다. 따라서 나씨-슈나이더만 다이어그램으로 변환해 보도록 합시다.

(1) 단말기호는 순차구조 기호를 작도하고, 시작 단말기호에 대해서는 start, 끝 단말기호에 대해서는 stop을 순차구조 기호에 적으면 됩니다.

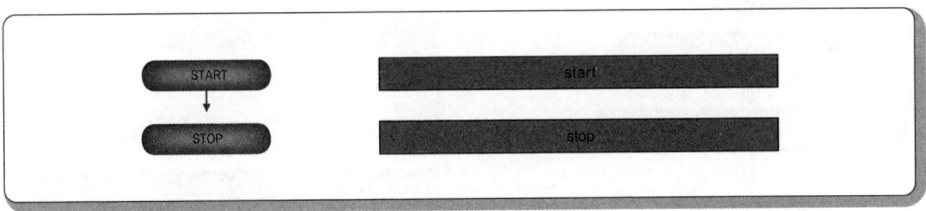

(2) 준비기호는 start가 적힌 순차구조기호 바로 아래쪽에 순차구조 기호를 작도하고, 준비기호에 적힌 내용을 그대로 옮겨 적습니다.

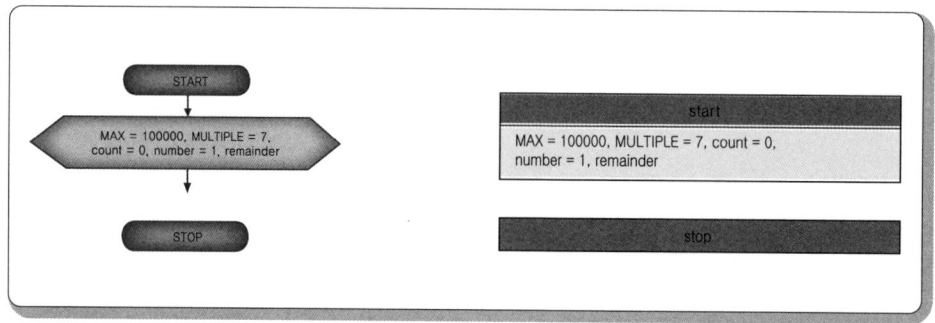

(3) 출력기호는 순차구조 기호를 작도하고, 키워드 print를 적고, 한 칸 띄운 다음 출력기호에 적힌 내용을 옮겨 적습니다.

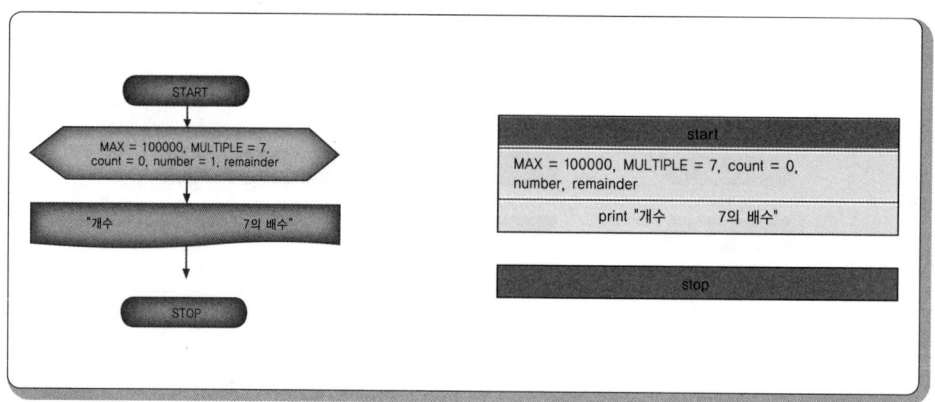

(4) 비교 및 판단기호에 대해서는 흐름선을 보고, 선택구조인지 반복구조인지를 결정해야 합니다. 비교 및 판단기호에서 흐름선이 왼쪽과 오른쪽으로 분기되게 작도되었다면 선택구조입니다. 그렇지 않고 비교 및 판단기호에서 흐름선이 아래쪽과 오른쪽으로 분기되게 되고, 비교 및 판단기호 앞에 위쪽으로 향하는 흐름선이 있다면 반복구조입니다. 따라서 오른쪽에 작도한 순서도를 보면 반복구조입니다. 따라서 비교 및 판단기호만 작도하는 것이 아니라 변경식에 대한 처리기호까지도 같이 생각해서 작도하는 것이 좋습니다.

반복구조일 때 반복할지 말지를 결정하는 조건식이 반복해서 처리해야 하는 내용보다 앞에 있는지 아니면 뒤에 있는지를 확인합니다. 그래서 앞에 있으면, 선 검사 반복구조로 뒤에 있으면, 후 검사 반복구조로 결정해야 합니다.

선 검사 반복구조일 때 반복횟수가 정해지면, for 반복구조로, 반복횟수가 정해지지 않는다면, while 반복구조를 작도해야 합니다.

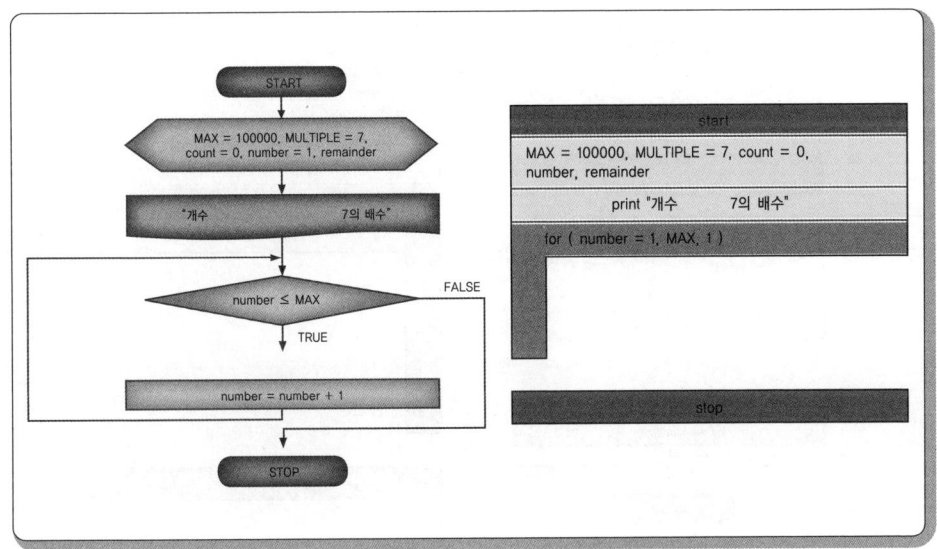

반복해서 처리해야 하는 내용 앞에 조건식이 있습니다. 따라서 조건식을 평가해서 참이면 반복을 계속하고, 거짓이면 탈출해야 합니다. 따라서 ┌ 자형 선 검사 반복구조 기호를 작도해야 합니다. 다음은 선 검사 반복구조이기 때문에 반복횟수를 따져 보아야 합니다. 반복해야 하는 횟수가 100000번 정해져 있습니다. for 반복구조로 결정해야 합니다. 기호에 키워드 for를 적고 소괄호를 여닫습니다. 소괄호에 반복구조를 구성하는 초기식, 조건식 그리고 변경식을 작성해야 하기 때문입니다. 첫 번째로 초기식을 적습니다. 순서도에서 준비기호에 적힌 number = 1을 적습니다. 초기식만이 이렇게 식 형식으로 적히고 조건식이나 변경식은 식으로 작성되지 않고, 순서도에서 식에 사용된 상수만 적어야 합니다. 조건식에 대해서는 비교 및 판단기호에 적힌 관계식 number ≤ MAX에서 사용된 MAX만을 적어야 합니다. 그리고 변경식 number = number + 1 에 대해서는 더하기 산술식에 사용되어 더해지는 값 1을 적어야 합니다. 소괄호에 적히는 순서는 초기식, 조건식에 사용되는 상수 그리고 변경식에 사용된 상수이고 쉼표로 구분되어 적혀야 합니다.

여기서 기억할 것은 관계식은 작거나 같은지, 변경식은 더하는 의미가 있다는 것입니다.

(5) 처리기호는 순차구조 기호를 작도하고, 처리기호에 적힌 내용을 그대로 옮겨 적습니다.

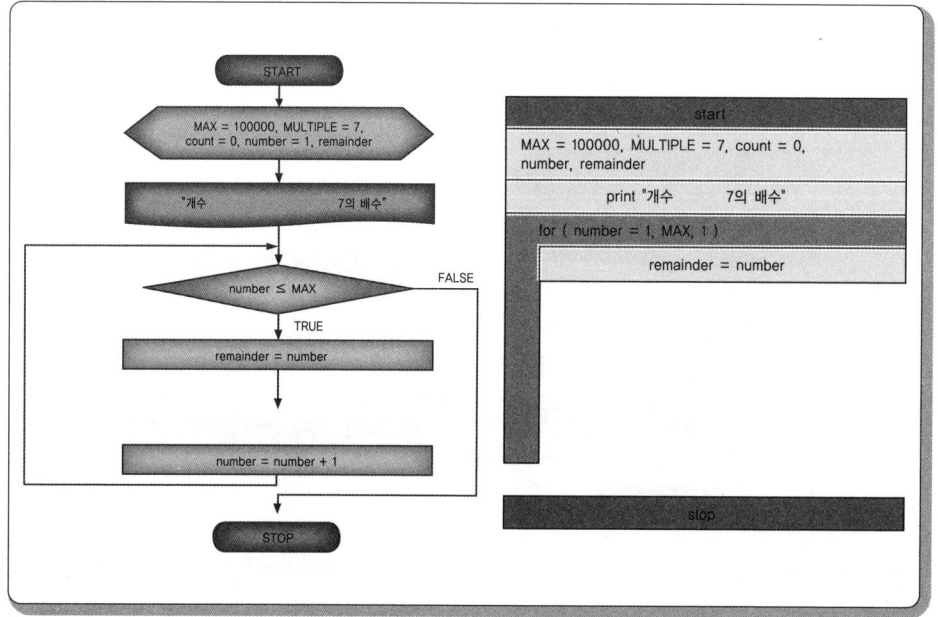

여기서 처리기호는 반복해야 하는 내용이기 때문에 반복구조 기호의 오른쪽 안쪽 영역에 크기가 맞게 순차구조 기호가 작도되어야 합니다.

(6) 비교 및 판단기호는 흐름선으로 보아 반복구조입니다. 반복해야 하는 내용 앞에 조건식이 있기 때문에 선 검사 반복구조이어야 합니다. 따라서 바로 앞에 작도된 순차구조 기호는 반복구조의 초기식을 수행하는 구조입니다. 조건식을 보면 관계식에 사용되는 값들이 모두 변수입니다. 따라서 변수에 저장된 값에 따라 반복횟수가 정해집니다. 이러한 경우는 반복횟수가 정해지지 않은 경우입니다. 따라서 while 반복구조를 작도해야 합니다.

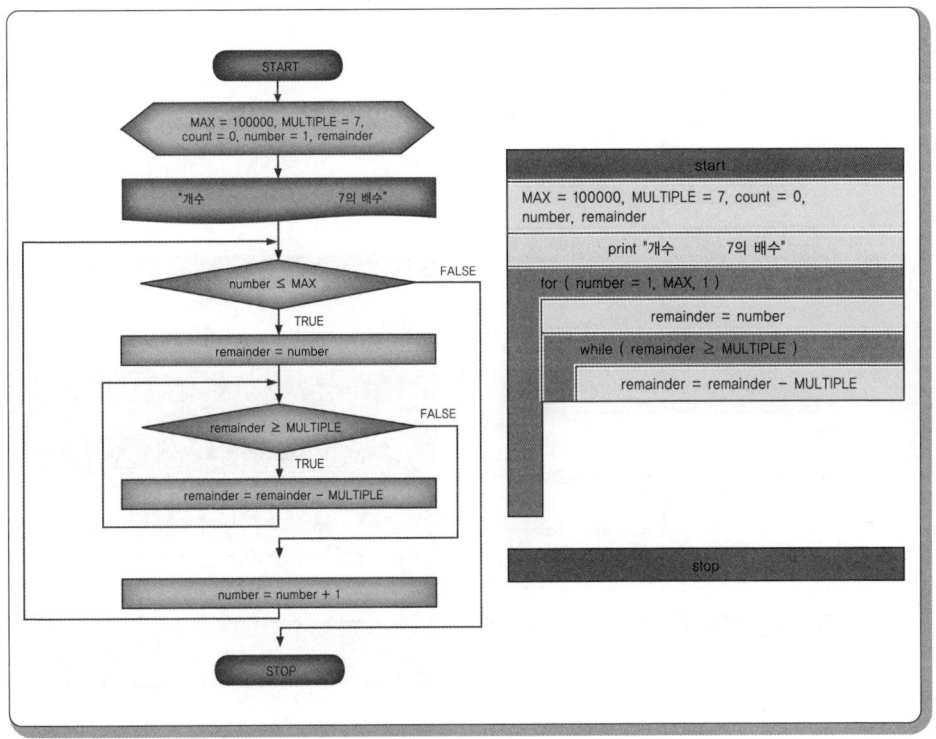

┌ 자형 반복구조 기호를 작도합니다. 그리고 while 키워드를 적고 소괄호를 여닫습니다. 소괄호에 비교 및 판단기호에 적힌 관계식을 옮겨 적습니다. 그리고 변경식은 처리기호에 대해 순차구조 기호를 작도합니다. 그리고 처리기호에 적힌 식을 그대로 옮겨 적습니다.

이렇게 하면 배수인지 확인하기 위해서 나머지를 구하는 반복구조가 작도되었습니다.

(7) 비교 및 판단기호는 흐름선으로 보아 선택구조입니다. 흐름선이 비교 및 판단기호에서 왼쪽과 오른쪽으로 분기되고 아래쪽에서 하나로 모아서 다음으로 흐르게 되어 있습니다. 선택구조 기호를 작도해야 합니다. 사각형을 작도하고 아래쪽 밑변에서 적당한 위치에서 왼쪽 위쪽으로 사선을 긋고, 오른쪽 위쪽으로 사선을 그으면, 세 개의 삼각형이 그려집니다. 왼쪽 삼각형에는 TRUE를 적고, 가운데 삼각형에는 비교 및 판단기호에 적힌 내용을 적고, 오른쪽 삼각형에는 FALSE를 적습니다.

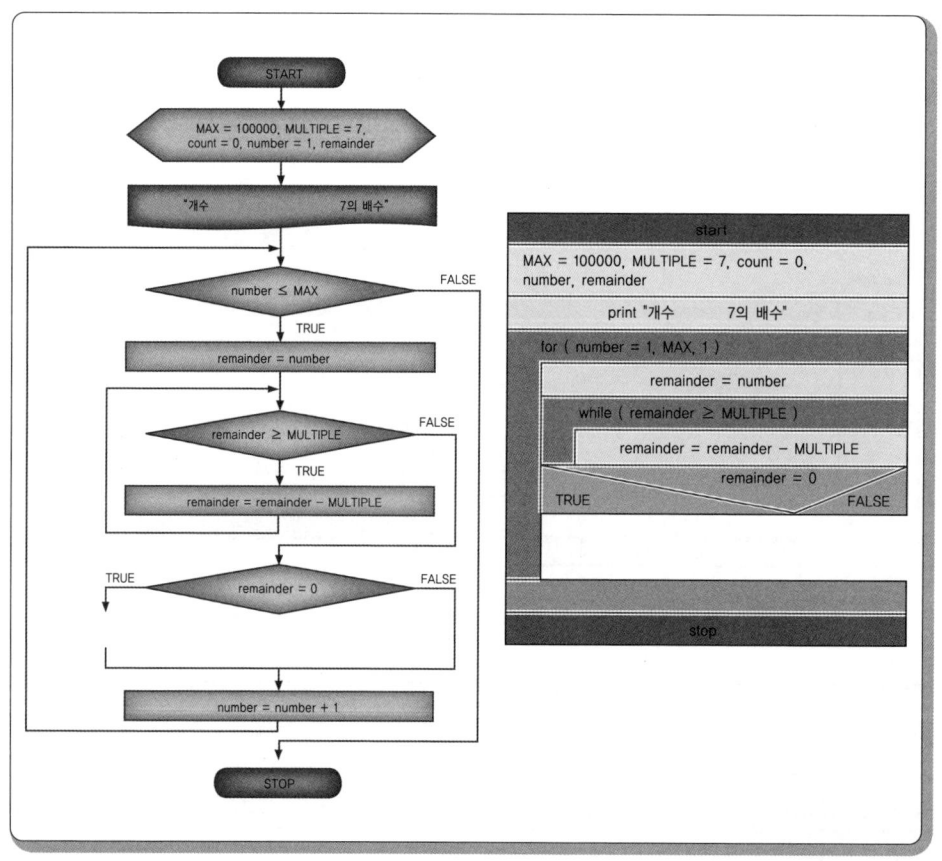

(8) 처리기호는 순차구조 기호를 작도하고, 처리기호에 적힌 내용을 그대로 옮겨 적습니다. 선택구조에서 조건식을 평가했을 때 참일 때 처리하는 내용이므로 왼쪽 삼각형의 밑변 크기와 맞게 순차구조 기호를 작도합니다.

(9) 출력기호는 순차구조 기호를 작도하고, print 키워드를 적고 한 칸 띄우고 출력기호에 적힌 내용을 그대로 옮겨 적습니다. 선택구조에서 조건식을 평가했을 때 참일 때 처리하는 내용이므로 왼쪽 삼각형의 밑변 크기와 맞게 순차구조 기호를 작도합니다.

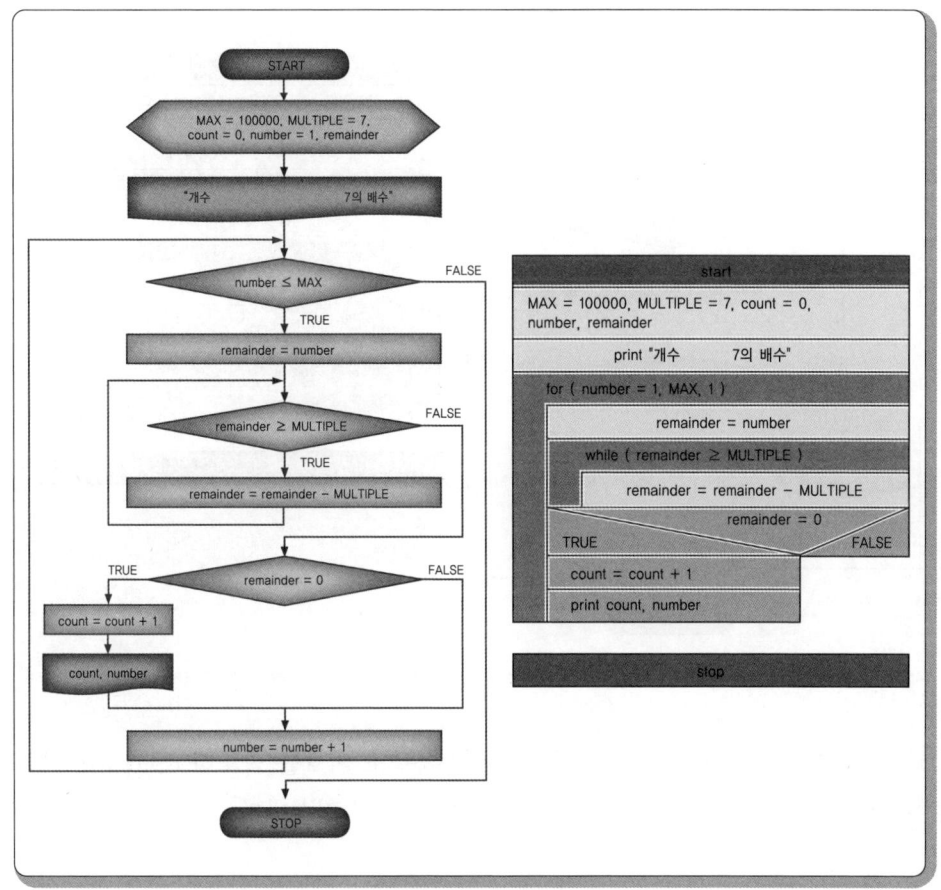

(10) 선택구조에서 처리할 내용이 없는 경우 순차구조 기호를 작도하고, 순차구조 기호에 아래쪽으로 향하는 화살표를 작도합니다. FALSE 쪽으로 흐름선을 따라가 보면 어떠한 기호도 없습니다. 따라서 처리할 내용이 없다는 것입니다. 이럴 때 FALSE가 적힌 삼각형의 밑변 길이만큼 순차구조 기호를 작도합니다. 그리고 순차구조 기호에 아래쪽으로 향하는 화살표를 작도합니다.

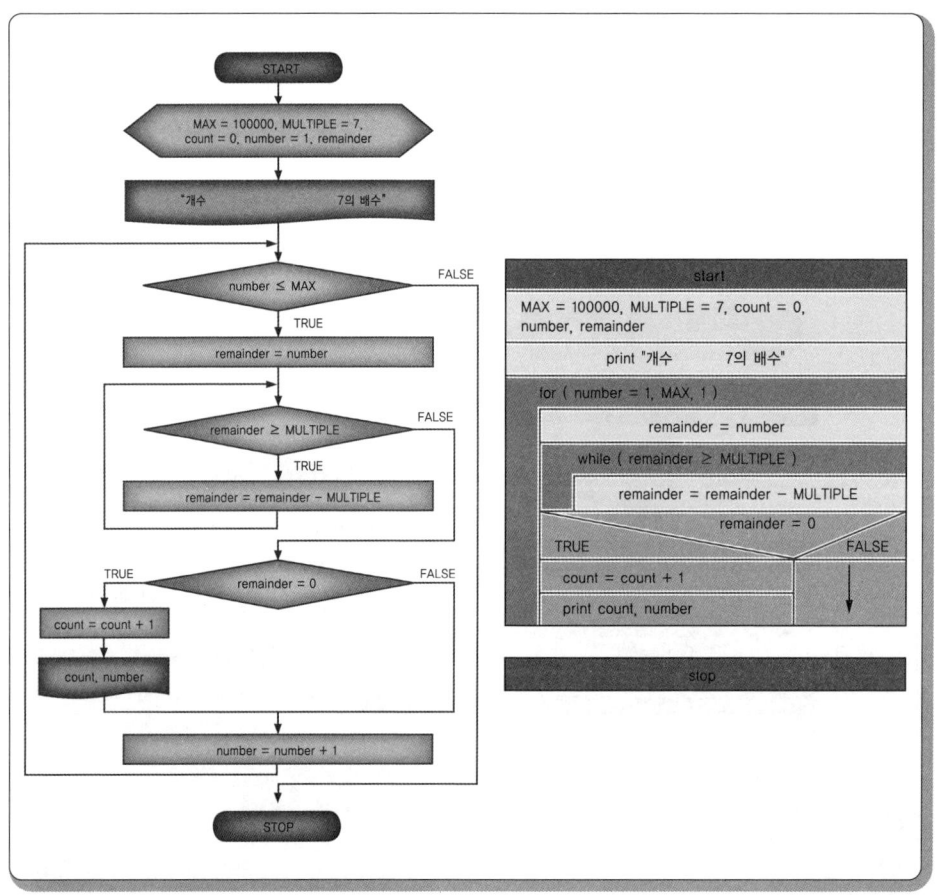

(11) 7의 배수 개수를 출력하는 출력기호는 순차구조 기호를 작도하고, print 키워드를 적고, 한 칸 띄우고 출력기호에 적힌 내용을 그대로 옮겨 적습니다.

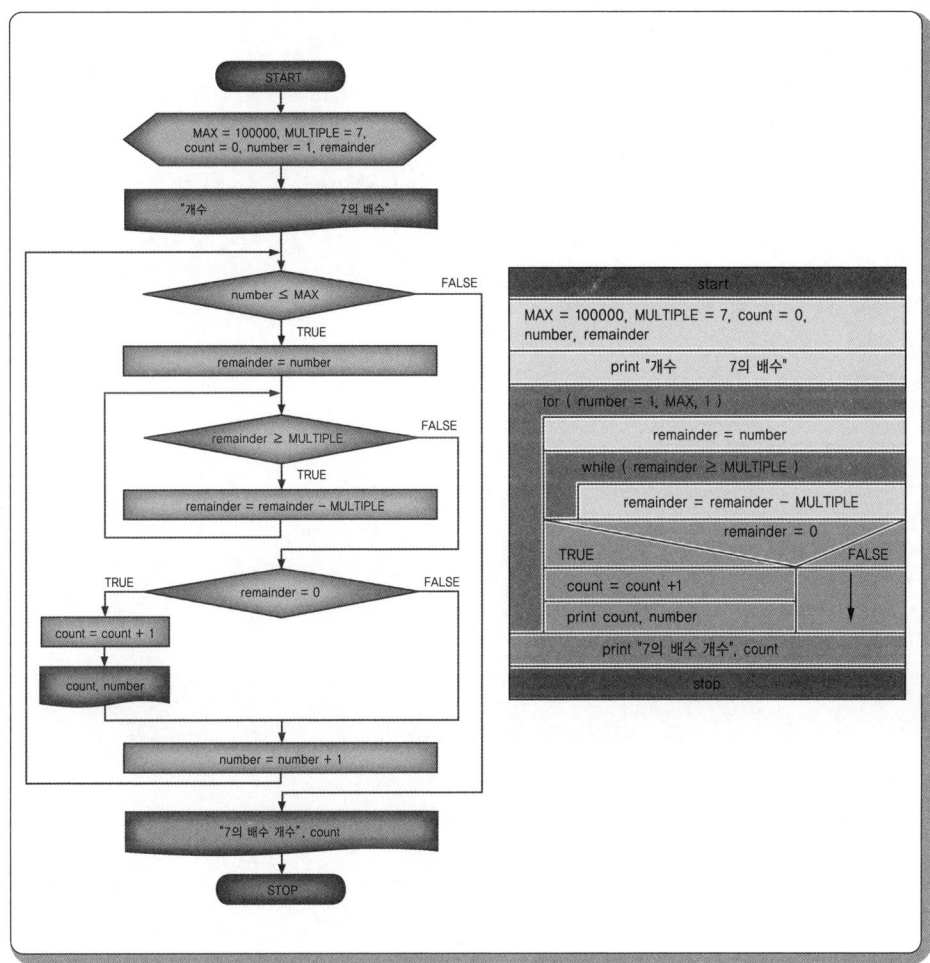

순서도를 나씨-슈나이더만 다이어그램으로 변환을 마무리했습니다. 두 개의 다이어그램을 비교해 보면, 나씨-슈나이더만 다이어그램이 명확하게 제어구조를 쉽게 파악할 수 있다는 것을 확인할 수 있을 것입니다.

세 개의 비교 및 판단기호에 대해 for와 while 반복구조 한 개씩 그리고 선택구조 한 개가 작도된 것을 알 수 있습니다.

Chapter 06
정리합시다

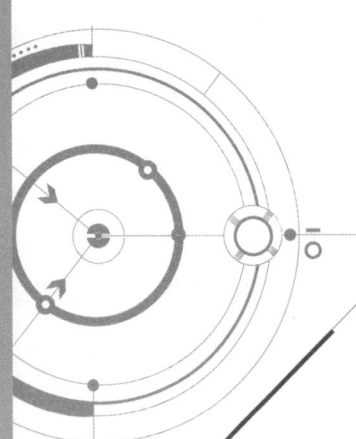

06 :: 정리합시다

　3장, 4장 그리고 5장까지는 2장에서 제시된 하나의 문제에 대해서 여러 가지의 제어논리를 작성할 수 있다는 것을 학습했습니다. 이러한 작업에서 얻을 수 있는 것으로 반드시 명심해야 하는 것들을 정리해 보면 다음과 같습니다.

　주어진 문제에 대해서 하나의 제어논리를 작성하는 과정은 명확한 절차에 의해서 이루어져야 한다는 것입니다. 주어진 문제에 대해 문제 이해 단계, 자료명세서와 처리 과정을 작성하는 분석 단계, 순차, 반복 그리고 선택의 세 가지 기본제어구조, 컴퓨터의 기본 연산들과 기억장소의 원리만을 이용하여 순서도를 작도하는 설계 단계, 순서도로 표현된 제어논리가 정확하게 수행되는지에 대한 검토 단계, 그리고 마지막으로 정확하게 실행되는 제어논리를 특정 프로그래밍 언어를 이용하여 프로그램을 작성하는 구현 단계를 거쳐야만 컴퓨터로 실행 가능한 제어논리 하나가 작성된다는 것을 이해하도록 하고, 반드시 몸에 배도록 연습합시다.

　주어진 문제를 보고 바로 특정 프로그래밍 언어를 이용해서 제어논리를 정리하여 프로그램을 만든다는 것은 매우 어려운 작업이고, 합리적이지 못한 어리석은 짓이라는 것을 명심하도록 합시다.

　또한, 생각만 정리되면 프로그램을 만드는데 사용되는 프로그래밍 언어는 단지 도구로써 잘 사용하면 된다는 것도 명심하도록 합시다.

　주어진 문제에 대해 사용자가 원하는 결과만을 구하는 제어논리를 생각하지 말고, 가장 논리적이고 합리적인 제어논리를 만들도록 노력하여야 합니다. 따라서 우선 문제를 주면 제시된 절차대로 제어논리를 작성해 보고, 작성된 제어논리에 대해 문제점을 찾고, 찾은 문제점에 대해 다른 해결책으로 마련한 제어논리를 만들어 보거나, 다른 사람들의 의견을 듣거나, 아니면 다른 사람들이 작성한 제어논리를 보고 평가하는 식으로 가장 논리적이고 합리적인 제어논리를 만드는 작업을 진행해야 합니다.

　3, 4, 5장에서 작성된 3개의 제어논리로 사용자가 원하는 결과를 얻을 수 있습니다. 원하는 결과를 구할 수 있도록 제어논리를 만드는 것은 어렵지 않습니다. 그렇지만 원하는 결과를 구하면서도, 가장 논리적이고 합리적인 제어논리를 만든다는 것은 계속해서 문제

를 탐색하고, 탐색된 문제에 대한 해결책을 마련해 감으로써 만들어진다는 것을 명심해야 합니다. 이러한 작업이 좋은 프로그램을 만드는 과정이라는 것을 명심해야 합니다.

작성된 여러 개의 제어논리에서 가장 합리적이고, 자연스러운 제어논리를 찾을 수 있었습니다. 가장 합리적이고 자연스러운 제어논리를 데이터가 입력되지 않고, 반복횟수가 정해진 문제의 표준 제어논리로 정리해서 앞으로 똑같은 유형의 문제들이 제시될 때 사용함으로써 문제 해결을 더 쉽게 할 수 있을 것입니다.

그래서 데이터 입력이 없고, 반복횟수가 정해진 제어논리에 대해 표준화를 해보도록 합시다. 다음과 같이 정리됩니다.

① 준비기호에 반복횟수의 최대치에 대해 기호상수로 선언합니다.
② 준비기호에 반복제어변수를 선언하고, 초기값을 설정합니다.
③ 반복제어변수에 저장된 값을 반복 진입 조건과 비교 판단합니다.
④ 반복구조에서 마지막 처리 단계는 일정한 값으로 더하거나 빼서 반복제어변수에 저장된 값을 변경합니다.

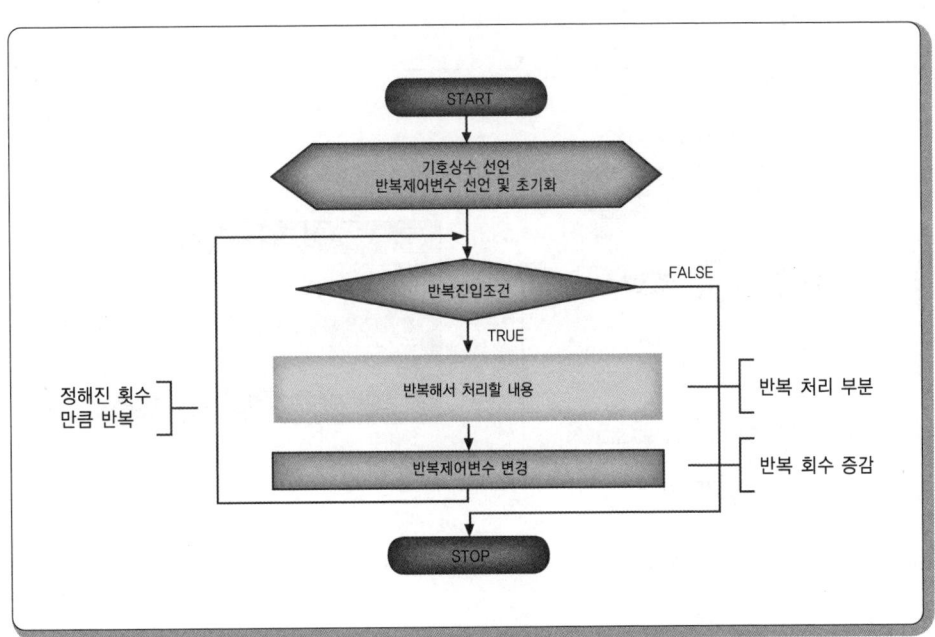

준비기호를 사용해서 기억장소를 선언할 때 반복제어변수를 반드시 선언하고, 초기값을 설정합니다. 그리고 반복 진입 조건이 적힌 비교 및 판단기호의 내용으로 반복제어변수를 이용한 조건식을 작성합니다. 그리고 반복구조의 마지막 처리로 반복제어변수에 저장된 값을 변경, 즉 증감하는 처리를 하도록 합니다.

반복횟수가 정해졌을 때 사용되는 전형적인 for 반복구조로 작성되어야 합니다.

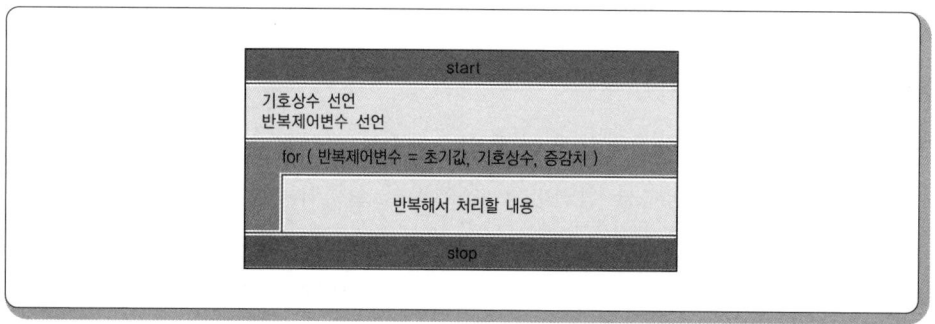

7의 배수의 개수를 구하는 문제로 예로 한다면 다음과 같이 정리됩니다.

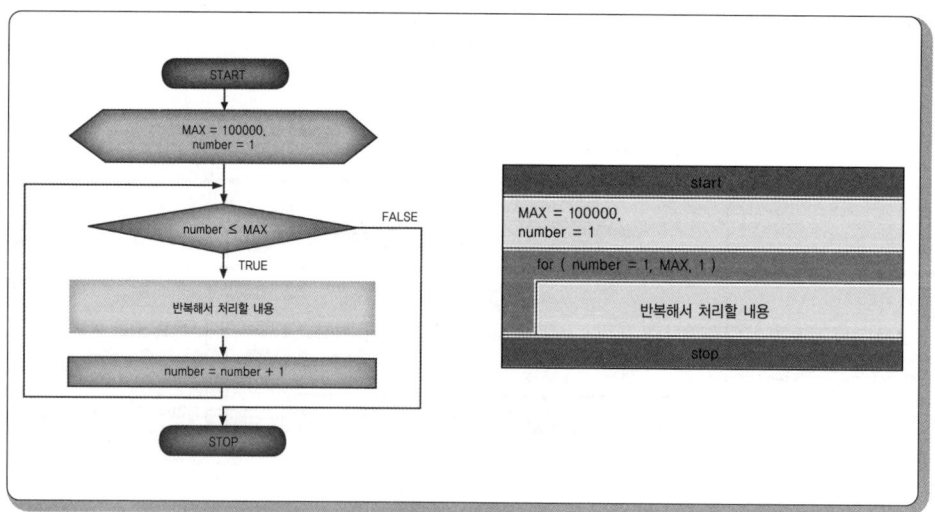

계속해서 7장과 8장에서는 이렇게 정리된 나씨-슈나이더만 다이어그램으로 C언어와 JAVA 언어로 구현하는 방법을 배우면서, 표준화된 제어구조에 대해 더욱더 이해하도록 합시다. 그리고 9장에서 문제를 풀 때 표준화된 제어구조를 이용해 봅시다.

Chapter 07

나씨-슈나이더만 다이어그램을
보고 C 언어로 구현해 봅시다.

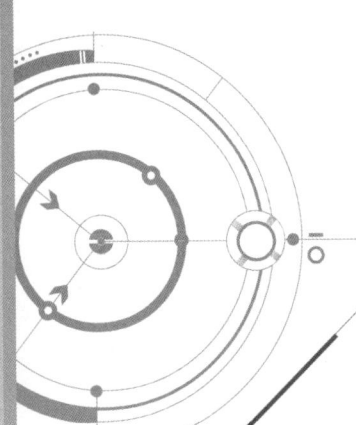

C PROGRAMMING
JAVA PROGRAMMING

07 :: 나씨-슈나이더만 다이어그램을 보고 C 언어로 구현해 봅시다.

모듈기술서와 나씨-슈나이더만 다이어그램으로 정리된 제어논리에 대해서 프로그래밍 언어로 구현하는 방법에 대해서 학습하도록 합시다.

내부 설계(Internal Design) --- 모듈 기술서					
명칭	한글	배수의 개수를 세다			
	영문	CountMultiples			
기능		1에서 100000까지 수들에서 수를 세고, 수가 7의 배수인지를 확인하여, 7의 배수이면 개수를 세고, 그때 7의 배수와 개수를 출력한다. 그리고 마지막으로 전체 개수를 출력한다.			
입·출력	입력	없음			
	출력	개수			
관련 모듈					
자료 명세서					
번호	명칭		자료유형	구분	비고
	한글	영문			
1	가장 큰 수	MAX	정수	상수	100000
2	공차	MULTIPLE	정수	상수	7
3	개수	count	정수	출력	
4	수	number	정수	처리	7의 배수
5	나머지	remainder	정수	처리	7의 배수인지 아닌지 여부
처리 과정					

1. 제목을 출력한다.
2. 수가 MAX보다 작거나 같은 동안 반복한다.
   2.1. 수를 세다.
   2.2. 7의 배수인지 확인한다.
      2.2.1. 개수를 세다.
      2.2.2. 개수와 수를 출력한다.
3. 개수를 출력한다.
4. 끝내다.					

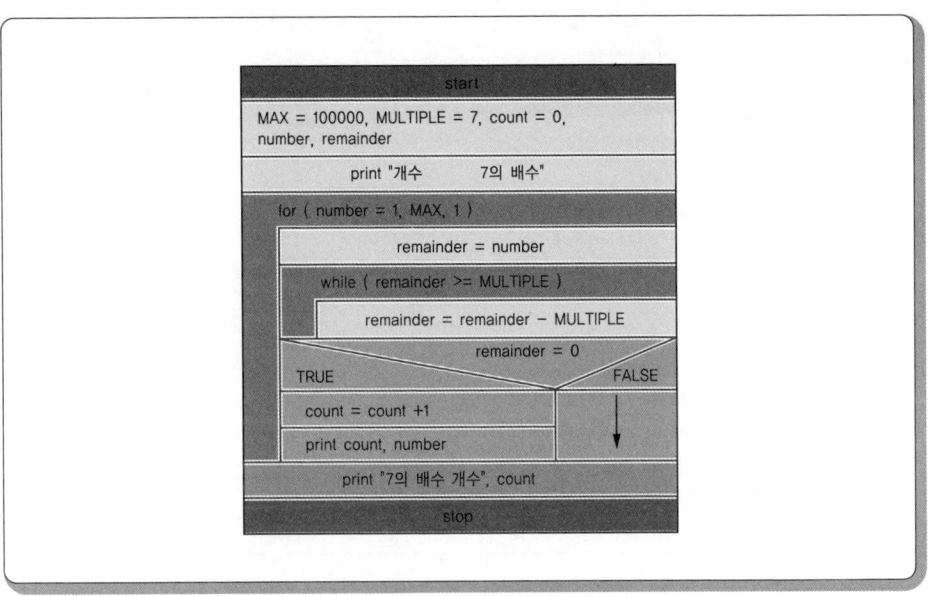

다음은 나씨-슈나이더만 다이어그램을 가지고 C 언어로 구현하는 방법에 대해서 학습하도록 합시다.

C 언어로 구현하는 절차대로 다음 제시된 단계들에 대해서는 여러분이 직접 해 보십시오.

☐ 1. 원시 코드 파일을 만드세요.

☐ 2. 프로그램에 대한 설명을 달아 보세요.

☐ 3. main 함수를 선언하세요.

```
[C 코드]

// CountMultiples.c
/***************************************************************************
파일 명칭 : CountMultiples.c
함수 명칭 : main
기    능 : 1에서 100000까지 수에서 7의 배수인지를 확인하고, 7의 배수이면 개수를 세고, 그때
           7의 배수와 개수를 출력한다. 그리고 마지막으로 전체 개수를 출력한다.
입    력 : 없음
출    력 : 개수
작 성 자 : 김석현
작성 일자 : 2010-10-21
****************************************************************************/
// 함수 선언 : 함수 원형(Function Prototype)
int main ( int argc, char* argv[] );
```

☐ 4. main 함수를 정의하세요.

01»» start와 stop이 적힌 순차구조 기호 구현하기

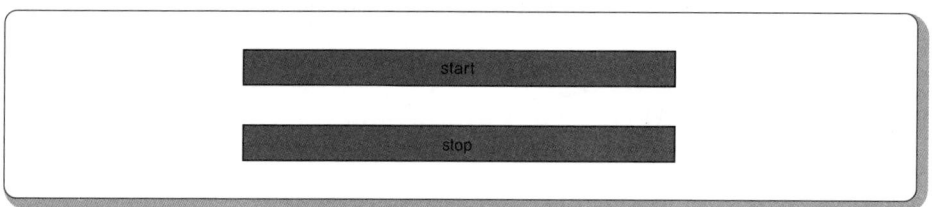

　main 함수를 정의합시다. main 함수 원형을 적어 함수 머리를 만들어야 합니다. 그리고 start가 적힌 순차구조에 대해 main 함수 블록의 시작을 나타내는 여는 중괄호를 적어야 합니다. 그리고 stop이 적힌 순차구조에 대해 main 함수 블록의 끝을 나타내는 닫는 중괄호를 적어야 합니다. 이렇게 해서 함수 몸체를 만들었습니다. 함수 몸체에 자동변수 선언문들과 제어문장들로 제어논리를 표현해야 합니다.

　그리고 맨 마지막 문장은 main 함수의 반환형에 맞게 값을 반환하는 표현을 해야 합니다. main 함수가 끝날 때 정상적으로 프로그램이 끝난다는 것을 운영체제에 알리는 값이 0입니다. 따라서 0을 반환하는 문장을 return 키워드를 사용하여 작성해야 합니다.

```
[C 코드]

// CountMultiples.c
/***************************************************************************
파일 명칭 : CountMultiples.c
함수 명칭 : main
기    능 : 1에서 100000까지 수에서 7의 배수인지를 확인하고, 7의 배수이면 개수를 세고, 그때
          7의 배수와 개수를 출력한다. 그리고 마지막으로 전체 개수를 출력한다.
입    력 : 없음
출    력 : 개수
작 성 자 : 김석현
작성 일자 : 2010-10-21
***************************************************************************/
// 함수 선언 : 함수 원형(Function Prototype)
int main ( int argc, char *argv[] );
// 함수 정의
int main ( int argc, char *argv[] ) /* 함수 머리 */ {
    return 0;
}
```

02»» 기호상수, 변수 선언하는 순차구조 기호 구현하기

다음은 자료명세서와 나씨-슈나이더만 다이어그램에서 기호상수, 변수를 선언하는 순차구조 기호에 정리된 데이터들에 대해 C 언어로 구현하도록 합시다.

자료 명세서					
번호	명칭		자료유형	구분	비고
	한글	영문			
1	가장 큰 수	MAX	정수	상수	100000
2	공차	MULTIPLE	정수	상수	7
3	개수	count	정수	출력	
4	수	number	정수	처리	7의 배수
5	나머지	remainder	정수	처리	7의 배수인지 아닌지 여부

```
MAX = 100000, MULTIPLE = 7, count = 0,
number, remainder
```

기호상수는 #define 전처리기 지시자를 이용해서 아래 형식에 맞게 매크로(Macro)로 구현해야 합니다. 반드시 한 줄에 하나씩 작성해야 합니다.

[C 코드]

```
#define 매크로명칭 치환목록
```

매크로 명칭은 기호상수로, 치환목록은 상수로 기술하십시오. 프로그램을 설명하는 주석 단락 바로 다음에 적으면 됩니다. 상수는 값과 자료형으로 명시되어야 합니다. 정수형 상수에 대해서는 소수점이 없는 숫자들과 기본적으로 명시하지 않으면 int 을 자료형으로 합니다. 따라서 100000에 대해서는 자료형이 long 형이어야 합니다. 따라서 숫자 뒤에 소문자 엘(l) 혹은 대문자 엘(L)을 적어야 합니다. 소문자 엘은 숫자 1가 혼동되므로 기본적으로 대문자를 사용합니다.

[C 코드]

```
// CountMultiples.c
/*****************************************************************
파일 명칭 : CountMultiples.c
함수 명칭 : main
기    능 : 1에서 100000까지 수에서 7의 배수인지를 확인하고, 7의 배수이면 개수를 세고, 그때
           7의 배수와 개수를 출력한다. 그리고 마지막으로 전체 개수를 출력한다.
입    력 : 없음
출    력 : 개수
작 성 자 : 김 석 현
작성 일자 : 2010-10-21
*****************************************************************/
// 매크로 상수들
#define MAX         100000L
```

```
#define MULTIPLE    7

// 함수 선언 : 함수 원형(Function Prototype)
int main ( int argc, char *argv[] );
// 함수 정의
int main ( int argc, char *argv[] ) /* 함수 머리 */ {
        return 0;
}
```

변수에 대해서는 자동 변수를 선언해야 합니다. 자료명세서에 정리된 데이터들의 자료 유형이 정수이므로 정수 데이터를 저장할 기억장소를 할당해야 합니다.

기억 부류 개념에 따라 할당할 기억장소의 위치와 변수 명칭이 원시 코드 파일에서 어디까지 참조하는데 유효한지를 결정합니다. 자동 변수로 선언한다는 것은 함수가 실행할 때 할당되고, 함수가 끝날 때 할당 해제되는 동적 관리 영역인 스택으로 할당되는 위치를 정하고, 참조 범위(Scope)는 지역범위(Local Scope)로 함수 블록에서만 유효하다는 것입니다.

자료형 개념에 따라 개수와 7의 배수에 대해 기억장소에 저장될 값은 1에서 100000까지 정수 데이터이므로 int로 기억장소의 크기는 100000을 저장할 만큼이어야 해서 long이고, 음수 표현은 필요치 않으므로 unsigned로 결정해서 문법에 맞게 서술하면 다음과 같습니다.

■ [C 코드]

unsigned long int

그리고 C 언어에서 변수를 선언하는 위치는 항상 블록의 선두이어야 합니다. 자료형을 적고 한 칸 띄우고, 변수이름을 적고 세미콜론을 적어야 합니다. 따라서 다음과 같이 코드를 작성하면 됩니다.

```c
[C 코드]
// CountMultiples.c
/*******************************************************************
파일 명칭 : CountMultiples.c
함수 명칭 : main
기     능 : 1에서 100000까지 수에서 7의 배수인지를 확인하고, 7의 배수이면 개수를 세고, 그때
           7의 배수와 개수를 출력한다. 그리고 마지막으로 전체 개수를 출력한다.
입     력 : 없음
출     력 : 개수
작 성 자 : 김 석 현
작성 일자 : 2010-10-21
*******************************************************************/
// 매크로 상수들
#define MAX          100000L
#define MULTIPLE     7

// 함수 선언 : 함수 원형(Function Prototype)
int main ( int argc, char *argv[] );
// 함수 정의
int main ( int argc, char *argv[] ) /* 함수 머리 */ {
        // 자동 변수들의 선언 및 정의
        unsigned long int count; // 개수
        unsigned long int number; // 수
        unsigned long int remainder; // 나머지

        return 0;
}
```

함수 몸체의 시작을 나타내는 여는 중괄호({)의 다음 줄부터 변수를 선언하면 됩니다. 따라서 자동으로 변수들은 지역 범위(Local Scope)를 갖게 됩니다. main 함수에서만 참조 가능할 뿐입니다. 이렇게 선언된 변수들은 스택에 할당됩니다. 그리고 함수가 실행될 때 할당되고, 함수가 끝날 때 할당 해제됩니다. 즉 동적으로 관리됩니다. 기억장소의 위치를 정하는 키워드 auto가 자료형 앞에 적혀야 하므로, 따라서 더욱더 정확한 코드는 다음과 같습니다.

```c
// CountMultiples.c
/*******************************************************************************
파일 명칭 : CountMultiples.c
함수 명칭 : main
기     능 : 1에서 100000까지 수에서 7의 배수인지를 확인하고, 7의 배수이면 개수를 세고, 그때
           7의 배수와 개수를 출력한다. 그리고 마지막으로 전체 개수를 출력한다.
입     력 : 없음
출     력 : 개수
작 성 자 : 김 석 현
작성 일자 : 2010-10-21
*******************************************************************************/
// 매크로 상수들
#define MAX            100000L
#define MULTIPLE    7

// 함수 선언 : 함수 원형(Function Prototype)
int main ( int argc, char *argv[] );
// 함수 정의
int main ( int argc, char *argv[] ) /* 함수 머리 */ {
    // 자동 변수들의 선언 및 정의
    auto unsigned long int count; // 개수
    auto unsigned long int number; // 수
    auto unsigned long int remainder; // 나머지

    return 0;
}
```

이러한 변수들을 자동 변수(Automatic Variable)라고 합니다. 자동 변수는 선언과 정의를 분리할 수 없습니다.

C 언어에서는 자동변수들에 대해 시스템에 의해서 초기화가 이루어지지 않습니다. 따라서 할당된 자동변수에 저장된 값은 먼저 실행되었던 프로그램이 사용했던 값들로 채워져 있을 것입니다. 이러한 값들을 쓰레기(Garbage)라고 합니다. 따라서 C 프로그래머는 초기화가 필요한 기억장소에 대해서는 반드시 초기화해야 합니다. 앞쪽의 순차구조 기호에서 count는 초기화되어 있습니다. C 언어에서는 변수 명칭 다음에 등호를 적고 다음에 초기값을 적으면 됩니다. 이때 등호는 뒤에 적히는 값이 초기값임을 강조하는 구두점입니다. 따라서 다음과 같이 코드가 작성되어야 합니다.

[C 코드]

```c
// CountMultiples.c
/***********************************************************************
파일 명칭 : CountMultiples.c
함수 명칭 : main
기    능 : 1에서 100000까지 수에서 7의 배수인지를 확인하고, 7의 배수이면 개수를 세고, 그때
           7의 배수와 개수를 출력한다. 그리고 마지막으로 전체 개수를 출력한다.
입    력 : 없음
출    력 : 개수
작 성 자 : 김석현
작성 일자 : 2010-10-21
***********************************************************************/
// 매크로 상수들
#define MAX         100000L
#define MULTIPLE    7

// 함수 선언 : 함수 원형(Function Prototype)
int main ( int argc, char *argv[] );
// 함수 정의
int main ( int argc, char *argv[] ) /* 함수 머리 */ {
    // 자동 변수들의 선언 및 정의
    auto unsigned long int count = 0; // 개수
    auto unsigned long int number; // 수
    auto unsigned long int remainder; // 나머지

    return 0;
}
```

자료명세서와 순차구조 기호로 정리된 데이터들에 대해서는 C 언어로 매크로와 자동변수로 구현하는 작업을 마무리했습니다.

☐ 5. 처리 과정으로 코드에 대해 설명을 달아 보세요.

모듈 기술서에 정리된 처리 과정을 한 줄 주석 기능으로 코드에 대해 설명을 달도록 합시다.

[C 코드]

```c
// CountMultiples.c
/*********************************************************************************
파일 명칭 : CountMultiples.c
함수 명칭 : main
기    능 : 1에서 100000까지 수에서 7의 배수인지를 확인하고, 7의 배수이면 개수를 세고, 그때
           7의 배수와 개수를 출력한다. 그리고 마지막으로 전체 개수를 출력한다.
입    력 : 없음
출    력 : 개수
작 성 자 : 김석현
작성 일자 : 2010-10-21
*********************************************************************************/
// 매크로 상수들
#define MAX         100000L
#define MULTIPLE    7

// 함수 선언 : 함수 원형(Function Prototype)
int main ( int argc, char *argv[] );
// 함수 정의
int main ( int argc, char *argv[] ) /* 함수 머리 */ {
        // 자동 변수들의 선언 , 정의 및 초기화
        auto unsigned long int count = 0; // 개수
        auto unsigned long int number; // 수
        auto unsigned long int remainder; // 나머지

        // 1. 제목을 출력한다.
        // 2. 수가 MAX보다 작거나 같은 동안 반복한다.
            // 2.1. 수를 세다.
            // 2.2. 7의 배수인지 확인한다.
                // 2.2.1. 개수를 세다.
                // 2.2.2. 개수와 수를 출력한다.
        // 3. 개수를 출력한다.
        // 4. 끝낸다.

        return 0;
}
```

03»» 출력하는 순차구조 기호 구현하기

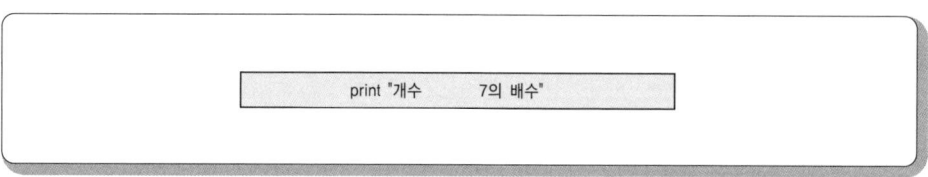

C 언어에서는 모니터에 데이터를 출력하는 기능을 제공하지 않습니다. 따라서 C 컴파일러 개발자에 의해서 작성되는 함수, 즉 라이브러리 함수를 사용하여 모니터에 데이터를 출력해야 합니다. 가장 많이 사용되는 함수가 printf 함수입니다.

printf 함수 호출 문장을 작성하기 위해서는 C 언어에서 반드시 호출 문장 앞에 함수 선언 문장이 있어야 합니다. 따라서 printf 함수 선언 문장이 정리된 헤더 파일(Header File) stdio.h에서 printf 함수 선언 문장을 우리가 만들고 있는 원시 코드 파일 CountMultiples.c에 복사하도록 처리를 해야 합니다. 이러한 처리를 하는 프로그램을 전처리기(Preprocessor)라고 합니다.

따라서 전처리기 지시자 #include를 이용하여 다음과 같이 헤더 파일을 명시해 주어야 합니다.

[C 코드]
```
#include <stdio.h>
```

원시 코드 파일에서 위치는 프로그램을 설명하는 주석 다음, 전처리기 영역입니다.

[C 코드]
```
// CountMultiples.c
/*********************************************************************
파일 명칭 : CountMultiples.c
함수 명칭 : main
기     능 : 1에서 100000까지 수에서 7의 배수인지를 확인하고, 7의 배수이면 개수를 세고, 그때
           7의 배수와 개수를 출력한다. 그리고 마지막으로 전체 개수를 출력한다.
입     력 : 없음
```

```
        출     력 : 개수
        작 성 자 : 김석현
        작성 일자 : 2010-10-21
        ********************************************************************************/
        // 외부 파일 포함 기능
        #include <stdio.h>

        // 매크로 상수들
        #define MAX            100000L
        #define MULTIPLE       7

        // 함수 선언 : 함수 원형(Function Prototype)
        int main ( int argc, char *argv[] );
        // 함수 정의
        int main ( int argc, char *argv[] ) /* 함수 머리 */ {
                // 자동 변수들의 선언 , 정의 및 초기화
                auto unsigned long int count = 0; // 개수
                auto unsigned long int number; // 수
                auto unsigned long int remainder; // 나머지

                // 1. 제목을 출력한다.
                // 2. 수가 MAX보다 작거나 같은 동안 반복한다.
                        // 2.1. 수를 세다.
                        // 2.2. 7의 배수인지 확인한다.
                                // 2.2.1. 개수를 세다.
                                // 2.2.2. 개수와 수를 출력한다.
                // 3. 개수를 출력한다.
                // 4. 끝낸다.

                return 0;
        }
```

"1. 제목을 출력한다." 주석 줄 바로 밑에 print 대신에 printf라고 함수 명칭을 적고, 함수 호출이기 때문에 소괄호를 여닫아야 합니다. 그리고 소괄호에 순차구조에 적힌 문자열 상수를 그대로 옮겨 적으면 됩니다. "개수"와 "7의 배수" 사이를 24칸 띄우기 위해서 세 개의 탭 문자('\t')를 삽입하였습니다. 출력하고 줄을 바꾸도록 개행문자('\n')를 삽입하였습니다. 그리고 마지막에 세미콜론을 찍어 문장으로 처리합니다.

순차구조 기호에 대해서는 C 언어에서는 반드시 마지막에 세미콜론을 찍어 문장으로 처리해야 합니다.

■ [C 코드]

```c
// CountMultiples.c
/***************************************************************************
파일 명칭 : CountMultiples.c
함수 명칭 : main
기    능 : 1에서 100000까지 수에서 7의 배수인지를 확인하고, 7의 배수이면 개수를 세고, 그때
           7의 배수와 개수를 출력한다. 그리고 마지막으로 전체 개수를 출력한다.
입    력 : 없음
출    력 : 개수
작 성 자 : 김석현
작성 일자 : 2010-10-21
***************************************************************************/
// 외부 파일 포함 기능
#include <stdio.h>

// 매크로 상수들
#define MAX         100000L
#define MULTIPLE    7

// 함수 선언 : 함수 원형(Function Prototype)
int main ( int argc, char *argv[] );
// 함수 정의
int main ( int argc, char *argv[] ) /* 함수 머리 */ {
    // 자동 변수들의 선언, 정의 및 초기화
    auto unsigned long int count = 0; // 개수
    auto unsigned long int number; // 수
    auto unsigned long int remainder; // 나머지

    // 1. 제목을 출력한다.
    printf("개수\t\t\t7의 배수\n");
    // 2. 수가 MAX보다 작거나 같은 동안 반복한다.
        // 2.1. 수를 세다.
        // 2.2. 7의 배수인지 확인한다.
            // 2.2.1. 개수를 세다.
            // 2.2.2. 개수와 수를 출력한다.
    // 3. 개수를 출력한다.
    // 4. 끝낸다.

    return 0;
}
```

04»› for 반복구조 기호 구현하기

"2. 수가 MAX보다 작거나 같은 동안 반복한다."에 대해 반복구조 기호에 대해서 구현합시다.

```
for ( number = 1, MAX, 1 )
```

C 언어에서는 for 반복문장을 제공합니다. 형식은 다음과 같습니다.

```
■ [C 코드]

for ( 초기식 ; 조건식 ; 변경식 ) {
    // 단문 혹은 복문
}
```

for 키워드를 적고 소괄호를 여닫아야 합니다. 그리고 소괄호에 반복구조에 적힌 초기식을 그대로 옮겨 적습니다. 그리고 조건식과 구분하기 위해서 세미콜론을 찍어야 합니다.

다음은 조건식을 작성해야 합니다. 반복구조 기호에서 적힌 MAX가 조건식입니다. MAX의 의미는 number가 MAX보다 작거나 같은지에 관한 관계식입니다. 따라서 초기식과 구분하기 위해 적은 세미콜론 다음에 number <= MAX 수식을 적으면 됩니다. 그리고 세미콜론을 찍어 변경식과 구분하도록 합니다.

다음은 변경식을 작성해야 합니다. 반복구조 기호에 적힌 1은 변경식에서 반복제어변수 number의 값을 1씩 증가시키라는 것입니다. 따라서 number++ 수식을 작성해서 조건식과 구분하기 위해 적은 세미콜론 다음에 적으면 됩니다.

그리고 제어블록의 시작에 대해 여는 중괄호 그리고 제어블록의 끝에 대해 닫는 중괄호를 적으면 for 반복문장이 작성됩니다.

[C 코드]

```c
// CountMultiples.c
/*******************************************************************************
파일 명칭 : CountMultiples.c
함수 명칭 : main
기     능 : 1에서 100000까지 수에서 7의 배수인지를 확인하고, 7의 배수이면 개수를 세고, 그때
           7의 배수와 개수를 출력한다. 그리고 마지막으로 전체 개수를 출력한다.
입     력 : 없음
출     력 : 개수
작 성 자 : 김 석 현
작성 일자 : 2010-10-21
*******************************************************************************/
// 외부 파일 포함 기능
#include <stdio.h>

// 매크로 상수들
#define MAX         100000L
#define MULTIPLE    7

// 함수 선언 : 함수 원형(Function Prototype)
int main ( int argc, char *argv[] );
// 함수 정의
int main ( int argc, char *argv[] ) /* 함수 머리 */ {
    // 자동 변수들의 선언 , 정의 및 초기화
    auto unsigned long int count = 0; // 개수
    auto unsigned long int number; // 수
    auto unsigned long int remainder; // 나머지

    // 1. 제목을 출력한다.
    printf("개수\t\t\t7의 배수\n");
    // 2. 수가 MAX보다 작거나 같은 동안 반복한다.
    for( number = 1 ; number <= MAX ; number++ ) {
        // 2.1. 수를 세다.
        // 2.2. 7의 배수인지 확인한다.
            // 2.2.1. 개수를 세다.
            // 2.2.2. 개수와 수를 출력한다.
    }
    // 3. 개수를 출력한다.
    // 4. 끝낸다.

    return 0;
}
```

05»» 수를 세는 순차구조 기호 구현하기

변경식이 "2.1. 수를 세다."에 대해 구현입니다. 따라서 "2.1. 수를 세다."를 for 반복 문장의 제어 블록에서 마지막 줄로 이동하도록 해야 합니다.

■ [C 코드]

```c
// CountMultiples.c
/***************************************************************************
파일 명칭 : CountMultiples.c
함수 명칭 : main
기    능 : 1에서 100000까지 수에서 7의 배수인지를 확인하고, 7의 배수이면 개수를 세고, 그때
           7의 배수와 개수를 출력한다. 그리고 마지막으로 전체 개수를 출력한다.
입    력 : 없음
출    력 : 개수
작 성 자 : 김석현
작성 일자 : 2010-10-21
***************************************************************************/
// 외부 파일 포함 기능
#include <stdio.h>

// 매크로 상수들
#define MAX         100000L
#define MULTIPLE    7

// 함수 선언 : 함수 원형(Function Prototype)
int main ( int argc, char *argv[] );
// 함수 정의
int main ( int argc, char *argv[] ) /* 함수 머리 */ {
    // 자동 변수들의 선언 , 정의 및 초기화
    auto unsigned long int count = 0; // 개수
    auto unsigned long int number; // 수
    auto unsigned long int remainder; // 나머지

    // 1. 제목을 출력한다.
    printf("개수\t\t7의 배수\n");
    // 2. 수가 MAX보다 작거나 같은 동안 반복한다.
    for( number = 1 ; number <= MAX ; number++ ) {
        // 2.2. 7의 배수인지 확인한다.
        // 2.2.1. 개수를 세다.
        // 2.2.2. 개수와 수를 출력한다.
```

```
            // 2.1. 수를 세다.
        }
        // 3. 개수를 출력한다.
        // 4. 끝낸다.

        return 0;
}
```

"2.2. 7의 배수인지 확인한다." 에 대해 구현합시다. for 반복구조 기호 영역에 while 반복구조 기호와 선택구조 기호가 작도되어 있습니다.

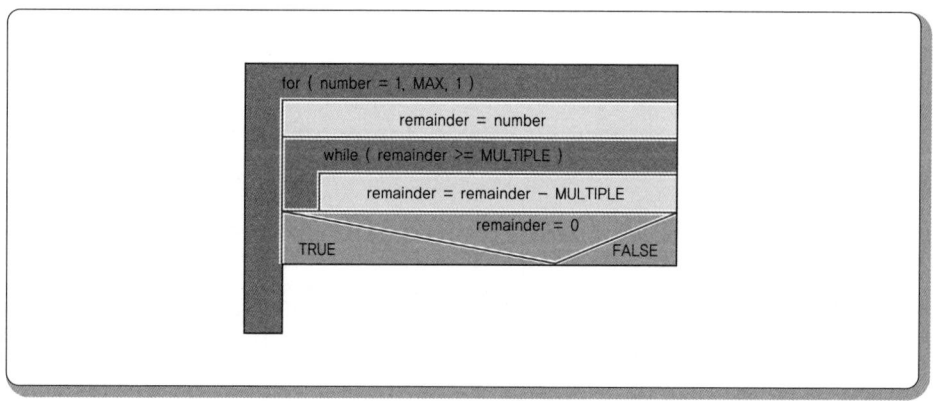

따라서 for 반복문장에서 계속해서 처리해야 하는 내용입니다. 따라서 for 반복문장의 제어블록에 구현돼야 합니다.

06»» 초기식을 처리하는 순차구조 기호 구현하기

while 반복구조에서 사용되는 초기식을 처리하는 순차구조 기호에 대해 구현합시다.

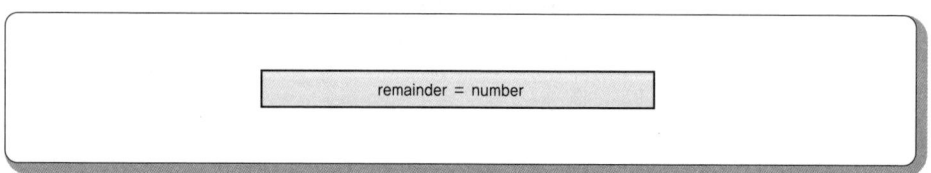

for 반복문장의 제어블록에 탭 키를 눌러 들여쓰기를 하고, 순차구조 기호에 적힌 내용을 그대로 옮겨 적고, 마지막에 세미콜론을 찍어 문장으로 처리합니다.

■ [C 코드]

```c
// CountMultiples.c
/********************************************************************************
파일 명칭 : CountMultiples.c
함수 명칭 : main
기    능 : 1에서 100000까지 수에서 7의 배수인지를 확인하고, 7의 배수이면 개수를 세고, 그때
           7의 배수와 개수를 출력한다. 그리고 마지막으로 전체 개수를 출력한다.
입    력 : 없음
출    력 : 개수
작 성 자 : 김석현
작성 일자 : 2010-10-21
********************************************************************************/
// 외부 파일 포함 기능
#include <stdio.h>

// 매크로 상수들
#define MAX         100000L
#define MULTIPLE    7

// 함수 선언 : 함수 원형(Function Prototype)
int main ( int argc, char *argv[] );
// 함수 정의
int main ( int argc, char *argv[] ) /* 함수 머리 */ {
    // 자동 변수들의 선언, 정의 및 초기화
    auto unsigned long int count = 0; // 개수
    auto unsigned long int number; // 수
    auto unsigned long int remainder; // 나머지

    // 1. 제목을 출력한다.
    printf("개수\t\t\t7의 배수\n");
    // 2. 수가 MAX보다 작거나 같은 동안 반복한다.
    for( number = 1 ; number <= MAX ; number++ ) {
        // 2.2. 7의 배수인지 확인한다.
        remainder = number;
            // 2.2.1. 개수를 세다.
            // 2.2.2. 개수와 수를 출력한다.
        // 2.1. 수를 세다.
    }
```

```
            // 3. 개수를 출력한다.
            // 4. 끝낸다.

            return 0;
}
```

07»> while 반복구조 구현하기

다음은 while 반복구조 기호에 대해 구현합시다.

```
    while ( remainder ≥ MULTIPLE )
```

C 언어에서는 while 반복문장을 제공합니다. 형식은 다음과 같습니다.

■ [C 코드]

```
while ( 조건식 ) {
        // 단문 혹은 복문
        // 특히 마지막 문장은 변경식 관련 문장
}
```

while 키워드를 적고, C 언어에서는 반드시 조건식은 소괄호로 싸야 해서 소괄호를 여 닫습니다. 그리고 소괄호에 반복구조 기호에서 while 다음에 소괄호에 적힌 내용을 그대로 옮겨 적습니다. 물론 관계 연산자에 대해서 C 언어의 문법에 맞게 >=로 고쳐야 합니다.

그리고 반복구조 기호에 대해 제어블록을 설정하면 됩니다. 따라서 중괄호를 여닫으면 됩니다.

■ [C 코드]

```c
// CountMultiples.c
/*********************************************************************************
파일 명칭 : CountMultiples.c
함수 명칭 : main
기     능 : 1에서 100000까지 수에서 7의 배수인지를 확인하고, 7의 배수이면 개수를 세고, 그때
            7의 배수와 개수를 출력한다. 그리고 마지막으로 전체 개수를 출력한다.
입     력 : 없음
출     력 : 개수
작 성 자 : 김석현
작성 일자 : 2010-10-21
*********************************************************************************/
// 외부 파일 포함 기능
#include <stdio.h>

// 매크로 상수들
#define MAX        100000L
#define MULTIPLE   7

// 함수 선언 : 함수 원형(Function Prototype)
int main ( int argc, char *argv[] );
// 함수 정의
int main ( int argc, char *argv[] ) /* 함수 머리 */ {
        // 자동 변수들의 선언, 정의 및 초기화
        auto unsigned long int count = 0; // 개수
        auto unsigned long int number; // 수
        auto unsigned long int remainder; // 나머지

        // 1. 제목을 출력한다.
        printf("개수\t\t\t7의 배수\n");
        // 2. 수가 MAX보다 작거나 같은 동안 반복한다.
        for( number = 1 ; number <= MAX ; number++ ) {
                // 2.2. 7의 배수인지 확인한다.
                remainder = number;
                while ( remainder >= MULTIPLE ) {
                }
                        // 2.2.1. 개수를 세다.
                        // 2.2.2. 개수와 수를 출력한다.
                // 2.1. 수를 세다.
        }
        // 3. 개수를 출력한다.
        // 4. 끝낸다.

        return 0;
}
```

08>>> 변경식을 처리하는 순차구조 기호 구현하기

빼기로 나머지를 구하는 순차구조 기호에 대해 구현합시다.

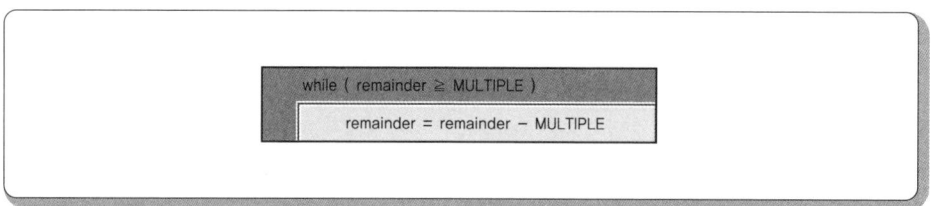

while 반복구조에서 변경식을 처리하는 순차구조 기호입니다. 따라서 while 반복문장의 제어블록에 구현되어야 합니다.

순차구조 기호에 적힌 내용을 그대로 옮겨 적고, 마지막에 세미콜론을 적어 문장으로 처리합니다. -= 누적 연산자를 사용하면 더욱더 간결하게 구현할 수 있습니다.

```c
[C 코드]
// CountMultiples.c
/***********************************************************************
파일 명칭 : CountMultiples.c
함수 명칭 : main
기    능 : 1에서 100000까지 수에서 7의 배수인지를 확인하고, 7의 배수이면 개수를 세고, 그때
          7의 배수와 개수를 출력한다. 그리고 마지막으로 전체 개수를 출력한다.
입    력 : 없음
출    력 : 개수
작 성 자 : 김석현
작성 일자 : 2010-10-21
***********************************************************************/
// 외부 파일 포함 기능
#include <stdio.h>

// 매크로 상수들
#define MAX         100000L
#define MULTIPLE    7

// 함수 선언 : 함수 원형(Function Prototype)
```

```
int main ( int argc, char *argv[] );
// 함수 정의
int main ( int argc, char *argv[] ) /* 함수 머리 */ {
    // 자동 변수들의 선언 , 정의 및 초기화
    auto unsigned long int count = 0; // 개수
    auto unsigned long int number; // 수
    auto unsigned long int remainder; // 나머지

    // 1. 제목을 출력한다.
    printf("개수\t\t7의 배수\n");
    // 2. 수가 MAX보다 작거나 같은 동안 반복한다.
    for( number = 1 ; number <= MAX ; number++ ) {
        // 2.2. 7의 배수인지 확인한다.
        remainder = number;
        while ( remainder >= MULTIPLE ) {
            remainder = remainder - MULTIPLE; // remainder -= MULTIPLE;
        }
            // 2.2.1. 개수를 세다.
            // 2.2.2. 개수와 수를 출력한다.
        // 2.1. 수를 세다.
    }
    // 3. 개수를 출력한다.
    // 4. 끝낸다.

    return 0;
}
```

7의 배수인지 확인하기 위해서 나머지를 구하는 제어논리입니다. 센 수에서 7을 빼서 나머지를 구하는데, 나머지가 7보다 작을 때까지 계속하고 있습니다. 따라서 센 수가 커지면 커질 수로 빼는 횟수는 증가할 것입니다. 따라서 나머지를 구하는데 많은 시간이 걸리게 됩니다. 따라서 시간을 줄이는 방법에 대해 생각해 보아야 합니다.

C 언어에서는 나머지를 구하는 연산자를 제공합니다. % 나머지 연산자입니다. 산술식으로 나머지를 구할 수 있어 처리 시간을 많이 줄일 수 있습니다. while 반복 문장 대신에 나머지 연산자를 이용하여 아래와 같이 작성하면 됩니다.

[C 코드]

```
remainder = number % MULTIPLE;
```

또한, remainder에 저장될 값의 범위는 0에서부터 6까지이므로 long보다는 short를 사용하는 것이 더욱더 효율적입니다. 따라서 remainder 선언문을 다음과 같이 작성하면 기억장소 사용량을 줄일 수 있어 효율적인 코드일 것입니다.

[C 코드]

```
auto unsigned short int remainder;
```

그러면 나머지를 구하는 문장에서 왼쪽 값과 오른쪽 값에 대해 자료형이 다르므로 경고나 오류가 발생합니다. number % MULTIPLE은 long 형이고, remainder는 short 형입니다. 따라서 값의 범위 차이 때문에 데이터 손실이 발생할 수 있다는 것입니다. 이럴 때 자료형 변환 기능을 이용해야 합니다. 치환 연산자의 오른쪽에 형 변환 연산자()를 적고, 소괄호에 치환 연산자의 왼쪽 값의 자료형을 적으면 됩니다.

[C 코드]

```
remainder = ( unsigned short int) (number % MULTIPLE);
```

[C 코드]

```
// CountMultiples.c
/*************************************************************
파일 명칭 : CountMultiples.c
함수 명칭 : main
기     능 : 1에서 100000까지 수에서 7의 배수인지를 확인하고, 7의 배수이면 개수를 세고, 그때
          7의 배수와 개수를 출력한다. 그리고 마지막으로 전체 개수를 출력한다.
입     력 : 없음
```

```
출     력 : 개수
작 성 자 : 김석현
작성 일자 : 2010-10-21
*******************************************************************************/
// 외부 파일 포함 기능
#include <stdio.h>

// 매크로 상수들
#define MAX          100000L
#define MULTIPLE     7

// 함수 선언 : 함수 원형(Function Prototype)
int main ( int argc, char *argv[] );
// 함수 정의
int main ( int argc, char *argv[] ) /* 함수 머리 */ {
    // 자동 변수들의 선언 , 정의 및 초기화
    auto unsigned long int count = 0; // 개수
    auto unsigned long int number; // 수
    auto unsigned long int remainder; // 나머지

    // 1. 제목을 출력한다.
    printf("개수\t\t\t7의 배수\n");
    // 2. 수가 MAX보다 작거나 같은 동안 반복한다.
    for( number = 1 ; number <= MAX ; number++ ) {
        // 2.2. 7의 배수인지 확인한다.
        remainder =(unsigned short int)(number % MULTIPLE);
            // 2.2.1. 개수를 센다.
            // 2.2.2. 개수와 수를 출력한다.
        // 2.1. 수를 센다.
    }
    // 3. 개수를 출력한다.
    // 4. 끝낸다.

    return 0;
}
```

09》》 선택구조 기호 구현하기

구해진 나머지로 7의 배수인지 아닌지를 판단하는 선택구조 기호에 대해 구현합시다.

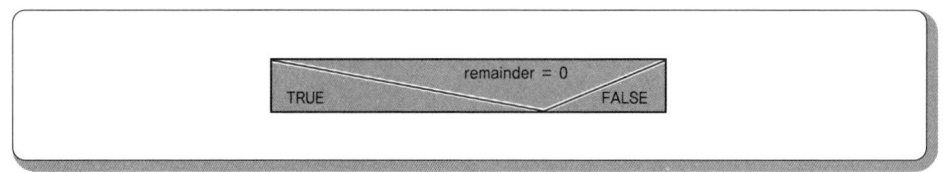

for 반복구조 기호 영역에 작도되어 있습니다. 따라서 for 반복문장의 제어블록에 C 언어에서 제공하는 선택문장으로 구현되어야 합니다. C 언어에서 제공하는 선택문장에서 가장 기본적인 문장은 if ~ else 문장입니다. 형식은 다음과 같습니다.

■ [C 코드]
```
if ( 조건식 ) {
     // 단문 혹은 복문
}
else {
     // 단문 혹은 복문
}
```

조건식을 평가해서 참일 때는 if 제어블록에 표현하면 되고, 거짓일 때는 else 절 블록에 표현하면 됩니다. 이때 거짓일 때 처리할 내용이 없으면 else 절은 생략할 수 있습니다.

if 키워드를 적고, 소괄호를 여닫습니다. 소괄호에 가운데 삼각형에 적힌 내용을 그대로 옮겨 적습니다. 같은지를 비교하는 연산자는 ==입니다. 등호를 두개 붙여서 적어야 합니다. 그래서 치환연산자(=)와 구분해야 합니다. 그리고 TRUE가 적힌 삼각형에 대해 여는 중괄호와 닫는 중괄호를 적어 if 제어블록을 설정합니다. 다음은 FALSE가 적힌 삼각형에 대해 else 키워드를 적고 여는 중괄호와 닫는 중괄호를 적어 else 절에 대해 제어블록을 설정합니다.

[C 코드]

```c
// CountMultiples.c
/*******************************************************************************
파일 명칭 : CountMultiples.c
함수 명칭 : main
기     능 : 1에서 100000까지 수에서 7의 배수인지를 확인하고, 7의 배수이면 개수를 세고, 그때
           7의 배수와 개수를 출력한다. 그리고 마지막으로 전체 개수를 출력한다.
입     력 : 없음
출     력 : 개수
작 성 자 : 김석현
작성 일자 : 2010-10-21
*******************************************************************************/
// 외부 파일 포함 기능
#include <stdio.h>

// 매크로 상수들
#define MAX         100000L
#define MULTIPLE    7

// 함수 선언 : 함수 원형(Function Prototype)
int main ( int argc, char *argv[] );
// 함수 정의
int main ( int argc, char *argv[] ) /* 함수 머리 */ {
    // 자동 변수들의 선언 , 정의 및 초기화
    auto unsigned long int count = 0; // 개수
    auto unsigned long int number; // 수
    auto unsigned short int remainder; // 나머지

    // 1. 제목을 출력한다.
    printf("개수\t\t7의 배수\n");
    // 2. 수가 MAX보다 작거나 같은 동안 반복한다.
    for( number = 1 ; number <= MAX ; number++ ) {
        // 2.2. 7의 배수인지 확인한다.
        remainder =(unsigned short int)(number % MULTIPLE);
        if ( remainder == 0 ) {
            // 2.2.1. 개수를 세다.
            // 2.2.2. 개수와 수를 출력한다.
        }
        else {
        }
        // 2.1. 수를 세다.
    }
    // 3. 개수를 출력한다.
```

```
        // 4. 끝낸다.
        return 0;
}
```

10»» 개수를 세는 순차구조 기호 구현하기

"2.2.1. 개수를 세다."에 대해 구현합시다. 7의 배수이면 처리해야 하는 내용입니다. 선택구조 기호에서 TRUE가 적힌 삼각형 밑에 순차구조 기호입니다.

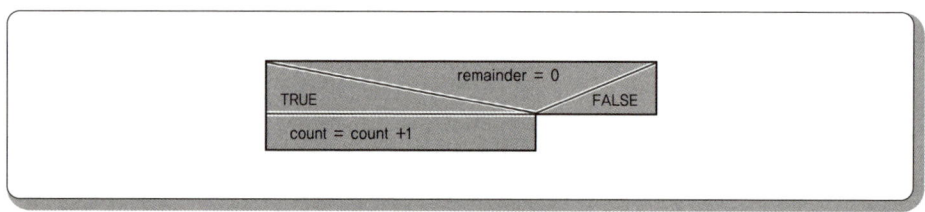

따라서 if 문장의 제어블록에 구현해야 합니다. 탭키를 눌러 들여쓰기를 하고 순차구조 기호에 적힌 내용을 그대로 옮겨 적고, 세미콜론을 찍어 문장으로 표현하면 됩니다. += 누적 연산자 또는 ++ 증가 연산자로 간결하게 구현할 수도 있습니다. 1씩 증가하는 누적 표현은 ++ 증가 연산자를 많이 사용합니다.

[C 코드]
```
count = count + 1;
count += 1;
count++;
```

[C 코드]
```
// CountMultiples.c
/*********************************************************************
파일 명칭 : CountMultiples.c
```

```
함수 명칭 : main
기    능 : 1에서 100000까지 수에서 7의 배수인지를 확인하고, 7의 배수이면 개수를 세고, 그때
          7의 배수와 개수를 출력한다. 그리고 마지막으로 전체 개수를 출력한다.
입    력 : 없음
출    력 : 개수
작 성 자 : 김 석 현
작성 일자 : 2010-10-21
********************************************************************************/
// 외부 파일 포함 기능
#include <stdio.h>

// 매크로 상수들
#define MAX          100000L
#define MULTIPLE     7

// 함수 선언 : 함수 원형(Function Prototype)
int main ( int argc, char *argv[] );
// 함수 정의
int main ( int argc, char *argv[] ) /* 함수 머리 */ {
    // 자동 변수들의 선언, 정의 및 초기화
    auto unsigned long int count = 0; // 개수
    auto unsigned long int number; // 수
    auto unsigned short int remainder; // 나머지

    // 1. 제목을 출력한다.
    printf("개수\t\t\t7의 배수\n");
    // 2. 수가 MAX보다 작거나 같은 동안 반복한다.
    for( number = 1 ; number <= MAX ; number++ ) {
        // 2.2. 7의 배수인지 확인한다.
        remainder =(unsigned short int)(number % MULTIPLE);
        if ( remainder == 0 ) {
            // 2.2.1. 개수를 세다.
            count++; // count += 1; // count = count + 1;
            // 2.2.2. 개수와 수를 출력한다.
        }
        else {
        }
        // 2.1. 수를 세다.
    }
    // 3. 개수를 출력한다.
    // 4. 끝낸다.
    return 0;
}
```

11»» 개수와 수를 출력하는 순차구조 기호 구현하기

"2.2.2. 개수와 수를 출력한다."에 대해 구현해 봅시다.

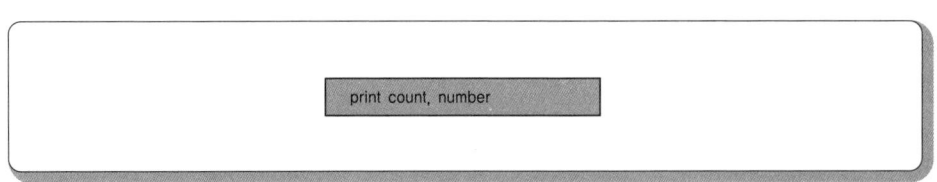

7의 배수이면 처리해야 하는 내용입니다. 선택구조 기호에서 TRUE가 적힌 삼각형 밑에 작도되었기 때문에 C 언어에서는 if 문장의 제어블록에 구현되어야 합니다.

출력하는 순차구조 기호입니다. printf 함수 호출 문장으로 작성하면 됩니다. 따라서 print 대신에 printf 함수 명칭을 적고 소괄호를 여닫아야 합니다. count와 number에 저장된 값을 출력해야 해서 출력 서식 문자열을 만들어서, 첫 번째 인수로 적고, 출력기호에 적힌 변수들을 차례대로 적으면 됩니다. 그리고 줄의 마지막에 세미콜론을 찍어 문장으로 구현해야 합니다.

그러면 출력 서식 문자열부터 만들어 봅시다. 출력할 데이터의 개수가 2개이므로 % 기호를 두 개 사용해야 합니다. 그리고 출력할 데이터의 자료형에 대해 자료형 변환 문자를 지정해야 합니다. count와 number의 자료형이 정수이므로 d를 지정해야 합니다. 그리고 개수와 수 사이에 24칸 간격을 두게 하려면 탭 문자를 확장 열 '\t'로 세 개 삽입하도록 하고, 한 줄씩 출력하도록 한다면, 개행문자에 대해 확장 열 '\n'도 포함해야 합니다. 따라서 다음과 같이 작성됩니다.

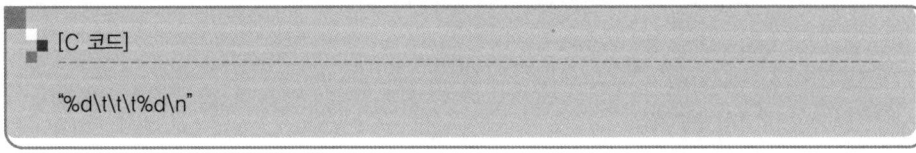

[C 코드]

```c
// CountMultiples.c
/*******************************************************************************
파일 명칭 : CountMultiples.c
함수 명칭 : main
기     능 : 1에서 100000까지 수에서 7의 배수인지를 확인하고, 7의 배수이면 개수를 세고, 그때
           7의 배수와 개수를 출력한다. 그리고 마지막으로 전체 개수를 출력한다.
입     력 : 없음
출     력 : 개수
작 성 자 : 김 석 현
작성 일자 : 2010-10-21
*******************************************************************************/
// 외부 파일 포함 기능
#include <stdio.h>

// 매크로 상수들
#define MAX         100000L
#define MULTIPLE    7

// 함수 선언 : 함수 원형(Function Prototype)
int main ( int argc, char *argv[] );
// 함수 정의
int main ( int argc, char *argv[] ) /* 함수 머리 */ {
    // 자동 변수들의 선언, 정의 및 초기화
    auto unsigned long int count = 0; // 개수
    auto unsigned long int number; // 수
    auto unsigned short int remainder; // 나머지

    // 1. 제목을 출력한다.
    printf("개수\t\t\t7의 배수\n");
    // 2. 수가 MAX보다 작거나 같은 동안 반복한다.
    for( number = 1 ; number <= MAX ; number++ ) {
        // 2.2. 7의 배수인지 확인한다.
        remainder =(unsigned short int)(number % MULTIPLE);
        if ( remainder == 0 ) {
            // 2.2.1. 개수를 세다.
            count++; // count += 1; // count = count + 1;
            // 2.2.2. 개수와 수를 출력한다.
            printf("%d\t\t\t%d\n", count, number);
        }
        else {
        }
        // 2.1. 수를 세다.
```

```
        }
        // 3. 개수를 출력한다.
        // 4. 끝낸다.
        return 0;
}
```

12» 처리없음을 나타내는 순차구조 기호 구현하기

선택구조에서 참일 때 처리해야 하는 내용에 대해 C 언어로 구현했습니다. 이제는 거짓일 때 처리해야 하는 내용에 대해 C 언어로 구현합시다.

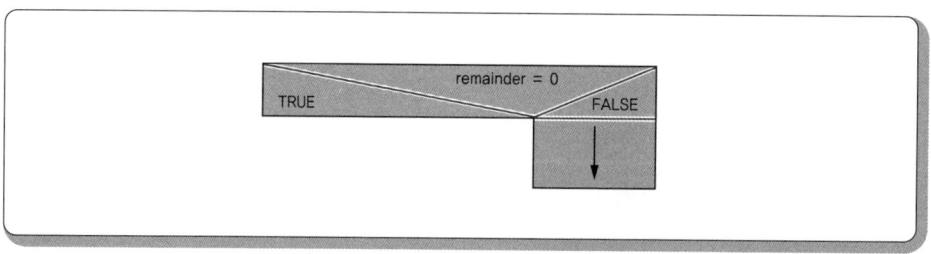

선택구조 기호에서 FALSE가 적힌 삼각형 아래쪽에 있는 제어구조 기호들에 대해 C 언어에서 else 절의 제어블록에 구현해야 합니다. 그런데 여기서는 화살표로 아래쪽을 향하도록 하고 있습니다. 다시 말해서 처리할 내용이 없다는 것입니다. 따라서 이럴 때 C언어에서는 else 절을 생략하면 됩니다.

[C 코드]

```
// CountMultiples.c
/***************************************************************************
파일 명칭 : CountMultiples.c
함수 명칭 : main
기     능 : 1에서 100000까지 수에서 7의 배수인지를 확인하고, 7의 배수이면 개수를 세고, 그때
           7의 배수와 개수를 출력한다. 그리고 마지막으로 전체 개수를 출력한다.
입     력 : 없음
출     력 : 개수
작 성 자 : 김석현
작성 일자 : 2010-10-21
```

```c
*********************************************************************************/
// 외부 파일 포함 기능
#include <stdio.h>

// 매크로 상수들
#define MAX         100000L
#define MULTIPLE    7

// 함수 선언 : 함수 원형(Function Prototype)
int main ( int argc, char *argv[] );
// 함수 정의
int main ( int argc, char *argv[] ) /* 함수 머리 */ {
    // 자동 변수들의 선언 , 정의 및 초기화
    auto unsigned long int count = 0; // 개수
    auto unsigned long int number; // 수
    auto unsigned short int remainder; // 나머지

    // 1. 제목을 출력한다.
    printf("개수\t\t7의 배수\n");
    // 2. 수가 MAX보다 작거나 같은 동안 반복한다.
    for( number = 1 ; number <= MAX ; number++ ) {
        // 2.2. 7의 배수인지 확인한다.
        remainder =(unsigned short int)(number % MULTIPLE);
        if ( remainder == 0 ) {
            // 2.2.1. 개수를 세다.
            count++; // count += 1; // count = count + 1;
            // 2.2.2. 개수와 수를 출력한다.
            printf("%d\t\t%d\n", count, number);
        }
        // 2.1. 수를 세다.
    }
    // 3. 개수를 출력한다.
    // 4. 끝낸다.
    return 0;
}
```

13»› 개수를 출력하는 순차구조 기호 구현하기

반복구조에 대해 구현이 마무리되었습니다. 따라서 마지막 처리단계 "3. 개수를 출력한다."에 대해 구현을 하면 C로 구현이 마무리될 것 같습니다.

```
print "7의 배수 개수", count
```

출력기호에 대해서는 print 대신에 printf 함수 명칭을 적고, 소괄호를 여닫아야 합니다. "7의 배수 개수"와 count에 저장된 값을 출력해야 합니다. 따라서 출력 서식 문자열을 만들어야 합니다. 문자열 상수는 출력 서식 문자열에 포함하도록 합니다. 한 개의 데이터를 출력하기 때문에 % 기호를 한 개 사용하고, 출력할 데이터의 자료형이 정수이므로 자료형 변환 문자는 d이어야 합니다. 그리고 출력하고 줄을 바꾸고자 한다면 개행문자를 포함하도록 합시다. 따라서 다음과 같이 출력 서식 문자열이 작성됩니다.

[C 코드]
```
"7의 배수 개수 %d\n"
```

이제 함수 명칭 뒤에 적은 소괄호에 쉼표로 구분하여 차례대로, 첫 번째 인수로 위에서 작성된 문자열 리터럴을 적고, 출력할 데이터를 저장한 변수 count를 적습니다. 그리고 마지막에 세미콜론을 찍어 문장으로 구현하면 됩니다.

[C 코드]
```
// CountMultiples.c
/***************************************************************
파일 명칭 : CountMultiples.c
함수 명칭 : main
기    능 : 1에서 100000까지 수에서 7의 배수인지를 확인하고, 7의 배수이면 개수를 세고, 그때
```

```c
                    7의 배수와 개수를 출력한다. 그리고 마지막으로 전체 개수를 출력한다.
    입     력 : 없음
    출     력 : 개수
    작 성 자 : 김 석 현
    작성 일자 : 2010-10-21
    **********************************************************************************/
    // 외부 파일 포함 기능
    #include <stdio.h>

    // 매크로 상수들
    #define MAX             100000L
    #define MULTIPLE     7

    // 함수 선언 : 함수 원형(Function Prototype)
    int main ( int argc, char *argv[] );
    // 함수 정의
    int main ( int argc, char *argv[] ) /* 함수 머리 */ {
            // 자동 변수들의 선언 , 정의 및 초기화
            auto unsigned long int count = 0; // 개수
            auto unsigned long int number; // 수
            auto unsigned short int remainder; // 나머지

            // 1. 제목을 출력한다.
            printf("개수\t\t\t7의 배수\n");
            // 2. 수가 MAX보다 작거나 같은 동안 반복한다.
            for( number = 1 ; number <= MAX ; number++ ) {
                    // 2.2. 7의 배수인지 확인한다.
                    remainder =(unsigned short int)(number % MULTIPLE);
                    if ( remainder == 0 ) {
                            // 2.2.1. 개수를 세다.
                            count++; // count += 1; // count = count + 1;
                            // 2.2.2. 개수와 수를 출력한다.
                            printf("%d\t\t%d\n", count, number);
                    }
                    // 2.1. 수를 세다.
            }
            // 3. 개수를 출력한다.
            printf("7의 배수 개수 : %d\n", count);
            // 4. 끝낸다.
            return 0;
    }
```

저장하고, 컴파일, 링크 그리고 적재시켜서 프로그램을 실행시켜 봅시다.

Chapter

08
나씨-슈나이더만 다이어그램을 보고 JAVA 언어로 구현해 봅시다.

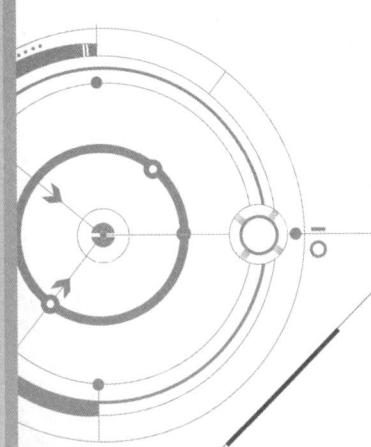

C PROGRAMMING
JAVA PROGRAMMING

08 :: 나씨-슈나이더만 다이어그램을 보고 JAVA 언어로 구현해 봅시다.

모듈 기술서와 나씨-슈나이더만 다이어그램을 가지고 JAVA 언어로 JAVA 응용 프로그램(Application)을 만들어 봅시다.

내부 설계(Internal Design) ---- 모듈 기술서					
명칭	한글	배수의 개수를 세다			
	영문	CountMultiples			
기능	1에서 100000까지 수들에서 수를 세고, 수가 7의 배수인지를 확인하여, 7의 배수이면 개수를 세고, 그때 7의 배수와 개수를 출력한다. 그리고 마지막으로 전체 개수를 출력한다.				
입·출력	입력	없음			
	출력	개수			
관련 모듈					
자료 명세서					
번호	명칭		자료유형	구분	비고
	한글	영문			
1	가장 큰 수	MAX	정수	상수	100000
2	공차	MULTIPLE	정수	상수	7
3	개수	count	정수	출력	
4	수	number	정수	처리	7의 배수
5	나머지	remainder	정수	처리	7의 배수인지 아닌지 여부
처리 과정					

1. 제목을 출력한다.
2. 수가 MAX보다 작거나 같은 동안 반복한다.
   2.1. 수를 세다.
   2.2. 7의 배수인지 확인한다.
      2.2.1. 개수를 세다.
      2.2.2. 개수와 수를 출력한다.
3. 개수를 출력한다.
4. 끝내다.					

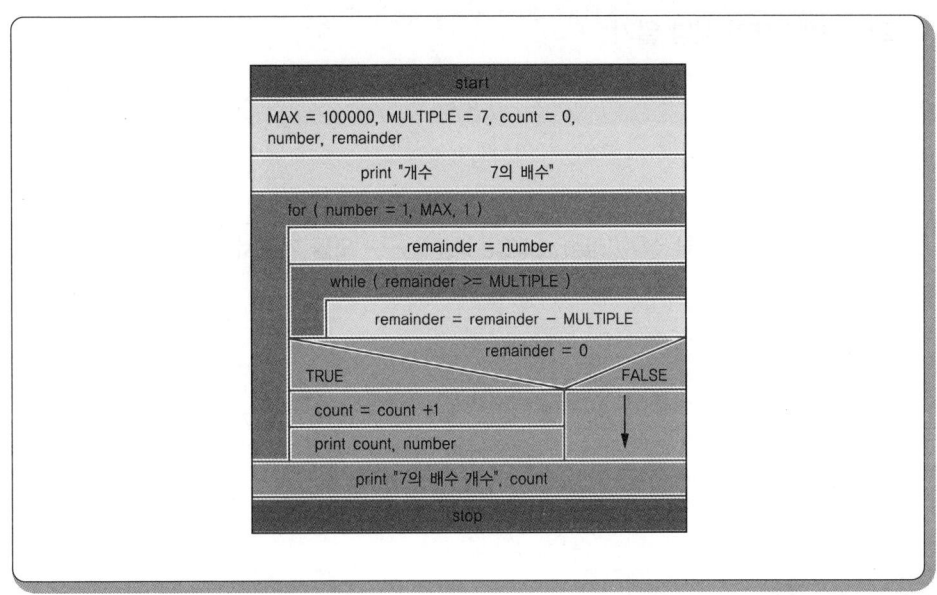

01»» 자바 소스 파일 만들기

우리가 만들어야 하는 자바 프로그램(JAVA Program)은 자바 응용 프로그램이어야 합니다. 왜냐하면, 우리가 만든 제어논리가 정확한지 확인하기 위해서는 프로그램이 데스크톱 컴퓨터나 노트북 컴퓨터에서 실행되어야 합니다. 따라서 작성되어야 하는 자바 프로그램은 main 메소드를 가지는 클래스가 반드시 있어야 합니다. main 메소드를 가지는 클래스를 메인 클래스(Main Class)라고 합니다. 이때 메인 클래스 명칭을 적절한 의미가 있는 프로그램 이름으로 줄 수 있지만, 일반적으로 메인 클래스 명칭을 Main으로 작성하는 것이 관습적입니다. 따라서 이 책에서는 메인 클래스를 Main이라고 합니다. 따라서 자바 소스파일은 Main.java로 하겠습니다.

자바 소스파일에서 첫 번째 줄에 한 줄 주석을 이용하여 자바 소스파일 명칭을 적도록 합니다.

■ [JAVA 코드]

```
// Main.java
```

02 ⟩⟩⟩ 프로그램에 대한 설명 달기

다음은 모듈 기술서에서 모듈의 개요를 이용하여 /*로 시작해서 */로 끝나는 블록 주석으로 프로그램에 대해 설명을 달도록 합시다.

내부 설계(Internal Design) --- 모듈 기술서		
명칭	한글	배수의 개수를 세다
	영문	CountMultiples
기능		1에서 100000까지 수들에서 수를 세고, 수가 7의 배수인지를 확인하여, 7의 배수이면 개수를 세고, 그때 7의 배수와 개수를 출력한다. 그리고 마지막으로 전체 개수를 출력한다.
입·출력	입력	없음
	출력	개수
관련 모듈		

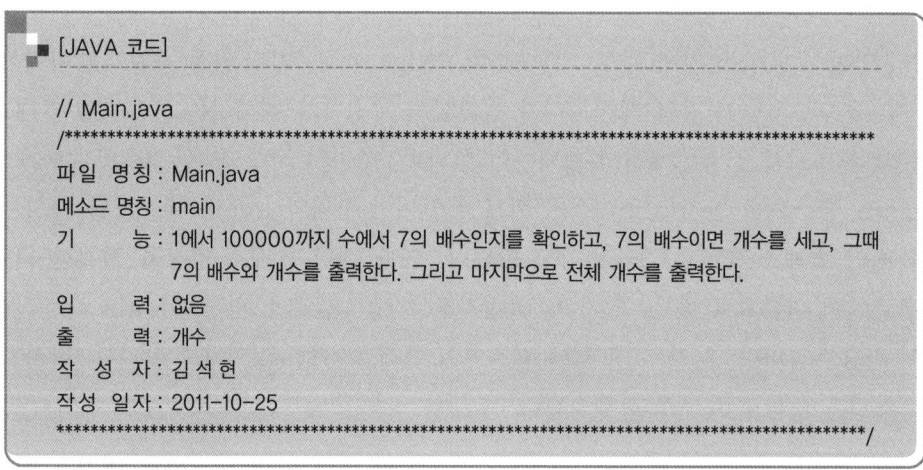

[JAVA 코드]

```
// Main.java
/**********************************************************************
파 일  명 칭 : Main.java
메소드 명 칭 : main
기      능 : 1에서 100000까지 수에서 7의 배수인지를 확인하고, 7의 배수이면 개수를 세고, 그때
             7의 배수와 개수를 출력한다. 그리고 마지막으로 전체 개수를 출력한다.
입      력 : 없음
출      력 : 개수
작  성  자 : 김석현
작  성 일자 : 2011-10-25
**********************************************************************/
```

03 ⟩⟩⟩ 패키지 만들기

자바 응용 프로그램을 구성하는 자바 클래스들을 물리적으로 묶어 놓은 단위인 패키지(Package)를 만들어야 합니다. 주기억장치에 자바 명령어들이 복사될 때 구분되는 적재 단위인 클래스 파일(확장자가 .class인 파일)들을 물리적으로 모아 놓은 디렉토리(혹은 폴더)를 말합니다. 프로그램을 설명하는 주석 다음에 일반적으로 아래와 같이 패키지를 선언합니다. 모듈 명칭을 사용하는데 관습적으로 소문자로 적습니다.

```
// Main.java
/*******************************************************************
파일 명칭 : Main.java
메소드 명칭 : main
기    능 : 1에서 100000까지 수에서 7의 배수인지를 확인하고, 7의 배수이면 개수를 세고, 그때
           7의 배수와 개수를 출력한다. 그리고 마지막으로 전체 개수를 출력한다.
입    력 : 없음
출    력 : 개수
작 성 자 : 김 석 현
작 성 일자 : 2011-10-25
*******************************************************************/
package countmultiples;
```

04»» 메인 클래스(Main Class) 만들기

JAVA에서 모든 코드는 반드시 클래스에 작성되어야 합니다. 실행 가능토록 해야 한다면 main 메소드를 갖는 클래스를 만들어야 합니다. 관습적으로 메인 클래스 명칭을 Main으로 합니다. 따라서 클래스를 정의하는 방식에 따라 다음과 같이 메인 클래스를 작성해야 합니다. public class를 적고 한 칸 띄고 클래스 이름을 적고 중괄호를 여닫아야 합니다.

```
// Main.java
/*******************************************************************
파일 명칭 : Main.java
메소드 명칭 : main
기    능 : 1에서 100000까지 수에서 7의 배수인지를 확인하고, 7의 배수이면 개수를 세고, 그때
           7의 배수와 개수를 출력한다. 그리고 마지막으로 전체 개수를 출력한다.
입    력 : 없음
출    력 : 개수
작 성 자 : 김 석 현
작 성 일자 : 2011-10-25
*******************************************************************/
package countmultiples;

public class Main {
}
```

05 ››› main 메소드 만들기

다음은 자바 응용 프로그램으로 작성한다면 반드시 작성되어야 하는 메소드인 main 메소드를 메인 클래스에 만들어야 합니다. 운영체제와 통신하기 때문에 반드시 다음과 같이 작성되어야 합니다.

[JAVA 코드]

```
public static void main(String[] args)
```

06 ››› start와 stop 순차구조 기호 구현하기

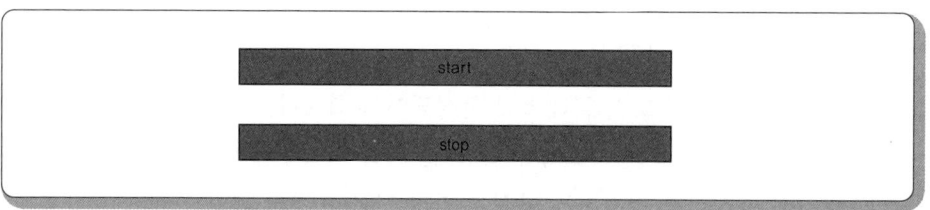

나씨-슈나이더만 다이어그램에서 start와 stop이 적힌 순차구조 기호에 대해 main 메소드 정의 영역을 나타내는 여는 중괄호와 닫는 중괄호를 적으면 됩니다. 그러면 main 메소드가 정의되었습니다. main 메소드는 Main 클래스 영역에 들여쓰기를 하여 반드시 다음과 같이 작성되어야 합니다.

[JAVA 코드]

```
// Main.java
/************************************************************
파 일 명 칭 : Main.java
메소드 명칭 : main
기      능 : 1에서 100000까지 수에서 7의 배수인지를 확인하고, 7의 배수이면 개수를 세고, 그때
             7의 배수와 개수를 출력한다. 그리고 마지막으로 전체 개수를 출력한다.
입      력 : 없음
출      력 : 개수
작  성  자 : 김석현
```

```
작성 일자 : 2011-10-25
*******************************************************************************/
package countmultiples;

public class Main {
    public static void main(String[] args) {
    }
}
```

07» 기호상수, 변수를 선언하는 순차구조 기호 구현하기

번호	명칭		자료유형	구분	비고
	한글	영문			
1	가장 큰 수	MAX	정수	상수	100000
2	공차	MULTIPLE	정수	상수	7
3	개수	count	정수	출력	
4	수	number	정수	처리	7의 배수
5	나머지	remainder	정수	처리	7의 배수인지 아닌지 여부

자료 명세서

```
MAX = 100000, MULTIPLE = 7, count = 0,
number, remainder
```

자료명세서와 기호상수와 변수를 선언하는 순차구조 기호를 보고, 기호상수에 대해서는 final 변수, 변수는 지역변수(Local Variable)로 선언해야 합니다. JAVA 언어에서 지역변수를 선언하고 초기화하는 방식은 다음과 같습니다.

```
■ [JAVA 코드]
자료형 변수명칭[ = 초기값];
```

그리고 문장으로 처리해야 하므로 반드시 줄의 마지막에 세미콜론을 찍어야 합니다. JAVA 언어에서는 이를 선언문(Declaration Statement)이라고 합니다.

final 변수는 변수 선언문에다 자료형 앞에 final 키워드를 적고, 반드시 초기화를 해야 합니다.

```
■ [JAVA 코드]
final 자료형 변수명칭 = 초기값;
```

그러면 선언문에서 사용할 자료형에 대해서 JAVA 언어가 제공하는 정수형에 대해서 정리해 봅시다.

번호	자료형	크기	값의 범위
1	byte	1	−128~127
2	short	2	−32768~32767
3	int	4	−2,147,483,648~2,147,483,647
4	long	8	−9,223,372,036,854,775,808~9,223,372,036,854,775,807

여기서 사용할 자료형은 100000까지 표현할 수 있는 값의 범위를 갖는 int입니다. 따라서 기호상수 MAX와 MULTIPLE에 대해서 main 메소드에 int 형으로 final 변수를 선언합시다.

[JAVA 코드]

```java
// Main.java
/*******************************************************************************
파 일  명 칭 : Main.java
메소드 명칭 : main
기       능 : 1에서 100000까지 수에서 7의 배수인지를 확인하고, 7의 배수이면 개수를 세고, 그때
              7의 배수와 개수를 출력한다. 그리고 마지막으로 전체 개수를 출력한다.
입       력 : 없음
출       력 : 개수
작  성  자 : 김 석 현
작 성 일자 : 2011-10-25
*******************************************************************************/
package countmultiples;

public class Main {
    public static void main(String[] args) {
        // 변수들 선언
        final int MAX = 100000;
        final int MULTIPLE = 7;
    }
}
```

다음은 변수들에 대해 main 메소드에 지역변수(Local Variable)로 선언합시다. 초기화해야 하는 변수에 대해서는 변수 이름 뒤에 등호를 적고 초기값을 적으면 됩니다.

[JAVA 코드]

```java
// Main.java
/*******************************************************************************
파 일  명 칭 : Main.java
메소드 명칭 : main
기       능 : 1에서 100000까지 수에서 7의 배수인지를 확인하고, 7의 배수이면 개수를 세고, 그때
              7의 배수와 개수를 출력한다. 그리고 마지막으로 전체 개수를 출력한다.
입       력 : 없음
출       력 : 개수
작  성  자 : 김 석 현
작 성 일자 : 2011-10-25
*******************************************************************************/
```

```
package countmultiples;

public class Main {
    public static void main(String[] args) {
        // 상수 변수들 선언
        final int MAX = 100000;
        final int MULTIPLE = 7;

        // 지역변수 선언문들
        int count=0;
        int number;
        int remainder;
    }
}
```

08»» 코드 주석 달기

처리 과정

1. 제목을 출력한다.
2. 수가 MAX보다 작거나 같은 동안 반복한다.
   2.1. 수를 세다.
   2.2. 7의 배수인지 확인한다.
      2.2.1. 개수를 세다.
      2.2.2. 개수와 수를 출력한다.
3. 개수를 출력한다.
4. 끝내다.

처리 과정에서 정리된 제어 논리를 JAVA 언어의 제어구조로 구현해야 합니다. 그래서 주석으로 처리 과정을 옮겨 적어, 코드에 대해 설명을 달도록 합시다.

■ [JAVA 코드]

```
// Main.java
/***************************************************************
파일 명칭 : Main.java
메소드 명칭 : main
```

```
기      능 : 1에서 100000까지 수에서 7의 배수인지를 확인하고, 7의 배수이면 개수를 세고, 그때
            7의 배수와 개수를 출력한다. 그리고 마지막으로 전체 개수를 출력한다.
입      력 : 없음
출      력 : 개수
작  성  자 : 김석현
작 성 일자 : 2011-10-25
*********************************************************************************/
package countmultiples;

public class Main {
    public static void main(String[] args) {
        // 상수 변수들 선언
        final int MAX = 100000;
        final int MULTIPLE = 7;

        // 지역변수 선언문들
        int count=0;
        int number;
        int remainder;

        // 1. 제목을 출력한다.
        // 2. 수가 MAX보다 작거나 같을 때까지 반복한다.
            // 2.1. 수를 세다.
            // 2.2. 7의 배수인지 확인한다.
                // 2.2.1. 개수를 세다.
                // 2.2.2. 개수와 7의 배수를 출력한다.
        // 3. 개수를 출력한다.
        // 4. 끝내다.
    }
}
```

다음은 주석으로 처리된 처리단계에 대해 나씨-슈나이더만 다이어그램에서 작도된 기호에 따라 JAVA 언어로 코드를 작성하면 됩니다.

09»› 제목 출력하는 순차구조 기호 구현하기

"1. 제목을 출력한다." 처리단계에 대해 순차구조 기호를 JAVA 언어로 옮겨 봅시다.

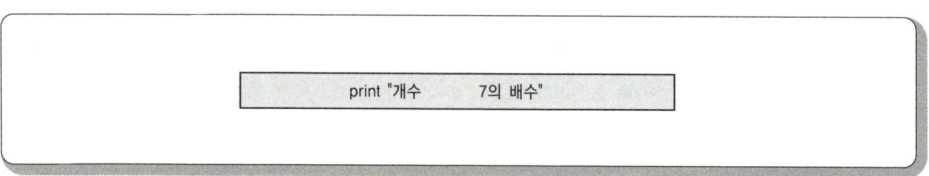

JAVA 언어에서 모니터에 출력을 위해서 표준 입출력 기능을 제공합니다. System.out 객체입니다. 제목을 출력하는 순차구조 기호에 적힌 내용은, 즉 출력하고자 하는 데이터는 문자열입니다. 그리고 줄 바꿈도 있어야 합니다. 이러한 기능들을 갖는 메소드를 찾아야 합니다. 한 개의 문자열을 출력하고 줄 바꿈도 할 수 있는 메소드는 println입니다.

[JAVA 코드]
```
public void println(String x)
```

따라서 메소드를 호출하는 문장, 메소드 호출 문장(Method Invocation Statement)을 작성해야 합니다. JAVA 언어에서 메소드를 호출하는 문장의 형식은 다음과 같습니다.

[JAVA 코드]
```
객체명칭.메소드명칭([값, ...]);
```

제목을 출력하는 순차구조 기호는 print에 대해 println 메소드 호출 문장을 작성하고, 소괄호에 출력기호에 적힌 내용에서 출력하고자 하는 값을 적으면 됩니다.

여기서는 출력 형식을 정해서 값을 출력하는 것이 아니라 문자열 리터럴만을 출력하면 됩니다. println 메소드 호출 문장을 작성하고 소괄호에 제목을 출력하는 순차구조 기호에 적힌 내용에서 문자열 리터럴 "개수   7의 배수'를 그대로 옮겨 적으면 됩니다. 이 때 3개의 탭 키를 확장 열 '\t'로 처리했습니다. 따라서 다음과 같이 코드가 작성되어야 합니다.

■ [JAVA 코드]

```java
// Main.java
/*******************************************************************************
파  일  명  칭 : Main.java
메 소 드 명 칭 : main
기         능 : 1에서 100000까지 수에서 7의 배수인지를 확인하고, 7의 배수이면 개수를 세고, 그때
                7의 배수와 개수를 출력한다. 그리고 마지막으로 전체 개수를 출력한다.
입         력 : 없음
출         력 : 개수
작  성  자 : 김석현
작 성 일 자 : 2011-10-25
*******************************************************************************/
package countmultiples;

public class Main {
    public static void main(String[] args) {
        // 상수 변수들 선언
        final int MAX = 100000;
        final int MULTIPLE = 7;

        // 지역변수 선언문들
        int count=0;
        int number;
        int remainder;

        // 1. 제목을 출력한다.
        System.out.println("개수\t\t7의 배수");
        // 2. 수가 MAX보다 작거나 같을 때까지 반복한다.
            // 2.1. 수를 세다.
            // 2.2. 7의 배수인지 확인한다.
                // 2.2.1. 개수를 세다.
                // 2.2.2. 개수와 7의 배수를 출력한다.
        // 3. 개수를 출력한다.
        // 4. 끝내다.
    }
}
```

10》》 for 반복구조 기호 구현하기

"2. 수가 MAX보다 작거나 같은 동안 반복한다." 처리단계에 대해 나씨-슈나이더만 다이어그램에서 for 반복구조 기호를 JAVA 언어로 구현해 봅시다.

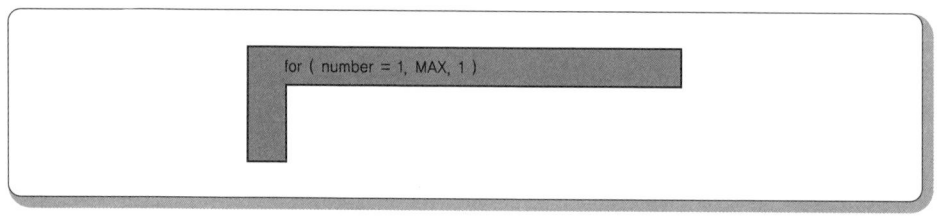

JAVA 언어에서 for 반복문장을 제공하는지 확인하여야 합니다. JAVA 언어에서 for 반복문장을 제공하고 있고, 형식은 다음과 같습니다.

```
[C 코드]
for ( 초기식 ; 조건식 ; 변경식 ) {
        // 단문 혹은 복문
}
```

초기식은 반복문장이 시작할 때 단 한 번 실행되며, 반복제어변수에 초기값을 설정하는 치환식입니다. 조건식은 관계식과 논리식으로 구성되면, 조건식을 평가했을 때 참이면 계속하고, 거짓이면 탈출합니다. 변경식은 매번 할 때마다 일정량씩 증가하거나 감소하는 수식입니다.

for 키워드를 적고 소괄호를 여닫아야 합니다. 그리고 소괄호에 반복구조에 적힌 초기식을 그대로 옮겨 적습니다. 그리고 조건식과 구분하기 위해서 세미콜론을 찍어야 합니다.

다음은 조건식을 작성해야 합니다. 반복구조 기호에서 적힌 MAX가 조건식입니다. MAX의 의미는 number가 MAX보다 작거나 같은지에 관한 관계식입니다. 따라서 초기식과 구분하기 위해 적은 세미콜론 다음에 number <= MAX 수식을 적으면 됩니다 .그리고 세미콜론을 찍어 변경식과 구분하도록 합니다.

다음은 변경식을 작성해야 합니다. 반복구조 기호에 적힌 1은 변경식에서 반복제어변수 number의 값을 1씩 증가시키라는 것입니다. 따라서 조건식과 구분하기 위해 적은 세미콜론 다음에 반복제어변수 number에 대해 누적으로 number = number + 1 수식을 적어야 합니다.

그리고 반복해야 하는 문장이 하나가 아니라 여러 개이므로, 즉 복문이므로 제어블록을 설정해야 합니다. 따라서 중괄호를 여닫아야 합니다.

[JAVA 코드]

```
// 2. 수가 MAX보다 작거나 같을 때까지 반복한다.
for( number = 1; number <= MAX; number = number + 1) {
    // 2.2. 7의 배수인지 확인한다.
        // 2.2.1. 개수를 세다.
        // 2.2.2. 개수와 7의 배수를 출력한다.
    // 2.1. 수를 세다.
}
```

변경식에서 ++ 증가 연산자를 사용하여 더욱더 간결한 코드를 작성할 수 있습니다.

[JAVA 코드]

```
// Main.java
/*******************************************************************************
파 일 명 칭 : Main.java
메소드 명칭 : main
기      능 : 1에서 100000까지 수에서 7의 배수인지를 확인하고, 7의 배수이면 개수를 세고, 그때
             7의 배수와 개수를 출력한다. 그리고 마지막으로 전체 개수를 출력한다.
입      력 : 없음
출      력 : 개수
작 성   자 : 김석현
작 성 일 자 : 2011-10-25
*******************************************************************************/
package countmultiples;

public class Main {
    public static void main(String[] args) {
        // 상수 변수들 선언
        final int MAX = 100000;
        final int MULTIPLE = 7;

        // 지역변수 선언문들
        int count=0;
        int number;
        int remainder;

        // 1. 제목을 출력한다.
        System.out.println("개수\t\t\t7의 배수");
```

```
            // 2. 수가 MAX보다 작거나 같을 때까지 반복한다.
            for ( number = 1; number <= MAX; number++ ) {
                    // 2.2. 7의 배수인지 확인한다.
                            // 2.2.1. 개수를 세다.
                            // 2.2.2. 개수와 7의 배수를 출력한다.
                    // 2.1. 수를 세다.
            }
            // 3. 개수를 출력한다.
            // 4. 끝내다.
    }
}
```

"2.1. 수를 세다." 처리단계에 대해 JAVA 언어로 구현해 봅시다. 그러나 "2.1. 수를 세다." 처리단계에 대해 수를 1씩 증가시키는 것은 반복문장 일부분입니다. for 반복문장의 변경식으로 표현되었습니다. 따라서 이미 구현이 되었습니다. 그리고 변경식은 매 회 평가되어야 합니다. 그래서 "2.1. 수를 세다." 처리단계를 for 반복문장 블록의 제일 마지막으로 이동하였습니다.

"2.2. 7의 배수인지 확인한다." 처리단계에 대해 나씨-슈나이더만 다이어그램에 정리된 제어논리를 JAVA 언어로 구현해 보도록 합시다.

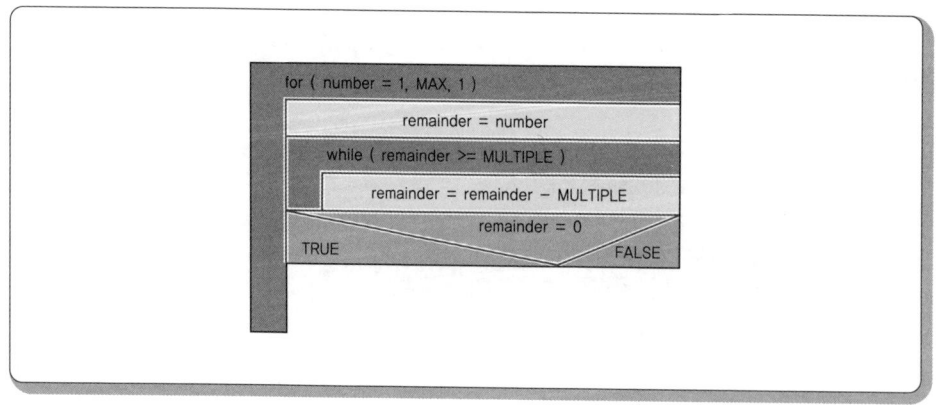

for 반복구조 기호 영역에 while 반복구조 기호와 선택구조 기호가 작도되어 있습니다. 따라서 for 반복문장에서 계속해서 처리해야 하는 내용입니다. 따라서 for 반복문장의 제어블록에 구현돼야 합니다.

11》 초기식을 처리하는 순차구조 기호 구현하기

while 반복구조에서 사용되는 초기식을 처리하는 순차구조 기호에 대해 구현합시다.

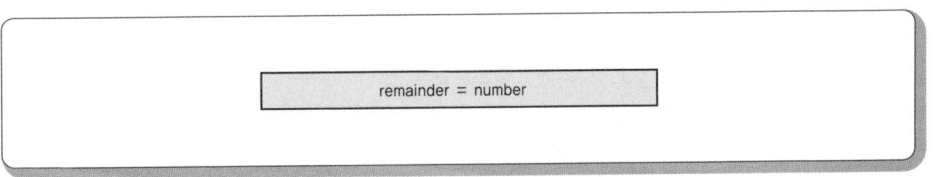

for 반복문장의 제어블록에 탭 키를 눌러 들여쓰기를 하고, 순차구조 기호에 적힌 내용을 그대로 옮겨 적고, 마지막에 세미콜론을 찍어 문장으로 처리합니다.

```
[JAVA 코드]

// Main.java
/********************************************************************************
파 일  명 칭 : Main.java
메소드 명 칭 : main
기       능 : 1에서 100000까지 수에서 7의 배수인지를 확인하고, 7의 배수이면 개수를 세고, 그때
              7의 배수와 개수를 출력한다. 그리고 마지막으로 전체 개수를 출력한다.
입       력 : 없음
출       력 : 개수
작  성   자 : 김 석 현
작  성  일자 : 2011-10-25
*********************************************************************************/
package countmultiples;

public class Main {
    public static void main(String[] args) {
        // 상수 변수들 선언
        final int MAX = 100000;
        final int MULTIPLE = 7;

        // 지역변수 선언문들
        int count=0;
        int number;
        int remainder;

        // 1. 제목을 출력한다.
```

```
System.out.println("개수\t\t\t7의 배수");
// 2. 수가 MAX보다 작거나 같을 때까지 반복한다.
for ( number = 1; number <= MAX; number++ ) {
    // 2.2. 7의 배수인지 확인한다.
    remainder = number;
        // 2.2.1. 개수를 세다.
        // 2.2.2. 개수와 7의 배수를 출력한다.
    // 2.1. 수를 세다.
}
// 3. 개수를 출력한다.
// 4. 끝내다.
}
```

12》》》 while 반복구조 구현하기

다음은 while 반복구조 기호에 대해 구현합시다.

```
while ( remainder ≥ MULTIPLE )
```

따라서 JAVA 언어에서 제공하는 while 반복문장의 형식은 다음과 같습니다.

[JAVA 코드]
```
while( 조건식 ) {
    // 단문 혹은 복문
}
```

while 키워드를 적고, 소괄호를 여닫아야 합니다. 조건식은 관계식과 논리식으로 작성하도록 하고, 조건식을 평가해서 참이면 계속하고, 거짓이면 탈출합니다. 그리고 반복해야 하는 문장이 하나이든 여러 개이든 제어블록을 설정하도록 합시다. 중괄호를 여닫으면 제어블록이 설정됩니다.

반복구조 기호에 적힌 내용을 옮겨 적습니다. 물론 관계 연산자는 >=로 고쳐 적어야 합니다. 그리고 중괄호를 여닫아 제어블록을 설정합니다.

■ [JAVA 코드]

```java
// Main.java
/***********************************************************************
파 일  명 칭 : Main.java
메소드 명칭 : main
기       능 : 1에서 100000까지 수에서 7의 배수인지를 확인하고, 7의 배수이면 개수를 세고, 그때
             7의 배수와 개수를 출력한다. 그리고 마지막으로 전체 개수를 출력한다.
입       력 : 없음
출       력 : 개수
작 성  자 : 김석현
작 성 일자 : 2011-10-25
***********************************************************************/
package countmultiples;

public class Main {
    public static void main(String[] args) {
        // 상수 변수들 선언
        final int MAX = 100000;
        final int MULTIPLE = 7;

        // 지역변수 선언문들
        int count=0;
        int number;
        int remainder;

        // 1. 제목을 출력한다.
        System.out.println("개수\t\t7의 배수");
        // 2. 수가 MAX보다 작거나 같을 때까지 반복한다.
        for ( number = 1; number <= MAX; number++ ) {
            // 2.2. 7의 배수인지 확인한다.
            remainder = number;
            while ( remainder >= MULTIPLE ) {
            }
                    // 2.2.1. 개수를 세다.
                    // 2.2.2. 개수와 7의 배수를 출력한다.
            // 2.1. 수를 세다.
        }
        // 3. 개수를 출력한다.
        // 4. 끝내다.
    }
}
```

13»» 변경식을 처리하는 순차구조 기호 구현하기

제어블록에서 계속해서 처리하는 내용을 문장으로 구현해야 합니다. 나씨-슈나이더만 다이어그램을 보면 반복해서 처리해야 하는 내용은 특별한 것은 없고, 반복제어변수의 변경식을 처리하는 순차구조 기호가 있습니다. 빼기로 나머지를 구하는 순차구조 기호에 대해 구현합시다.

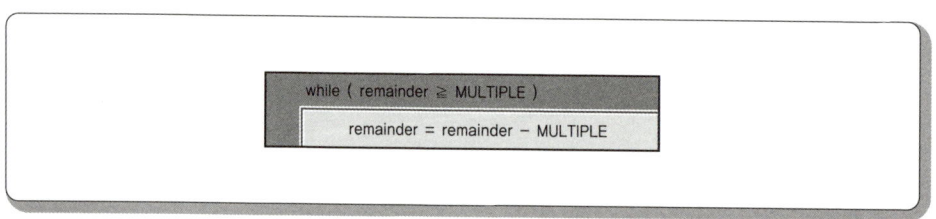

while 반복구조에서 변경식을 처리하는 순차구조 기호입니다. 따라서 while 반복문장의 제어블록에 구현되어야 합니다.

탭 키를 눌러 들여쓰기를 하고, 순차구조 기호에 적힌 내용을 그대로 옮겨 적고, 마지막에 세미콜론을 적어 문장으로 처리합니다.

■ [JAVA 코드]

```
// 2.2. 7의 배수인지 확인한다.
remainder = number;
while ( remainder )= MULTIPLE ) {
    remainder = remainder - MULTIPLE;
}
```

또한 -= 누적 연산자로 간결하게 표현할 수 있습니다.

■ [JAVA 코드]

```java
// Main.java
/************************************************************************
파일 명칭 : Main.java
메소드 명칭 : main
기     능 : 1에서 100000까지 수에서 7의 배수인지를 확인하고, 7의 배수이면 개수를 세고, 그때
           7의 배수와 개수를 출력한다. 그리고 마지막으로 전체 개수를 출력한다.
입     력 : 없음
출     력 : 개수
작 성 자 : 김석현
작 성 일자 : 2011-10-25
*************************************************************************/
package countmultiples;

public class Main {
    public static void main(String[] args) {
        // 상수 변수들 선언
        final int MAX = 100000;
        final int MULTIPLE = 7;

        // 지역변수 선언문들
        int count=0;
        int number;
        int remainder;

        // 1. 제목을 출력한다.
        System.out.println("개수\t\t7의 배수");
        // 2. 수가 MAX보다 작거나 같을 때까지 반복한다.
        for ( number = 1; number <= MAX; number++ ) {
            // 2.2. 7의 배수인지 확인한다.
            remainder = number;
            while ( remainder >= MULTIPLE ) {
                remainder -= MULTIPLE;
            }
                // 2.2.1. 개수를 세다.
                // 2.2.2. 개수와 7의 배수를 출력한다.
            // 2.1. 수를 세다.
        }
        // 3. 개수를 출력한다.
        // 4. 끝내다.
    }
}
```

이러한 코드는 수가 커지면 커질수록 반복횟수가 많아져서 시간이 오래 걸리는 연산이 됩니다. 따라서 고민을 해야 하는 문제입니다. 따라서 어떻게 해결해야 할지 생각을 해야 합니다. 그러나 JAVA 언어에서는 이를 쉽게 해결할 수 있습니다. 나머지를 구하는 연산자 %를 제공합니다. 따라서 다음과 같이 간단하게 코드를 작성할 수 있고, 앞에서 제기된 문제도 해결됩니다.

[JAVA 코드]

```java
// Main.java
/*******************************************************************************
파 일   명 칭 : Main.java
메소드 명 칭 : main
기       능 : 1에서 100000까지 수에서 7의 배수인지를 확인하고, 7의 배수이면 개수를 세고, 그때
              7의 배수와 개수를 출력한다. 그리고 마지막으로 전체 개수를 출력한다.
입       력 : 없음
출       력 : 개수
작 성   자 : 김석현
작 성 일 자 : 2011-10-25
*******************************************************************************/
package countmultiples;

public class Main {
    public static void main(String[] args) {
        // 상수 변수들 선언
        final int MAX = 100000;
        final int MULTIPLE = 7;

        // 지역변수 선언문들
        int count=0;
        int number;
        int remainder;

        // 1. 제목을 출력한다.
        System.out.println("개수\t\t7의 배수");
        // 2. 수가 MAX보다 작거나 같을 때까지 반복한다.
        for ( number = 1; number <= MAX; number++ ) {
            // 2.2. 7의 배수인지 확인한다.
            remainder = number % MULTIPLE;
                // 2.2.1. 개수를 센다.
                // 2.2.2. 개수와 7의 배수를 출력한다.
            // 2.1. 수를 센다.
        }
        // 3. 개수를 출력한다.
        // 4. 끝내다.
    }
}
```

14»» 선택구조 기호 구현하기

구해진 나머지로 7의 배수인지 아닌지를 판단하는 선택구조 기호에 대해 구현합시다.

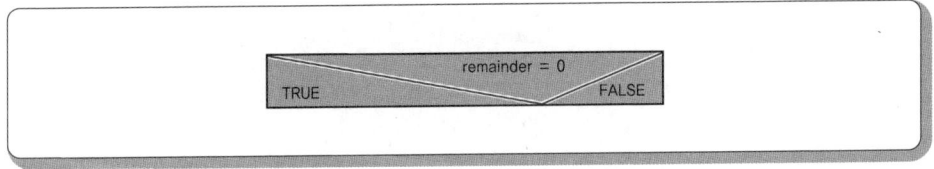

for 반복구조 기호 영역에 작도되어 있습니다. 따라서 for 반복문장의 제어블록에 JAVA 언어에서 제공하는 선택문장으로 구현되어야 합니다.

JAVA 언어에서는 if ~ then 문장을 제공합니다. if ~ then 문장의 형식은 다음과 같습니다.

```
[JAVA 코드]
if( 조건식 ) {
        // 단문 혹은 복문
}
```

물론 단문이면 제어블록을 생략할 수 있습니다. 그렇지만 코드를 이해하기 쉽게 하고, 개발 과정에서 코드를 삽입할 때 실수를 줄이기 위해서 단문이더라도 제어블록을 설정하도록 합시다.

if 키워드를 적고, 소괄호를 여닫아야 합니다. 소괄호에 선택구조 기호에서 역삼각형에 적힌 내용을 그대로 옮겨 적습니다. 그러나 이때 조심해야 하는 것이 있습니다. 같은지에 대해 비교하는 연산자입니다. 나씨-슈나이더만 다이어그램에서는 등호 하나이지만 JAVA 언어에서는 등호 하나는 치환 연산자입니다. 따라서 비교 연산자는 다르게 표현됩니다. 등호 두 개를 연속해서 사용해야 합니다. 등호 두 개를 띄우면 안 되고, 붙여 적어야 합니다. 명심하도록 합시다.

■ [JAVA 코드]

```java
// Main.java
/*******************************************************************************
파 일  명칭 : Main.java
메소드 명칭 : main
기       능 : 1에서 100000까지 수에서 7의 배수인지를 확인하고, 7의 배수이면 개수를 세고, 그때
             7의 배수와 개수를 출력한다. 그리고 마지막으로 전체 개수를 출력한다.
입       력 : 없음
출       력 : 개수
작  성  자 : 김석현
작성  일자 : 2011-10-25
*******************************************************************************/
package countmultiples;

public class Main {
    public static void main(String[] args) {
        // 상수 변수들 선언
        final int MAX = 100000;
        final int MULTIPLE = 7;

        // 지역변수 선언문들
        int count=0;
        int number;
        int remainder;

        // 1. 제목을 출력한다.
        System.out.println("개수\t\t7의 배수");
        // 2. 수가 MAX보다 작거나 같을 때까지 반복한다.
        for ( number = 1; number <= MAX; number++ ) {
            // 2.2. 7의 배수인지 확인한다.
            remainder = number % MULTIPLE;
            if(remainder == 0) {
                // 2.2.1. 개수를 세다.
                // 2.2.2. 개수와 7의 배수를 출력한다.
            }
            // 2.1. 수를 세다.
        }
        // 3. 개수를 출력한다.
        // 4. 끝내다.
    }
}
```

15»» 개수를 세는 순차구조 기호 구현하기

"2.2.1. 개수를 세다." 처리단계에 대해 나씨-슈나이더만 다이어그램에 정리된 제어논리를 JAVA 언어로 구현해 봅시다. 7의 배수이면 처리해야 하는 내용입니다. 선택구조 기호에서 TRUE가 적힌 삼각형 밑에 순차구조 기호입니다.

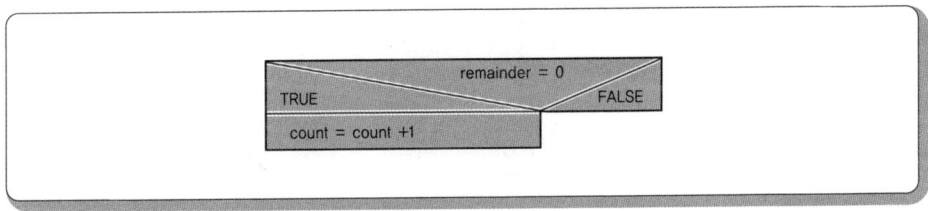

따라서 if 문장의 제어블록에 구현해야 합니다. 개수를 하나씩 증가하는 수식이 적힌 순차구조 기호입니다. 순차구조 기호에 적힌 내용을 그대로 옮겨 적고, 세미콜론을 찍어 문장으로 표현하면 됩니다.

따라서 탭 키를 눌러 들여쓰기를 하고 순차구조 기호에 적힌 수식을 그대로 옮겨 적고, 마지막에 세미콜론을 찍으면 됩니다. 7의 배수이면 개수를 세어야 하므로 if ~ then 문장의 제어블록에 작성해야 합니다.

■ [JAVA 코드]

```
if(remainder == 0) {
    // 2.2.1. 개수를 세다.
    count = count + 1;
}
```

+= 누적 연산자 또는 ++ 증가 연산자로 간결하게 구현할 수도 있습니다. 1씩 증가하는 누적 표현은 ++ 증가 연산자를 많이 사용합니다.

수를 셀 때와 마찬가지로 ++ 증가 연산자로 구현하면 더욱더 간결한 표현을 할 수 있을 뿐만 아니라 두 개의 수식을 사용하는 것보다 한 개의 수식으로 처리하는 것이 더욱더 효율적일 것입니다.

[JAVA 코드]

```java
// Main.java
/***************************************************************************
파 일 명 칭 : Main.java
메소드 명칭 : main
기     능 : 1에서 100000까지 수에서 7의 배수인지를 확인하고, 7의 배수이면 개수를 세고, 그때
            7의 배수와 개수를 출력한다. 그리고 마지막으로 전체 개수를 출력한다.
입     력 : 없음
출     력 : 개수
작 성 자 : 김석현
작성 일자 : 2011-10-25
***************************************************************************/
package countmultiples;

public class Main {
    public static void main(String[] args) {
        // 상수 변수들 선언
        final int MAX = 100000;
        final int MULTIPLE = 7;

        // 지역변수 선언문들
        int count=0;
        int number;
        int remainder;

        // 1. 제목을 출력한다.
        System.out.println("개수\t\t7의 배수");
        // 2. 수가 MAX보다 작거나 같을 때까지 반복한다.
        for ( number = 1; number <= MAX; number++ ) {
            // 2.2. 7의 배수인지 확인한다.
            remainder = number % MULTIPLE;
            if(remainder == 0) {
                // 2.2.1. 개수를 세다.
                count++;
                // 2.2.2. 개수와 7의 배수를 출력한다.
            }
            // 2.1. 수를 세다.
        }
        // 3. 개수를 출력한다.
        // 4. 끝내다.
    }
}
```

16»» 개수와 수를 출력하는 순차구조 기호 구현하기

"2.2.2. 개수와 7의 배수를 출력한다." 처리단계에 대해 나씨-슈나이더만 다이어그램에서 순차구조 기호를 JAVA 언어로 구현해 봅시다.

```
print count, number
```

7의 배수이면 처리해야 하는 내용입니다. 선택구조 기호에서 TRUE가 적힌 삼각형 밑에 작도되었기 때문에 JAVA 언어에서는 if 문장의 제어블록에 구현되어야 합니다.

print가 적힌 순차구조 기호를 보면, 두 개의 변수가 적혀 있습니다. 두 개의 정수형 데이터를 출력해야 하는데, 출력할 때마다 값들이 달리 출력되어야 합니다. 순차구조 기호에 변수가 적혔다고 해서 변수 명칭을 출력하는 것이 아니라, 변수에 저장된 값이 출력되어야 합니다. 이러한 경우는 일반적으로 출력 형식(Format)을 이용하는 것이 편합니다.

앞에서 이미 설명했듯이 JAVA 언어에서는 모니터에 데이터를 출력하는 기능을 갖는 System.out 객체를 제공합니다. print를 대신할 System.out 객체가 갖는 메소드를 찾아야 합니다. System.out 객체가 C 언어로 구현할 때 모니터에 다양한 자료형의 데이터들을 출력할 때 사용했던 라이브러리 함수 printf 함수와 같은 기능을 갖는 메소드를 제공하는지 알아봅시다. 아래와 같은 형식의 printf 메소드를 제공합니다.

■ [JAVA 코드]
```java
public PrintStream printf(String format,
                Object... args)
```

또한, format 메소드도 제공합니다.

[JAVA 코드]

```
public PrintStream format(String format,
                  Object... args)
```

출력 형식 문자열(Format String)을 만들어 봅시다. 출력할 데이터들의 개수가 2개이므로 %를 두 개 사용해야 합니다. 그리고 출력할 데이터의 자료형이 정수형이므로 자료형 변환 문자는 d이어야 합니다. 그리고 출력되는 두 개의 데이터 사이에 24개의 빈칸을 두어야 하므로 8개의 빈칸을 삽입하는 탭 문자를 세 개 입력하도록 합시다. 탭 문자는 제어키라서 코드에 삽입하기 위해서는 확장 열 개념을 사용해야 합니다. 즉 '\t'를 사용해야 합니다. 그리고 마지막은 줄 바꿈에 대해 개행 문자를 삽입해야 합니다. JAVA에서는 '\n' 확장 열보다는 '%n'을 사용하도록 권장하고 있습니다.

문자열 리터럴로 작성해야 하므로 끝 따옴표로 싸야 합니다. 다음과 같은 출력 형식 문자열이 작성되어야 합니다.

[JAVA 코드]

```
"%d\t\t\t%d%n"
```

printf 메소드 호출 문장에서 첫 번째 인수로 앞에서 작성된 출력 형식 문자열을 적고, 두 번째 인수와 세 번째 인수는 정수형의 값을 쉼표로 구분하여 적으면 됩니다. 여기서는 순차구조 기호에서 print 다음에 적힌 변수들을 그대로 옮겨 적습니다. 마지막에 세미콜론을 적어 문장으로 처리하도록 해야 합니다.

[JAVA 코드]

```
// Main.java
/*****************************************************************
파일  명칭 : Main.java
메소드 명칭 : main
```

```
기       능 : 1에서 100000까지 수에서 7의 배수인지를 확인하고, 7의 배수이면 개수를 세고, 그때
            7의 배수와 개수를 출력한다. 그리고 마지막으로 전체 개수를 출력한다.
입       력 : 없음
출       력 : 개수
작  성  자 : 김석현
작성  일자 : 2011-10-25
***************************************************************************/
package countmultiples;

public class Main {
    public static void main(String[] args) {
        // 상수 변수들 선언
        final int MAX = 100000;
        final int MULTIPLE = 7;

        // 지역변수 선언문들
        int count=0;
        int number;
        int remainder;

        // 1. 제목을 출력한다.
        System.out.println("개수\t\t7의 배수");
        // 2. 수가 MAX보다 작거나 같을 때까지 반복한다.
        for ( number = 1; number <= MAX; number++ ) {
            // 2.2. 7의 배수인지 확인한다.
            remainder = number % MULTIPLE;
            if(remainder == 0) {
                // 2.2.1. 개수를 세다.
                count++;
                // 2.2.2. 개수와 7의 배수를 출력한다.
                System.out.printf("%d\t\t%d%n", count, number);
            }
            // 2.1. 수를 세다.
        }
        // 3. 개수를 출력한다.
        // 4. 끝내다.
    }
}
```

7의 배수일 때 처리해야 하는 처리단계이므로 if ~ then 문장 제어블록에 작성되어야 합니다.

17»» 처리없음을 나타내는 순차구조 기호 구현하기

선택구조에서 참일 때 처리해야 하는 내용에 대해 JAVA 언어로 구현했습니다. 이제는 거짓일 때 처리해야 하는 내용에 대해 JAVA 언어로 구현합시다.

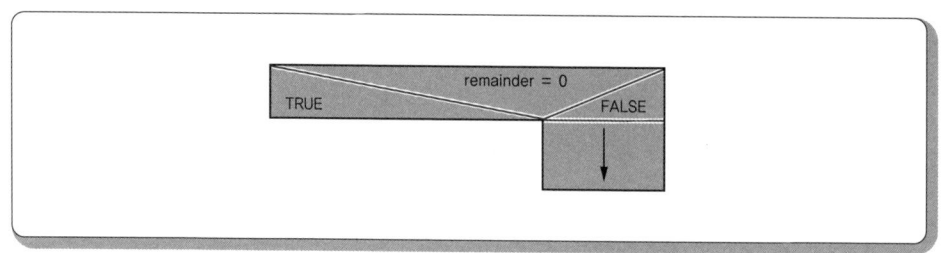

선택구조 기호에서 FALSE가 적힌 삼각형 아래쪽에 있는 제어구조 기호들에 대해 JAVA 언어에서 else 절의 제어블록에 구현해야 합니다. 그런데 여기서는 화살표로 아래쪽을 향하도록 하고 있습니다. 다시 말해서 처리할 내용이 없다는 것입니다. 따라서 이럴 때 JAVA 언어에서는 if ~ then 문장을 선택해야 합니다.

18»» 개수를 출력하는 순차구조 기호 구현하기

반복구조에 대해 구현이 마무리되었습니다. 따라서 마지막 처리단계 "3. 개수를 출력한다."에 대해 구현을 하면 JAVA 구현이 마무리될 것 같습니다.

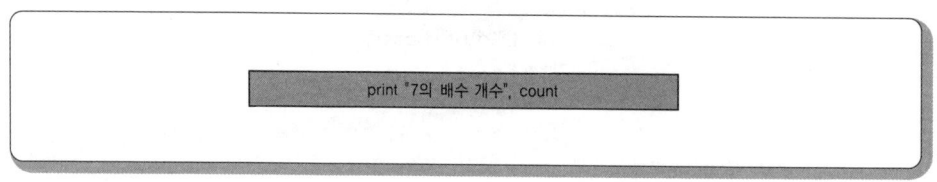

"3. 개수를 출력한다." 처리단계에 대해 구현해 봅시다. print를 대신해서 한 줄씩 출력하는 println 메소드를 이용하여 출력하도록 합시다. 출력기호에 적힌 문자열 리터럴과 count를 하나의 문자열을 만들어 println 메소드에 값으로 적어야 합니다.

문자열 리터럴에 대해서 문자열 객체가 생성됩니다. 그리고 + 연산자는 문자열 결합 연산자로서 이때 정수형 count가 문자열로 형 변환됩니다. 그리고 + 연산자에 의해서 하나의 문자열 객체가 만들어지게 됩니다. 따라서 println 메소드에 값으로 순차구조 기호에 적힌 문자열 리터럴을 그대로 적고, + 연산자를 적고 변수를 적으면 됩니다.

[JAVA 코드]

```java
// Main.java
/************************************************************************
파 일  명 칭 : Main.java
메소드 명칭 : main
기      능 : 1에서 100000까지 수에서 7의 배수인지를 확인하고, 7의 배수이면 개수를 세고, 그때
             7의 배수와 개수를 출력한다. 그리고 마지막으로 전체 개수를 출력한다.
입      력 : 없음
출      력 : 개수
작  성  자 : 김석현
작 성 일자 : 2011-10-25
************************************************************************/
package countmultiples;

public class Main {
    public static void main(String[] args) {
        // 상수 변수들 선언
        final int MAX = 100000;
        final int MULTIPLE = 7;

        // 지역변수 선언문들
        int count=0;
        int number;
        int remainder;

        // 1. 제목을 출력한다.
        System.out.println("개수\t\t7의 배수");
        // 2. 수가 MAX보다 작거나 같을 때까지 반복한다.
        for ( number = 1; number <= MAX; number++ ) {
            // 2.2. 7의 배수인지 확인한다.
            remainder = number % MULTIPLE;
            if(remainder == 0) {
                // 2.2.1. 개수를 세다.
                count++;
                // 2.2.2. 개수와 7의 배수를 출력한다.
```

```
                    System.out.printf("%d\t\t\t%d%n", count, number);
                }
            // 2.1. 수를 세다.
        }
        // 3. 개수를 출력한다.
        System.out.println("7의 배수 개수 : " + count);
        // 4. 끝내다.
    }
}
```

"4. 끝내다." 처리단계에 대해 구현해 봅시다. start와 stop 적힌 순차구조를 구현할 때 이미 구현되었습니다. main 메소드 블록을 나타내는 여닫는 중괄호들입니다.

컴파일하고, 적재하여 프로그램을 실행시켜 봅시다. 정확한 결과를 확인할 수 있을 것입니다.

Chapter 09

연습해 봅시다!

C PROGRAMMING
JAVA PROGRAMMING

09 :: 연습해 봅시다!

6장에서 정리된 표준화된 제어구조를 이용해서 다음 문제들을 배운대로 풀어 봅시다.

1. 1 + 3 + 5 + 7 + ... + 99 까지 홀수의 합을 구하시오.

2. 1에서 100까지 수 중 홀수의 합과 짝수의 합을 구하시오.

3. 1 + (1 + 2) + (1 + 2 + 3) + ... + (1 + 2 + 3 + 4 + ... + 100) 까지 합을 구하시오.

4. 1 - 2 + 3 - 4 + 5 ... + 999 - 100 에서 합을 구하시오.

5. 1에서 100까지 수 중에서 3의 배수와 5의 배수를 제외한 합을 구하시오.

6. $1 - \frac{1}{2} + \frac{1}{3} - \cdots + \frac{1}{99} - \frac{1}{100}$ 합을 구하시오.

7. $1 - \frac{3}{3!} + \frac{3}{5!} - \cdots - \frac{10}{19!}$ 합을 구하시오.

8. 다음과 같은 수열을 피보나치(Fibonacci) 수열이라고 합니다.

    1, 1, 2, 3, 5, 8, 13, 21 ...

    즉 앞의 두 항을 합하면 다음 항이 됩니다. 50번째 피보나치 수를 구하시오.

맺음말

어떻게 프로그램을 만들어야 하는지를 이해하셨을 것이라고 믿습니다. 이 책을 출간한 직접적인 이유는 우리나라에서 일반적으로 알고 있는 프로그래밍 학습 방식, C, C++, JAVA와 같은 프로그래밍 언어의 문법과 라이브러리 사용법을 암기하는 방식이 잘못된 것이라는 것을 설명하고 바로잡고 싶었기 때문입니다.

프로그래밍 언어는 프로그래밍을 하는데 있어 단지 도구이고, 라이브러리는 단순히 자재일 뿐입니다. 프로그래밍을 할 때 잘 사용하기만 하면 됩니다. 따라서 프로그래밍 언어의 문법과 라이브러리 함수의 사용법같이 단순한 기능적인 지식을 암기한다고 해서 프로그래밍을 할 수 있는 것이 아닙니다.

프로그래밍이란 문제를 해결하는 작업이라고 이해하셨을 것입니다. 따라서 프로그래밍을 하는데 있어 가장 중요한 것은 문제 해결 능력입니다. 또한 문제 해결 능력을 갖기 위해서는 창의적 사고력, 창의적 비판력 그리고 의사 결정 능력을 갖추어야 합니다. 그러한 능력을 갖는 사람을 창의적 인재라고 합니다. 이러한 사람만이 사람들에게 가치있는 프로그램을 만들 수 있습니다.

이제는 프로그래밍을 학습하는 방식을 바꾸어야 합니다. 문제 해결 관점에서 프로그래밍을 학습해야 합니다. 문제 해결 능력을 배양하는 것을 목표로 하는 학습을 해야 합니다.

그런데 문제 해결 방법은 개인마다 가지고 있는 지식과 경험에 따라 결정되어야 하기 때문에 매우 개인적인 것입니다. 따라서 프로그래밍을 학습한다는 것은 문제를 해결하는 방식을 암기하는 것이 아니라 개념, 원리 그리고 절차를 이해하고, 다양한 많은 문제를 스스로 해결하면서 자신만의 효율적이고 창의적인 문제 해결 방법을 확립하는 것입니다.

이러한 취지에서 문제를 해결하는데 필요한 개념, 원리 그리고 절차를 이해했다면, 많은 문제를 스스로 해결해 보아야 합니다. 이 책은 프로그래밍에 관심을 갖는 분이 올바르게 프로그래밍을 할 수 있도록 돕기 위해서 1시간 정도만 생각하면 해결할 수 있는 간단한 문제로 최소한의 프로그래밍 개념, 원리 그리고 절차만을 소개했습니다. 이 책의 후속작으로 많은 문제를 해결하는 방식을 제시하는 두 권의 책이 바로 출간될 것입니다.

또한 1일, 1주, 1달, 1년같이 긴 시간동안 생각해야 해결할 수 있는 문제를 풀기 위해서는 많은 프로그래밍 개념, 원리 그리고 절차들이 필요합니다. 따라서 문제의 난이도를 높여가면서 계속해서 필요한 개념, 원리 그리고 절차를 이해하고, 다양한 많은 문제를 풀어보고, 프로그램을 만드는 연습을 하셔야 합니다. 이러한 연습에 도움이 되도록 시리즈 형식으로 책들을 출간할 계획을 세우고, 작업을 진행하고 있습니다. 많은 관심을 부탁드립니다.

감사합니다.

이렇게 하면 나도 프로그램을 잘 만들 수 있다
: C & JAVA 프로그래밍 입문 II

- 발행일 : 2012. 10. 1
- 발행인 : 김 석 현
- 발행처 ; 바퀸
  서울 서초구 서초3동 1554-14 영웅빌딩
  Tel.(02) 587-9424 Fax.(02)587-9464
  http://www.parkcom.co.kr

- 디자인 · 편집 : 삼양애드
- 인쇄 · 제작 : 삼양애드
  Tel. (02)3474-3646 Fax. (02)3474-3648
  E-mail : help@princom.co.kr

- ISBN   978-89-97399-06-2-13560
  값 25,000원

- 동의 없이 무단 복제 및 무단 전재를 금합니다.

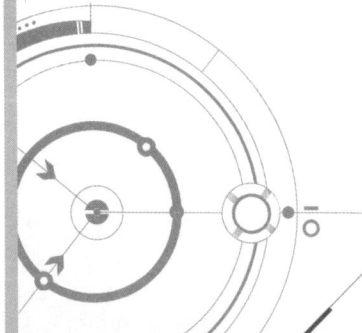

C PROGRAMMING
JAVA PROGRAMMING